大家之路

艺术小故事

主编 郑满林

中国文联出版社

大家之路

目 录

全山石
临摹所悟 　4

情系天山南北 　12

血肉长城——义勇军进行曲 　18

《八女投江》（一） 　23

《八女投江》（二） 　27

《八女投江》（三） 　29

詹建俊
我所熟悉的詹建俊 　34
文／靳尚谊

詹大这个人 　40
文／黄永玉

我和我的画 　44
文／詹建俊

我的导师詹建俊先生 　48
文／白展望

生活与艺术（节选） 　54
——水天中评詹建俊油画艺术
文／水天中

靳尚谊
一往无前 　64

李宝林
我的艺术经历（节选） 　94
文／李宝林

英秀托彩的诗意追求 　106
文／陈雅丹

与李宝林老师在一起的日子里 　116
文／周顺恺

永远的"李干事" 　120
文／肖映川

李宝林老师的"后花园" 　122
文／李晓婷

叶毓中
钟灵毓秀　洗尽铅华 　126

陈丹青
我不知道画什么 　156
——聆听陈丹青

悖论与时差（节选） 　175
——读陈丹青印刷品写生系列
文／韦羲

杨飞云
灵魂与美感 　186

谢东明

我绘画的三个阶段   216
文 / 谢东明

笔墨之间的豪情万丈   221

范　扬

范扬自述   246
文 / 范扬

含英咀华　厚积薄发   248
文 / 金玲

范扬：我不是纯粹躲进书斋的画家   252
文 /《中国新闻周刊》记者　吴子茹

书法与国画创作的审美意蕴   259
——记中国国家画院画家、博士后导师范扬
文 / 宇华

专访范扬：有着体育精神的国画大师   270
文 / 中新社记者　李纯

田黎明

顺其自然   276
文 / 田黎明

画一幅画   299
文 / 田黎明

杨晓阳

我的艺术之路   306

卢禹舜

宇宙洪荒　丹青妙笔   336

庞茂琨

巧夺天工的古典与当代   366

我与卓别林之缘   373
文 / 庞茂琨

谈谈我画《苹果熟了》   379
文 / 庞茂琨

世纪末艺术系列——色界枭雄   381

是古典的，也是现代的   386
——论庞茂琨的油画语言
文 / 邵大箴

朱春林

画中有诗与清幽景致   396

平和优雅　怡然自持   420
——朱春林画笔下的女郎
文 / 李昌菊

全山石

1930年生于宁波，1949年考入国立艺专（今中国美术学院），1953年毕业并留校任研究员，1954年由国家选派赴俄罗斯列宾美院深造，1960年毕业获全优红色文凭及艺术家称号，同年回国后一直任教于中国美院，曾任油画系主任、工作室主持人、院教务长，以及国家教委艺术委员会委员、中国油画学会副主席等。现为中国美院教授、俄罗斯列宾美术学院荣誉教授、乌克兰艺术科学院院士，获俄罗斯文化部普希金奖章，2007年获全国文联造型艺术成就奖，2019年获中国文联"中国美术奖·终身成就奖"。2021年荣获"光荣在党50年"纪念章，华茂教育国际美育奖等。

　　代表作有《英勇不屈》《井冈山上》《娄山关》《血肉长城——义勇军进行曲》等作品收藏在中国国家博物馆。著作主编画册100余种。

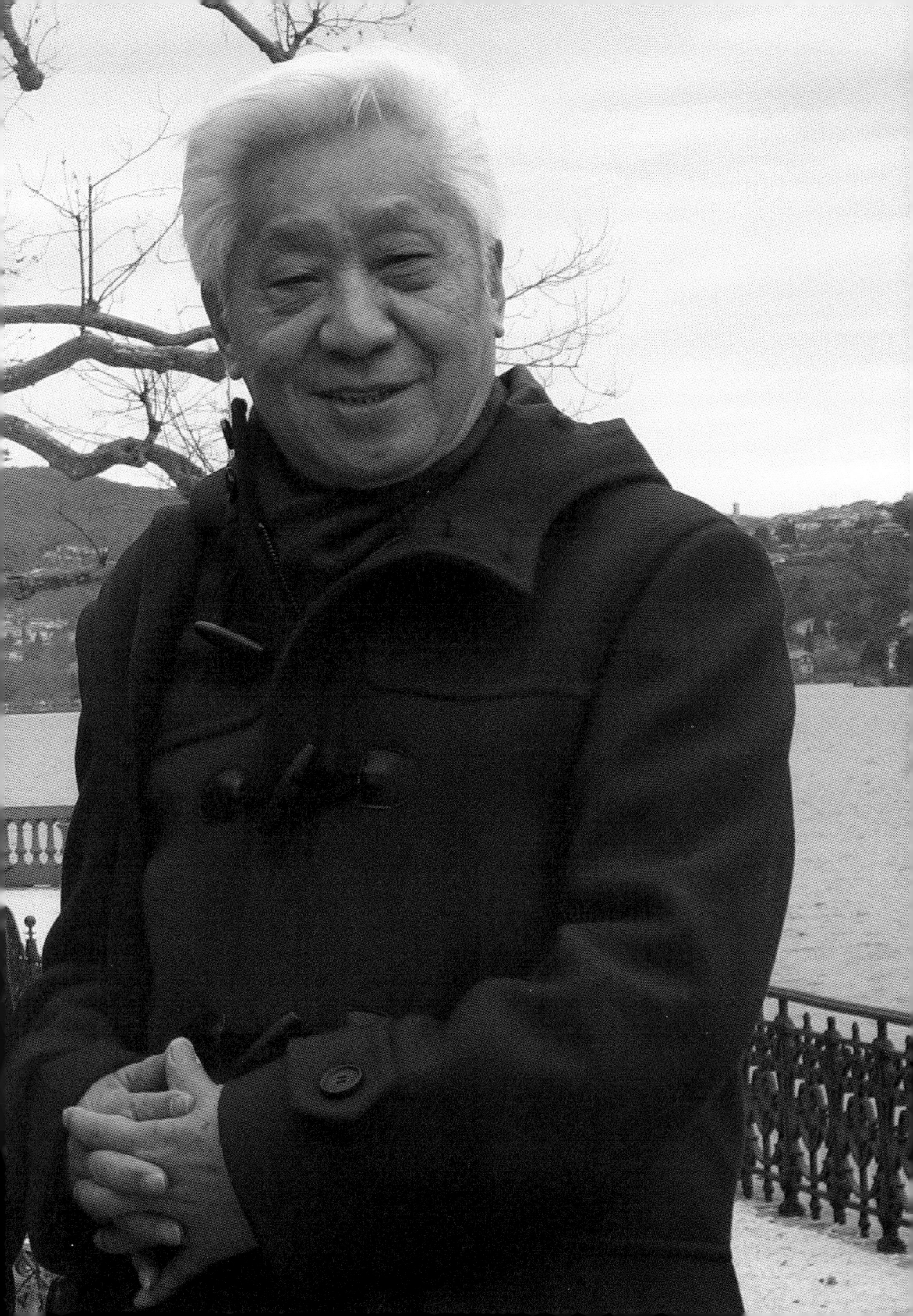

临摹所悟

口述 / 全山石　　访问 / 全根先　　整理 / 全根先、陈都、王文杰

大家都知道敦煌，这是一个非常重要的艺术宝库。莫高窟现存 735 个洞窟，分北区、南区，南区是 487 个，北区是 248 个，壁画总面积约 45000 平方米，体量非常大。其中，给我印象特别深的和给我影响最大的，是北魏时期的洞窟壁画。以前，我都是在书本上看到敦煌壁画。在我的印象当中，我所看到的大部分敦煌壁画，是以唐宋时期的壁画居多，都是单线平涂类型的，我没有重视北魏、西魏时期的壁画。可是，这次亲临敦煌，到了南区的北魏洞窟里，我就停住了，感到很吃惊：我们居然有这样的壁画！因为我以前也考察过云冈石窟，特别是一些辽代雕塑，在艺术表现上都不及敦煌北魏洞窟壁画的突出、完整、感人、独特，在我们的传统绘画当中，我好像没有见到过这样的元素。而且北

穿红色背心的妇女　　97cm×69cm　　布面油画　　1956 年

老木工　　77cm×54.5cm　　纸本油画　　1979 年

穿紫裙的演员　80cm×75cm　布面油画　1957年

魏、西魏的壁画，包括北齐的洞窟壁画，跟其他时期的敦煌壁画完全不同。

当时，我就跟常书鸿先生说："你没发现这个问题吗？"他说："很多年了，我也在想这个问题，为什么这个北魏的画和西方的画如此接近？"我说："这个洞穴里面，你有没有发现，北魏和西魏的壁画表现手法是立体的，有明暗的，还有很多人体。这个我觉得很奇怪，怎么在那么久远的中国会有这样一种表现方法，而且这种有体块的表达方法和以后我们中国传统的单线平涂、线描的方法是两个不同的概念。"为这个问题，我跟常先生进行了很多探讨。

常先生认为，据他的了解和分析，法国现代主义艺术家卢奥[1]有可能受到敦煌的影响，因为卢奥的画与很多北魏的画相似。我说："这个不太可能，卢奥从来没到过中国。"他说："不。估计是因为敦煌壁画展览曾经去过法国，在法国很轰动，受到很多现代派艺术家的关注。以前很多现代派的艺术家，特别是印象派的画家关注的是日本的浮世绘[2]，从浮世绘里面得到启示，作为油画现代主义的新探索。到20世纪以后，大概是受到我们敦煌的影响，才会产生像卢奥的这么一种艺术。"这是常书鸿先生的分析。

2016年，一个日本的收藏家吉井笃志到我这儿来，他希望把他们日本收藏的卢奥的作品拿到我们艺术中心展览，我也很欢迎。展览已经谈好了，我都写好了画册的前言，结果这个日本人变卦了，舍不得把卢奥最重要的两张画拿出来。我说："你这个代表作如果不拿来，我搞这个展览，花那么多钱，干什么？"后来，我就把这个展览给停掉了。

不过，我和吉井笃志曾谈到卢奥与敦煌壁画之间的关系。他说："是的，在日本卢奥的纪念馆、美术馆里面，有当年敦煌艺术作品在巴黎展出的有关资料。"当然，这些都是猜测而已，现在就是怎么样来证明的问题，需要有一个史料来证实卢奥和法国敦煌展览的关系。我想，我在卢奥的笔记里面和其他材料里面还没有发现这方面的直接证据，并且我也去看了陈列于日本卢奥美术馆的当年法国敦煌展览的资料。这些资料是从哪里来的？我没有把握。如果这些资料来自卢奥的工作室，那我们就可以肯定，卢奥的艺术与敦煌的艺术之间是有关系的；如果这些资料来自另外的地方，附会在卢奥的美术馆里，那就是另外一回事了。

文化交流，有时候是在一种非常偶然的情况之下产生的，有的东西就是一个启发，一点就通，不一定看到大量的东西以后才会有触发，这种可能性是存在的。不管卢奥是不是从敦煌那里获得启发，我觉得这不是最重要的，重要的是他们在艺术上有非常

维吾尔族百岁老人买买提
100cm×90cm
布面油画
2007年

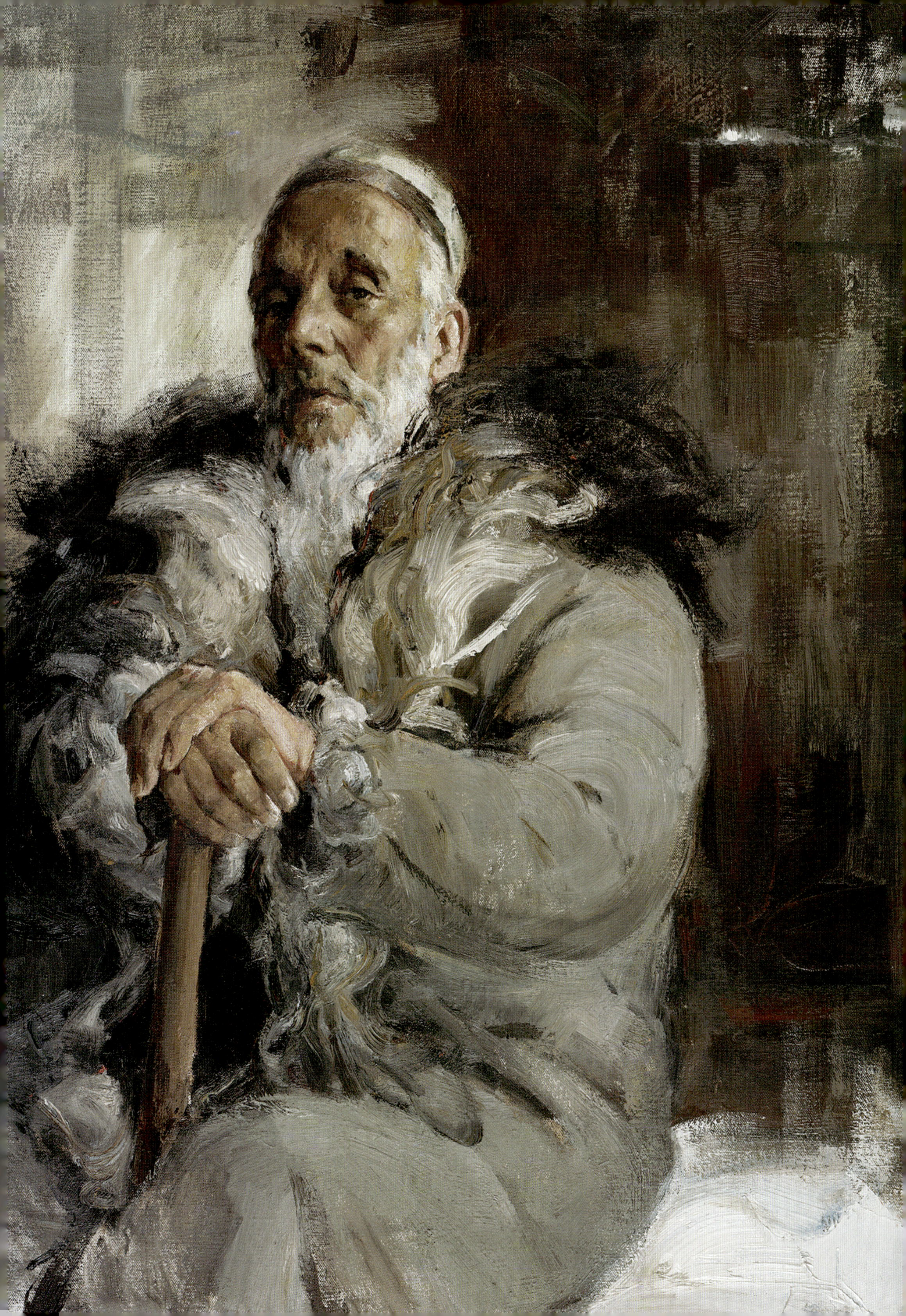

大家之路艺术小故事 · 全山石

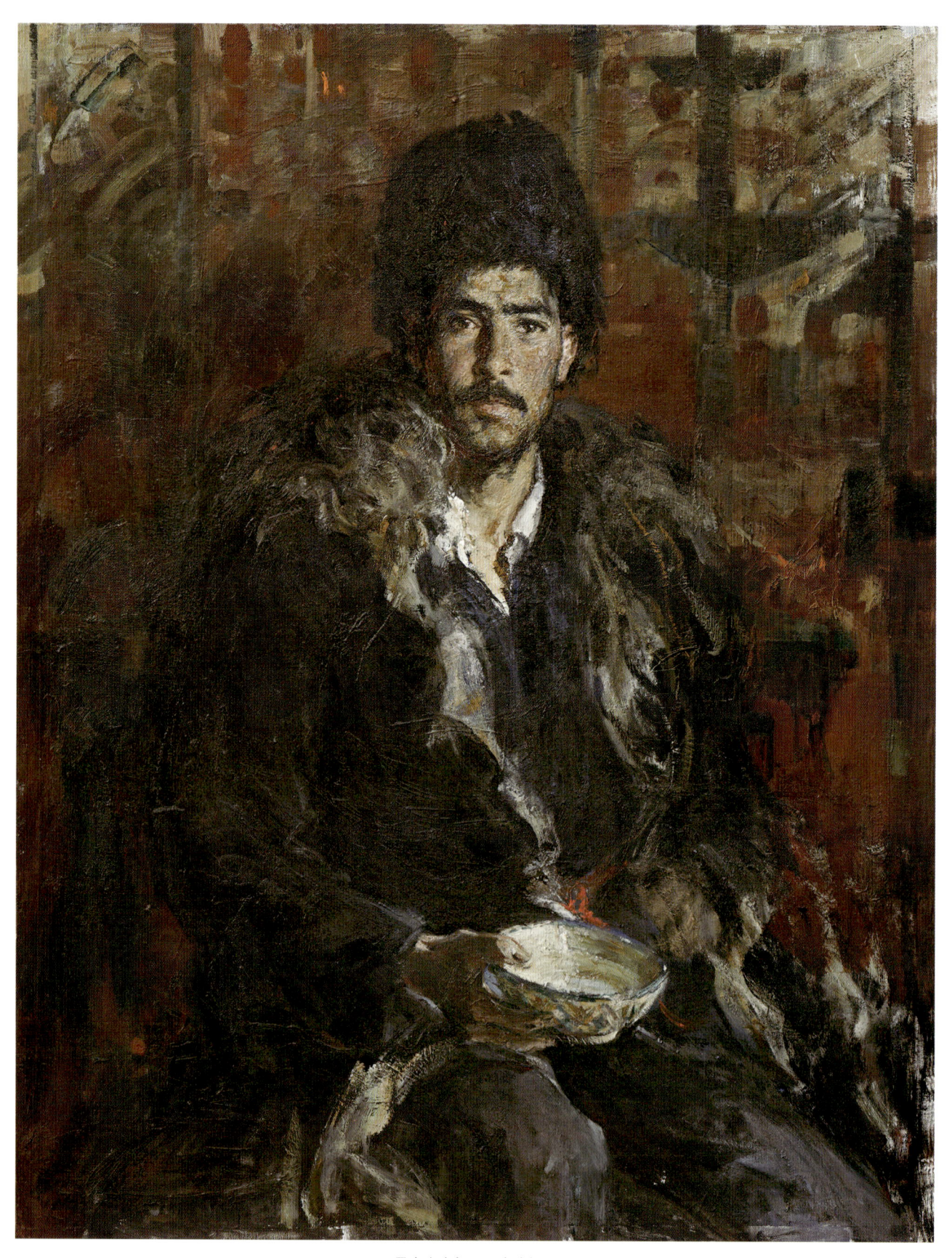

昆仑山青年——洛孜伊明
120cm×95cm　布面油画　2014年

织毯女工

61cm×50cm　纸本油画　1986年

多的共同之处，都是用粗犷的线条来概括形体，用立体的表现手法来表达体积感和明暗，而这些艺术表现的手法，在敦煌的其他洞穴壁画里面是没有的，所以，我想这大概是当年来自西方的画工在中国敦煌进行工作时所留下来的。

西魏和北齐的洞窟壁画比较差一点，北魏的最多、最好。那么，北魏的洞窟壁画好在什么地方呢？不仅好在它和西方艺术比较接近，是一个明暗的画法，最主要的是因为这些画的技术非常熟练。这些佛像不是描摹的，艺术表现不是写实的，而是从心里写出来的，是一种有感受的表现手法，就是画工将心里面的一个形象，通过他的感受，通过他的心灵和他的手传达在这个壁画上面。因此，北魏、西魏壁画里面所描写的东西，都是"写"的一种东西，也就是从一般的工匠手艺进入艺术层次。

我在敦煌临摹了7天，从早到晚，临了许多壁画，而且我临的壁画都是北魏、西魏时期的。因为我认为以前别人没有注意到这个时期的敦煌壁画，而且这个壁画和油画结合得更加密切，对油画艺术有直

系黄头巾的姑娘
55cm×46cm 布面油画 1997年

接的参考意义。比如说，其中第254号洞窟《萨埵那太子本生图》里的太子舍身饲虎[3]画面，当时我用了半天的时间，把王子的主要形象临下来，整个人物的造型、线条，包括衣服格子的条纹，都是书写出来的，非常流畅、非常美，而且里面的黑白关系、团块关系，都处理得非常好，给我一种很神圣、很别样的感觉。这次临摹我印象极深，对我帮助非常大。

这个时候，我就想到董希文先生曾经给我的一个启发。董先生告诉我："在中国传统的陶器上面，可以给油画很多启发。"后来，我在西北考察，在马家窑遗址[4]，我找了很多新石器时期的陶器，这个陶器上面有很多手绘图案，就和敦煌北魏、西魏壁画有相似之处，也是熟能生巧后，上面的花纹不是描的，而是写的。当我想起董先生曾给我的启发后，再看这一时期的壁画，我就更加激动了，陶器里面不过是一个简单的鱼纹、人面纹等图案，可是在敦煌北魏、西魏的壁画里面，表达出非常复杂的内容，而且处理不同的空间都是非常生动的，构图也很美，不论从造型、色彩还是用笔，这些画工的感受和他们的表现，都要比陶器生动得多了、复杂得多了。

所以，我觉得北魏、西魏壁画中的很多方面都可以进行研究，当时我收集了很多图片，本来想写文章，但是一直没时间。我认为这是非常好、非常重要的一个课题——在我们传统的绘画里面，仍然有许多油画元素，我们没有很好地去发现和研究，我认为完全可以吸收到我们当今的油画里面来，这样可以使我们的油画更加具有民族特色。这次去敦煌给我的印象非常深刻，我的新疆写生作品也直接受此影响。

后来，我也看过很多其他地方的壁画，比如新疆克孜尔的壁画、吐鲁番的壁画。吐鲁番的壁画，一方面保存得不是很好，受到过破坏，有很多壁画人物的眼睛都被抠掉了；另一方面，从艺术角度来看，大部分壁画都是比较一般，大同小异，艺术质量不是很高，比较匠气。有一些克孜尔壁画较好，但要爬得很高才能看到，很难爬，我没有爬到顶上。从我爬进去的几个洞来看，艺术质量比吐鲁番的壁画要好，但也不是非常精彩。除了山东青州北齐时期的青州石雕，在我们国家，我还没有发现类似敦煌北魏洞窟壁画的那种元素。

本文节选自《画语求索：全山石口述史》

---

[1] 乔治·卢奥（Georges Rouault，1871—1958）：法国画家、雕塑家，代表作有《悲剧小丑》等。
[2] 浮世绘：日本风俗画，版画，是日本江户时代（1603—1867）兴起的一种独特的民族艺术。
[3] 舍身饲虎：出自佛经《贤愚经》卷一《摩诃萨埵以身施虎品》。
[4] 马家窑遗址：马家窑文化，黄河上游地区新石器文化，年代为公元前3800年至公元前2000年。

乌兹别克人
115cm×94cm 布面油画 1957年

情系天山南北

口述 / 全山石　　访问 / 全根先　　整理 / 全根先、陈都、王文杰

《塔吉克姑娘》

在我们即将离开敦煌时，常书鸿先生跟我说："这里旁边就是新疆，新疆很美，你带学生到新疆去，不是很好吗？"就这样，1980年夏天，敦煌考察结束以后，我们就跑到新疆。我还给新疆美协领导、新疆艺术学院副院长哈孜·艾买提打电话。我说："我带研究生到新疆来，好不好？"他说："非常欢迎！"早在1977年，我就认识哈孜·艾买提了，他是新疆人物画的创始人。当时在上海的"罗马尼亚19、20世纪绘画展"上，我在临摹罗马尼亚画家科尔内留·巴巴的作品《田间休息》，正好他也在临摹这张画，我们两人就认识了。我们到新疆以后，就集体住在哈孜领导的新疆艺术学校里（简称新疆艺校，新疆艺术学院前身），并在艺术学校画了很多画。

学校里面大部分是少数民族的学员。我初到新疆，还不知道有塔吉克族，只知道有维吾尔族，我也不知道塔吉克族和维吾尔族有什么区别。所以，一开始，我们都找维吾尔族姑娘画像。

有一次，我们在路上看到一个非常漂亮的小姑娘，大概十六七岁，她和维吾尔族姑娘不一样。我问她："你叫什么名字？"她说："我叫古力扎。"然后，她就走掉了。后来，我就打听古力扎的家在什么地方。我了解到，这个姑娘的母亲是新疆艺校舞蹈系的一个钢琴老师，她的父亲也在新疆艺校工作。于是，我们就找到了她的母亲。她们家就在我们住的楼下，楼下一排房子，都是教职工住的。我们说明意图，看看她什么时候有空可以过来。不久，

1979年率研究生及青年教师在新疆考察

1979年在新疆哈萨克族帐篷里

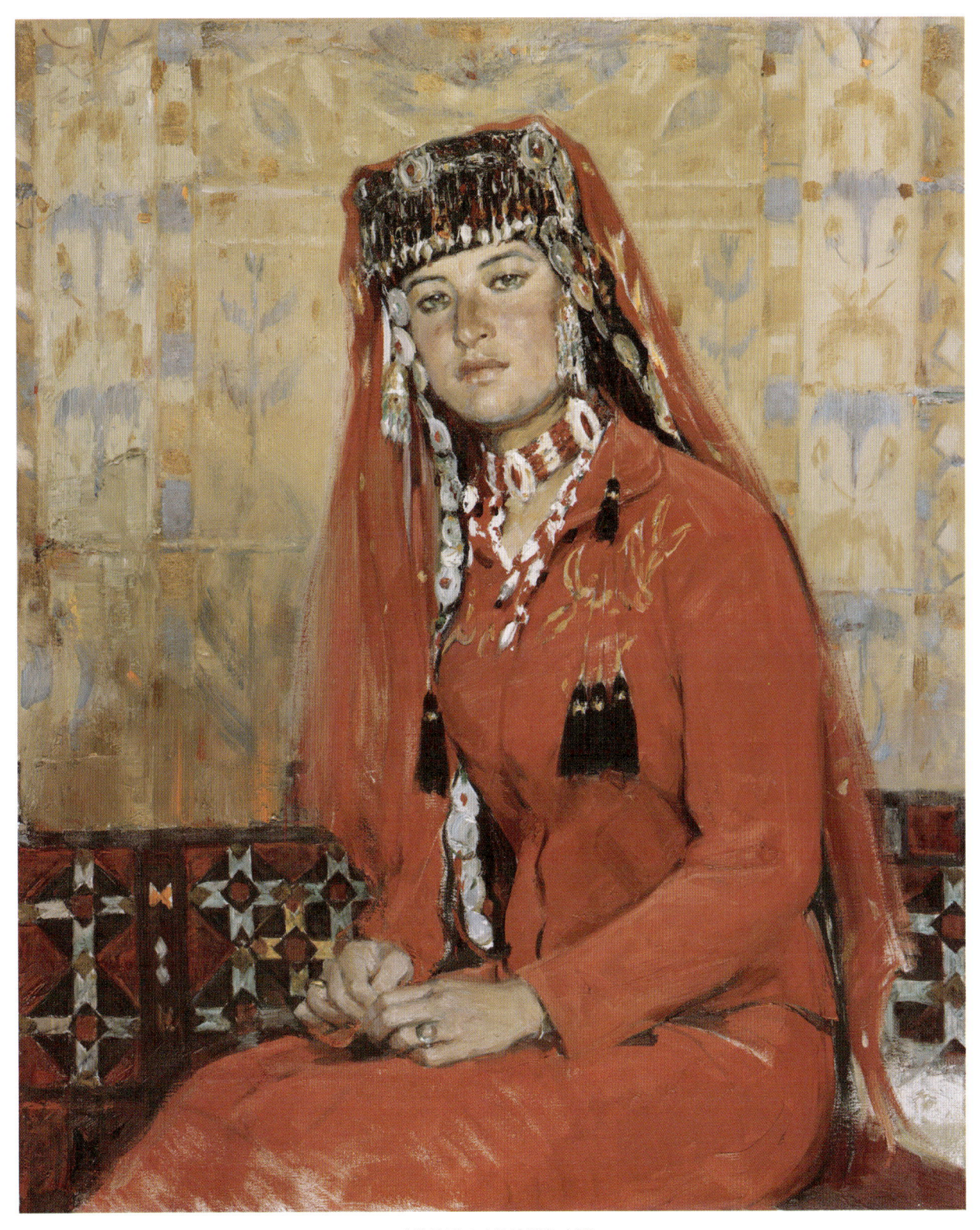

盛装的塔吉克姑娘阿依古丽
102cm×84cm 布面油画 2007年

塔吉克姑娘

85cm×93cm　纸本油画　1980年

  那姑娘就来了，我就在她家门口给她画像，背景加了一块地毯。这张画就画了两天。第一天，我就用了半天时间，一次画完小姑娘的头像，并完成了大概的布局；第二天，我画了手、衣服、背景、道具。一般画写生，我都先画脸和手，其他衣服之类，我们自己编造都可以。

  当我画到一半时，哈孜·艾买提来了。他进来一看说："全老师，哎哟，你这个像画得太好了！"我说："好在什么地方？"他说："口里（指新疆地区之外）来的人都分不清维吾尔族和塔吉克族，唯独你是第一个分出来的，你画的就是塔吉克族，不是维吾尔族！哎，你是怎么画的？"我说："我也不知道。我觉得，这个人的形象跟我接触的欧洲人很接近。"他说："是的，他们是欧罗巴人，是白种人。"这个时候，我才知道塔吉克族是白种人。那么，主要是因为我在欧洲生活、学习过一段时间，对我来讲，区别欧洲人的特点和维吾尔族人的特点不是很困难。后来，哈孜跟我讲："你们这批口里来的人，所有的画家最大一个问题，就是分不清我们少数民族的民族特征。什么叫塔吉克族？什么叫维吾尔族？在你们看来，一模一样。"我说："这倒像是外国人眼里看我们中国人，不管是北方人还是南方人，全是一样。我们看外国人，北欧人、南欧人也都一样。"我又说："这个区别确实是比较难的。但是，作为画家，应该有这个区别的能力。"我当时就这样跟他讲。

我画了塔吉克族的形象以后，哈孜觉得很吃惊，我这个口里来的人居然能把民族都给分清楚。大概因为我与欧洲白种人接触得比较多吧，我才能画出这个塔吉克族姑娘的特征。维吾尔族是中亚的黄种人，虽然他们的眼睛比较大且凹进去比较明显，眉毛比较浓，鼻梁比较高，而且跟我们的语言也不一样，但是，他们的体格、比例、形态与汉族、蒙古族人基本上一样，属黄种人。塔吉克族就不一样，虽然他们和维吾尔族看上去很接近，实际上有本质的区别，是另外属于欧洲体系的白种人。我这张画就是把塔吉克人的特征给画出来了，引起了哈孜的注意。

《塔吉克姑娘》画完以后，新疆艺校的教职工、学员都很喜欢，很多人来看。古力扎的妈妈因为我画了这张肖像画以后，骄傲得不得

高原上的青年　60cm×50cm　布面油画　2007年

维吾尔族建设者　130cm×95cm　布面油画　1986年

了，到处跟人说："你看我的女儿，给那个外地画家做模特了！"就觉得这是非常光荣的事情。后来回到杭州以后，我们搞了一个新疆画作展览，报纸、杂志里面都刊登了《塔吉克姑娘》，这幅画就传开了。20世纪80年代初，《塔吉克姑娘》去法国春季沙龙展出。

一场火灾

关于《塔吉克姑娘》这幅画，还有一个小故事。1980年，新疆美协、新疆艺校提出要求，希望我能够办一个油画训练班，帮助他们培养一些少数民族油画家，我很高兴地答应了。在这期间，有一天半夜里，突然失火了，是因为舞蹈系的人在准备过年活动的时候，灯泡点得太多，引起了电线方面的火灾，把整个房顶都烧了。

当时，我和我的助手黄发祥住一间屋。我叫他小黄。我们俩睡着了，什么都不知道了，突然从房门的缝里吹进浓烟，把我们熏醒了。"哎呀，他们怎么回事！"小黄说："赶快起来，老师，有味道！"我说："什么味道？"他说："火烧的味道！"我一看窗户外面，已经是火光冲天了，怎么办？我说："我们赶快跳窗吧。"他说："要跳窗？"小黄就一拳头，把那个小窗户砸开了。小窗一打开，完了，空气流通后，所有的烟都朝我们房子喷过来，亮着的电灯也看不见了，全是烟。我们被呛得不得了，只看到烟和火，那怎么办？小黄说："赶快，老师，我把窗户打开了，把被子丢下去，你跳下去！"

这时外面还下着大雪。我们在跳楼之前，就想到，我的作品比人还重要，先把作品丢下去。画和被子都扔下楼后，我一看，雪地里那个被子只像邮票这么一点点大，要跳到被子里，我哪有这个本事啊！而且新疆的楼跟俄罗斯的楼一样，层高很高的，

1980年与何孔德等画家在吐鲁番写生

1980年在天山上写生

我们虽然住在二楼，可实际高度与三楼的高度差不多。我说："这不可能，跳下去肯定废掉了，不能跳！"

这个时候，很多油画训练班的学员知道我还被困在楼上，都来救我了。可是，凡是冲进楼梯的就昏倒，冲进去一个，就昏倒一个，都冲不到二楼来。就在这样危急的情况之下，突然出现一个维吾尔族小伙子，我就跟他说："请你给我递一条绳子上来。"

1980年在新疆交河故城写生

1981年在天山上写生

1983年在新疆奎屯给学员们作示范

1986年在新疆阿勒泰深入生活

他听懂了"绳子",就马上回家,拿来了一捆绳子。我们把绳子的一头捆在暖气管上面,我把鞋子脱掉,另一头紧紧地捆在身上,抓牢绳子,沿着墙一点一点滑下来。

下来以后,看到底下很多人都来救我。新疆艺术学校校长康巴尔汗·艾买提,她是一位舞蹈家,她看到我说:"哎呀,教授,你怎么这样,这个太危险!"她抱牢我,都有些认不得我了,"你脸怎么那样黑,脸都是墨墨黑,衣服也是墨墨黑!"这都是被烟熏的,大概有三天,我吐出来的痰都还是黑的,小黄更是如此。

因为遇到火灾,1981年新年,我们没有回杭州,而是留在新疆过春节。而《塔吉克姑娘》这张画,正面、背后全部被烟熏黑了。因为油画可以洗,后来我就把被熏黑的正面给洗掉了,可是背面的麻布被熏黑,就洗不掉了,到今天为止,《塔吉克姑娘》的背面还是黑的,还留着这么一个痕迹。所以,看我这张画是原作还是临摹的,很简单,原作背后是被烟熏过的。

本文节选自《画语求索:全山石口述史》

血肉长城——义勇军进行曲

口述/全山石　　访问/全根先　　整理/全根先、陈都、王文杰

2005年，我们国家重新组织了"国家重大历史题材美术创作工程"[1]，动员全国的主要画家参加这次任务。年轻人应该承担起这种责任。我们这批老人，想想年纪大了，体力也差，所以，本来我不想参加。

当时，中宣部的副部长李从军，他原来是浙江省委宣传部部长，由他组织、主持这个创作工程的工作。找我们开会的时候，李部长亲自点我和詹建俊先生两个人的名字，他说："你们两位能不能也参加这一次的创作活动？"我们说："我们年龄大了，我们就不参加了。"李部长说："哎！不行。是不是这样，詹建俊先生画《黄河大合唱》。全山石先生画《义勇军进行曲》"哎哟！那怎么办？我们也不好反对。后来，我们说："我们回去考虑考虑吧。"就这样，会议结束了，名单里面也把我们列进去了，就是詹先生画《黄河大合唱》，我画《义勇军进行曲》。

但在这次会议上，李部长讲的一个内容很吸引我。他说："以前你们给革命军事博物馆画的历史画，都是在陈列中为某个历史阶段绘制历史插图。这次画的时候，你们可以放手，不是放在历史博物馆里做插图，是作为独立的艺术品，你们可以放开手脚。"我觉得，这一种思想倒是非常吸引我，领导能够这样理解艺术规律，是非常好的、比较开放的。就是说，

历史画创作任务的最大的问题，就是怎么能够充分发挥艺术家的想象力和创造力，怎么能够符合绘画规律。因为绘画不是万能的，有些东西可以表达，有些东西很难表达。比如说，只要跑一次，就可以办完手续的"减政便民"题材，那么，跑一次就可以了，这是逻辑思维的一个概念，形象语言就很难表述一次还是两次。怎么能够用形象的语言表现跑第一次，还是跑第二次？这是绘画语言无法表达的。但是，现在很多领导出的题目，就是这一种逻辑思维的主题，对绘画来讲，确实不太符合绘画的艺术规律。2005年"国家重大历史题材美术创作工程"和以往组织历史画创作都不一样，以往的创作任务都是为了革命军事博物馆的展览创作历史插图，烘托整个展览的精神和气氛，这一次能够发挥我们艺术家的创作思想。正因为这一点，当时我也蛮激动，我就转变了想法，愿意承担这次的历史画创作任务。

但是，我想，我已经没有精力画《义勇军进行曲》了。后来，我理解李从军部长的意思是说，我们年纪大了，就找个助手帮帮忙。我找了我的一个学生翁诞宪，他现在是中国美院教授，我们俩合作《义勇军进行曲》。詹先生嘛，就在中央美院也找了一个年轻教师叶南，一起合作《黄河大合唱》。

当时，我们收集了很多抗日资料。最初的画面前面是军队往前走，天空部分是一种象征性的图式，

"大刀向鬼子们头上砍去"的英勇厮杀场面，以这个图像语言作为我们最主要的东西。这种描述只是一个抗日战争时期的很具体的历史情节，就是简单化了，太局限了。我觉得不合适，需要表达的是精神，而不是怎么冲冲杀杀的具体战场，那只是一个战争的表象，就把它否定了。如果表现的是我们拿着武器，准备好战斗，那这种精神可能比具体的冲杀场面更有力。所以，为了充分表现这种义勇军的精神，有几种方案，我们反反复复地打磨。

怎么表现《义勇军进行曲》？它本来是电影《风云儿女》的主题曲，我小时候就看过这个电影，也听到过这首歌。如果直接去画《义勇军进行曲》本身，可以画田汉在写歌词，也可以画聂耳在谱曲，都是《义勇军进行曲》。但是，现在的《义勇军进行曲》已经不仅仅是《风云儿女》的主题曲，更是中华人民共和国国歌。所以，今天要画《义勇军进行曲》的历史画，就不是画电影插曲，而是画代表中华民族精神的国歌，只有落在这样一个主题思想上，才能够达到李部长让我画这个题材的意图和目的。那么国歌该怎么画呢？这是非常庄严的一首歌，抗战期间，这首歌鼓舞着大家反抗日寇；解放以后，我们把它定为国歌，依然鼓励着中国人民继续奋斗在各条战线上；改革开放以后，依然唱这首歌，也要用《义勇军进行曲》的精神激励我们要实现中国梦。那么，这首歌的精神究竟是什么？中心思想是什么？我们就分析，关键点是"把我们的血肉，筑成我们新的长城！"这个长城是怎么建成的呢？中华民族的长城是用我们炎黄子孙的血肉建成的！在任何情况下，我们都要用这么一种勇于牺牲的民族精神，鼓舞着我们一直努力奋斗。另外，创作这幅画，不能离开历史，因为《义勇军进行曲》特指义勇军，它不是八路军，也不是新四军，更不是解放军，它是义勇军，是抗日战争这一特定历史阶段的一个名

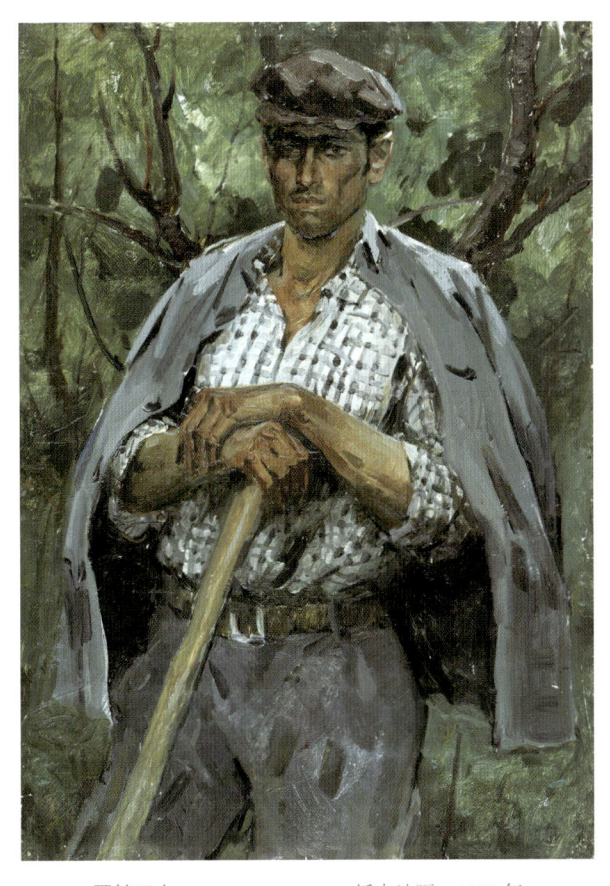

园林工人　76.5cm×54.5cm　纸本油画　1979年

称，这个历史特点不能抹杀，要有这样一种"前进，前进，前进、进！"的义勇军精神，而它就能体现我们中华民族不屈不挠的奋斗精神。

那么，我们认为这张画的主题思想应该在这个地方。我们画的不是一个真实的历史，或者义勇军建军，或者义勇军在进行一个具体事件，都不是，而是表现一种历史的真实，在义勇军精神、抗日战争精神之下，我们的血肉所筑成的一个新的长城。所以，画的背景用红颜色，渲染战争的气氛；远景是长城；近景是义勇军。义勇军的特色，就是有各种群体的人，有身着各不相同戎装的军人，后面有很多抗日的工人、农民、知识分子等人民群众的支持。也就是说，我们的抗日，不仅是军队抗日，而且是一种军民一体、共同抗日的精神。然后，通过我们绘画的语言、可视的形象，把《义勇军进行曲》

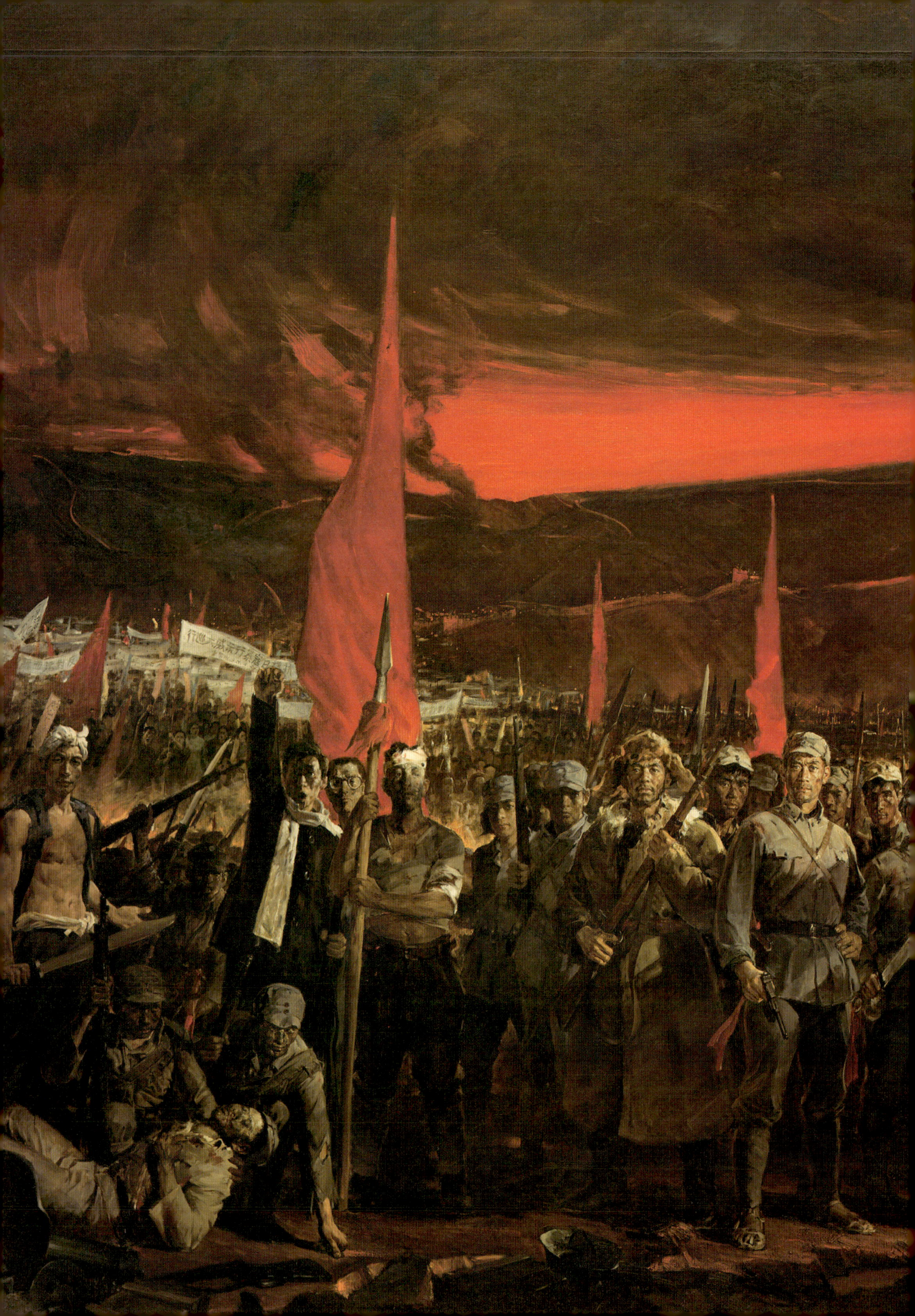

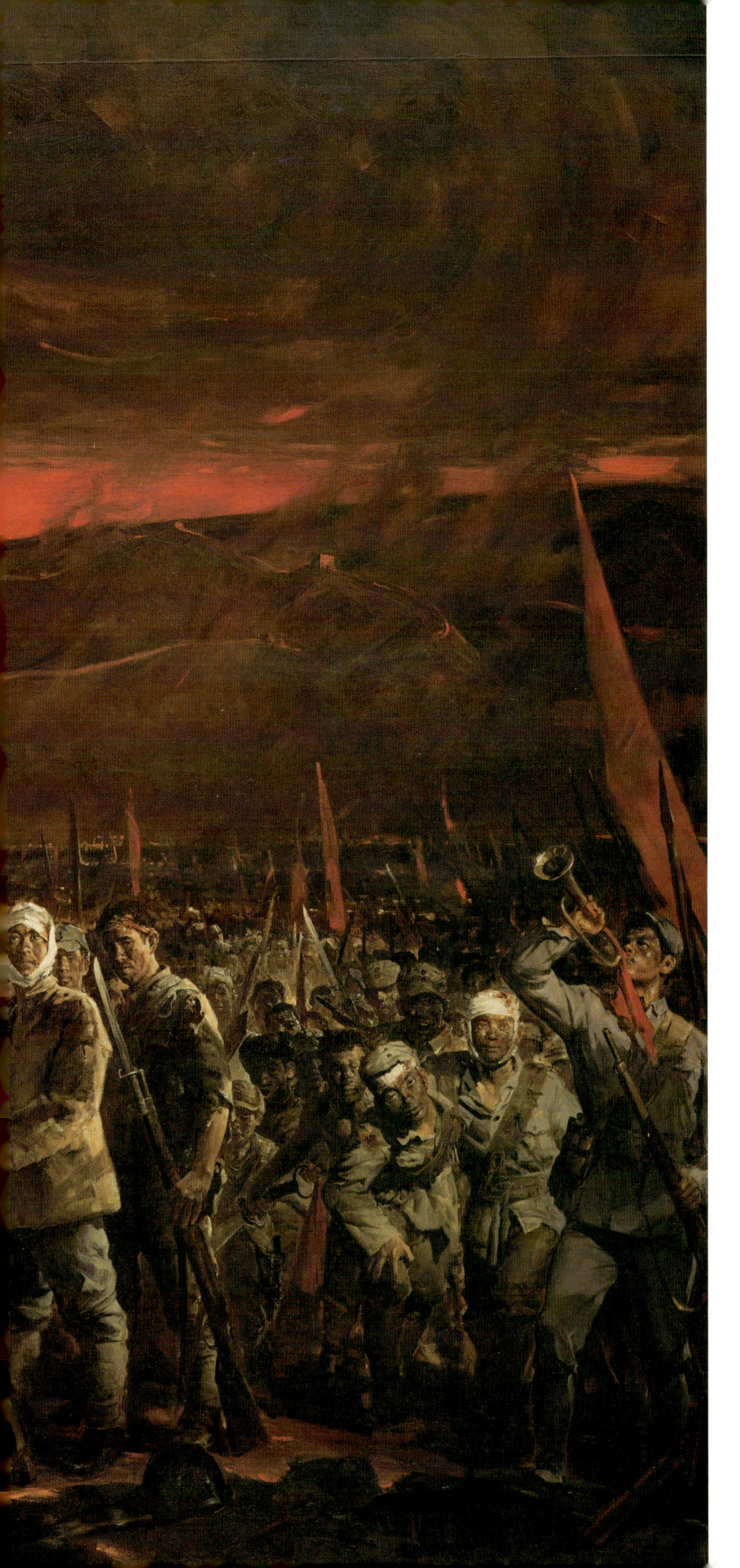

血肉长城——义勇军进行曲 （合作）

400cm×480cm　布面油画

2009年

中国美术馆藏

的主题思想和精神都表现出来。这就符合当时李从军部长对历史画的要求——我们的艺术作品主要是表达人的情感，通过人的情感，再表达一种时代精神，这才是一个艺术作品所应该做的事情，而不是历史陈列的一个插图。这张《血肉长城——义勇军进行曲》所画的人物不是具体的，因为真实的历史里，是没有一群人慷慨激昂地排在一起，作品使用一种概括性的、象征性的艺术语言表现历史上的人物，表现历史的真实，进而体现义勇军精神。

我们确定了这个《血肉长城——义勇军进行曲》的方案后，第一次把色彩稿拿到北京，给李从军部长看。他看了以后说："哇！就是这个！"他马上就肯定了。并且，大家一致认为，不看里面的内容，就从这个色调本身来看，就是很好的，既很壮观，又很严肃，而且一看这个色调，这就是《义勇军进行曲》！之后，就是我和翁诞宪两人分阶段地画这幅画。一开始铺的时候，是他先给我铺好，整理的时候，基本上都是我整理的，前前后后画了蛮长时间，有一年多的时间。这张画画得很大，我是在二楼上面画的天空，就这样爬上爬下。开始的时候，我把画框做得矮了点，我怕画框太高了，就没法从画室里抬出去，因为我的画室门太小了。这样就造成画面的天空部分的空间感不够高。画到后来，都已经快画完的时候，因为天空不够高，我就在上面加了一大截，那个气势的感觉就更好一些。然后，我再想了一个办法，把这个画框对折过来，这样高度就小了一半，就能把画抬出画室了，如果是原画4.8米的高度，那是抬不出去的。

画完以后，这张画得到领导和群众的一致认可。本来准备在第一次展出的时候，把这张画做成大海报，后来大概是中宣部的意思，认为这张画的火药味可能太浓了，还是用画中有和平鸽的比较好[2]。不过，后来几次展览会中，包括中国美术馆的展览，都把《血肉长城——义勇军进行曲》作为重点，一进去就看到这张画。

除了创作《血肉长城——义勇军进行曲》之外，我还是这次"重大历史题材美术创作工程"的艺委会顾问，参与了评审工作。其他评委都是绘画界中比较有成就的一些老先生，包括靳尚谊先生、詹建俊先生等，都参加了。我们评审从初稿到正稿的整个过程，每次都是一张画一张画地审查，看画作的主题思想有没有表达出来、艺术形式好不好、艺术语言对不对、能不能吸引人，等等。总之，就是评审从内容到形式的各个方面。为此，我去北京好多次，每次开会都两三天，因为每次都要一幅幅评审，一张张讨论嘛！

本文节选自《画语求索：全山石口述史》

---

[1] 2005年11月18日，文化部、财政部联合实施的"国家重大历史题材美术创作工程"正式启动。国家投入1亿元设立了重大历史题材美术创作工程专项资金，资助并奖励参与工程实施的艺术家。目前，选题实施方案选取了"虎门销烟""公车上书""鲁迅和新文化运动""香港回归""战胜非典""载人航天技术"等1840年以来的100个历史事件和人物作为创作主题。为保证工程的顺利实施，文化部、财政部、中宣部相关负责人及部分美术界人士成立了工程领导小组和艺术委员会。（参见徐红梅《国家重大历史题材美术创作工程启动》，《人民日报》2005年11月19日，第2版）

[2] 指唐勇力2009年创作的《新中国诞生》。

《八女投江》（一）

口述 / 全山石　　访问 / 全根先　　整理 / 全根先、陈都、王文杰

1962年，当我完成中国革命博物馆的《井冈山上》后，黑龙江省博物馆的李蒂、李霞萍夫妻俩，也是我华东分院的同班同学，要我为正在筹建的黑龙江省博物馆画一张《八女投江》的历史画。

当年，这个题材的历史画已经有人画过，而且画得很成功，是收藏于中国革命博物馆的王盛烈[1]先生的中国画《八女投江》。所以，对我来讲，要用油画表现这个主题有一定难度，任务比较重。我在家里看了很多资料，八女投江的具体情形都是一些史学家谈的，还拍了电影《中华儿女》。我也看了这个电影，拍得非常好，很有生活气息，很感动人。这个电影里面的人物设置，实际上对我的创作有非常大的帮助。这张画的题目起初不是叫《八女投江》，而是叫《中华儿女——八女投江》，我想表达的是中华儿女的精神。

1963年下半年，我去东北体验生活。到了哈尔滨后，先去黑龙江省博物馆。博物馆给我联系了一位当年抗日联军的老同志，他回忆说八女投江的主要人物叫冷云[2]，她原来是个教师。博物馆的同志给我介绍她的朋友亲戚，还有其他人。每个人的年龄、职务、历史等，这些我都要调查、采访。对于八女投江中的八个人的家人、家乡人来讲，八女投江已是一件发生在很久以前的事情，他们也没经历过，谈不出来，而且他们好像都不是很愿意谈这个事，觉得抗联的年代，他们受的苦太多了，牺牲的人太多了。当年抗日联军的牺牲是相当大的，老战士给我讲了抗联的一些故事，包括杨靖宇的故事，以及相关的一些战斗情况，比如杨靖宇的牺牲，那些具体的细节，是非常残忍的。

采访完了以后，我记得到一个有很多女工的工厂里，画了一些习作也画了一些速写，访问了一些人。我主要是想找冷云的形象，在女工当中挑选形象，这个形象比较难找，我画了几个，都不是很理想。而且从冷云本人照片来看，又好像与我心里想的冷云的脸不能完全对得起来。还是电影《中华儿女》里面冷云的形象给我印象更深一点，好像能和我所想的冷云对得上。

接下来，因为八女投江中，有一位女战士是朝鲜族的，所以我必须到朝鲜族群众里面体验生活，于是，一个同志先陪着我下到了林口县。之后，李蒂、李霞萍夫妻俩陪着我又到牡丹江、延边那边体验生活。我们都是朝鲜族，但具体的生活并不是很熟悉，这是我第一次到朝鲜族群众中间体验生活，大概逗留了一个星期，我就住在他们的家里。朝鲜族群众家里太干净了，虽然家里生活条件很差，但收拾得很干净，被子叠得跟部队里面的一样，地上擦得很干净，所有的灶台上面都擦得锃亮，这个给我印象最深。他们吃饭的方式跟我们不一样，米饭烧完了

以后，在吃的时候，要把勺子里面的热米饭在冷水里面裹一下，然后再吃。进屋子都脱鞋子，住在没盖边的席子上边，这个席子跟我们南方席子不一样，是用很粗的麦秆编出来的。

在这个延边朝鲜族农村，白天我们跟他们一起劳动，同时采访、画画，我根据几位朝鲜族姑娘的形象画了习作。过了一段时间，我们就去附近牡丹江支流乌斯浑河边上的林场，又住了一段时间，到八月底，延边已经很冷了，我记得要穿着棉毛裤。就在最后几天，我们遇到了没有想到的事情，连续下大暴雨，下得很厉害。当地老百姓就问我们："你们什么时候回去？"我说："我们这几天就要回去。"他们告诉我："你们赶快回去！如果再不回去的话，这个地方上来洪水，你们可能几个星期都回不去了。"哎呀！那怎么办？本来这条河就特别宽，水特别急，也不是很清，加之几天的大暴雨，让河水更加浑黄、湍急。我们就临时决定当晚撤离，当时洪水已经涨了起来，不仅漫过地面，而且快到我们大腿根的地方，形成了一望无际的水面。在暴雨中，一个老乡领着我们，蹚着洪水，走了一个晚上，冻得我发抖。快天亮的时候，我们走出山谷，这才脱险，找到一户老百姓家，住了一晚上。第二天出发的时候，老乡还说："你们要注意，这个山边还有熊瞎子，你们要注意安全。"那个时候，我们三个人，我背着画箱、行李，又走了整整一个晚上。

这一段经历对我画《八女投江》帮助很大。虽然我去了好几次乌斯浑河的河边，但因为平时的河水很平静，我也没有什么感觉。只有那天连夜蹚着洪水撤离时，以那样一种镜头看到的暴雨和洪水，以及亲身体会到河水泼过来的感觉——很冷啊！所以，给了我一种情感上的启发，哎呀！我就马上体会到八女投江时，她们在滔滔江水前面那种惊涛骇浪的感觉，在江水里面那种凉冰冰的感觉。因为八女投江的故事发生在10月，那就是比我当时所遇到的洪水还要冷。所以，这次经历给我的印象很深，应该说也是一种机遇吧！除了具体情况的调查研究给我一种理性的指导外，种种险境还给予我很强的感性认识，体会到了当时她们是多么的英勇。

我回到浙江美院以后，就马上构思、创作这张画，如何不同于王盛烈先生的《八女投江》？王盛烈先生的画是横向构图，就是八女要投江的过程当中，一边抗击敌人，一边往江里走，有打枪掩护的，有手拉手往江里走的，是这么一个情节。那么，我看了很多历史资料以后，给我的强烈感觉就是这八位女战士是英雄，八女投江是体现了中华民族精神的英雄故事。我想表现的，不仅仅是她们怎么样去投江，怎么样去抵抗敌人，而是想通过一种象征性的表现手法，体现中华民族的那种不屈不挠的伟大精神——她们宁可站着死，也不愿跪着生！所以，《中华儿女——八女投江》的画面，就不是她们好像想要去投江、正在投江，而是她们已经在江里面，在敌人面前不屈不挠，也可以说就是宁死不屈、英勇不屈。和我 1961 年创作的《英勇不屈》具有共同的特点——使用象征性的手法和语言，背景是红颜色，火光咄咄逼人，一方面暗示"三光政策"[3]；一方面象征着英雄气概的整体气势，一个战士在掩护着、抵抗着；前面这几个战士当中，左边是朝鲜族的小姑娘，这边有搀扶的，有受伤的，有往前走的，还有战士在思考。虽然这八位女战士因为身份不一样、出身不一样、经历不一样，形成了八个不同的形象和表情，但她们具有同样的情绪和精神。我想表达的不是具体

中华儿女——八女投江

200cm×300cm 2003 年 宁波美术馆藏

的投江情节，对我来讲，这个不是最主要的，最主要的是使用象征性语言，通过表现八个人的不同动态、形象，来表达她们内在的精神面貌，以及深化主题思想。

回到浙江美院以后，因为我给学生讲课比较多，我只能在春节假期内创作，在1964年年初基本上画完了这张画。我画完这张画后，就拿到浙江美院的美术展览馆展出，没有想到受到了批判，说是宣传战争恐怖。"文化大革命"前夕，浙江美院党支部把我那张正展览于浙江美院展览馆的《中华儿女——八女投江》作为"黑画"典型，大会小会地批判。批判完了，就要把这张画封存起来。我当即提出来，哪些地方不对，我可以修改。当时领导告诉我："你用不着修改，你没法修改，因为你这个题材本身有问题！"这时候，我就非常想不通啊！要改，也没法改！这张画就一直被封存在学校。这些情况美术界全知道，黑龙江省博物馆也不敢拿回去。但是，我也没拿黑龙江省博物馆一分钱，就是他们接待我下乡的时候，付了点接待费，其他任何费用都没有。

"文化大革命"期间，这张画又变成一个批判重点，怎么批判这张画呢？因为这张画画得比较大，用热的糨糊刷在画面上，贴个"大字报"，像画漫画一样，然后到街上去游行，并且通过这张画，说明我是一个修正主义的典型例子。因为油画碰到热的糨糊以后，整个画面的颜料都剥落下来了，"文化大革命"结束后，他们把这张《中华儿女——八女投江》还给我的时候，画已经面目全非了，我觉得已经没用了，已经毁掉了。

1963年下半年假期，我为了创作《中华儿女——八女投江》，到延边收集素材、体验生活。在牡丹江边上的一个林场里，我认识了一个小孩，叫王洪君，大概十来岁吧。我每天出去，这个小孩都跟着我，我就觉得这个小孩很有意思。我说："你跟着我干什么？你家里干什么的？"他说，他的父亲是在一个小城市里面给人家拍肖像照的。他还说："我很想画画。"那个时候总下雨，我画画的时候，这个小孩就蹲在地上给我撑着伞，也跟着我们一起吃饭。这个小孩就是很喜欢画画，我们走了以后，王洪君就一直画速写，按照我的指导画速写，画好后再寄过来给我，我给他批注出什么地方有问题，再寄回去，差不多一个月有好几次，一直持续了好多年，写了很多信件，但这种联系在"文化大革命"期间断掉了。后来，王洪君自己也画画，在群众艺术馆工作，也想考美院，大概是没有考上吧。

"文化大革命"结束后，很多年没联系了，我也不知道他是死是活，他也不知道我是死是活。后来，他在一个展览会上看到了我的画，他才知道我还在，他很突然地给我打来电话，问我能不能到北京去见一见，我还特地去了北京。那个时候，他已经是北京的一家大型家具厂的老总，家具做得非常好。

我到北京后，他用很高级的车子接待我，然后到他的厂里去参观，厂子规模很大。后来，王洪君去美国造游艇，在美国又搞了很大的企业，买了一个美国的庄园。这个小伙子很能干。不幸的是，大概是20世纪末，他得了肝炎，最后好像肝炎变成肝癌，后来他就去世了。

本文节选自《画语求索：全山石口述史》

---

[1] 王盛烈（1923—2003），山东青州人，画家，曾任鲁迅美术学院副院长、教授。
[2] 冷云（1915—1938），原名郑香芝，曾用名郑志民，黑龙江省佳木斯市桦川县人，东北抗日联军战士、革命烈士。
[3] 三光政策：抗日战争时期，侵华日军对中国共产党领导的抗日根据地实施所谓的"烬灭作战"。"烬灭"，即烧尽灭绝，烧光杀绝，也就是通常所说的烧光、杀光、抢光的"三光"政策。

《八女投江》（二）

口述 / 全山石　　访问 / 全根先　　整理 / 全根先、陈都、王文杰

1989 年，美国洛杉矶的东方基金会找到我，对我说："听说你在'文化大革命'当中画过一张《中华儿女——八女投江》，你愿不愿意恢复这张画？"我说："你是什么意思？"原来他们在洛杉矶搞了一个中国馆，中国馆里有很多东方文物和表现东方文明的东西，其中也有油画。他们基金会就表示："我们很希望你能够把这张画画好以后，放在那个地方。"当时，我还不是很想再画这幅画。但是，他们给了我很大的诱惑，就是画布、颜料都是美国运来的，有这么好的油画颜料，进口的美国油画布，我便答应："那好吧，我就给你们画一张。"这样，就有了第二张《八女投江》。

原作《中华儿女——八女投江》已经没有了，好在，我还存有原来的小稿，我就按照素描稿，重新画了一幅。这张《八女投江》没有《中华儿女——八女投江》那张大，因为他们基金会给我的画布尺寸只有 1.8 米宽，没有原来《中华儿女——八女投江》的画布宽，这张《八女投江》要小一点。我很快画完了，他们基金会的人很高兴，就拿到美国去了。

到 1995 年，我在香港搞个人展览，有我很多的新疆题材的作品，还有一些其他题材的画。罗工柳先生跟我说："你不是画过一张《八女投江》嘛！"那个时候，正好是抗日战争胜利 50 周年。他说："你能不能把这张画拿出来？"我说："这张画已经没有了，但是我后来又画过一张，在洛杉矶。"他说："你赶快给洛杉矶那边打电话，把这张画拿来，很有意义！"于是，我就给美国方面打电话。我对他们说："能不能借一下这张画啊？我在香港有个个人作品展览。"结果，洛杉矶方面的基金会把画布从木框上拆下来、卷起来，送到香港。到香港后，我打开来一看，画面有很多地方都坏掉了。因为油画是不能卷的，一旦卷起来后，油画就会坏很多。我只好在香港重新修补。

修补好以后，就在我的个人展览里面展出，各方反映很好。当时，香港总督彭定康来了，他还详细地询问，为什么画这张画？这张画表现的什么内容？我给彭定康进行了讲解。他竖了大拇指，说这张画画得很好，非常好。展览完了以后，我就告诉美国东方基金会："这张画你们不能再拆下来，再折腾的话，这张画就完了！我已经花了很大力气把这张画修好。"他们说："好的。"那么，这张画就放在了香港大学美术馆一进门的地方，我也去看过，很大一个墙面，就放这一张画。我觉得这样放在香港也好。

可是，又过了很多年，突然有人告诉我，说这张画正在被拍卖。我就觉得很奇怪，怎么这张画在拍卖呢？这张画明明是在香港大学美术馆门口放着，但画的所有权已经不属于我了，我也没法去干

黎明前

220cm×308cm 2008年 宁波美术馆藏

预人家。有一天，艾中信[1]的儿子叫艾民有（艾民有是海军的画家），他给我打了电话。他说："我带个人来看望你，可以不可以？"我说："有什么事？"他说："有个女士，她说非常高兴在拍卖会里面买到了你这张《八女投江》，很想来见见你。因为她很兴奋，当时在竞标的时候，没有几个人跟她竞争，她居然能够买到这张画！"我说："她是谁？"他说："她的名字叫王薇。"

王薇是谁呢？王薇是刘益谦的夫人。这对夫妻创办了上海龙美术馆，王薇专门收藏历史画，她有这么一个爱好。她买到这张《八女投江》以后，特别兴奋，想来见见我。她来了以后，就说："都没想到，我很想拥有这张画，这张画居然到我这个地方来了，我满意得不得了！所以，来感谢您！"我说："你用不着来感谢我，这张画所有权已经不是我的了。"她说："我很高兴能够认识您！"这张画现在是在上海龙美术馆，在王薇女士那里。

本文节选自《画语求索：全山石口述史》

---

[1] 艾中信(1915—2003)，生于上海，油画家，曾任中央美术学院教授、副院长。

《八女投江》（三）

口述 / 全山石　　访问 / 全根先　　整理 / 全根先、陈都、王文杰

2001年，中国共产党成立80周年。当时，宁波美术馆马上就要建成了，由政府组织创作一批历史画。当时我正在中央美术学院油画高研班任教，于是把宁波历史画的创作任务与高研班教学相结合，高研班师生每人承担一幅历史画任务。我画了第三张《八女投江》，高研班为宁波美术馆画的那批历史画，现在成了他们的"镇馆之宝"了。

画这张《八女投江》，与原来两张画面相比，我是有改变的，尤其是人的精神面貌刻画及人的动态都有所改变。如果仔细比较这三张画，可以看得出来，第三张的画幅比较方一点，第二张画因为受到画布的局限，比较扁。我是希望画幅比较方一点，上面云朵高一点，能够衬托画面的整体气势。如果画幅扁了，画面的气势就不够。所以，第三张《八女投江》与原作《中华儿女——八女投江》的设想比较接近，第二张《八女投江》的整体气氛没有其他两张好，《中华儿女——八女投江》的画幅比率还要再大一点。我画八女投江题材，实际上是经过了几次三番的变化以后，最后成为现在这个样子。

这幅画我采用的表现手法带有一种壁画的象征性质。这一特点，在我创作《中华儿女——八女投江》的时候，就受到我的老师梅尔尼科夫的影响。因为梅尔尼科夫是从架上画过渡到壁画，他的绘画里有很多壁画的语言。在俄文里面叫纪念性的绘画。比较常用的壁画语言，就是寓意性和象征性相结合的语言，比较概括，带有一种纪念性。在某种意义上，纪念性的绘画都带有象征和装饰意味。而我就是通过象征手段来表达一个历史上的真实故事，把真实的故事提升为精神层面。比如说，背景中咄咄逼人的火烧云，象征主义的红颜色，一方面，象征着当时的历史气氛，日本侵略者的"三光"政策，诸如敌人在后面追赶，在向我们的战士开枪的具体情节，我就都省略掉了；另一方面，火烧云的这种感觉，以及根据画面的需要画出来的非自然状态下的江水颜色，整体地突出了画面主题，表现了八位女战士的坚贞不屈、英勇不屈的精神，也表现了她们当时的心情。这张画在展览厅里面比较容易吸引人，而且使题材显得更为庄重。

在色彩运用方面，我所采取的是象征主义手法，主要用这种红颜色来表达主题。但是，红颜色很难画，难就难在人脸的颜色在红颜色前面很难画。因为红的一层油上去后，人脸的颜色很难出来，不是原来的颜色，人脸都要进行一些改变。我画了好多小稿子，又要看得出来人脸的真实颜色，又要看得出来整体空间的颜色，这就需要在技术方面进行一定的变化。在构图方面，我用三角形的、金字塔形的构图方法，这种构图方式，在西方油画里面是比较经典的。比如浪漫主义绘画中的德拉克洛瓦[1]的

赶车老汉

73cm×97cm　布面油画　1981年

《希阿岛的屠杀》、籍里柯[2]的《梅杜萨之筏》，在他们的纪念性的绘画里面，都采取具有象征意义的金字塔构图，比较有力量、比较稳固。但是，如果构图太稳固了，也不好。所以，在《八女投江》的构图里，两组人物构成两个大金字塔，右边人物是正金字塔；左边人物是倒金字塔，就是最左边的两个女战士往前倾斜。这样，整个构图就有起伏了，并用背景的云彩进行平衡，这里是天和水的交界线，是水平面的横线，云彩就跟这条横线同步。如此一来，画面的整体构图就平衡了。

人物设置方面，主角是队长冷云。她受伤了，已经没有力气了，但一位女战士还是搀扶着她往前走。这一组人物是主要的。主要人物的左边是朝鲜族小姑娘，年龄最小，她也快走不动了，由另一组人物中的年长一些的女战士拉着往前面走，体现出她们心连心的感觉。而且通过牵着手、拉着往前走的人物动作，把两组人物联系起来。不然的话，八位战士都往前面走，在构图上也是很失败的。最右边的这位战士，比较壮实一点，很有力度地拿着枪，在掩护同伴；她旁边的战士正在开枪，在后面抵抗；最左边的战士表现出充满仇恨的感觉；拉着朝鲜族小姑娘的女战士很坚定地往前走；左边第三位战士在思考，这个人物的形象，是从电影里面拿来的。

总之，每个人的形象实际上都是不一样的，不同的脸形，不同的表情。为什么这样安排？为了避免人物雷同化，必须把每个人物都区别开来，都画成一个样，就不好了。在同一个瞬间里面，遇到同样一件事情，每个人的态度不一样，每个人的个性不一样，每个人的形象也不一样。

本文节选自《画语求索：全山石口述史》

---

[1] 德拉克洛瓦（Eugène Delacroix，1798—1863），法国画家，浪漫主义画派的代表，作品有《自由引导人民》等。
[2] 籍里柯（Theodore Gericault，1791—1824），法国画家，新浪漫主义画派的先驱者。

詹建俊

1931年1月生于辽宁盖县。1953年中央美术学院绘画系本科毕业，1955年中央美术学院彩墨系硕士毕业，1957年马克西莫夫油画训练班毕业，同年在中央美术学院任教。曾任中国人民政治协商会议第八、九届全国委员，中国美术家协会油画艺术委员会主任，第五届副主席，中央美术学院教授、博士生导师、学术委员会顾问，及中国油画学会名誉主席，中国美术家协会顾问，欧洲人文艺术科学院客座院士。1986年被国务院授予"有突出贡献专家"称号。

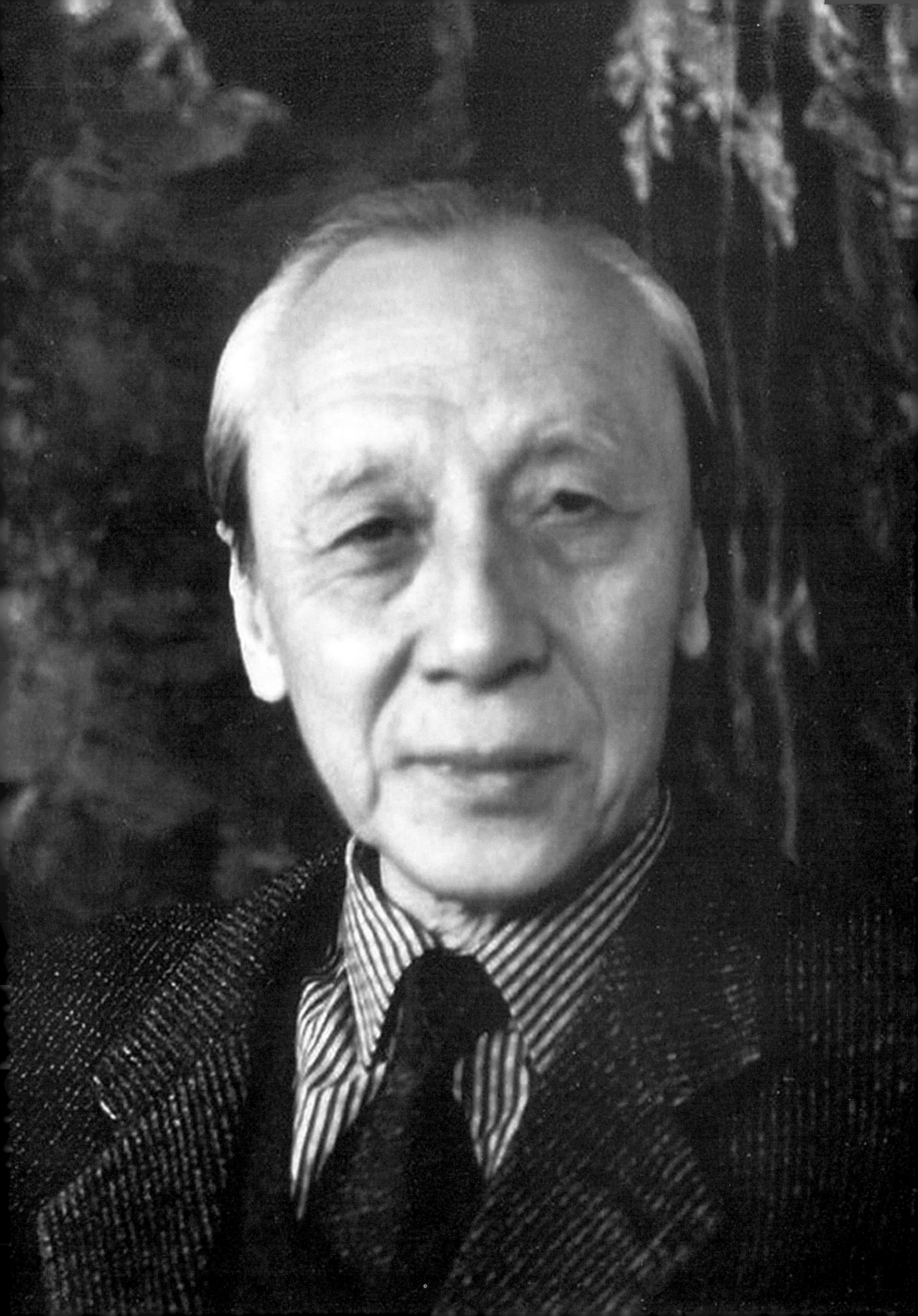

我所熟悉的詹建俊

文 / 靳尚谊

詹建俊和我是同届的同学，他毕业后留校读研究生，后来又考入苏联专家授课的油画训练班。20世纪50年代的时候，整个油画界还处于起步阶段，在苏联留学的人非常少，每个学校只有几个人，所以这个在国内向苏联专家学习的机会就非常难得了。詹建俊和我的油画专业就是从这里开始学的。在我们就读本科的时候，当时的美术学院没有油画专业，课程就是学习素描和水彩，创作课的作业都是年画、连环画、宣传画等。虽然研究生留校的时候也画了几张油画，但都是很不正规的。像我们这一代人，包括詹建俊，真正学油画就是从这一年开始，也就是1955年春天。詹建俊在这个班上是很优秀的。当时在中央美院去油画训练班学习，一共有四个人：侯一民、詹建俊、尚沪生和我。詹建俊、侯一民是我们之中成绩非常突出的，毕业之后就到了油画系。他在油画系进入了"第三工作室"（董希文工作室）任教，在董希文先生去世之后就由他来主持工作。

詹建俊的毕业创作《起家》在当时获得了巨大的反响，参加了"世界青年联欢节"的美术展览，并获得"世界青年联欢节国际美术竞赛"铜奖。当时这是一个大型的国际展览，金奖和银奖给了中国画。那个时候中国油画是非常落后的，整个"文化大革命"之前的十七年时间，大部分都是基础性研究，比如研究素描、色彩等。中华人民共和国成立初期，中国的现实主义创作几乎没有。在20世纪30年代也有过一些美展，但从整体来讲，这种多人物的、情节性的创作在"文化大革命"以前鲜有出现。当然也曾经有过一些优秀的作品，比如徐悲鸿的《傒我后》《田横五百士》，都已经很接近现实主义题材了。在中国美术史上，中国画是我们的传统，油画引进的时间很短，长期处在动荡的环境中，接连不断的战争破坏了社会的稳定，也让油画失去了良好的发展环境，中华人民共和国成立后到"文化大革命"前的十七年是比较稳定的，实际上，到1955年全国才开始正规地研究油画基础问题。现实主义创作是革命历史博物馆提交的任务，1952年博物馆的筹备初期就提出需要一批历史画，之后在1956年、1959年又分别有两批大的创作，这三批创作促成了中国油画中情节性现实主义题材的出现。詹建俊在1959年创作了《狼牙山五壮士》，1961年创作了《毛主席在农民运动讲习所》，从毕业创作《起家》到1959年的《狼牙山五壮士》，詹建俊在油画的情节性绘画创作中已经是非常出色的了。

詹建俊是中国油画界中较早对油画的现代意味进行探索的。他对画面的处理是概括性的、象征性的元素比较多。他的作品《狼牙山五壮士》在创作初期还在油画界引发了争议,他在历史画里面开始使用象征性的处理办法,画面抓住了五壮士跳崖的瞬间,人物的组织不是自然的真实,而是象征性地把人物和太行山连为一体,具有纪念碑的效果,这样的创作手法在当时是比较新潮的,由于一些老先生不大习惯,提出了质疑,但他坚持了下来。在此之前,现实主义油画创作大都是遵从自然的、真实的情节,实事求是地处理人物关系,而詹先生这种手法在当时无疑是一种革新。他为此曾作了一篇文章《走弯路有感》。这种象征性的创作方式

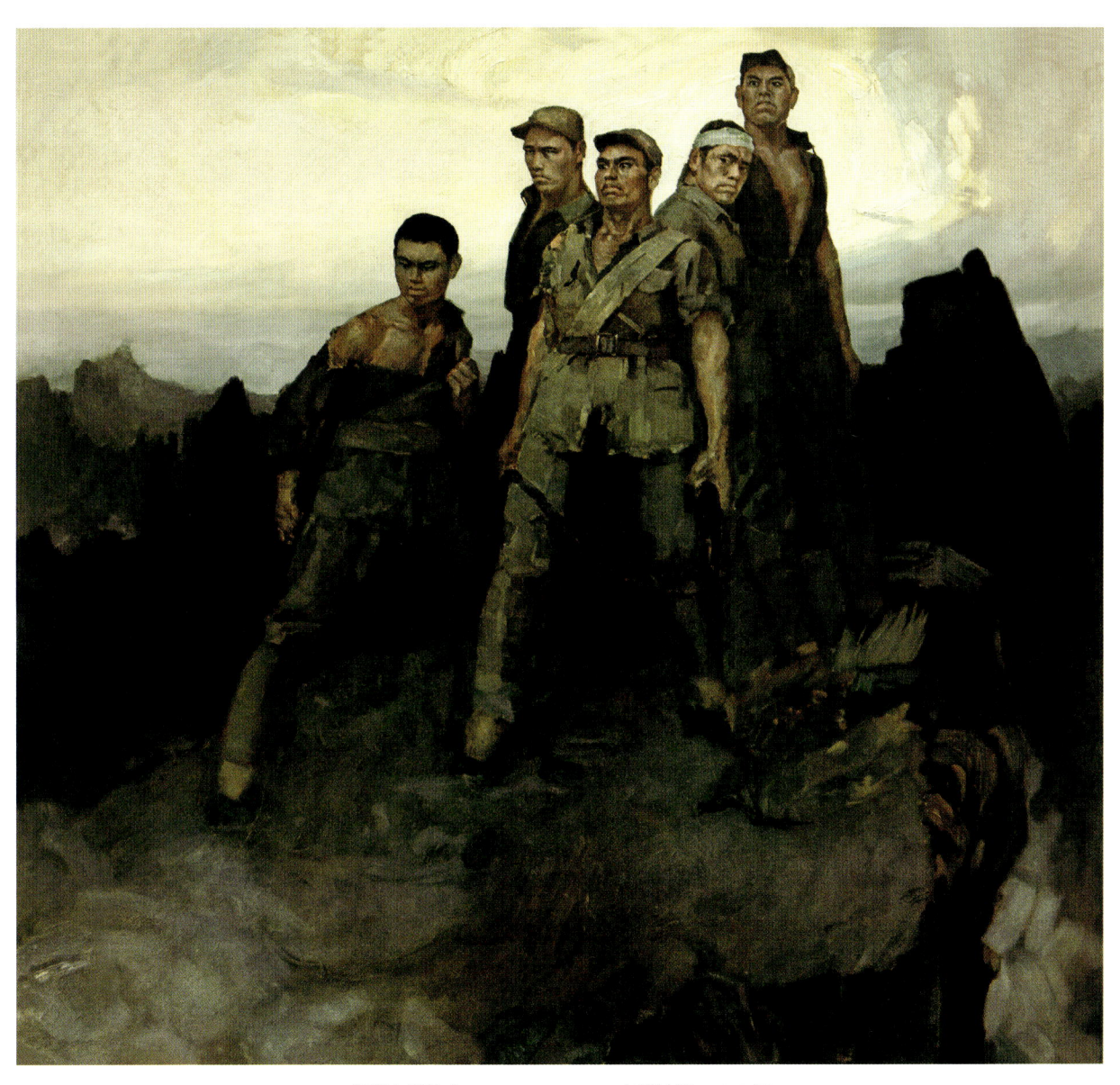

狼牙山五壮士　186cm×236cm　布面油画　1959年

高原的歌　174cm×200cm　布面油画　1979 年

在改革开放后就很普遍了。西方对现代感的定义就是"平面化",他当时就是采用这样的手法,画面平面化,颜色单纯强烈,还稍稍有一点变形。这种变形丝毫不生硬、不做作,而是很自然的流露。

在 20 世纪 60 年代初,詹建俊到新疆写生,创作了一批描绘新疆风景和人物的作品。从那时开始,他就着手于比较现代的探索,画面单纯、平面化,色彩饱满强烈,具有很强的形式感。当时在油画界产生了巨大的影响。

1966 年后,"文化大革命"席卷全国,中国油画发展遇到了重大挫折,受到了前所未有的打击。一直到 20 世纪 70 年代末 80 年代初以后,国家才开始走出"文化大革命"的阴影,詹建俊的油画创作也更加回归艺术本身的发展轨道。那个时期他创作了《高原的歌》,作品以红色为基调,描绘骑看牦牛的藏族妇女沐浴在阳光中走来。这件作品在北京市美展获一等奖,在第五届全国美展获二等奖。应该说这件作品在当时是比较新颖的、具有一定表现性的,作品的处理手法也很少见。在 1984 年的第六届全国美展,他的作品《潮》获得了金奖。这也是一幅表现性很强的、奔放大气的作品。在那之后,詹建俊的创作出现了变化,比较大的题材的创作渐渐少了,而转向了其他题材的创作,同样取得了优异的成绩。1987年,他的风景画作品《回望》赴苏联、波兰、捷克斯洛伐克三国展出。

他还创作了很多描写少数民族风俗题材的作品,近期他所作的藏族题材的作品,参加了写实绘画展览。早在20世纪80年代初,我们一起到新疆塔吉克地区深入生活,我们到牧民家里和他们一起生活,也画了很多写生,从中提炼出题材,后来他所作的塔吉克系列作品都是那次深入生活的结果。

总的来说,詹建俊在年轻的时候就对形式很敏感,"文化大革命"之前的艺术探索极其鲜明生动,画风充满着高昂的浪漫主义的气息,追求的是一种鲜明强烈的艺术效果和绘画语言的特色与魅力。我们看他的画册,很多都是用浪漫主义的艺术处理手法表现社会明快的一面。和我含蓄的画风不同的是,他的画面总是色彩强烈、笔触粗犷、感情奔放且具有震撼力。

油画在中国的历史比较短,新中国成立后才得

潮

177cm×196cm　布面油画　1984年

到了大规模的发展。詹建俊是新中国培养出的第一代油画艺术家中的代表人物，从基础到创作他都有着深厚的艺术造诣。他的基础雄厚扎实，创作紧随时代，并且采用浪漫主义手法，在中国油画领域获得了极高的成就。在和詹建俊的交往中，我向他学习了不少东西。他是最早对形式感进行探索的，他不仅关注造型，而且在包括画面构成的处理上都是非常敏感的，对构图、结构和形体的处理都是具有探索性的。他也是在中国油画界对现代感进行研究的先驱之一。当然，现在看起来，他的作品属于传统的，但是在当时的历史情境下，特别是在20世纪60年代初的新疆写生时创作的作品，都是富于开拓意义的。

詹建俊在教学上也是非常严谨的，这和他的人品也是一致的：严谨、规范、理性，又不失豪迈和浪漫。做人的风格和画画的风格，在詹先生身上是统一的。我和詹建俊相处的时间很长，他的学术发展成绩斐然，也比较顺利，作品也非常多。虽然现在，他年事已高，创作却一直没有间断过，依然保持着旺盛的精力和对艺术的敏感，难能可贵。詹建俊的创作环境一直没有离开美术学院，但是他的创作与整个时代紧紧联系，从未游离于社会之外、从未脱离生活，就像是时代的歌手。国家也一直很重视他的作品。获第六届全国美展金奖的作品《潮》，正是顺应了改革开放后农村的变化。他20世纪七八十年代的作品极大地推动了油画的发展，后来随着社会的变迁和"八五美术新潮"之后，中国油画已经具有日益成熟的独立性。现在他作为中国油画学会主席，他的艺术主张和在作品评审上对新人的提携等方面有力地支持着中国油画的前进。

回望　155cm×128cm　布面油画　1979年

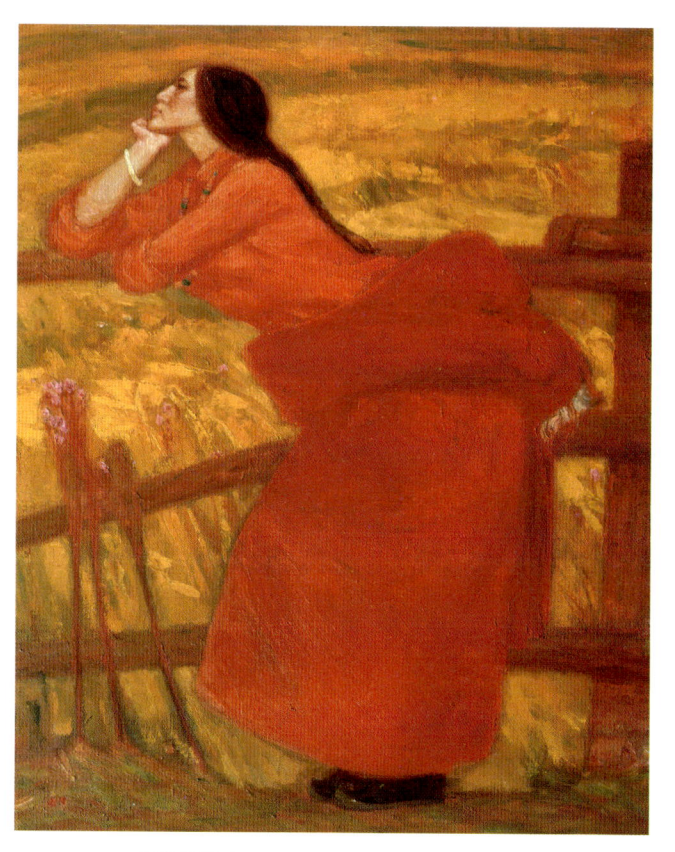

遥远的地方　162cm×130cm　布面油画　1987年

大家之路艺术小故事 · 詹建俊

雪域高原
180cm×150cm 布面油画 2006年

詹大这个人

文 / 黄永玉

是 1953 年吧，我刚刚到中央美术学院工作的时候，有这么一帮青年，热热闹闹地在校门口大院子里踢毽子、跳绳……同事告诉我那是毕业班的同学。

当时，我只是觉得这一帮人真有点意思而已，甚至还觉得这个学院保持着艺术上可贵的童真，是了不起的事。艺术生活中若不失掉童真，那是会非常久远的。

初来，和这帮人不熟，甚至还有点羡慕，因为我自小很少体会过同学们之间的那种温暖，虽然我那时才不过二十八九岁，师生间的鸿沟却使我蹑步不前，只能在遥远的距离欣赏他们。

以后，看过他们的毕业创作展览，又看过他们的一次"名垂青史"的马戏团演出，认识到这一帮人受到的新社会全面发展的教育成果，是很有说服力的。

30 年后，这一帮人在艺术创作上几乎成了中国的"强力集团"。

其中有一个个子一米八九的詹建俊，别号詹大，和他的交往是在 20 世纪 60 年代初我搬到院部宿舍以后的事了。

他很文雅。我们有一些共同的爱好，喜欢听一点音乐，读一点书，谈一点文化上的见闻之类，也有不同之处，他持重、稳当，而我却喜欢发一点狂言，喜欢到野外打这么两三天猎，到平原山地混上几天。他服装整齐，温文尔雅，房子里安排得窗明几净。我的屋子乱七八糟，东西拥塞，难得有清朗的一天。不过彼此都能容忍，互相尊重，以至成为谈得来的朋友。

他这个人比较实在，没有媚骨，这是我和他成为朋友以至今天还是朋友的缘故。对于令人讨厌的事物，他会透彻地发表意见，但遇到强大的讨厌事物，他则是保持沉默，不作嬉皮笑脸的违心之论。唉！那时候的人们是多么艰难地在维持自己的人品啊！

秋情　125cm×195cm　布面油画　2015年

他的幽默感也是非常之吸引人的。在这种时候他往往故作正经，面无表情。记得他叙述过的好多年前的一次什么会上，有人揭发他时常下馆子，有人时常在馆子里碰见他的故事。他只"编者按"了一句："既然他时常在馆子碰见我，不也就是我时常在馆子里碰见他吗？"

"文化大革命"末期，"牛鬼蛇神"要定案落实了，鬼使神差地要他和另一人来当我们几十个老头子的什么员（类乎管理员的服务）。我身处逆境，彼此两目相遇时不免谦卑，尤其是我教了五个整年的那位"另一人"申斥我时："'你不爱看国产片'，虽然是'四条汉子'领导的，你还是反社会主义！"天晓得哪来的根据！这时詹大坐在旁边，他看我一眼，我也看他一眼，我心里笑得直颤，简直想捅他一下……

在"文化大革命"期间，我们有很长时间没有来往了，都深知保持距离也是一种深情的爱护。有什么办法呢？

詹大的画基础底子好，但他画每张画时，"想"得很苦。重复熟悉的手艺在他是容易的，他不甘于重复，以至可以看到艰辛的、明显的创作时期和风格。

詹大的创作特点就是不断地探求，我是很佩服他这种精神的。

1982年10月11日

大家之路艺术小故事 · 詹建俊

听涛—风雪行　180cm×300cm　布面油画　2015年

大家之路艺术小故事 · 詹建俊

我和我的画

文 / 詹建俊

我原籍东北，生在沈阳市，但从小就在北京生活，在北京长大，可以算是"老北京"。由于所处的时代和环境，在1948年考入北平国立艺专之前，我在文化生活上除了美国电影外，基本上接受的都是传统文化的影响，家庭的作风也是传统的，虽然不很守旧，也不讲满族旗人的规矩，但与洋文化没关系。父亲年轻时在村里教书，后来外出做事，喜好字画。记得小时候，父亲常领着我去参观中国书画展，而且，在上小学四五年级时，课余入了由几位国画家主办的"雪庐画社"学习工笔人物画，从那时起，开始知道中国有吴道子、张大千、蒋兆和等大画家。此外，我爱看京剧，爱听评书等曲艺，爱看武侠小说，稍大喜爱老舍先生的作品，也爱读唐诗。至于莎士比亚、罗曼·罗兰、贝多芬、肖邦、

舞　100cm×110cm　布面油画　1982年

大风　180cm×150cm　布面油画　1996年

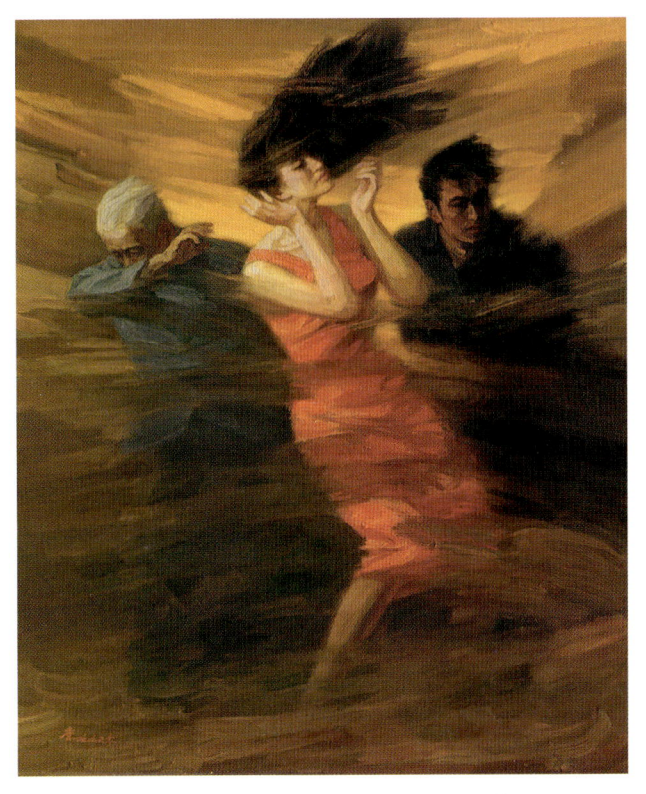

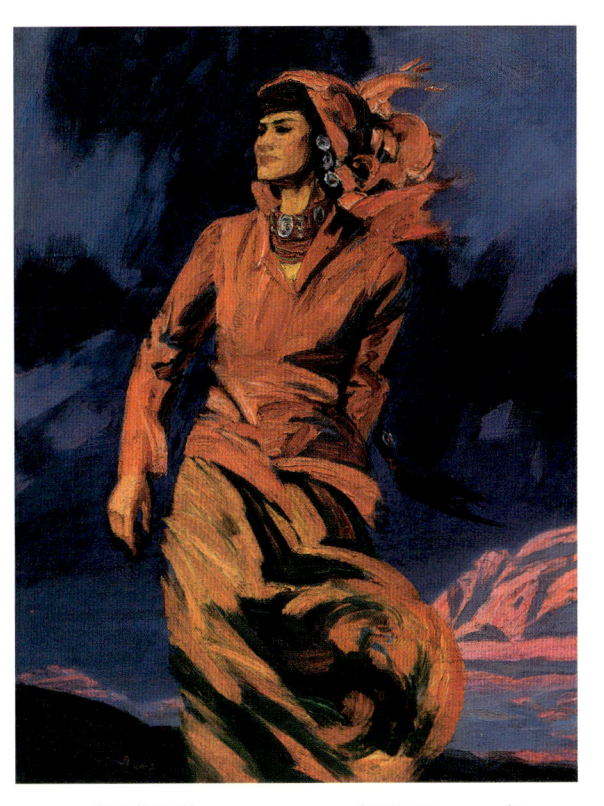

飘动的红霞　117cm×91cm　布面油画　1991年

达·芬奇、伦勃朗……这些西方文化的代表人物和作品，全是我进入北平艺专和中央美术学院学习以后才知道的。以入艺专为分界，前后两种文化的不同影响由中到西的变化界限分明。我在艺专和美院学的是西画科和绘画系（后改称油画系），没想到当我于1953年本科毕业时学院却分配我到彩墨系（今国画系）当研究生学习国画，同时一起被分配去的学生还有刘勃舒、汪志杰，由李可染、蒋兆和、叶浅予等先生任教。因为小时候学习国画的经历，对这一分配自己也还有兴趣，然而事出意外，在研究生结业之前，随叶浅予先生到敦煌临摹壁画回校不久，叶先生叫我去谈话，说："现在文化部请来了一位苏联油画专家，准备开办一个油画训练班，学校要派你去考试，你愿不愿意去？"我原本是学西画专业的，现在能有机会再学油画自然没有意见。这样，我的专业就又由国画转到油画，此后就一直没离开油画专业。回头看来，从小学的国画社到艺专的西画科，由本科生的绘画系到研究生的彩墨系，再由彩墨系到油画训练班，在专业上这样由中到西、由西到中的进进出出可以说是我在学习绘画过程中的一个特

藤
布面油画　100cm×55cm　1986年

色了。情况虽然如此，认真说终因当时年轻，对中西艺术的学习还都较肤浅，对传统艺术精神领会得很不够，由那时到现在已有四十多年，在这期间从研究与学习的角度来看。不知又有多少次的在中西文化之间出出进进。我想从少年时期开始的这一状况对我自身在精神气质上以及在艺术观念上的形成和影响应当会有着不小的作用。

如果从20世纪50年代创作的油画《起家》和《狼牙山五壮士》算起，我从事油画艺术创作经历了"文化大革命"前后不同的历史时期。但是，作为我在油画中主要追求的艺术精神和特色，应当说没有多大变化，前后基本一致，只是不断地更加鲜明和强化而已。

我画画比较重直观、重感受，以性情为主，理性精神不是很强，虽然有时也会有一些寓意和象征性，但那也多是来自内心体验，感悟的成分多，有些理性思考也是在直观引发下产生的。我在画上主要追求的是表达精神和情感，不管什么题材和主题必须有感于精神，必须能表现出从特定生活或对象中在内心所激发出的感情，并把它融于作品的形象和意境当中，是所谓"贵情思而轻事实"，即便是主题性很强的作品，我的着重点也不在叙事，而是要突出作者的思想感情。我欣赏中国画中"以形写神""以神写形""神形兼备"的主客观相统一的原则。我作品中的形象看来真实而具体，但它是经过同类形象有选择的概括创造，是以"神"再造过的形象了。画中的山川、人物，其形其神都渗透了作者的精神和意象，正如郑板桥所说，"胸中之竹不是眼中之竹，手中之竹又不是胸中之竹"的艺术创造道理。中国艺术重"写意"，作画以意为主，以意造像，以意造境。我画中的景物也多是在现实的基础上由意造出的。这样，有利于提升现实的艺术境界，突出赞颂人的美好情操，以及一切生命的活力。

在艺术表现上，我追求鲜明强烈的艺术效果和绘画语言的特色与魅力，无论在造型、色彩还是笔法上，都努力探索如何在表现客观外部世界的同时能够突出主体精神，能够加强艺术表现力。在作品的布局中注重建立大的框架和构成，要求面面具有整体特色，探寻与内在主旨的切合，要能呈现出作品的"气势"和"意境"，具有较强的形式感和节律性，在这一点上我往往是为了寻求一个最佳方案而费尽心机，不遗余力。同时，我十分重视色彩在油画语言中所具有的突出作用，它有自身独特的意趣，对作品精神表达有直接的影响，具有极强的感染力，是油画艺术魅力的一个关键所在。我处理色彩注意在生活真实的基础上去寻求与主观色彩相统一的结合点，希望能够在不破坏生活合理性的情况下进行艺术的夸张和渲染，使作品既易于理解又具有强烈的表现力，应当说在这方面随着时间的推移在我的作品中越来越显强烈。此外，在油画笔法的运用上我结合客观物象的形质，追求主观精神的寄托，在这方面我国绘画艺术中有丰富的经验和理论，与西方的运笔原则全然不同，它既不被物象制约又不独架于物象之外，既讲"随形运笔"也讲"心随笔运"，要求笔底见物，笔底见情，始终主张形质与心气相结合。这种作画的运笔原则和境界是我所欣赏和在油画创作中所努力追求的。

总之，从开始学画到现在，古今中外有相当多我所喜爱的绘画大师和前辈，从他们那里得到了无数的教益和营养，但在艺术实践中我无意追随其中任何一家一派，在风格面貌上任由其自然发展。我追求的只是在作品如何能表达出我的意趣，如何能体现好我的情怀——一个在中国北方生长和工作的当代油画家的审美意趣和思想情怀。

高原情

109cm×187cm　布面油画　1982年

我的导师詹建俊先生

文／白展望

人世间有心灵感应吗？过去我不信，现在我信。2002年的冬天，我在中央美术学院博士生课程班学习。那天下着大雪，风也很大，同学们估计詹先生今天不会来上课。大家都在用心地画着写生。画着画着，我的心里突然有一种异样的感觉，随口说道："詹先生来了。"大家望着窗外的飞雪，没有人相信，可是没几分钟，教室的门被推开了。先生的肩上落满了雪花，戴着一个棉的鸭舌帽，站在大家的面前。我们都非常吃惊，异口同声地说道："詹先生，这样的天气您怎么还来？"因为先生的家当时在王府井校尉胡同，到望京美院还有相当长一段路，况且他已是七十多岁的老人，今天这样的天气要是滑一下，可怎么好！先生笑了笑，随口说道："没事，这点雪算啥。"以后好多次我都能感觉到先生的到来。后来一到天气不好的时候，同学们都爱问："展望，今天詹先生会来吗？"过一会儿，先生走进教室，同学们都笑了。大家告诉先生白展望知道他会来。先生笑了笑问道："还真有这事？"毕业好多年，我有时还在想，今生能做先生的学生，会不会是天意？记得有一次我问孙逊："你说我和先生有相像的地方吗？"他说："还是有的，你们都喜欢力度，喜欢有力量的东西。"我似信非信地点了点头。

知道先生和他的画是在我的中学时代，当时学习绘画就临摹过先生出版的素描作品。20世纪90年代初，在中央美术学院第七届研修班进修结业展上，先生对我的画作了长时间的讲评，当时四周围满了同学。第一次面对面地听先生教诲，我紧张得出了一头汗。当时先生所讲没有记住多少，只记得先生说过要注意画面结构和人物塑造，生活不等于艺术。1997年建军70周年全国美展，在空军评选作品，我见到了先生，他鼓励道："白展望你进步了。"2002年建军75周年全军美展，我创作了一幅叫《战士》的作品，表现的是军人的牺牲。当时听说有些首长和评委有不同看法，主题看不明白。先生当场给重新起了个名，叫《训练间隙》，画面一下就明朗了。记得上学以后，有次我问起这张画，先生说"构思还是不错的"，给予了充分肯定。2006年，我应邀为军事博物馆创作历史画《陈树湘》，当时请了军内外的专家为这批作品作讲评，先生对我的画提了好几条意见，在送先生回去的车上，可能见我有压力，先生说道："你这张画颜色还不错，红军的手、脚、小腿和担架甚至地面画得都不错，这些优点我都看到了，不要没信心。"我不好意思地笑了。我非常感激先生在我成长的道路上给予我无尽的关爱。

2002年，我考取了中央美术学院博士生课程班，做了先生真正的学生。从此有机会更多地接触先生，度过了好多难忘的时光。

我记得第一次去先生的画室，是在 2003 年的 7 月，由于"非典"，美术学院停课，我和孙立新同学被封闭在通州，给军委八一大楼创作历史画《百团大战》。有两个多月没见过先生，只通过几次电话汇报学习和创作的进展情况，回城以后，我们如约来到先生的画室。画室在校尉胡同老美术学院陈列室后面 4 层 7 号。面室比我想象的要小得多，可能是为了多建一层，楼的高度很低，先生站起来一举手，感觉都能摸到楼顶。整个画室是由两个小间打通而成，中间的隔墙由于承重只打通了三分之二，两根裸露的柱子占据了画室中央的位置。我说画室太小了，先生笑着说道："现在这间画室也是去年才有的，以前都是几个人合用一间画室，最多的时候有 3 个人，我，罗尔纯先生，还有一位后来出国的女同志。记得当时有外国代表团来访，就把罗先生的画背过去，摆上他的作品。现在这间画室是小，但在美术学院是最大的，属于照顾了。"他说他最近在幸福大街新买的房子，画室的格局和这间差不多，看来他今生只能有这么大的画室了。去年和先生说起这间画室的时候，他告诉我他好多画都是在很小很差的条件下画成的。我有时想，生活真有意思，我们这代人在条件好的环境中，经常画出忧郁灰暗的画，而先生他们这代人，在很简陋的条件下却画出了明亮而灿烂的画。他们的作品是那样的绚丽而干净。看来心灵永远比物质更重要。先生把画室收拾得很整洁，摆放着两个画架：一个放了张《石和藤》，画的左面背景很绿，肌理很厚，感觉画了好多遍，另一个放的就是在第三届油画展中展出的《旭日》。

桌上已泡好了茶，先生说："都凉了，加点热水。"显然先生早就到了。室内有两个靠北的窗子。天阴时很暗，他说天晴的时候还是很亮的。靠西边摆了茶几和沙发，还有两把椅子，一把上铺了张黑色的动物皮子，我一直就坐在这把椅子上。小茶几上放着 CD 机，北面中间的断墙边放了个小柜子，上面放了好多张 CD、画册和书，靠南边放了张单人床，上面摆放了几张画和纸，我记得有《凌妮》那张画。我俩拿出了《百团大战》完成的片子给先生看。他戴上眼镜，看得很仔细，说："这么短的时间画成这样真不容易，还不错。背景的天和近处的长城画得很好。近景的战士亮是对的，只是有些孤立，战士的衣服也有深浅之分，况且冲锋一定有沙尘，可做的文章还是很多。"说着取出了梅尔尼科夫的画集，给我们分析了好几张作品，让我们知道，怎样处理画面，怎样进行艺术的归纳。先生风趣地说："林彪当年说得也对，就是要带着问题去学，一个人将九个缺点藏起来，只露一个优点给别人看，那就是十全十美，艺术上更是这样……"先生一直讲到晚上七点多，窗外的天都黑了，以后我每次路过陈列室，都会忍不住多看几眼，心里就

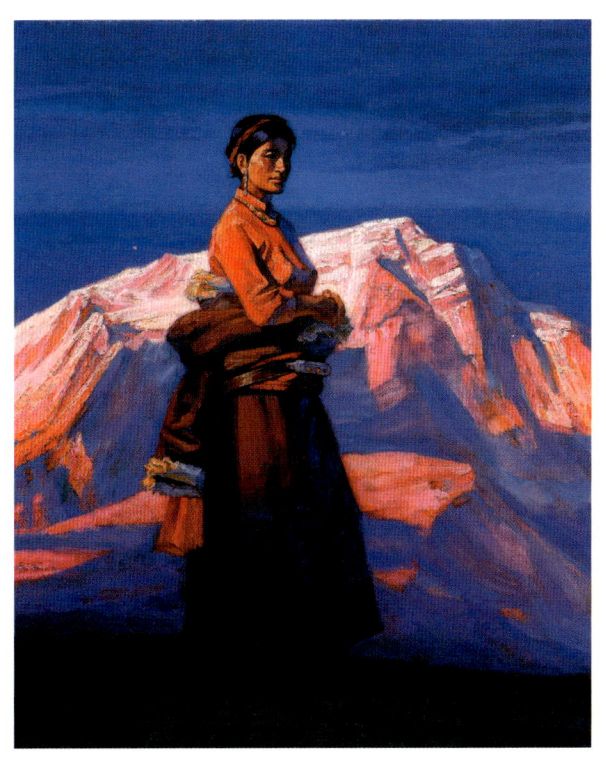

旭日　180cm×150cm　布面油画　2003 年

涌出一种无法言说的幸福感。

先生平时给我的感觉是很寡言的，其实先生很幽默风趣。只是他所讲的全是艺术和绘画。他的心里全是艺术的天地。和先生相处久了，就有一种纯粹和纯净的感觉。

先生在75岁那年终于住上宽敞的房子。为了能让先生有个理想的画室，孩子们几乎跑遍了北京城，现在的房子结构合理，画室也宽大明亮。记得先生搬了新家我们去做客，一进家门，先生就把同学们带到了他的画室，给我们看他正在画的画，看他摆放整齐的颜色、新买的画架、房子的灯光，还有他心爱的音乐磁盘、新买的CD机。过去在家里躺着的画册，终于都站在了书架上。先生说唯一不好的是南边的窗户，不过可通过窗帘来调整，他已经很知足了。可能因为有了新的环境，先生的作品画得非常纯净而清新，在他的画上第一次出现了一种少见的柔美。阿姨给我们讲他现在中午不睡觉，晚上画到十二点多还不休息。我们都在为先生高兴。春节去看望先生，发现客厅挂着一幅新画的大画——《飞流的瀑布》。先生说想给房子添点水，我说过年了应该休息一下。阿姨笑了："休息？晚上也不出画室，让他看电视和家人坐会儿，他倒好，将这幅正在画的画挂在电视旁，一个人坐在离电视很远的门口，问他看什么，他说看画，有时会突然拿出调色板在这个灯光下进行涂抹改动。真怕他把画给改坏了，白天一看还好。"先生坐在那里显得那样平静和慈祥，好像在说别人一样。我的心里不由得产生了自责。记得有段时间搞创作，我像钻了牛角尖一样，一直想画出有观念意味的作品，一会儿一个想法，一打电话向先生诉说，他都会说"拿来我看看"，而且一讲就很长时间，每次离开，先生满眼都是鼓励的目光。那时太轻率了，我占用了先生太多宝贵的时间。

我曾目睹过先生两次作画，两次都使我感动和难忘。在2002年的人体写生课上，我们都停下了作画，围在先生身旁，看他给一个同学改作业。先生一出手，大家都非常吃惊，他拿笔的手抖动得非常厉害，涂向画布的笔触却像刀砍一样。在一旁的靳尚谊先生跟我们说道："别难过，你们先生年轻的时候就这样。"后来我老在想，先生的那些画是怎样画出来的？因为他的作品用笔讲究、形色结合，该讲究的地方极其精微。他画出了那样多的作品，该付出多少心血和劳动？第二天朱乃正先生来上课，他指着詹先生画过的地方说，这就是中央美术学院的水平。后来朱先生在"回望昆仑"画展以后给同学们作讲座讲他的画，讲他在青海的岁月，也讲到了詹先生，他动情地说："当年'右派'平反以后，我想调回北京，找过几个地方都没成，后来詹先生觉得我到三画室最合适，当时也遇到了很大的困难，学院没有编制和名额，詹先生亲自找学院领导，态度坚决，最终我才被调回北京，回到了中央美术学院。"以后朱先生负责三画室的教学，最后负责全院的教学，且佳作不断，享誉全国，那都是后话了。我老想象不出从不多言的詹先生，当时会是一种什么样子呢。

第二次见先生画画是今年三月底，和孙立新陪先生去军事博物馆文物仓库，去看他早期创作的两张画《进军西藏》《三峡夔门》，为他今年的回顾展做准备。当我们将《进军西藏》搬到了走廊的窗户旁，他没有让工作人员和我们年轻人动手，几乎是抢过毛巾蹲在画前，轻轻地一遍又一遍地擦着灰尘，那种样子让人感动。先生边擦边告诉我们，这张画从当年画完就再也没有见过，也忘记了是1957年还是1959年画的，最后我们在画的中下部找到了签名"建俊1959"，原来和《狼牙山五壮士》是同一年创作的。我说我也是1959年出生的。先生说：

"好，你也是和它们一块儿出生的。"说得大家都笑了。《三峡夔门》是一幅大画，1980年应军事博物馆何孔德先生邀请而作。先生看到这幅作品第一句话是"没有想的大"。这幅作品画得很薄，利用了画布的底色。由于露白的画布时间久远变黄了，显得有点焦，先生说需要调整一下。说着他脱掉了外衣站在走廊，从他整齐有序的纸袋里拿出了画具，很快就忘掉了周围我们的存在，神情极其专注。那天刚下完雨，天很凉，先生不时咳嗽一声，细高的身材显得极其清瘦，真像黄冠余早年画过的伯乐一样，连他抖动的手都有一种冷逸之气，让人肃然起敬。立新在我耳边轻声说："忘记带相机了，留个纪念该多好。"

跟随先生学习几年，觉得真正让我感动的是先生身上的那种单纯、自信、硬朗、执着，那种精气神。先生这代人不是中国油国的第一代传人，没有去过西方接受西方教育，但他们是真正的新中国培养的艺术家，具有优良的传统文化素养，又承开国之气，那种理想的光芒照耀了他们的一生，就是在先生的晚年你都能时时感觉到理想的存在。先生是真正的理想主义者，就像他曾经说过的一样，人没有理想就像没有生命一样。先生为人为艺是一面旗帜，今生能跟随先生学习是我一生最幸福的事。

听涛——红霞

180cm×300cm　布面油画　2014年

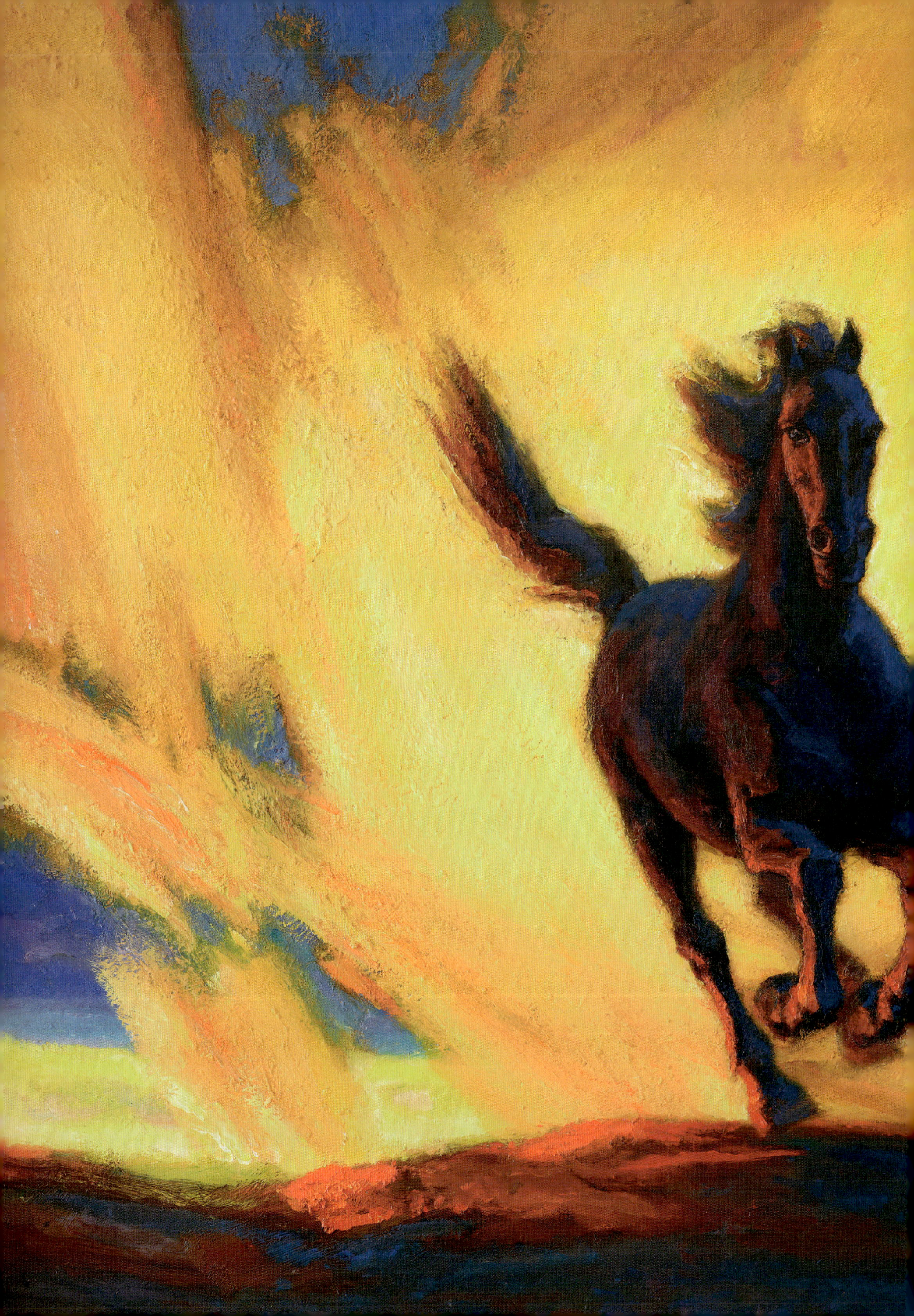

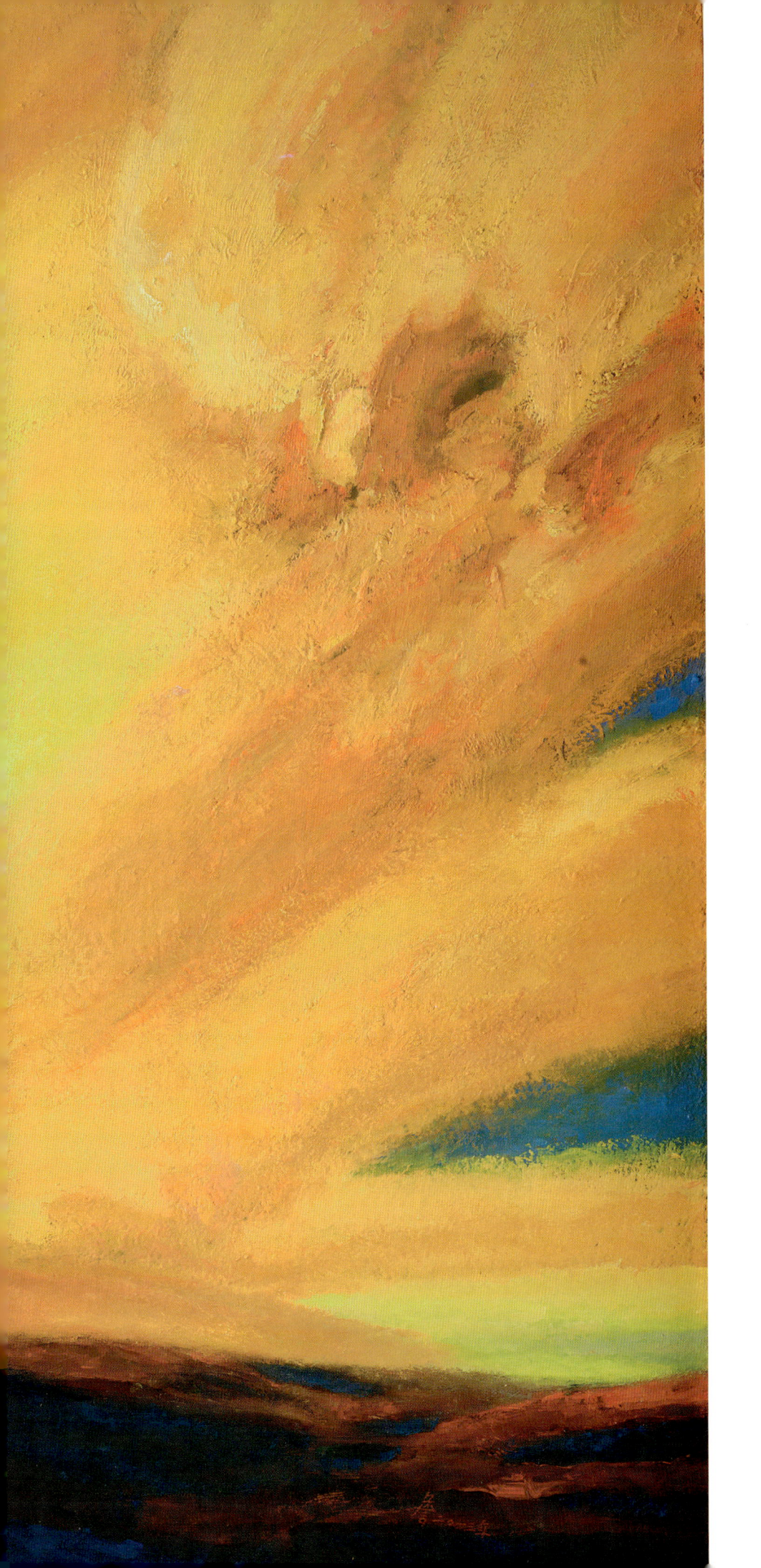

天地行
150cm × 180cm
布面油画
2013 年

生活与艺术（节选）

——水天中评詹建俊油画艺术

文 / 水天中

起家　140cm×348cm　布面油画　1957年

这幅画的题目是《起家》。

几易其稿之后，《起家》的草图终于确定了。横长的幅面上，风暴袭来的原野显得特别空旷荒凉，与粗犷的自然相比，初到荒地的青年显得势薄力单，荒野最前缘的白衣女青年略显纤弱的形象，加强了这种对比，反衬出垦荒者的坚强和勇气。风暴卷起的帆布帐篷在画面上占据了重要位置，它既是难以驯服的狂暴的自然的象征，也是青年垦荒者革命浪漫主义精神的写照。在美术学院，他找来一块巨大的篷布，架在空地上，研究它在不同视角的形状和在阳光下的色彩、阴影变化。画上的垦荒队员形象虽然有在北大荒生活的基础，但他们的具体处理都是回到学院以后具体推敲加工的。他曾为画上的主要人物形象作了阳光下的写生。完成的《起家》并不以垦荒队员的形象为主体，也不是以北大荒的自然景色为主体。作品的主题应该说是人和自然的关系，是人在自然环境的变动中焕发的精神力量，是人与大自然力量的对比和呼应。与同时代另一些类似题材的作品相比，《起家》是重于抒情，而不是重于叙事。因而在它问世之初，就以其不落俗套的构思赢得观众的赞许。詹建俊的老师、老画家艾中信认为，这幅画是当时中国油画的代表性作品，"作品的主题思想是用感人的形象和优美的艺术形式来打动人心，而不是用枯燥乏味的说教硬塞进观众的头脑里去的"。

从20世纪50年代初期开始，詹建俊对音乐产生了浓厚的兴趣。在这方面，他的同学徐伯阳、何孔德等人对他有很大的影响。欧洲古典音乐加强了他情感认知上深沉激越的一面。在画《起家》时，他曾连续听柴可夫斯基的《第一钢琴协奏曲》，他觉得这首乐曲里有他所追求的精神力量。在以后画画时，詹建俊心中也常常萦绕着某种音乐，与他所追求的视觉印象一致的音乐。他的代表性作品中总有一种音乐性的旋律和节奏感，当然，这不一定来自他所听到的音乐，但音乐深化了他的韵律感觉和韵律意识。或者可以说，他在音乐结构的展开与视觉形式的布置之间获得了一种对应感觉。多年以后，他在《我希望……》一文中表述他理想的绘画境界，其中有一点就是"我希望我的作品像音乐，以动人心弦的旋律，震撼人们的感情……我要用我颤抖的笔，把热情滚滚的节奏，和潺潺流动的音韵，永远地凝固在画面中"。

詹建俊决定描绘五名战士在悬崖绝壁之上决心跳崖殉难的一瞬，詹建俊认为五壮士跳崖正是他们英雄行为的最为关键的环节，而领导干部们却认为，应该描绘五位战士与敌人英勇作战的场景，因为只有在战斗中才能显示英雄本色。画英雄准备跳崖，实际上是歪曲八路军战士的革命精神。在谈到这一构思存在的问题时，甚至还联系到"修正主义"思潮的影响。有一位老资格的油画家，也对詹建俊的草图提出尖锐的批评，认为詹建俊这样处理是歪曲了狼牙山五壮士的英雄形象。在内心深处，詹建俊觉得错误理解英雄的恰是指责他的构思的人，而不是自己。但这种"左"的环境，使詹建俊的创作热情、绘画兴趣为之荡然。在他茫然无所适从的时候，负责这次创作的蔡若虹明确表示支持詹建俊的构思。这使他得以按照自己的设想顺利完成了革命历史画《狼牙山五壮士》。作品完成以后，原先持怀疑和否定态度的人们也改变了他们对这幅画的看法。在展出以后，获得观众普遍的好评。

《狼牙山五壮士》的艺术创意是将高峻的山岳与英雄的战士融为一体。五位勇士的身躯俨如坚不可摧的山岩，在广阔的天地间巍然耸立。他自己对此有很恰当的解释："我有意识把人和山结合起来，强调了人物组合像山一样的总体外形，使得人的身影有如一座山峰。在山峰与人物外形的线条起伏变化上，注意构成激昂紧张的表情，并把这线条节奏的发展高峰引向壮士的峰顶。在这人与山构成的峰顶之后，是乌云即将远去的天空，预示他们为之献身的事业将取得最后的胜利。"与艺术史上同类题材的作品比较，詹建俊的画突出了战斗中的人民对自己命运的信心和作为历史主体的高昂精神。

在《狼牙山五壮士》之后，詹建俊接受另一幅革命历史画的创作任务，即《毛主席在农民运动讲习所》。这是1960年了，大家都在挨饿。革命历史博物馆把参加创作的画家安排在北京东方饭店集中居住，画家们得到了比外面好得多的膳食。这时人们的思想比"大跃进"期间要实际和清醒一点，经过前一阶段的工作实践，革命历史画创作的组织者对美术创作的特点多少有了一点了解。这使画家的创作进展得比较顺利。

与前几幅画相似，在《毛主席在农民运动讲习所》的创作构思中，詹建俊依然将注意力集中在环境与人的心境的关联上。他的企图是表现波澜壮阔的革命运动即将来临的气氛，虽然广州农民运动讲习所的环境并不具有狼牙山或北大荒那样的表现性特点，但詹建俊在人物和树木、建筑的关系上做文章，将天空云影和树木枝叶的动势与人的激情联系起来，造成风云突变的预感。仰视的构图提示着革命者心境的崇高。

西域的清风

比起非洲之行，1981年再次到新疆，给了詹建俊更多创作上的收获。出国访问似乎是情感和认知上的突然刺激，它强烈而短暂；而祖国边疆的旅行给他的却是不断加深、不断提纯的情感积累。西部边疆的山岳和草原、落日和朝霞、老人的目光和妇女的身影，都使詹建俊激动。与《高原的歌》同样引人注目的《帕米尔冰山》，也贯穿着边疆民族悠扬的乐音。这幅画也是画家想象的产物，雄伟的雪山、雪山上的"原住民"牦牛和在山下生活的塔吉克牧人是他亲眼目睹的，他们的气度，他们的生命节律都十分协调，千千万万年的共生关系，使他们互相依存，互相影响，成为世界屋脊和谐的组成部分。这使詹建俊浮想联翩，由此作出具有超验意味的构思。但在他三次新疆之旅中，并没有见到过像他所画的这种场面。《帕米尔冰山》传达的是画家在高原牧场上的心境和感悟，如果说《高原的歌》充溢着辉煌的热情，《帕米尔冰山》则渗透着静谧的和谐；《高原的歌》赞颂热情的生命，《帕米尔冰山》顶礼崇高的自然；《高原的歌》是金色的晨曲，《帕米尔冰山》是银色的暮歌——在落日余晖中，吹笛的牧人、他身边静卧的牦牛、徐缓升腾的薄云，还有那画面上看不到，而确实存在于画家构思之中的悠扬乐曲的缭绕，他们一起向世界屋脊上的"冰山之父"（当地人对那座最雄伟的雪山的尊称）致敬。

在观看了詹建俊描绘新疆生活的作品之后，我觉得西域风土与詹建俊的创作简直是相为表里。如果没有新疆的自然和人的风采，詹建俊的画作将大为减色。同样，如果不是詹建俊以其诗意的表现性画笔为西域风土传神，我们对新疆的人和自然的美丽想象也将大为减色。

在詹建俊心目中，新疆的自然和新疆的人具有同样的风致。在描绘西域的人和自然时，画家表现出同样的热情。《绿野》《飞雪》《清风》曾被评论家称为"成功表现边疆风情的肖像画"，但这一组作品与传统的肖像画有所不同，人物的面容并不是画家关注的重点，人的姿态、动势、自然环境和人对自然环境的反应，才是他感兴趣的方面。纯洁而饱含生命活力的自然和人是这一组作品的主题，因此，这些画在构思上具有一定的"抽象性"。如果按照"抽象"这个词的最基本的意义，它是阐明多种事物具有一种共同因素的心理过程。从这一角

清风　120cm×100cm　布面油画　1983年

度看，这一组作品不是一般的肖像画，因为传统的肖像画正是以具体的容貌为表现的中心，而这一组作品是对高原的人、高原的自然和高情调的综合与抽象。

《清风》中黄色衣裙的少女与洁白的羊羔，在春天的草坡上迎风飞跑，散乱的野花像夜空中的星星，在奔跑的女郎脚下眨眼，明艳清爽的动态和颜色汇成青春的跃动。新颖的表现性绘画处理，使《清风》成为新时期中国画坛表现动态人物的油画中最动人的作品。

《绿野》描画站立在绿色山坡上的女郎，初夏的阳光、深广的绿原、清凉的山风和她的青春，使包裹在洁净头巾与衣裙中的身躯泛射动人的光辉。这幅画创作于中国内地画家热衷于"人体艺术"的年代，詹建俊创造的这一形象，在赞颂人体之美的艺术感染力上超越了众多裸体女像。

《飞雪》中的女性显得成熟而沉静，漫天飞雪与火焰般的鲜红衣服构成强烈的对比。除了人物的面容，这幅画上没有更多的细节和动作，但奔放的大笔和调色刀堆砌的色层，形成别具风味的、自内向外的动感。

帕米尔高原的塔吉克妇女，在詹建俊心里留下了很深的印象。20世纪90年代初期，他又画了《飘动的红霞》和《山那边的风》。这是80年代的《清风》《绿野》《飞雪》的姊妹篇，像《绿野》一样。妇女寓动于静的身姿，风中的衣裙和头巾，成为画家发挥表现性笔法的理想对象。90年代后期的《大风》虽然描绘对象是城市人物，而且带有对环境问题的关切，但在绘画处理上，同样是借景抒情，狂风卷起的沙尘中，红衣少女的长发和衣裙在风中的动势，再次成为画家发挥表现性笔法的对象。

年轻女性在不同季节中的形象，是中外画家百画不厌的题材。詹建俊的这一组作品似乎与这一类

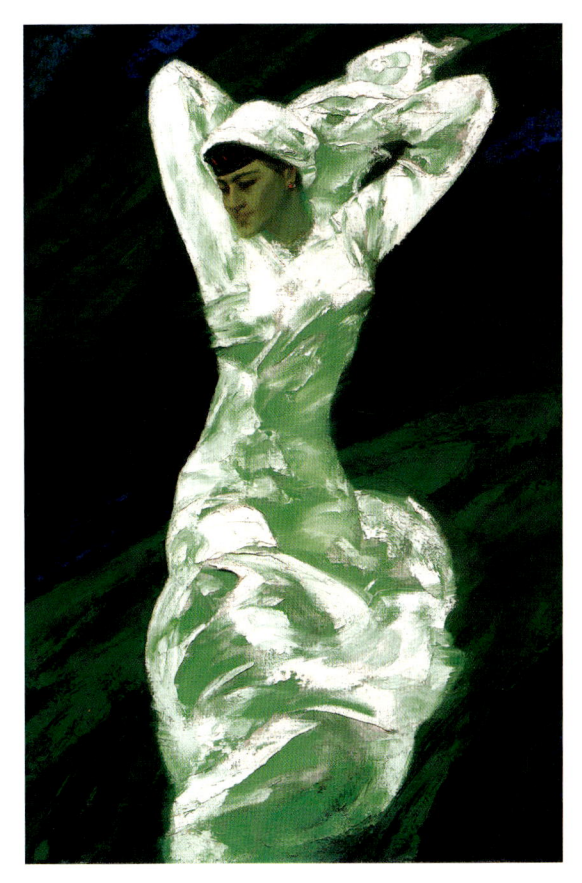

绿野　145.5cm×96.5cm　布面油画　1989年

飞雪　100cm×72cm　布面油画　1988年

作品有着审美文化上的渊源关系，但他所要表现的是人的神情与自然的神情的衬托、对比和辉映；在他的心目中，没有"伤春""悲秋"的阴影；她们在变幻的环境中，焕发着生命不可穷尽的力量与欢乐。

对人物形象的描写，是詹建俊多年不曾停顿的艺术课题。他的人像作品以女性为多，除了许多维吾尔族、塔吉克族、藏族女性肖像，他还画过许多与边疆妇女肖像有着不同艺术气息的、日常生活中的女性人物，如《炉边》《凌妮》《舞蹈演员》《花旁》等，这些肖像既表现了人物的性格，又流露着画家对人物内心的理解。

詹建俊的艺术气质很适合描绘历经忧患的男性人物，作于20世纪70年代的男人肖像，如《北方老人》《马大爷》等，描绘年迈的北方劳动者的劲健和刚强，将老人的面部结构、表情与表现性的笔触结合得非常得体。

由于教学的需要，詹建俊有不少人体写生作品，他画人体写生很注意形式处理。曾经有评论家批评20世纪80年代的"人体艺术展览"为"人体多而艺术少"，而詹建俊的一些人体作品，如1988年的《女人体·坐》却是真正的艺术品。

自然之魂

自然和人的力与美，是詹建俊最基本的创作资源。作于20世纪80年代初期的《原野》《高原情》《花的原野》，都是寓壮阔于单纯之中的风景画。

这是一种使熟识的生活现象"陌生化"的绘画处理。《原野》构图极其简洁：一条地平线把画面分成两半——高天和大野。丛生的草木和流动的白云，使广袤的天地充满生气，并且加强了它们之间静与动、实与虚的对比。地平线上牧马的侧影，更衬托出空间的辽阔。《高原情》的基本结构也是天与地，占画面四分之三的幅面是山岳的背影，它极虚也极实；在山脉背影上呈现的飞动雪花，成为画家描绘的重心，它们构成动荡的节律。虽然类似的构图处理在别的国家作品中时有所见，但詹建俊在这些画上善于将奔放的笔意与大气磅礴的抒情结合起来，而与其他画家的风致有所不同。

除了赞美西部高原景色之外，詹建俊在20世纪80年代的风景画作品中，常常将他的热情灌注于传统中国画中常见的山岩、瀑布和树木。它们在春夏秋冬，昼夜晨昏所显示的不同形象，使画家凝神冥想，他将中国文人常见的这些物象置于不同的审美境界。那些境界有其共同性：热情而爽朗，找不到一丝颓唐或者凄凉。

他满怀兴致地描绘秋天的树木，从秋天树木身上感受到永不凋谢的生命热情，它们似乎是以乐观的狂放向最后的，也是最辉煌的季节欢呼。从1980年的《秋谷》到1983年的《飘动的红叶》，再到1985年的《秋天的树》，我们感到沉醉于秋色的红树，给画家带来无边的愉悦和欣慰，即便与过去那些以乐观态度描写秋色的诗人和画师相比，詹建俊对秋天的态度也显得更具热情。在他笔下，秋天的林木是如此丰盈和辉煌。

从20世纪80年代初到80年代末，树木的身形逐渐转化为树木的灵魂，因为艺术家对自然的感情在提升、在深化。从观察研究大自然的形色，逐渐转变为体悟大自然的生命境界。这种深化的结果也表现在描绘山泉、瀑布的作品中。

詹建俊喜欢画岩石、山泉、水潭和瀑布，但他从来不把它们当作衬景，而是把它们当作蕴含着人格精神的生命。那些或沉静或激昂的水，在高峻幽深的山岩间淋漓尽致地表现着它们的生命存在。它们与岩石的对比，使人联想起古人对山和水的观照

秋天的树　90.5cm×116cm　布面油画　1988年

方式。诸如"仁者乐山，智者乐水""仁静智流"……那是从审美和伦理两条途径对自然的解释和想象，两种解释和想象都有诗性的发挥，从这一角度欣赏他描绘山岩、水流的作品，不能不为它们所表现的中国本土文化精神所感动。

从形式处理的角度看，这几幅画是他对平面构成的试验，承接《石林深处》《鹰之乡》等作品的单纯化形式处理，20世纪80年代中期的一些风景画，都是截取景物的片段，削减物象的枝节，减化色彩的层次，使主体轮廓突出。1981年的《山泉》已经是山水的局部，到1984年的《瀑》《虹》《潭》，他的视角更向景物主体推进，《瀑》和《潭》强调的是水流与山岩形质的对比。1985年的《泉》以极其简洁的节奏趋向音乐性，在形式上接近"极少主义"，与"极少主义"的主要区别在于对一泻而下的山泉的具体生动的描写，这种描写手法仍然是传统的，而且借鉴了传统水墨画中的黑白效果。使熟识的生活现象"陌生化"的绘画处理，在他20世纪90年代的一些作品中广泛使用，这种"陌生化"手法使传统绘画题材以新的面目、新的精神在他的作品中出现。

进入20世纪90年代以后，詹建俊先后画出《长虹》和《升腾的云》。《长虹》是一幅有长城景色的风景，《升腾的云》描绘藏族妇女在雪山顶上的虔诚祈祷，两幅画的天空同样引人注目，都是用宽大、豪放的笔触画成。遥远的雪山，奔腾翻滚的金色云霞与深沉的蓝天，使低头祝祷的妇女形象具有一种超验的精神境界。画家的目的是营造"宏伟、浩大、绚丽的意境"，这种追求反映着詹建俊精神境界的新层面。

这种精神境界，也表现在以"马"为题材的系列作品中。1995年，詹建俊画了《闪光的河流》。1997年，接连画出《草地上的天空》《高山上的马群》《清辉》《林间》和《红云》，1999年画了《远雷》。这些画上都有毫无拘羁的马匹自由出没于杳无人迹的旷野。中国古代文人有以马自况的传统。他们在拘羁的马匹身上感受到自身难以挣脱的限囿，在委顿风尘的马匹身上想起自己不为时所用，在奔驰腾跃的马匹身上寄托他们对自由的向往。詹建俊之画马，当然也寄寓有他的精神和理想。但在他的作品中，马匹并不是唯一的主角。画家将野性未驯的马与未经人类"改造"的自然联结起来，高天大野、朝雾夕晖、惊雷骤雨、碧草红树与那些披鬃曳尾、昂首奋蹄、目空一切的马相得益彰。在他所营造的天地里，马是壮阔的自然的组成部分，它们体现着一种天成之美，这种美的存在是基于天地原初的自由。1999年，詹建俊画了一幅名为《绿色山谷》的风景。在浓荫蔽日的山谷深处，有几匹马在游荡——它们似乎是在经历过激动不安之后，回归于无边的宁静。

红云　130cm×120cm　布面油画　1997年

靳尚谊

1934年12月生于河南焦作，1953年毕业于中央美术学院绘画系，1957年结业于马克西莫夫油画训练班，并留校任教。曾主持过中央美院第一画室及油画进修班的教学工作，其艺术实践和主张，在20世纪80年代中期以来影响了我国一大批油画家向古典主义吸收营养的热潮。

曾任第九、十、十一、十二届全国政协常委，中国文学艺术界联合会副主席，中国美术家协会主席，中央美术学院院长。现任中国美术家协会名誉主席、中央文史研究馆馆员、中央美术学院教授、北京靳尚谊艺术基金会顾问。鉴于靳尚谊在艺术创作及教学方面的突出贡献，国务院授予其国家级专家称号，享受政府特殊津贴。他的油画作品《塔吉克新娘》《青年女歌手》《狱中瞿秋白》《医生》《八大山人》《晚年黄宾虹》等成为中国当代油画的代表，得到了广泛传播。他是中国近代极具影响力的艺术家、教育家、慈善家，是中国当代油画的代表人物。

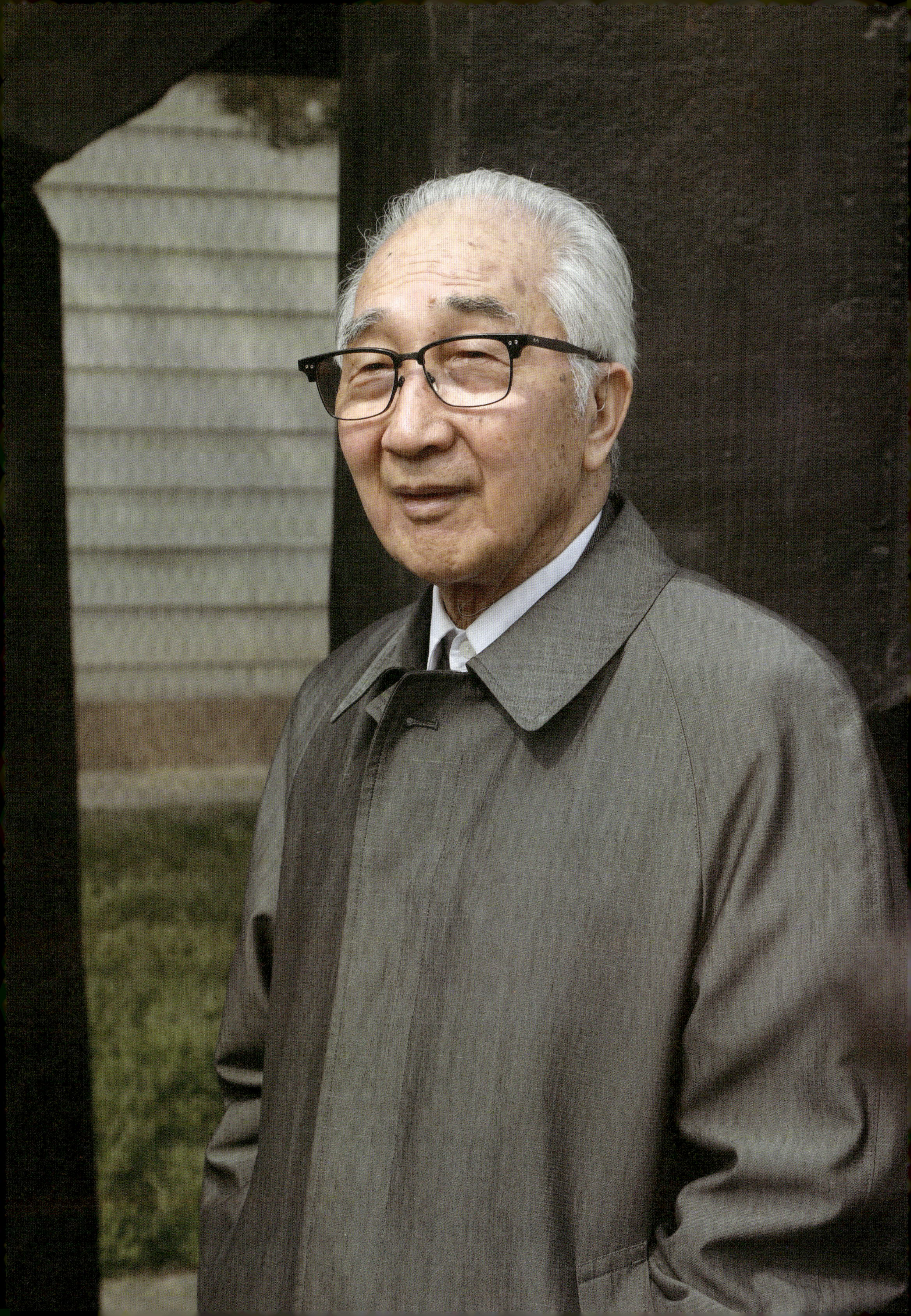

一往无前

采访地点：靳尚谊先生家中
采访沟通：靳尚谊，郑满林

少年的时候，我从小学开始画画，偶然临摹连环画，画了好多张，很痴迷。考入国立北平艺专以后，本科学习大概四年时间，1949年入学，1950年学校正式改成中央美院，开始是五年制，后来是三年制，这种情况学了四年，上了两个一年级。在此期间有很多老师教过我，有孙宗慰、戴泽、李宗津、吴作人，还有董希文先生，其中对我影响最大的就是董希文先生。

董希文先生在我三年级的时候教了我一年，后来我读研究生的时候，又是董希文先生教我。大概两年时间，他的艺术创作思想让我受益匪浅，对我影响最大的是他的绘画作品。我在董希文先生身上学习到很多东西。本科学习有四年的时间，研究生两年，然后马克西莫夫培训班也是两年的学习时间。在本科和研究生阶段，教学体系是徐悲鸿先生留学法国的教学体系，这个教学体系跟苏联教学体系没有什么差别，因为所有欧洲国家油画的教学体系都源于意大利。法国、德国、俄罗斯的教学体系，都是借鉴意大利的教学体系，因为意大利的美术学院创立最早，是一个完整的体系。

徐悲鸿先生在教学中就提出来一些原则，这些原则总的来讲和俄罗斯油画教学体系一样，但是有点小差别，就是对素描的要求，画面生动、真实、整体，画出体积、空间、质感和光感。唯一的区别就是俄罗斯的油画教学体系中提出的结构问题，我在本科时候没有听过结构这个词儿，结构跟解剖有点不同，解剖要研究人体的骨骼肌肉构造，注意骨骼肌肉关系。

俄罗斯油画教学体系中对于解剖要求很严格，解剖要具体研究骨骼肌肉，画人体要把肌肉骨骼都画出来，用分面的办法，画出肌肉骨骼不同的感觉。结构就像盖房子，要打地基，要有柱子，然后把它垒起来，最后完成，也就是说这个房子跟人一样，是有构造的东西。

人体肌肉骨骼的结构画好，用结构来观察，这跟以前的画法不一样。

在画人物的时候，无论什么角度，五官都是对称的，长在脸上，正面是对称的，侧面能产生透视。通过透视非常准确地表现人物，像脖子、肩部、腰部、大腿根和膝盖这些地方是动的，骨盆和胸廓不能动。在人体的构造中，人是对称的，有一个中线，把人的构造了解清楚以后，人体在各种动作姿势的变化中，根据它的构造原则，画人体和人的各种动作非常准确。直到现在，我的油画不仅画素描，在画全身像、半身像的时候，还要把轮廓画得很准，根据人体结构的原理，我的素描结构是比较准确的。

油画写生需要研究变化，跟临摹国画的研究不一样，听说很多画家去博物馆临摹，我早期临摹过，曾经借过罗工柳先生的小幅风景临摹。研究色调，因为我们那个时候颜色不好，留苏的画家颜色很好，

芳菲

80cm×60cm　布面油画　2020年

还有他们临摹过的一些肖像，比如苏高礼，临摹的弗鲁贝尔的《一个占卜吉普赛人》，他临了一部分。我就根据他的临摹研究色调，因为人物的颜色很接近，原作造型可能差一点，我把它改一改，颜色接近原作。当时我没机会去国外临摹，改革开放以后，我年纪大了，就不这样临摹了。

写生主要是风景写生和人物写生，我画了很多小幅风景写生，主要是解决色彩问题，因为风景比较复杂，各种天气，光线角度不一样，色调也不一样，而且日光变化很快。小幅风景必须在一个小

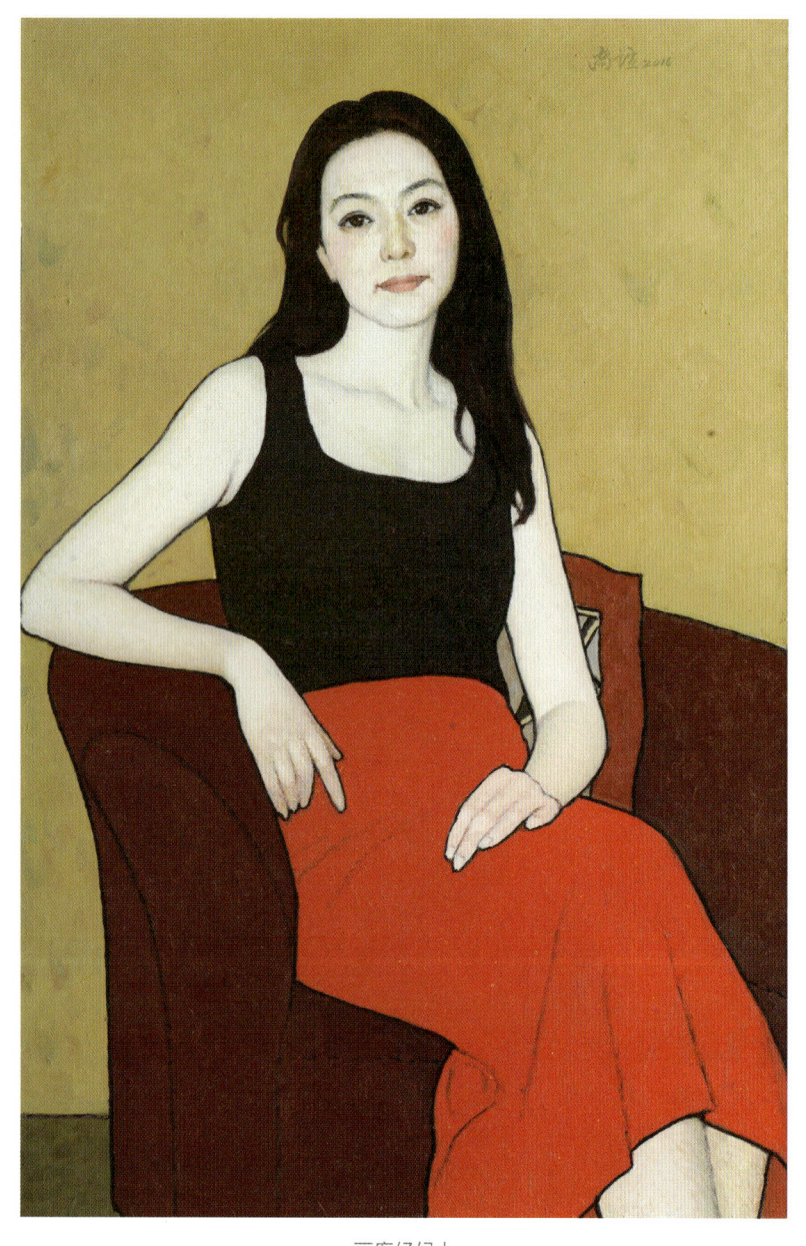

画廊经纪人　素描稿

画廊经纪人
90cm×60cm　布面油画　2016年

数字艺术家

90cm×83cm 布面油画 2021年

时到一个半小时画完，有的需要半小时画完，很简单地把天和地，还有房子、树画出来，主要是表现天与地的关系。不同的时间，不同的角度，天、林、地的色彩关系是不一样的，所以画了很多小幅风景，就是解决色彩问题，要把自然界极其丰富的色调抓住，画小幅风景很重要。

人物写生要解决搜集人物形象和颜色的问题，而皮肤、服装和背景以及色调的部分，几块颜色统一在一个光源下，比如在特定的灯光照射下，皮肤、衣服和背景，都有暖光的感觉，形成一个调子。以前我学画的时候,在中国看到的原作极少,看过三次,两次是苏联时期的作品,还有一次是俄罗斯的作品。油画作品都是听老师讲,看不到原作,国内原作很少,老师的画也很少。20世纪50年代一看苏联的画,学生们都觉得,中国的这些大师的油画作品是土油画。为什么呢?因为没颜色,当然不等于说他们不是大师。

中国油画教育的发展,大体分为三个阶段,20世纪50年代是第一阶段,新中国刚刚成立,社会趋于稳定,各个方面都处在蓬勃发展的阶段,人民思想比较统一,心情比较愉快,虽然条件很艰苦,但是方向很明确,美术教育也是这样。那时的美术教育是奠基的阶段,比如油画,经历了留法和留苏两个阶段,中国国内对油画本体语言以至教学逐渐清晰起来。早期留法的老一辈画家都是

女人体
130cm×70cm 布面油画 2022年

醉的变体

90cm×99.5cm 布面油画 2021年

大艺术家，但是他们不可能全面地把西方的经验介绍进来，只能是引进。我认为直到20世纪50年代留苏以后，才把西方的经验完整介绍过来。

中国油画的发展需要学习探究什么？油画语言的问题就是在这个时候得以解决的。油画的基本样式是"多人物的情节绘画"，就是把现实生活中人物的关系，根据需要、主题搬到画面上来，文艺复兴时期就是这样，比如《最后的晚餐》。以前经济落后，直到这个时期，经济开始发展，社会稳定，建立了革命博物馆、历史博物馆等大型展馆，国家需要特定的主题作品，因此，绘画也发展起来了。

第二阶段是油画风格多样化。从20世纪八九十年代开始，中国的美术教育开始由传统向现代转型，这个时期经济逐渐复苏，绘画风格多样。文化艺术是奢侈品，生活富足开始追求精神需要。过去西方由宗教壁画到肖像画，全是特殊阶层的定件。而西方的绘画在19世纪末、20世纪初由印象派开始走向现代主义，产生所谓的商品画和艺术市

服装设计师
80cm × 76.5cm
布面油画
2021 年

场。绘画的风格开始多元化，就像我们吃菜，条件艰苦的时候吃得很简单，中产阶级对于绘画风格有不同需求。因此在画廊里不同的风格，作品好看易于出售，绘画的功能到了现代主义发生了变化——实用，变成一种欣赏。同样，人们对艺术的需求也是多样化的，风格就是为了满足不同的文化需求而产生的。中国的发展比西方落后了一两百年，真正的经济和工业化发展是改革开放之后开始的，这个时期政策发生变化，美术教育也开始转型。中国画教学传统采用的是师傅带徒弟的模式，以临摹为主。而以油画为代表的学院教学模式，以写生为基础，从西方传过来。在临摹、创作的基础上，吸收了西方的写生，建立班级制与画室制结合的模式。

所以改革开放以后，我第一次到德国，第二次到美国，美国收藏的欧洲作品非常全，包括达·芬奇的作品也有，一直到现代主义的作品。看了很多博物馆，发现我的油画不行，水平太低了，低在什么地方？当然一个是色彩的问题，没有完全解决，没有人家的作品好看。还有一个就是体积感不够，形成的一个结果使得画面比较单薄、粗糙，画面不好看，跟内容、风格没有关系。那么用古典的办法，边线比较清楚，让它的厚度画到位，其实体积问题是很简单的，并不是深奥的问题。

以前我们的绘画技法，边线怎么转过去，需要画出好多面。印象派以后，知道虚实，边线虚画，让它转过去，实际上这是不彻底的，体积感不够。比如正面看我，由这（脸颊）到后头（后脑勺），这个在画面上很窄，实际上很厚，以前这面（脸面）是亮面，一个面就完成了，暗面一个深的面完成。这样画简单了，（脸颊）到这儿（后脑勺）有好多层次。我用古典的办法很深入地把这个层次一点点地画过去，边线很清楚，但是好多层，都能转过去。

我在美国做了一个试验，有一个画廊老板给我

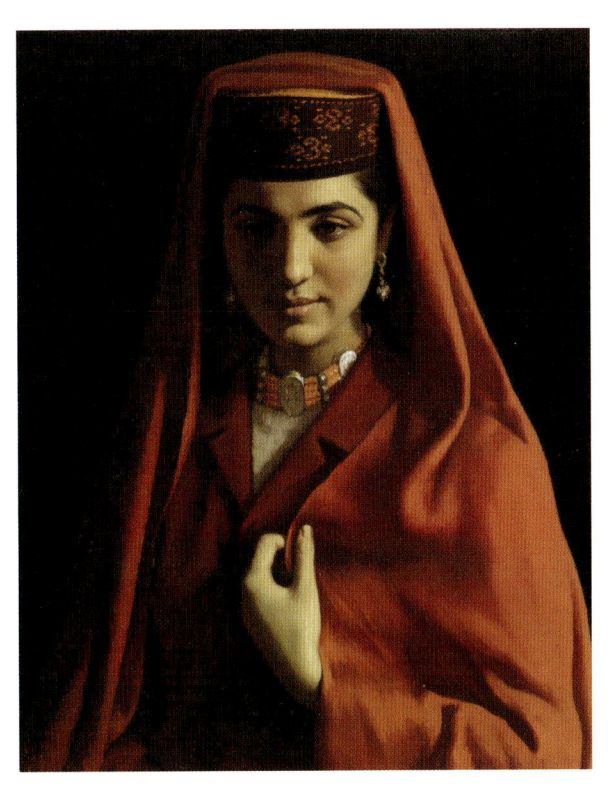

塔吉克新娘
60cm×50cm　布面油画　1983年

一张照片，正面地画一个头像，用这个办法做试验，因为道理都懂也能够做到，但是没有去做，之前不知道自己能不能做到。这样一来在画面中加上我理解的东西，之后画面就发生了很大变化，画廊老板一看，觉得画得太精彩了。

我为什么画古典？它不是风格的问题，我画古典不是追求风格。在我回国之后，画了两张习作，第一张习作是躺在草地上的人体——《自然的歌》，在油画系当教员的时候，大家都画习作，因为十年都没怎么画了，有些生疏。在画习作的时候，增加物体的层次，整个画面层次感丰富，边线较清楚，画的过程中没什么感觉。画完以后，大家发现画面变了，第二张画了一个《双人体》，跟当时进修班的学生一块画的，画完以后挺轰动，然后就画了《塔吉克新娘》。《塔吉克新娘》这张作品，舆论说出现了新古典主义，这也影响一些人开始学古典主义

风格。

《塔吉克新娘》在人物形象表现中用的侧光，就是利用搜集的素材画一张作品，做一个试验，因为西方艺术家画的人物，大部分是侧光和顶光，到现代主义绘画开始用平光。但是，用侧光和顶光，黑白关系很强烈，画面黑白的美感表现出来，包括衣纹、亮暗和结构都有丰富的层次关系。但是中国人用侧光，画面略显琐碎，画中国人比画欧洲人难多了，中国艺术家画中国人，会简单一些，很好看。我画中国人是比较好看的，尽量把西方油画的语言做到位，小亮点都变成大的明暗关系，因为差一点点就不对，画面就琐碎。

第三阶段从20世纪八九十年代至今，油画发展有了危机感。艺术发生了新的变化，出现了当代艺术、实验艺术，更确切地说是观念艺术。对于我来讲，我已经脱离学校教学十几年，这十几年的变化非常大，科学技术的发展，影像的出现，互联网的应用，图像的形式高度发展。因此，绘画，特别像油画，并不是唯一的图像形式，这对油画的发展有一定的威胁，甚至对教育来说也有一定难度。绘画由古典主义到现代主义的过程已经完成，观念艺术与绘画不同，是新的艺术形式。未来怎么样？评价标准是什么？都不太清楚，很多学生的艺术追求也有些迷茫。所以现在的教学怎么发展，需要现在的教学者去思考。

油画是写实的画种，中国画是写意的画种，就像话剧和京剧。现在电脑什么图都能做，新的图像的出现，在写实基础上提炼。现代主义的绘画，它

八大山人

132cm×100cm 布面油画 2006年

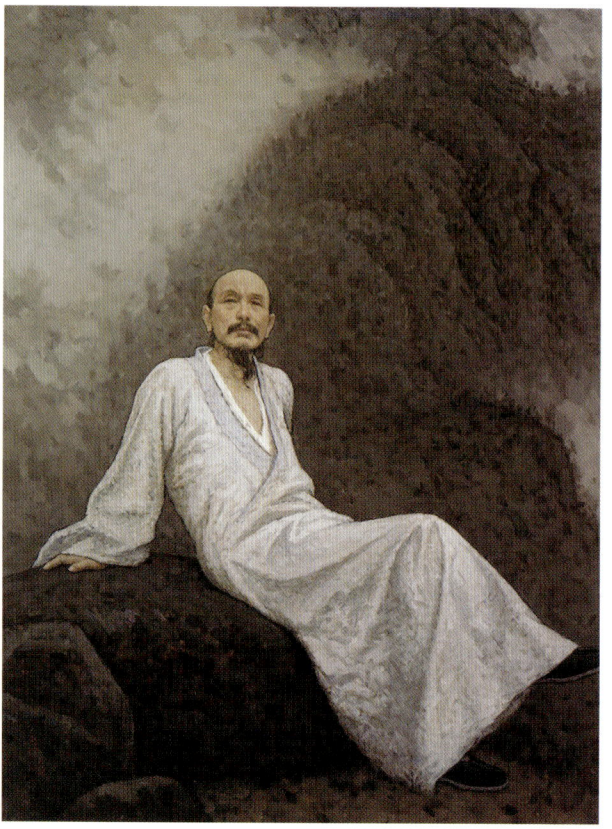

髡残

150cm×114cm 布面油画 1999年

画家黄永玉
80cm×80cm　布面油画　1981年

的标准都是由真实中提炼出来的，真实的体积空间形成的抽象美感，而中国画的抽象美是线条和笔墨。对于色彩，现在数码相机技术很好，颜色越来越接近油画，所以，油画的危机比较大。包括西方很多优秀的艺术家都这么认为，我亲耳听欧洲一些大画家说中国的绘画太好了，还学什么油画呢？但是由于中国油画的发展相对较晚，很多人还停留在喜欢写实的阶段。中国人一定要清楚，新技术的图像没有威胁到中国画，中国画很重要，总体来讲中国画还有很大的发展空间。"文艺是时代前进的号角，最能代表一个时代的风貌，最能引领一个时代的风气。"这是2014年的10月，习近平总书记在主持召开文艺工作座谈会时的讲话。他殷切期望："当高楼大厦在我国大地上遍地林立时，中华民族精神的大厦也应该巍然耸立"。

而中国油画是有特色的，很早之前有艺术家做过实验，徐悲鸿、林风眠做过，吴作人也做过。中国绘画的因素如何进入油画中，一种就是吸收壁画的因素，

穿白色长裙的女士
110cm×100cm
布面油画
2020 年

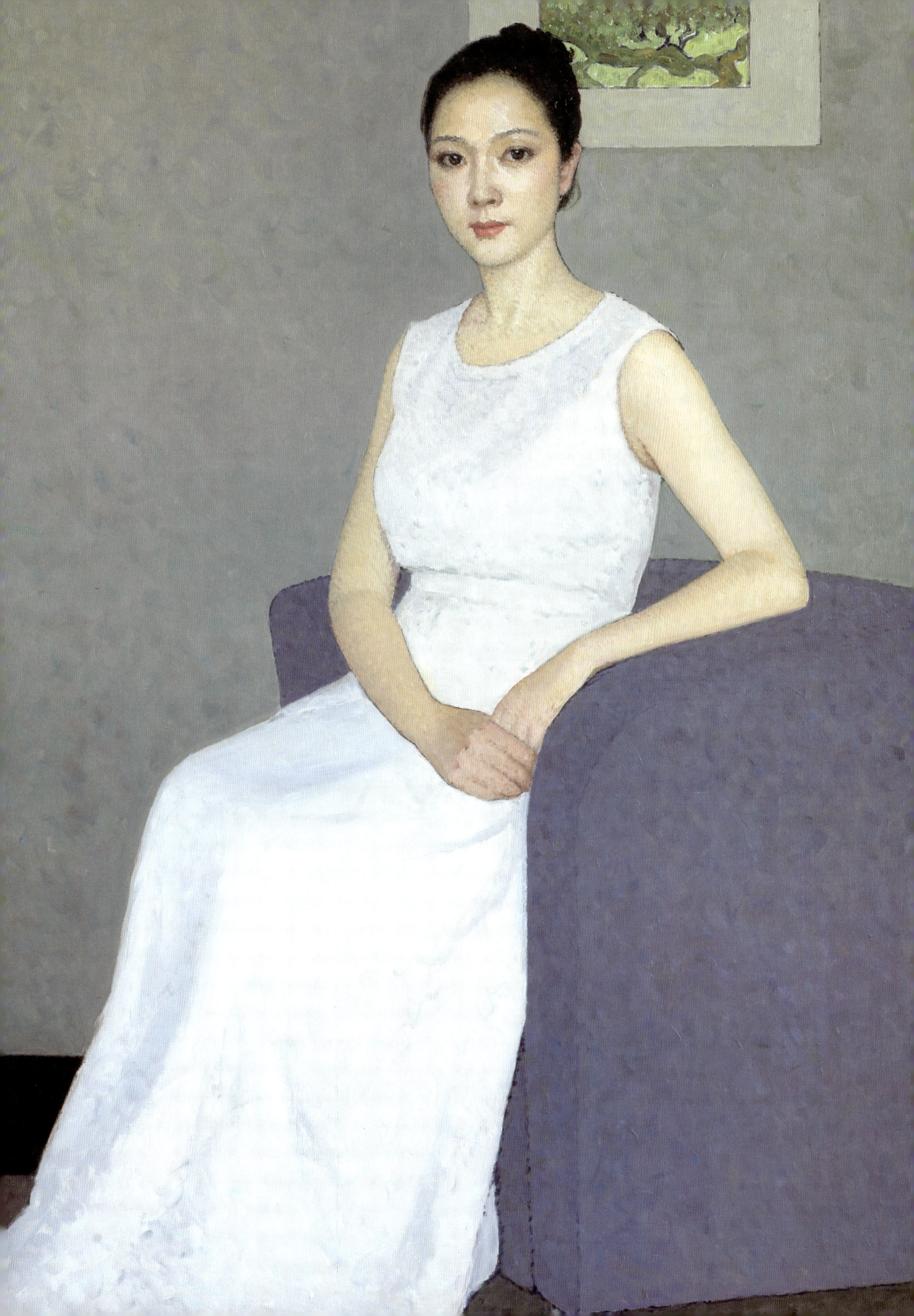

平面一点，像《开国大典》构图上增加了中国绘画元素。吴作人的《齐白石》吸收了中国肖像的形式和构图，把中国文化融进去，我后来做了一个实验，画的《晚年黄宾虹》《髡残》《八大山人》都尝试跟水墨画结合。新时期以来，把中国文化元素注入油画创作中进行新的探索，再早一点画的《画家黄永玉》，利用中国画作为背景，《晚年黄宾虹》在整体上融入了水墨意识，包括笔法意趣，吸收壁画用线的特点。

我挺喜欢这种形式的表现手法，《晚年黄宾虹》人物很古朴，画面底下画成西北的山，山应该稍微暖一点，最后画的背景不够暖，还是偏冷。因为首先考虑了衣服，衣服给设计成一个偏绿的颜色，原来是一个淡紫色的衣服，衣服上有小碎花，花纹跟明暗很难画，

晚年黄宾虹

115cm×99cm　布面油画　1996年

所以我还是尽量让它单纯一点，色调统一一点。

后来我研究中国画的绘画技法，在黄宾虹的画册——《黄宾虹抉微画集》中发现，黄宾虹作品的局部，笔墨都放大，黄宾虹的画太棒了，用墨很黑，但是层次很丰富。我画《晚年黄宾虹》，画《髡残》，为什么呢？第一，他们是山水画家，另外，他们用墨比较浓重，笔墨浓，黑黑的，跟油画容易结合，所以我选这两个画家。黄宾虹画了两张，都是做试验的，第一张是他在外景，有山有水，我向罗工柳先生学习的，罗工柳先生在20世纪60年代初画的《毛主席在井冈山》，把井冈山变成紫灰色的、阴天，山的画法学的米芾，也有点笔墨的感觉。

我用这种技法把《画家黄宾虹》画面背景的墨色变成紫灰色，山水画的造型和用笔融进去一些，画黄宾虹用顶光的办法，画完以后，展览的时候发现不够强烈，后来画了第二张。第二张在室内坐着的肖像，背景就是他的水墨画的局部，局部变成一种抽象的感觉，再稍微浓一点，一笔一笔把它结合起来做背景，暖紫灰色。这张画展出后，效果比较好一点，强烈一些。

之后画的《晚年黄宾虹》是半身像，要画个全身的，在自然环境中怎么结合？《髡残》是全身的人物形象，他坐在一块大石头上，后面有山，需要解决水色结合的问题。画面中山的形和整个结构，吸收了中国画山的结构，前面基本上还是要平面一点。但是要有笔墨的感觉，所以后面的山形，包括用笔，也是一种紫灰色，暖暖的，把复杂的颜色变成跟墨有关系的单纯颜色，还得保持油画的色调，以及油画色调的美感。衣服是白一点的，灰白的衣服，有点明暗，跟山、地，还有石头，结合起来，所以又做了一个试验。

第三张画的《八大山人》，因为山水画特别浓密的画风，跟油画容易结合，花鸟画不容易画，很

舞
120cm×60cm　布面油画　2016年

麻烦。我画的《八大山人》是他晚年的时候，在青云谱，南昌郊区的道观，这个地方我以前去过，1963年去的时候非常好，荒野的道观有点水塘，非常清静优雅。90年代末的时候，那个道观还保留着，周围已经都是房子，整个变了，环境应该是很清静的，怎么和水墨画结合起来？小水塘里有点草，太难画了。油画的背景需要有东西铺满，最后变成湘江，有一个岸边，然后就是水和天，天水一色，整

贵妃醉酒　素描稿

个是空空荡荡的。因为八大山人是个花鸟画家，作品几笔画出来，是一种空灵的感觉。油画怎么处理？要铺满，用这个办法表达空灵的感觉，所以这几张作品试验，有了一种不同的变化。《晚年黄宾虹》《髡残》《八大山人》这几个系列作品，把中国知识分子的人文情怀和油画的语言表达结合起来，增加中国油画的民族性特点。

由于中国向现代社会转型比较晚，社会发展又非常快，这样一来，有相当多的人对于当前发展的状况不适应，太紧张。社会上产生精神问题的人在增多，恶性案件也多，事实上跟某个历史时期有关系，现在很多不良现象是那个历史时期的后遗症。因为那个时期之前，新中国成立，社会极其稳定，做人都有底线，传统的道德、文明都在，但是被那个时期给破坏了，所以这张画实际上就反映当代社会城市几种人的不同状态。

贵妃醉酒
100cm×75cm 布面油画 2016年

盛装斯琴

100cm×69cm 布面油画 2014年

我的这几张作品都是新的，先说《途中》，它是对于这个时代现象的一个描述，三个人，一个成年男子，一个成熟的妇女，还有一个比较年轻时尚的学生。这个题目就是《途中》，原来我想用《在路上》，有人说那是一部文学作品的名字，就换成了《途中》。它表达现代的人们都在奔波，急急忙忙在寻找、在追求，这样一种社会现象。现代社会跟以前一比，节奏很快，发展变化很快。《途中》《画廊经纪人》《贵妃醉酒》《舞》都是我近期探索的一种方式，上次展览都有展览过的。当时要办个展有点困难，因为东西不多，是一个学习过程的展览，

穿蓝裙子的女士

75cm×56cm　布面油画　2017年

好几个阶段的东西都有，不是很全，包括临摹的作品。

到了现阶段，中国油画主要是吸收西方现代主义的东西。美国的艺术批评家格林伯格说过，"什么叫现代？现代主义就是平面化"。也就是19世纪末，西方画家没有看到中国的艺术作品，只看到日本浮世绘的作品，运用平面性、装饰性，使画面充满一种新的美感，不是完全真实的再现，因为油画是一个写实的画种。这个特点跟中国画不一样，中国画是一个写意的画种，油画在造型上、色彩上非常真实，所以强调写生。油画是文艺复兴时期悄然兴起的，画宗教题材，以真人做模特。后来资本主义开始兴盛，17世纪开始，荷兰出现肖像画，直接画真人模特，因此油画人物的造型由宗教的、程式化的、理想化的造型向更真实的造型演变，色彩丰富，每个人形象都不一样，不同于程式化的圣母形象。

伦勃朗和委拉斯贵支主要画室内光，画工精湛，人物结构造型准确，色调对比

牡丹亭

85cm×85cm 布面油画

2022年

巾帼英雄
90cm×60cm 布面油画
2022年

强烈。到了印象派，开始画室外光，印象派到室外画写生风景，色彩发生很大变化。而油画发展到现代主义，绘画出现抽象美，油画的抽象美来源于真实。抽象美是从造型、体积、光和色调里面，提炼出来的一种美，跟中国画的抽象写意不一样，中国画的美感来源于线条和笔墨的美，这是两种不同的美感。

所以一直到现代主义绘画风格出现，平面化以后，把原本强烈和复杂的明暗减弱。压缩减弱，但不能减少，这一点很重要，减少就简单化，减弱平面性，画面丰富的感觉跟中国的年画、连环画不一样，色彩有装饰性，来源于光形成的颜色，也就是画面的色调。所以现代主义绘画，是吸收东方绘画的特点，但是抽象美的因素一点都没有改变，它不会变成中国画，单线平图，我后期的一批作品吸收了现代主义的绘画特点。

我的作品《途中》《贵妃醉酒》《画廊经纪人》《舞》都是

途中　素描稿

途中

100cm×96cm 布面油画 2015 年

空山积雨前的肖像
75cm×56cm 布面油画 2015年

差不多一类作品，这张《画廊经纪人》的特点就是强烈，画面用到很多红色，造型和色彩都比较强烈，形成一种新的装饰美，跟之前明暗丰富的画法不同，当然，绘画技法再怎么变，我的风格是不可能改变的。我近期的这些作品，包括《贵妃醉酒》，还有另外一张戏曲人物《牡丹亭》都是很强烈的。但是画的《贵妃醉酒》复杂一些，《牡丹亭》这张比较单纯，衣服、头饰简单化，因为《贵妃醉酒》中的宫廷贵妃，服饰处理，画起来比较复杂。大的画面感觉很细，有装饰性、平面性，其实画什么题材，用什么形式，和艺术家的心情，以及对社会的了解都有关系。

我现在画油画，画时间长了，觉得油画没有趣味，中国画笔墨之间的意境更有意思，感觉油画画得虽好，但是它很啰唆。比如黄宾虹，我研究黄宾虹，黄宾虹说，一笔有七种感觉，他的笔墨穿插，各种感觉。油画，用一个简单的比喻形容，三笔一个感觉，也就是三个面塑造一个物体，所以啰唆，画到最后，一点省事的余地都没有。

绘画风格的改变，跟心情有关系，我当时画古典主义的时候，希望表现古典主义程式化的理想美，为什么？因为那个特殊时期以后，20世纪80年代初，人性恶的一面全暴露出来，肆无忌惮暴露出来。我心情很不好，所以古典的理想美，使我心情能得到一定的安慰，绘画其实跟心情有很大关系。《侧面像》是不一样的，构图很早画好，也画了色彩稿。画完以后感觉不够古朴，因为这是欧洲古典主义的一种形式，侧面像有好几张是文艺复兴时期的典型形式。

从现代主义绘画发展到抽象主义阶段，出现装置艺术，绘画离开了画面。现代主义艺术不是一张绘画作品，它成为一种观念艺术，从现成品开始，包括行为艺术已经跟油画没关系，是另外一个艺术

侧面像
65cm×45cm 2016年

表现形式。一张油画作品的好坏，创新是形式的变化，而好坏是质量的差别，风格不重要，风格是每个人天生的，不是说画古典主义是一个风格，画现代主义是另外一种风格，风格是变不了的。如同我和詹建俊的作品差别，詹建俊的作品造型强烈，色彩也强烈。而我的作品造型是柔和的，色彩也是柔和的，这就是风格。风格个性是变不了的，每个人每张画可能有点变化，都是小变化。

对于评价油画作品的标准，以前我很清楚，但是现在的标准是什么？油画的标准很简单，风格是平等的，是质量的问题，只有在不同的风格中水平的高低。我们现在看古代的大师会觉得他们落后吗？现在的舆论常说"创新是最重要的"。什么是

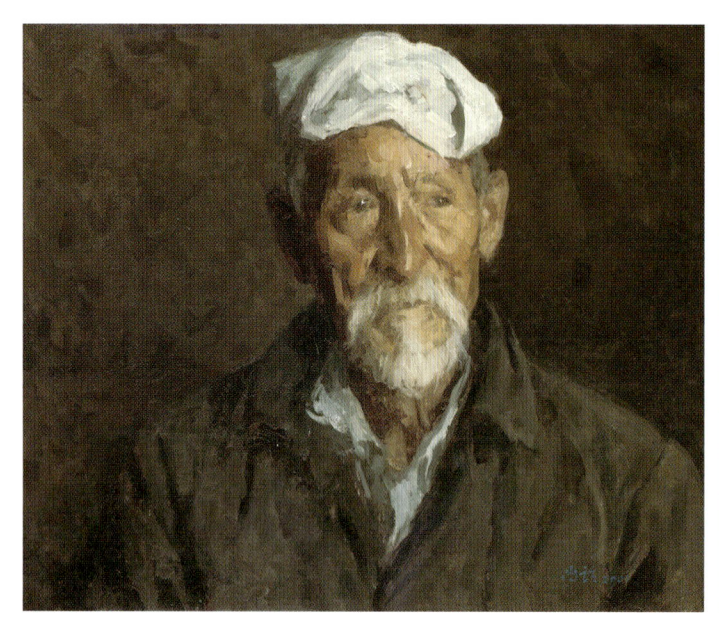

延安老农
50cm×59.7cm　布面油画　2001年

惶恐的戴珍珠耳环的少女
44.5cm×39cm　布面油画　2009年

创新？油画发展到抽象如果要创新，就是个人的绘画风格有那么一点差别，但就大形势创新对于油画来讲已经不太可能了。

所以绘画基础非常重要，基础是决定水平的，风格是平等的，风格没有好坏，就跟我们吃菜一样，吃四川菜、广东菜、上海菜、山东菜，喜欢吃哪个风格的，就去哪个馆子吃，但是厨师必须做得好，做得不好，喜欢也不去吃，评画也是一个道理。在科技、网络、数字艺术快速发展的时代，作为传统艺术的油画已经具备了基本的形式和风格，未来的中国油画之路该如何走下去？需要不断探索，这是时代留给我们的思考。

根据2022年11月18日的采访整理

停驻

120cm×60cm　布面油画　2017年

齐白石
80cm×100cm 布面油画 2014年

李宝林

著名画家，中央美术学院毕业，中国国家画院一级美术师、院务委员，中国美术家协会中国画艺委会第1—3届副主任，中国画学会创会副会长，中国美术家协会河山画会名誉会长，李可染艺术基金会名誉副理事长。擅长中国画。

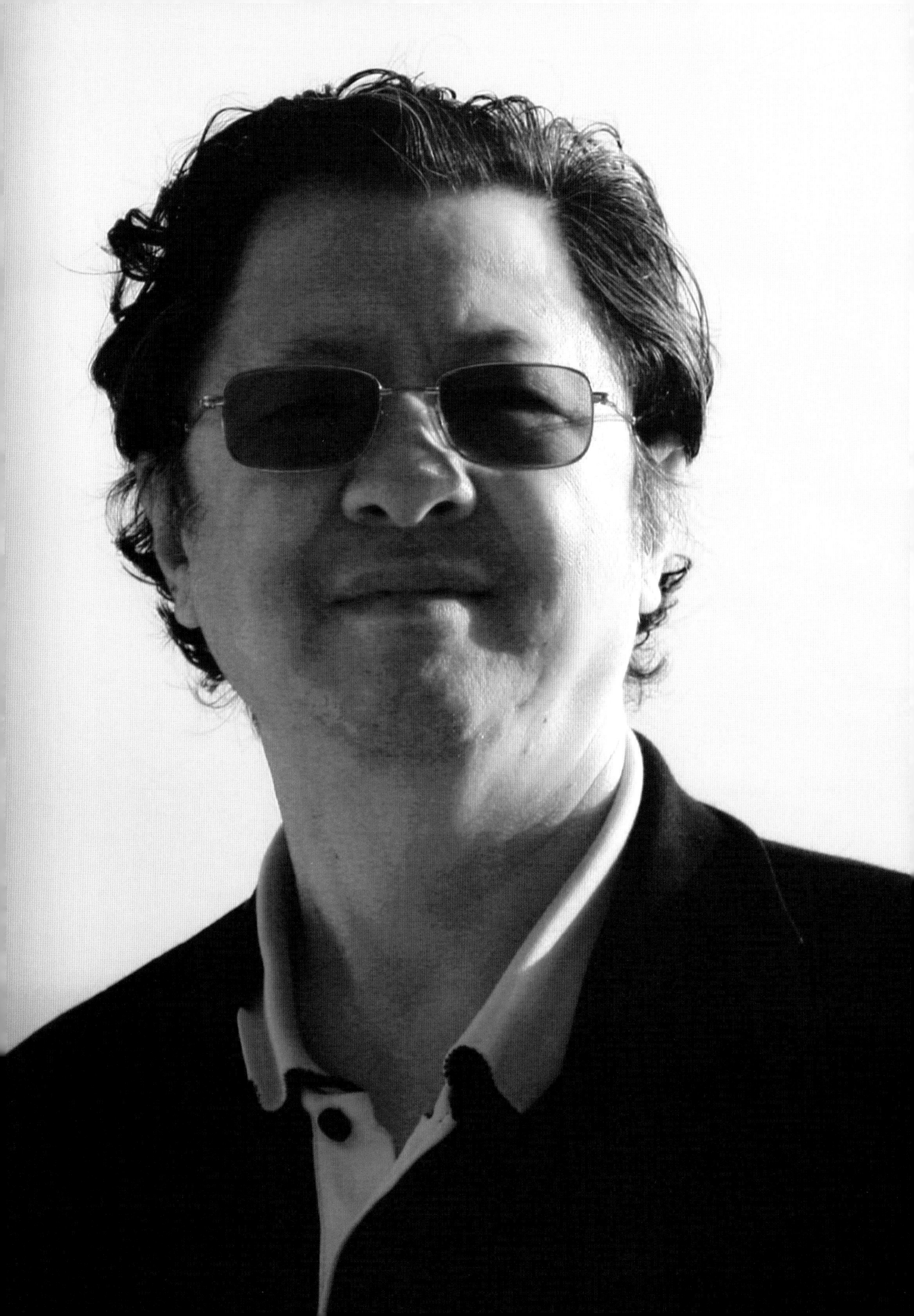

我的艺术经历（节选）

文 / 李宝林

1936年8月24日，一个幼小的生命降临在吉林四平一间低矮破旧的平房中，这个瘦弱的男孩儿，就是我。

我的爷爷和父亲都是铁路工人，在日本侵略者的铁蹄下，日子过得很艰难。赖以充饥的只有发霉的"混合面"，还经常是上顿不接下顿。很小我就知道地里的哪种野菜可以挖回来吃。

童年的不幸造就了我自强自立的性格，对母爱的不断追思促使我与绘画结下不解之缘

儿时的家曾经是温馨的，每天傍晚我倚在大门口迎候爷爷下工归来。慈祥的老人虽然通常囊空如洗，却总不忘给我带回一块糖来，尽管只是小小的很普通的一块水果糖，也足以令我欢欣雀跃，引来邻居孩子们羡慕的目光。性格开朗的奶奶是个虔诚的佛教徒，没有什么陈设的家里除供有佛龛外，还挂有关公、孔子、孟子等先贤的画像。奶奶不止一次地告诉我这些都是了不起的圣人，每逢年节，幼小的我都要遵照她的吩咐给他们磕头。现在回想起来，我对民族传统文化由衷的热爱，以及内心深处对先贤大师的尊崇，大概源于当初那些懵懵懂懂的三拜九叩。

爸爸是个沉默寡言、不擅表达情感的人，唯一的爱好是唱京剧。他嗓子好，扮相也好，饰演的老生一出场总能博得满堂彩。可惜这种快乐的时刻不多，平时他总是早出晚归，为维持这个缺衣少食的家透支着自己的体力。在我眼里，爸爸是个很严厉的人，不苟言笑，令人望而生畏。有一次，我在江边的荒草滩里意外发现了三枚野鸭蛋，如获至宝地一路小跑着捧回家。没想到爸爸以为是偷来的，不容我解释便劈头盖脸地一顿训斥，非让我给人家送回去。我虽然委屈得掉了眼泪，但从此牢记：做人一定要堂堂正正，不是自己的东西，哪怕再好也不能据为己有。

童年最温馨的记忆就是妈妈。善良温柔的妈妈做针线活时，总是给我找一个小铅笔头和几张废纸，让我画画玩。我在炕沿儿信手随意地涂鸦，妈妈便会低下头来看看，时不时地会说一句："瞧我们宝林画了一只小马，真聪明！""瞧宝林画得多好啊，这个像只狗，这个像只兔子……"妈妈的夸奖激发了我画画的兴趣，她说我画得好，我就尽量往好里画；她说我画得像小马，我就真的努力要画出小马的样子来。

可惜好景不长，我还不到六岁时，体弱多病的妈妈就撒手人寰了。如今，我已记不起她的容貌，但那种慈爱温馨的感觉却永驻心头。以后的日子里，每逢思念妈妈时，我就找来纸笔拼命画画，边画边想象：妈妈就在身边看着——她喜欢画得好的这只小马，她又要微笑着夸我了。

　　妈妈去世后，我来到外祖父家。外祖母早已过世，外祖父和十四岁的舅舅都在铁路机修厂干活，家务事就由老姨和我来承担。没水了，我们要去很远的地方抬；没柴了，我们得漫山遍野去拾，有时候冰天雪地找不到一根柴，手脚冰凉的我们就抱在一起痛哭。老姨虽是妈妈的妹妹，却只比我大三岁。我的衣服破了是她给我补；我的棉鞋露出脚后跟是她给我缝；我浑身长满了虱子是她一只只为我捉。年仅九岁的老姨，对六岁的我而言是母亲又是姐姐。那些日子里她给予我的关照和疼爱令我没齿难忘。

　　要上小学了，我没有一件像样的衣服，老姨找出妈妈留下的一件半旧的上衣给我穿上。一个弱小的男孩子穿一件不合体的大襟女装，每天放学都有同学跟在身后高声大嗓地嘲笑我。不过很快他们就变得和我亲近起来，因为我不但会画猫画狗，还能画出一列列形态逼真的火车来。后来，父亲到兵工厂工作，我常有机会看到驳

惠女
90cm×55cm 1983年
北京市美术家协会收藏

壳枪、三八大盖等各式枪支。在男孩子心目中，手枪是英雄和勇敢的象征。我因为不仅会画，而且还会用木头削制像模像样的各式手枪而令同学们羡慕不已。家境好的同学常拿铅笔、橡皮和我交换这些"作品"，我也乐得和他们各取所需。最初喜欢涂涂抹抹是出于对母爱的怀念，是种情感的寄托与追求。越画下去就越被画画本身吸引，那些可以随意变化组合的线条似乎为我开启了一个新的世界。

大美天山　144cm×365cm　2014

我十岁那年，继母带着一个性格文静的小姐姐来到我家，我便从外祖父家搬了回来。继母视我如同己出，我与小姐姐也和睦相处，日子过得相对轻松了一些。

东北解放时，学校组织学生搞各种文艺宣传活动。我对跳舞、演戏、打腰鼓等没有一点兴趣，就参加了墙报组。我们临摹了许多漫画贴到大街上，引来不少群众围观。听到人们的议论和夸奖，我的心里别提有多高兴了。

1951年升入牡丹江一中时，我已长成了一个又高又瘦的小伙子，对绘画的热情有增无减。作为学校美术组的主力，我不遗余力地多方搜集各种美术资料。地处偏远的小城，很一般的美术书籍都难以见到，我对绘画的了解非常有限，不过是漫画、宣传画、连环画而已。十七岁那年，同学的一本从《星火》杂志上剪下的俄罗斯"巡回画派"油画集简直使我惊呆了。那恢宏的气势、厚重的历史感、惊心动魄的大场面、细腻精微的人物刻画和那深刻的社会主题揭示，让我看得如醉如痴、大开眼界、激动不已。

我迷上了列宾、苏里科夫，甚至自作主张把自己的名字依列宾的谐音改成李耶宾。

我渴望终生从事绘画艺术，成为像列宾、苏里科夫那样的大画家。

买不到油画颜色，我就和爱好相投的同学一起试着将广告粉和一种什么油混在一起，在木板上制作"土油画"。我用这种方法画的一幅斯大林像，还在市职工美展上获得了奖章。

一个偶然的机会，听说哈尔滨调来一位曾在日本留过学、艺术上颇有造诣的王绍维老师，我便怀着满腔的热情前去拜师，几经周折终于使他收下我这个学生。严格地说王老师是我的启蒙老师。此前我只是无师自通地摸索着涂鸦，是王老师引导我走上了正规的学画之路，并激发了我对中国画的认识和热爱。

王老师号月禅，擅长画大写意，山水花鸟都能画。画风高度简练概括，能一笔表现的形体绝不用第二笔。他从日本回国后曾云游各地寻师访友，还与李苦禅等名家一起谈艺论画。直到现在我还记得他的话："中国画是一门了不起的艺术，但是作为

双星图　62cm×40cm　1980年

一名当代中国画家,一定要东西方艺术兼收并蓄。只研究中国艺术不研究西方艺术,犹如瞎了一只眼;反之,只研究西方艺术而忽略东方艺术,那便是瘸了一条腿。"

他常带着我出去写生,布置我临摹古代山水画和《芥子园画谱》,使我不仅在绘画上有了很大进步,视野也开阔了许多。当年,《美术》刊发了批判印象派的文章,并附有印象派的画作。我头一次看到这些画颇感新鲜,觉得它们很有感染力,不理解何以会成为批判对象。面对我的疑惑,王老师笑着说:"这个编辑很聪明,他是借批判之名向人们介绍印象派呢!"

就这样,跟着王老师我既学了中国传统艺术,又接触了西方现代艺术,还坚定了艺术的人生志向,为进一步深造奠定了较扎实的基础。

中学时期,我的文化课成绩很好,又是班长和团委委员,学校准备选送我去苏联学理工。这在当时是件人人羡慕的大好事,学成归来当个工程师是再光明不过的前程了。全家人为我高兴,我自己却高兴不起来。我知道自己已经和绘画结下了难舍难分的缘分——如果让我放弃绘画,去从事根本不喜欢的专业,那我一辈子都不会快乐。

顶着方方面面的压力,我决定报考中央美术学院中国画系,不巧的是中央美术学院这一年不招生。于是,我拿出破釜沉舟的勇气宣布:"我今年哪儿也不考,补习一年美术,明年考中央美院!"

一时间舆论哗然,老师、同学、亲人都被我的痴迷震惊。我自己也知道自己的抉择并不聪明:家境不宽裕,晚一年上大学就等于要在家多吃一年闲饭。五尺男儿谁不愿早日自立?身处偏远的东北小城,受客观条件影响,专业考试无法和那些美院附中的考生在同一条起跑线上竞争。处于劣势的我没有给自己留退路，也绝不能退缩，唯一能做的就是加倍努力，不达目的决不罢休！

我承受着来自社会、家庭和自己心理上的压力奋力拼搏着，每天拼命地画，真的到了废寝忘食的程度。没有娱乐，也很少休息，最多一天画过上百张速写。一年以后，当我同时收到中央美院和鲁迅美院两份录取通知书时，一切的辛苦都变为了甘甜。

大学毕业后我被分配到南海舰队。湛蓝的大海开拓了我的视野，净化了我的灵魂，磨炼了我的意志。我从一名单纯的学生成长为一个具有高度组织性、纪律性和社会责任感的海军军旅画家

毕业分配时，北京画院和海军南海舰队同时看中了我，这使我又一次面临人生的十字路口，不得不做出郑重的抉择。我觉得作为一个画家和青年应该经历各种人生考验，有丰富的人生阅历才可能有所作为。经过一番激烈的思想斗争，我决定成为一名光荣的军人，接受更多的磨炼，于是毅然决然地放弃了留在北京的机会，告别了热恋中的女友——正在美院读二年级的雅丹，来到祖国南海边陲。

在林则徐当年抗击英军的虎门炮台下，我完成了三个月的新兵训练。部队生活紧张而又艰苦，日程安排得非常紧凑，一切都有严格的规范，丝毫马虎不得。这对一个从艺术院校出来的人而言，无疑是种巨大的考验。我努力像其他人一样，为成为一名合格的战士而方方面面严格要求自己。

新兵训练结束后，我被分配到海南岛万宁大花角一个哨站下放锻炼，当一名信号兵。这是一个三面环海的孤岛，与大陆连接的部分是几公里长的海滩，海边的巨石有几层楼高，终日白浪滔天。营房在山脚下，哨站盖在山上，值班时要穿过崎岖的山间小路。小路两旁是密不透风的原始灌木丛，成群的野猴蹿上蹿下，时不时还受到毒蛇的惊扰。若赶上台风季节，一个人夜间站在荒无人迹的哨位上，听脚下怒涛咆哮击打着岩石，真有惊天动地之感。

哨站的生活非常单调。偶尔县里的照相馆来给大家照一次相，战士们就像过节一样高兴，穿上最好的一身军装，排着队等候照相。家信由一位老职工划船走几十里海路，上县城买菜时捎回来。为了丰富战士们的文化生活，我们三个下连当兵的大学生为他们出墙报、演小节目。我还在营房的墙上画了马、恩、列、斯的头像和水兵手捧毛著学习的壁画，这些都受到战士们的欢迎。

五个月后，部队领导为了让我更全面地体验水兵的生活，又安排我去海南岛最南端的榆林港舰艇部队，继续当信号兵。人们通常以为海军生活很浪漫，其实非常艰苦。军舰上淡水限量供给，一点水要从头洗到脚，不能痛痛快快地洗澡，这在炎热的南方是十分难过的事。我们一年四季吃的大多是罐头食品，很少有新鲜蔬菜。遇到大涌大浪，晕得人几乎要把五脏六腑都吐出来。钢铁制成的军舰就像一口大铁锅，甲板烫脚，船舱闷热如同烤箱。南中国海是我国风浪最大的海域，晚上睡觉必须双手紧紧抓住铺位边的栏杆，否则一不小心就会被甩

大学写生课，画著名评剧演员新凤霞

下床来。

一年的士兵生活结束后，我来到南海舰队政治部担任了美术创作员。重新拿起画笔任务不轻，去汕头参加"海上先锋艇展览"的绘制工作，又为"八六海战"展览赶画作品；西沙海战后，又应人民美术出版社之邀，与林锴合作了近百幅水墨连环画，刊载在《连环画报》上。

广州军区组织三军美术工作队去革命老区深入生活，从遵义到重庆又到延安。总政在济南组织了当时全军唯一的一次美术创作学习班，集中了全军较重要的美术作者何孔德、董辰生、郑洪流、高泉。我们一批人组成了强大的教师阵容，开展一系列教学和创作活动，为部队培养了一批美术骨干。这些骨干后来在全军美术工作中发挥了重要作用。其间，我笔耕不辍，先后创作出《战台风》《政委》《第一封家信》《誓言》《从初一到十五》等一系列反映海军生活的作品，参加了全军和全国的美术展览。我还参加了总政军史画的创作，在《大会师》中塑造了赤卫队员、老红军、小号兵、炊事员、伤员等上百个人物形象。这幅作品在当时是一幅成功之作，先后入选"建军50周年全国美展""建党60周年全军美展"及"纪念长征胜利50周年全军美展"，并被全国各大报刊广泛刊载。

1976年，我调到海军政治部创作室，回到阔别了十四年的北京。在新的岗位上，我除了画画外还从事一些有关的组织工作。这期间最重要的就是在海军党委的领导和战友们的支持下，成功地组织了两届"万里海疆画展"。当时，"四人帮"刚刚倒台，经过十年的动乱，文化事业和其他行业一样处于百废待兴的状态。美术界如何发展，部队美术工作怎样进行，一切处于朦朦胧胧之中。我们创作室的领导和画家们在一起研究后统一了思想，决定以爱国主义为主题，以祖国海疆、海军和渔民生活为题材，搞一个"万里海疆画展"。这在人们还没有从"以阶级斗争为纲"的理念中挣脱出来的当时，有一定的超前意识，因而也冒着一定的风险。

预展审查时，果然有部分同志对展览表示疑虑，个别领导甚至指责展览没有政治题材，没有领袖题材，有方向性问题。我则坚持认为画展方向没有问题。艺术有其自身的规律，不能再搞那些公式化、概念化的东西了。最后还是海军政委李跃文同志拍的板，他看了预展连声说好，给了我们很大的鼓舞。

连续两届"万里海疆画展"在美术界、社会上引起相当好的反响。一位海军战士在留言簿上写道："我在海南岛服役多年，看了画展真为自己是一名海军战士而感到骄傲！"

一位大学生写道："过去的印象大兵是没感情、没文化的，看了画展后我认识到海军战士的感情非常丰富，祖国的海疆非常可爱！"

1958年画的老人像（副本）

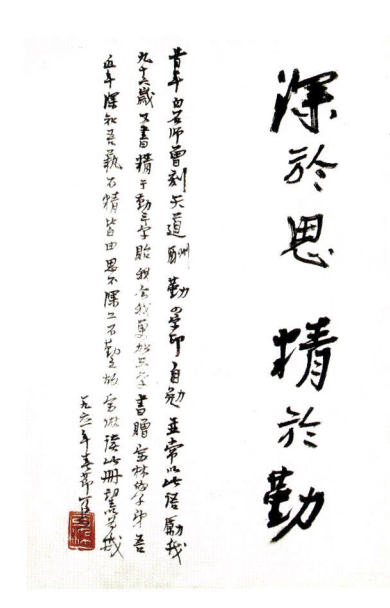

可染先生在画册上为宝林题词（副本）

小兴安岭伐木工人

李跃文同志在很多场合对画展予以表扬，并且说："这个效果是一般政治宣传所达不到的。"

无论是作为一名军人、一名画展组织者还是作为一名画家，我都由衷地为此感到欣慰。1990年，在海军服役二十七年后。我脱下军装，转业到了地方。在部队这个大熔炉中得到的锻炼与培养我将永志不忘。

调入中国画研究院工作，使我的绘画事业有了一个更好的环境。虽然已逾知天命之年，我却开始了更深层面的艺术思考和更新的笔墨追求

1989年，我十分敬重的可染先生突然病逝，这对我震动极大。我是个重感情的人，对人与人之间的真情看得特别重。我默默下了决心，要秉承先生的精神做好自己力所能及的事。不久后，由中国画研究院牵头，邀集李先生的家属、在京学生和部分理论家一起商讨，打算编辑一本《李可染论艺术》，于先生逝世一周年时出版以表怀念。大家推选我具体组织操办。

当时只有十个月的准备时间，工作量相当大。先生治学态度一向严谨，要把这本书编得无愧于先生，难度很大。这件事情做起来很吃力，但我由衷地想为先生出点力，毫不迟疑，欣然受命。在大家的鼎力相助和默契配合下，这本书如期发行并获得一致好评。

中国画研究院院长刘勃舒先生对我这一阶段的组织工作比较满意。他表示研究院很需要我这样的人，希望我能考虑调进来。1990年，我已经五十四岁了，在部队是师级干部，在这种情况下转业几乎没有先例。许多朋友都劝我不要轻举妄动，毕竟当时部队的条件与待遇都要比地方好。经过慎重考虑后，我还是满怀依恋而又毅然决然地向度过大半辈子的海军挥手告别。

调入中国画研究院后，我受刘院长之托着重抓了研究方面的工作。在深入了解的基础上，我和研究部的同志们一起确定了以刊物出版带动研究的方案。我们推出了三本刊物，有面向创作的《中国画研究画刊》，有面向理论的《中国画研究论丛》，有提供信息的《中国画研究院通讯》，使院里的研究工作得到较好的开展。

露营之歌　171cm×139cm　1982年　北京市美术家协会藏

接触研究方面的工作，我便静下心来"研究"了一下自己和自己所走过的艺术道路。

回顾当初引我踏上这条"不归之途"的是列宾、苏里科夫等俄罗斯巡回画派的油画家。他们的作品中洋溢着的那种强烈的民主革命思想和人文主义精神，深深打动着我。而这些画家自身所表现出的那种对艺术、对社会不容置疑的责任感、使命感更引起了我的认同。现在想来，我一直偏爱大场面和历史题材的创作，根源应在这里。

结识王绍维老师后，我对中国画有了一定的认识和喜爱。新中国成立初期，中国画被认为是封建士大夫阶层闲情逸致的产物，无法反映如火如荼的现代生活，并因此一度被取消。后来美术界掀起了一场关于拯救中国画传统文化批判虚无主义的大辩论，我看了不少有理有据的文章，开始认识到民族传统文化的伟大，并下决心要把中国画的振兴与发展当作自己毕生的事业。

一开始搞创作，我就在蒋兆和先生《流民图》的感召下，致力于通过人物画来揭示历史事件、反映社会生活，从而扩充国画的表现力。毕业创作《露营之歌》就是这种尝试的体现。在海军时创作《大会师》，为了艺术地再现三军会师那宏伟热烈的大场面，我研究了大量史料，深入甘肃会宁考察，画了许多速写、草图，用了整整两年的时间。作品虽不免有时代的烙印，绘制时的激情却是真实饱满、有感而发的。

拨乱反正之后，人物画如何回归艺术引起众说不一的探讨。我觉得用国画形式反映现代生活是整整一代人的努力，不能全盘推翻否定。公式化、概念化地图解生活，无视艺术家的自我是不对的，但关注社会、贴近生活没有错。这一时期，我画了《毛主席和牧羊人》《月夜》等力避公式化、概念化的作品，着意于生活和人物思想感情的表达。

读美院后，我一直致力于人物画的创作，早期的山水画，是人物画的副产品。正式画山水，是从参加"五岳三山画展"开始的。归纳起来，这个转变有三方面的原因：

一是李可染先生的影响；二是李行简等学友的鼓励；三是内心对艺术的重新思考。

每个画家因个人气质、学养、悟性、品格不同，对技法理解与把握层次也不同。艺术家的创作，应该顺性而为。所谓顺性，就是顺从自己内心的个性、独特的情感和多年来形成的人格特点，画心中所思所想。创作的最高境界，应该是和修养、人格完美结合，画出心中之境。"以不似之似似之"，"寄兴于笔墨，假道于山川，不化而应化，无为而有为"（石涛语）。

生就一个北方汉子，在南海边陲生活了许多年，我仍然喜欢北方的白山黑水。记得第一次去西北，面对起伏连绵的祁连山、无边无际的戈壁滩、荒凉苍茫的河西走廊、古长城、绚丽多彩的莫高窟，那秦时明月汉时关的时空交错，使我深深感动。

雅丹也和我一起思考，她说："你骨子里是个不折不扣的北方人，适合画北方的东西。你在南方画的古榕、渔村、渔船等，虽然是南方的景，但一看就是北方人画的，呈现出硬朗的风貌。"她说得没错。我喜欢大榕树是因为它那繁密的根、那苍老的干，喜欢它表现出来的顽强的生命力。我喜欢惠安女不只因为她们漂亮，更重要的是赞赏她们刚烈倔强又乐观的生活态度和品格。

1995年，我穿越苍茫古老的河西走廊，抵达世界屋脊帕米尔高原，面对纯净天空下千年冰雪覆盖的群山，想起了陈子昂的诗："前不见古人，后不见来者。念天地之悠悠，独怆然而涕下。"从山脚朝着雪线攀登的漫长山路上，我对人生、艺术有了顿悟之感。山水，它蕴藏着大自然深厚、宽广甚至悲怆的情怀。我要追寻的，正是那几万年屹立不动的大山背后的雄健与悲壮。我的创作激情，像被阻拦的江流突然开闸，奔泻而下，汪洋恣肆。从此以后，表现西部山水成为我创作的主旋律。

1975年在《大会师》草图前

回京后，我创作了《祁连风骨》《山魂》等一批表现西部山水的作品，力求体现风骨。在这些画中，我将墨的团块、组成肌理融入画面，传统的皴、擦、点、染已经无法表达出我的内心感受。我以更加粗粝的线条、恣肆的笔墨，充满激情地自由挥洒，表达对山之魂魄的理解。

传统文化中的"风骨"一词，经过长期的演绎，具有非常丰富的内涵。"风骨"概念影响着后世的审美取向，对风骨的强调，也就是对内在理念和"力"的强调。没有"骨"的作品，缺乏"骨"的支撑，情感的表达显得空虚、软弱。这一时期，我力求体现风骨，还有一个很重要的原因，那就是我正面临严峻的身体和精神的双重挑战：我双手震颤的毛病由来已久。随着时间的推移，震颤越来越严重了，以致创作开始受到严重影响，当时我的心情是很沉重的。我想到老子说的"强其骨"，骨代表着强健的生命力。我决心以内在的精神之骨勉励自己：为了艺术，绝不能被疾病击败。

本文根据2006年李宝林自述，由朱晴、陈雅丹、申雅丹整理

大家之路艺术小故事 · 李宝林

大会师 276.5cm×470cm 2008年 中国国家博物馆藏

大家之路艺术小故事 · 李宝林

英秀托彩的诗意追求

文/陈雅丹

一把小手枪——迷住所有小男孩
故事发生在 1946 年的东北解放区

李宝林年幼丧母，父子俩借住在姥爷家，姥爷家有姥爷、舅舅和十二岁的老姨，加上李宝林和李宝林的父亲，一共三个大男人、一个小男孩、一个小女孩。姥爷家由于姥姥早已离世，家里做饭洗衣、跳水全靠还是孩子的老姨勉强打理。

日本投降后，李宝林父子随姥爷一起搬到了大工棚马路对面，住在以前日本人、俄国人居住的大房子里，生活安定了许多。

1946 年，黑龙江成为解放战争的大后方。李宝林父亲所在的亚布力机车工厂也开始转型以修枪炮为主了。

李宝林放学后喜欢去坐落在回家路上的父亲打工的厂子里玩，喜欢看父亲和工人叔叔们正在修理的驳壳枪、三八大盖等各种各样的枪支，有时候听见后山传来"砰！砰！砰！"清脆的枪声，便急忙跑着绕过小山坡到打靶场看父亲他们打靶、试枪。枪声划破天空，在群山中回响，哈哈，那是李宝林最兴奋的时刻！这时如果正好有一列火车威风凛凛飞驰而过，拉响了极其雄浑、嘹亮的汽笛，伴随着火车轰隆轰隆巨大的声响……年少的李宝林会激动得心"怦怦"直跳、振奋异常，他喜欢这种摧枯拉朽、风驰电掣的感觉！喜欢火车巨龙般的钢铁之躯。

李宝林常和小伙伴们爬到停在机修厂外的废弃火车头上，拉动操纵汽笛的绳索，大声模仿着汽笛的声响，想象着自己就是驾驭这条"巨龙"的勇士，正将火车开向远方。

从小喜欢画画的李宝林不仅能画火车，还会画各个角度的火车，还会画歪把子机枪、手枪、驳壳枪……一块烂木头在他手里三下两下就能变成一把可爱的驳壳枪。同学们对他佩服极了，一把把小手枪把所有的男孩都迷住了。从此他的身后就常常跟着许多粉丝"小尾巴"。有些家境好的同学还会拿着铅笔、橡皮等学习用具和他换"枪"。

回想起李宝林母亲生病早逝，住在姥爷家的这段日子，仅比李宝林大三岁的老姨总是唏嘘不已，反复念叨着："哎呀！可苦可苦喽！"但苦难却给李宝林留下最好的礼物：乐观与坚强。

一天画 100 张——要考就考最好的学校
故事发生在东北解放后（1946 年—1958 年）

李宝林从小喜爱画画，读小学时一次偶然的机会，他看到了华君武的漫画，一下子就喜欢上了，那段时间他临摹了很多华君武的漫画，并且凭着这些惟妙惟肖的画稿加入了学校的美术组。老师们看他画得好，便安排他把临摹得活灵活现的华君武漫画，放大后贴到大街上，这些漫画以生动、有趣、幽默的方式，受当地老百姓的喜爱。

十七岁那年，李宝林上高中了，他对绘画的热情有增无减。李宝林的同学曹余录，不知从哪里搞到了从《星火》杂志上剪下的俄罗斯"巡回画派"的油画印刷品，这些油画形象生动逼真，充满对画中主人公的悲悯之情，洋溢着强烈的批判现实主义精神，霎时如触电般震撼了李宝林的心灵，使他久久不能平静。俄罗斯"巡回画派"画家主张艺术要表

乐山大佛

74cm×66.3cm　1985年

现劳苦大众的生活，歌颂为争取新生活而斗争的革命者形象，有思想性，参与改造现实。李宝林一遍又一遍反复地看着这些画，爱不释手。尽管只是小小的印刷品，不够精美，但那恢宏的气势、厚重的历史感、惊心动魄的大场景、细腻精微的人物刻画以及深刻的社会主题揭示，让李宝林心潮澎湃、激动不已。当即，李宝林内心萌发出强烈的愿望：一定要当一名像他们一样的画家！

那时，从初中到高中，李宝林每年都被评选为优秀三好学生。牡丹江一中是省重点中学，每年高考升学率都很高，他又是学校人尽皆知的好学生、班长与校团委委员。以他的成绩，上清华、北大也在情理之中。学校甚至还准备选送他去苏联学理工。这在当时是十分令人称羡的大好事，学成归来当个工程师再光荣不过，全家都会为他高兴。可他自己却怎么也高兴不起来，第一次面临人生的两难选择：学理工科还是学艺术？他发自内心地想选艺术，但他知道对于工人家庭来说，艺术之路太过缥缈，不如学理工科当工程师来得实在。

正当李宝林百般苦恼之际，还是他在牡丹江市文联国画研究室的老师王绍维懂得他的心。王绍维先生特地跑到李宝林家，郑重其事地对李宝林的在牡丹江机车厂当车间主任的父亲李永新说："哎，大兄弟……我跟你说句心里话，你儿子不学艺术太可惜了，他将来会成为齐白石那样的大画家！"李永新虽不太懂艺术，可鼎鼎有名的齐白石他可是知道的，终于同意自己的儿子去学艺术。

说干就干，李宝林立即动手给中央美院的宗其香先生写了一封信，询问招生事宜。宗其香先生很快复信了，首先鼓励他好好学画，然后告诉他1957年中央美院不招生。为了心仪的美术专业，李宝林拿出破釜沉舟的勇气，决定再等一年。他不仅放弃了胜券在握的普通高校，选择了美术专业，而且拿定主意宁可再等一年，也要进入中国最高的艺术殿堂。他对家人宣布：我哪儿也不去考，补习一年美术，要考就考最好的中央美院！

一时间舆论哗然，老师、同学、亲人都为他的选择震惊，他也知道自己的选择不识时务。家境不宽裕，晚上一年学就等于要在家里多吃一年闲饭，七尺男儿有谁不愿意早日自立！他顶着来自家庭、学校、社会的巨大压力，决定背水一战，为自己心中的理想奋力一搏！

在那个年代，一个偏远的东北小城，选择一个前程不确定的美术专业，对于一个青年人来说，相当小众，与周围人们的价值观离得也相当远，属出格之举，没有力排众议的魄力和坚定的心志是绝对做不到的。

在毛姆的《月亮与六便士》中，年过四十、只在夜校学了一年画的高更，这样表述他非画画不可的决心："我非得画画不可，我必须这样做。对一个落水的人来讲，他会游泳都不是最重要的，能挣扎出去才是第一位的，否则他就会淹死。"是啊，真正的艺术家心灵都是相通的，年轻的李宝林在决定选择绘画时，胸中涌动着的是同样的激情，同样的强烈召唤！具有压倒一切之势。他把别人的看法抛到脑后，打起精神认真学习，以确保能考上心仪的中央美术学院。他自信文化课拿到好成绩没有问题，但又深知受客观条件的影响，专业考试无法和那些美院附中的考生站在同一条起跑线上，他能做的只有加倍地努力，他开启了疯狂的备考模式，全情投入。

夏天，他画蜿蜒流淌、波光粼粼的牡丹江，画江边纷乱繁杂的矮树丛、错落有致的房屋、远方高低起伏的丘陵山峦；冬天，他画冰封千里雪白的原野和江面，画呼啸而过的火车，画铁路、车站、涵洞、桥梁。他带着两个馒头、一支笔、一个速写本，从

圣马力诺山下　68cm×68cm　1998年

机车厂出发向西边的牡丹江市一路走去，见鸡画鸡、见狗画狗、见猪画猪，一画一整天，心中只一个念头——画！一天能画上一百张速写。有时画画入了神，连吃饭都顾不上。

一年过去了，他人瘦了，头发老长，活脱脱成了一个"落魄艺术家"。然而功夫不负有心人，成功总是奉送给有准备的人的。1958年，当李宝林从牡丹江坐了一夜火车到哈尔滨参加完鲁迅美术学院的招生考试后，又赶往北京参加了中央美院的考试。毫无疑问，他的考试成绩很优秀，两所学校都录取了他。

毕业实习与冰糕诗　　故事发生在1961年

四年级了,开始毕业实习。叶浅予先生带着同学们去大同参观云冈石窟、去洛阳参观龙门石窟,又去西安参观了武则天墓、乾陵、霍去病墓,转了一大圈,边走、边画、边聊,经常一起席地而坐,边画画边谈古论今,许多精辟的艺术道理在说说笑笑中就印在了李宝林和同学们的脑子里。

想起当年师生其乐融融荣的情景,李宝林深情地回忆道:"到了洛阳,叶先生对我们的要求更高了。白天带我们去实习点洛阳博物馆、龙门石窟,晚上就在我们借住的中学教室里给我们讲课……有一回他问我们写诗不写诗,并规定我们每天要写一两首,七言、五言、现代诗不限,并说他自己也会带头写。那次叶先生听见外面有冰糕的叫卖声,便立即出钱叫学生买几根分给大家吃,并现场写了冰糕诗:'冰糕、冰糕,声震洛阳街道,头戴白帽,瓶罐围腰,一手数钱,一手分糕,甜解口馋,冷可醒脑,赛似那烟酒茶,又当作糖或糕,六月正当时令,寒冬哪怕牙倒。孩子爱闹,一塞便了,朋友相见,无茶有雅,姐妹娇小,最堪慢吮细咬,顽童兴豪,连吞十七八条,会议冷场,叫人心焦,忽听一声冰糕叫,个个眉开眼笑。冰糕、冰糕,真是得天独骄。'这样一首幽默有趣的打油诗,像他的漫画一样,把同学们都给逗乐了!后来听说批"黑画"时竟然还挨批了,说叶浅予讽刺三年自然灾害期间,人民吃不饱饭,真是欲加之罪何患无词啊!"

实习结束前,叶浅予先生又诗性大发,为每一位学生写下两句打油诗,第一句是肯定优点,第二句是指出不足,并亲自念给学生们听。这可不是一般的打油诗,只是借用了幽默的方式对李宝林、周思聪、李行简等都一一进行了中肯的点评,可以说是先生对每位同学入学几年来,长期观察的结果,是毕业前的一份总结性评语,承载着先生对学生的谆谆教导,它承载着先生对李宝林特别的期望与厚爱。

叶浅予先生给李宝林写的是"宝林英秀颇有才,尚待底功托霞彩"。这份毛笔手书叶浅予先生写得十分认真,原件被李宝林一直珍藏着,留有圈圈点点反复修改的痕迹,十分珍贵。李宝林记住了先生的殷切希望和嘱托,从此加倍努力。

亦师亦友 洗澡 喝啤酒
故事发生在1968年—1976年

负责美术工作的刘俊仁,非常重视部队的美术创作,他经常从总政文化部下达文件,要求各兵种

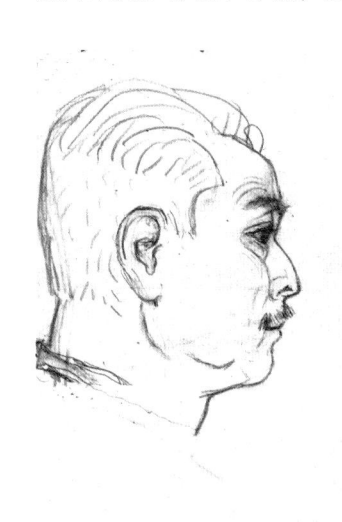

给叶浅予先生画的速写　　　1962年6月随叶浅予先生往洛阳、西安等地艺术考察　　　写生作品

灵光

65cm × 68cm　1995 年

配合全国、全军美展创作出好作品。每到这时，南海舰队美术组就会调集美术骨干到湛江参加美术学习班。学习班办过好几期，来自基层的学员们由衷地佩服李宝林这位来自中央美院的高才生，认为他画画得好又平易近人，都很珍惜这一难得的学习机会。

当年学习班学员肖映川，曾充满感情地回忆了那段生活："那时我从汕头水警区舰队来到湛江，下车后，是李干事骑着一辆自行车把我驮回舰队的。那时李干事还很年轻，也只不过三十出头，比我们这些小战士大不了几岁，他与我们亲如兄弟，情同手足，一块儿画画，一块儿吃饭，一块儿睡觉，连洗澡也是一块儿的（不去军官洗澡单间）……

美术学习班真是个温暖的大家庭，而黄主任和

1956年在牡丹江高中

1969年与肖映川、李冬生在天安门合影

李干事就是我们这个大家庭的家长……他们在完成自己作品的同时，又在我们这些战士的作品上花了大量的心血……面对草图和作品，我们各抒己见、集思广益、互教互学、群策群力，只要有好构思，不管是老师的还是学员的，大家都可以发表意见，共同切磋，相互修改，直到作品完成。

我们这些来自基层的作者，都没有经过专业训练，因此来自中央美术学院的李干事为我们制订了学习计划。白天我们集中在创作室里创作，中午背起画夹到海边、码头写生，晚上则练习素描。那时候画素描没有'大卫''维纳斯'，我们就画毛主席像，画战斗英雄麦贤得的石膏像。"

李宝林和这些来自基层生龙活虎的小战士很快就打成一片。一有空便设法提高小战士们的修养，带领他们欣赏舰队美术组收集的中外画册，介绍并分析中外名作，如董希文的油画《开国大典》、詹建俊的油画《狼牙山五壮士》、王盛烈的中国画《八女投江》，还有俄罗斯苏里柯夫与列宾的作品。

那时战士一个月只有六元钱津贴，每逢节假日李宝林便会买几瓶啤酒、熟食、花生米什么的请肖映川、周顺恺他们来喝酒。多年后小肖回忆起那段经历时深情地说："我是南方人，本来是不喝啤酒的，是李干事教会了我喝啤酒。"周顺恺则笑笑说："我胃不好，第一次喝啤酒竟傻乎乎地问李老师，这啤酒可不可以热热再喝？"李宝林则回忆说："那会儿我爱人在干校，我常下部队，周末幼儿园别的孩子都有人接，我的儿子没人接，儿子便站在幼儿园门口喊：'我也有妈妈！我也有爸爸！我妈妈在湖北，我爸爸下部队啦！'小周便会经常帮我接孩子，同吃同玩同睡一蚊帐。"

青春的记忆感人至深，时光如梭、一晃数十年过去了，美术学习班的小战士——肖映川、黄亦生、周顺恺、张秋民、刘乃鹏、李东生们，如今都已成为美术界的佼佼者。

亦师亦友的情谊一直延续至今。

一个哆嗦一个结巴——联手办大事
故事发生在1998年

1998年李宝林担起李可染基金会（筹）两项十分有意义的公益项目。第一个项目是：1998年，他代表李可染基金会接受文化部委托，组织十名著名山水画家，创作了庆祝香港回归一周年的巨幅国画《锦绣中华》，作为国家礼品赠送给香港特区政

1974年与周顺恺在海南岛铜鼓岭写生

两位秘书长，张祖英和李宝林合影

府。第二个项目是：代表李可染基金会筹委会和油画学会的张祖英共同组织策划了"'98中国国际美术年——当代中国山水画·油画风景展"（中国美术馆）。

这项展览具有重大的学术价值，李可染基金会筹委会专门召开在京部分山水画家及艺术评论家参加筹备会，大家一致认为：两个不同的画种都有着百年的学术渊源，这是本世纪末举办的重要展览，远至千年、中到百年、近到现代，这次展览是具有相当水平的学术交流。更何况展览规格很高，由文化部主办，李可染基金会、中国油画学会和台湾山艺术文教基金会承办。是文化部"'98中国国际美术年"重要活动之一。所以中国画一定要保证作品质量，要给国画家们做工作，让他们拿出最好的东西，展览的关键在于精。

这次展览展除绘画作品外，还搜集了时间跨度很长的图片文献。从中国产生山水画的魏晋时期的绘画史料，到西方出现风景画的历史阶段的绘画，都要作为展览的背景知识展示出来，让人们可以清楚地看到中西文化发展的脉络。此外，还召开了研讨会，编辑出版论文集和大型画册。

当时基金会还处在筹建阶段，机构尚不健全，重担就由基金会秘书长、大展组委会委员李宝林一人担当。工作量很大、有权无"兵"，他一个人既要设法拉赞助、负责征集作品，还要对几千幅作品进行评定筛选，每次开会研究展览相关事宜，油画学会往往全员出动，国画方面却只寥寥几人。

长期以来，国画家与油画家各行其是、彼此较劲，有些画家甚至不愿接受这种油画与国画同时展览的局面。李宝林全情投入、一个个打电话说服动员……为保证展览效果，李宝林对参展作品严格把关，就算是名气很大的画家，如作品不理想也尽量说服更换。看得出来，当时国画界许多人对这种展览形式缺乏信心。但是，再大的困难也挡不住李宝林办好那次展览的决心，他的性格从来都是不做则已，要做就做到最好。

参展作品终于经过初评选出来了，大家把油画和国画摆在一起，并请双方评委交换观看对方作品。只见一幅幅油画整齐地装在各式各样讲究的油画框里，而尚未托裱的国画呢？却一张张无精打采地单薄地悬挂在绳子上。俗话说"中国画三分画七分裱"，画展要想取得好的展示效果，除保障画作本身的质量外，装裱、装框也非常重要。可是装框的赞助费迟迟不能落实到位，李宝林心中不免着急，他暗自

大家之路艺术小故事·李宝林

傲立
71cm×71cm 2003年

杨飞云、靳尚谊、李宝林和本书主编郑满林合影

咬牙决定："就是砸锅卖铁也要做到最好。"

经过努力，镜框的资金终于落实了，所有的中国画参展作品也全部精心装裱好、装到镜框里了。只见雄奇恣肆的水墨、洒脱高迈的青绿，一幅幅气象万千的中国山水画在展厅里一亮相，便使人眼前一亮！展示效果与大小不一的油画形成强烈对比！

看完画展，靳尚谊先生不禁发自内心地感慨道："国画毕竟是我们民族独有的画种，它有着悠久的传统，确实比较成熟。反观油画，需要解决的问题还很多。"

"'98中国国际美术年——当代中国山水画·油画风景展"在中国美术馆展出后获得了社会各界的好评。展览在北京结束后，又应邀前往上海、广州进行巡回展，还选了部分作品前往中国台湾和欧洲的一些城市展出。别开生面的学术切入点，引发了美术理论界新的学术思考，也是当代中国山水画成果的一次大检阅，影响是空前的，贡献是历史性的。所有业内人士都知道，成绩的取得是与李宝林的努力和辛苦付出是分不开的。但是谈起这些往事，李宝林却只是为自己终于为国画界、为可染先生的基金会做了一件好事而十分开心，毫无一点彰显吹嘘之意。

为了完成《锦绣中华》一画与此次展览这两项任务，李宝林一年里几乎将自己所有的事情都放在了一边，由于没时间画画，有收藏家想收藏他的画也都被婉拒了。但是，他不后悔，因为在完成上述两项任务的同时，他完成了他的一个心愿，那就是他一直希望李可染基金会成立之初办的第一件事，是一件具有学术价值的有分量的事。如今，通过自己的努力和付出做到了，他特别高兴，他想可染先生在天有灵也一定会很欣慰。

朋友们看着说话口吃的张祖英和双手严重震颤的李宝林，心疼他们忙前跑后的疲惫样儿，半开玩笑地说："这么大的展览就你们两个忙活，一个结巴，一个哆嗦，多不容易啊！"

与李宝林老师在一起的日子

文 / 周顺恺

我 1968 年初中毕业后入伍到海军南海舰队电影队画幻灯片，因为李宝林老师所在的舰队美术组就在电影队的隔壁，我经常去请教李老师，每次他都要放下手中的活，耐心地辅导讲解甚至亲自在玻璃片上修改画面。幻灯片是一种方寸之间非常讲究但又必须快速完成满足部队映前宣传的视觉艺术，需要在构成、色彩、线条、黑白处理方面下功夫。李老师为提高我的创作水平，介绍我到北京去找他的夫人，当时在北京幻灯厂工作的陈雅丹老师。时过几十年，我至今还清晰地记得大雪纷飞的寒冬，陈雅丹老师在位于北京新街口的北京幻灯厂大红门，热情地把我带到各工作室参观、学习，并对我的幻灯创作进行了指导的情景。

我在电影队当兵三年，后提干成为美术员，与李老师都同属舰队政治部俱乐部美术组。我与李老师同住一栋宿舍楼，同在干部食堂就餐。除了一起画画创作外，还一起散步，打篮球，下围棋，军棋，看文工团排演。每逢周末，李老师都要用他的津贴邀约我和战友改善伙食，其间还教会了我们喝啤酒……多少年后，每逢与友人聊起当年在一起聚会喝啤酒的情景，李老师都开怀大笑地说："顺恺胃不太好，不能吃凉的东西，我让他喝啤酒他竟然说：'李干事，这啤酒能不能热一下再喝？'哈哈哈哈……"

我刚到美术组时，因南海舰队有版画传统，学着刻了几幅版画，李老师根据我的情况主动建议："你有一定书法基础，也爱好文学，有我在这儿，以后你画国画吧。"当时就安排我临摹徐悲鸿的素描，让我体会徐氏素描塑造形象的传神之处和线条的表达之法，为我以后国画人物的创作打下基础。一段时间以后，李老师安排美术组附近的卫兵到画室写生，告诉我画速写和素描的要领，并说要注意线的质量、转折和变化，行笔要慢，"最好的线条是最能控制的线条"。李老师经常在美术组的资料室里翻阅画册，不时地给我介绍分析中外名著，如中国画家董希文的油画《开国大典》、王式廓的素描《血衣》、詹建俊的油画《狼牙山五壮士》、王盛烈的中国画《八女投江》，还有俄国苏里科夫的《近卫军临刑的早晨》及《女贵族莫洛卓娃》、列宾的《伏尔加河上的纤夫》等，这对于我多少年来一直钟情于历史题材的创作起了潜移默化的作用。

李老师很重视到生活中去写生并开掘创作题材，下部队时多次带我到军港码头，上驱逐舰、潜艇和快艇，去黎寨和渔村写生，收集素材，构思画面。比如到当时我国最大的驱逐舰上画水兵，到广

李宝林老师大学毕业当兵一年，1964 年在海南大花角画壁画

东电白"博贺"渔港的水上人家画渔民和渔船，到霞山对面的麻斜军港救生中队画潜水员，到榆林潜艇支队深入舱内……仅 1974 年在海南岛写生五十余天，我的几十幅画稿和素描、速写，他几乎每一幅都点评甚至动手修改，有的还临场示范。李老师告诉我创作不是简单的记录生活，要善于在生活中发现和捕捉美的东西。画画不单是手要勤，更要动脑子。李老师常在饭后散步、下部队途中向我讲述徐悲鸿为抗战募捐、到国外办画展的故事，讲李可染外出写生住码头车站甚至住洗澡堂、睡在门板上，还有蒋兆和画《流民图》的艰辛和危险等这些中央美院老一辈画家的故事。当年中央美术学院的学生特有的"尊师"传统让我肃然起敬。李老师除了创作还承担着办创作班、组织部队美术骨干完成作品的任务。我有幸亲眼见到他构思、收集素材、构图、后期制作等主题性绘画创作的全过程，如李宝林老师画大画

疆山铁铸
198cm×96cm 2004 年

从初一到十五
150cm×140cm 1987年

《火线入党》《战台风中的党委会》等，还多次在他组织的读画会、草图观摩会、作品研讨会等活动中获得教益。

我转业到重庆国画院后，李老师亲自写信把我介绍给他同学——著名国画人物画家马振声，使我有机会在这位蒋兆和先生最优秀的传人身边获得教益。多年来，李老师依然关注着我的创作，无论是主题画、人物画还是后来我参加河山画会画的山水画，无论是我到北京还是李老师到重庆，或是艺术活动的聚会，我们见面都要谈创作体会。我还要拿他近期的创作作品请教他。李老师抓住一切机会和时间进行讲授。有一次画家团队从重庆到恩施遇上几个小时堵车，李老师一直握着我的手讲他是怎么观察大自然中的山水的，他是怎么认识中国画的本质、气象、意境的，他是怎么概括提炼和表现生活的。李老师希望我不要只注重大画，应多画点小品，让笔墨放轻松一些，不要只画人物，也可以多画画山水，让笔墨自由一些。李老师关于笔墨关系和笔性的认识，让我再次体会到老师晚年艺术探索的思考和勇气。李老师是可染先生最喜爱并最能体现其艺术精神的重要传人，20世纪80年代后期，李老师几次带我去见他最崇敬的老师——李可染先生，让我有机会聆听可染先生的教诲。我从艺已五十年，多次参加全国美展并获奖，多幅作品被中国美

南海风
68.5cm × 68.5cm　1995 年

术馆等机构收藏，十年前在中国美术馆举办个展。从没有专业学历的初中生成长为现在的国家一级美术师，被重庆市命名为第一、二届学术技术带头人，如果当年没遇到李宝林老师，我的人生之路会被改写。

我 1982 年转业回重庆，虽然离开了部队，但与李老师一直保持联系。回渝几十年中无数次参加李老师组织的写生、艺术交流和展览活动。李老师待人热情、真诚，朋友多，尤其喜欢和他众多的学生在一起相聚，探讨艺术人生，其乐融融。其中几次我因主持重庆画院工作太繁忙，活动还没有结束便提前离开。记得有一次，我们住在离李老师家不远的海军招待所。头天晚饭后，我与李老师告别说，重庆艺术高评委要开会评审职称，我要提前走。李老师说："你看，你又要先走哦，好吧，工作第一嘛。"我虽然做了解释，但看得出老师不愿我走，我想这次老师肯定很不高兴。没想到第二天一大早，我起床来不及吃早饭，准备前往机场，一开门，看见李老师冒着严寒，裹着棉大衣站在门口。我一怔，说："这么冷的天，您来干什么？有什么急事吗？"结果他说："没什么，你要走了，我来送送你。"我当时拍了拍他身上的雪花，紧紧地握住他的手，半天说不出话来。离开时，我回身望去，只见他远远地还笑着向我招手。

大家之路艺术小故事 · 李宝林

永远的"李干事"

文 / 肖映川

山魂

62cm×65cm 1995 年

1970 年 3 月，我带着以水兵生活为背景而创作的《今日先锋艇》组画六幅草图，前往南海舰队美术创作学习班。到湛江汽车站接我的，就是我们的"李干事"——李宝林老师。至今，在美术创作这条路上，我们风雨同舟五十三年。

往事历历在目，感恩永记心头。

五十三年前的那一天，当我从汕头经过两天一夜不间断的行进，只身来到湛江霞山汽车站时已经相当疲惫。刚一下车，有位推着自行车的年轻海军军官迎了上来："汕头水警区的小肖吧？我是南海舰队创作组的李宝林，来接你的。"

啊，一切疲劳云消雾散，我兴奋地向他敬了个军礼，就坐上了他的自行车后座。

从车站走到南海舰队政治部要爬好长一段斜

坡，我看他吃力地蹬着自行车向上行。"首长，让我下车吧。"我不好意思地几次要下来步行，他依然气喘吁吁地说："别动别动，以后不许叫我首长，叫我李干事。"

李干事终于把我驮到了南海舰队政治部美术创作学习班。

学习班设在一个大房间里，房间四周挂满了画稿和草图，有国画、油画，更多的是版画。李干事把我介绍给战友们，大家一下子围了上来，问寒问暖。舰队美术组组长、著名版画家黄树德老师看了我带来的《今日先锋艇》组画六幅草图，高兴地对大家说："嘿，咱舰队又多了一个搞版画的。"

舰队美术创作学习班是个温暖的大家庭，我们这些来自基层的战士很快就红红火火热络了起来。

面对草图和作品，我们各抒己见，集思广益，互教互学，群策群力。而黄主任和李干事，这两位南海舰队的专业画家则是我们这个大家庭的家长，我们叫黄主任为"司令"，称李干事为"政委"。他们在完成自己作品的同时，又在我们这些战士的作品上花了大量心血。而我们在画画的同时，又目睹了他们创作的整个过程。从作品的构思、构图、起草、反复推敲修改到最后完成，李干事极为认真的投入，满腔热情的创作，夜以继日的干劲，都给我们留下了极为深刻的印象。更令人感动的是，李干事在自己的作品前，不断征求我们这些小战士的意见，时不时还以我们为模特，充实自己的草图。

我们这些来自基层的业余作者，如周顺恺、刘乃鹏、李东升、黄亦生等，包括我，都没有经过专业训练。因此，作为中央美术学院高才生的李干事，又为我们制订了业务学习计划。白天，我们集中在创作室里创作；中午，背起画夹到海边、码头写生；晚上则练习素描。那时候画素描没有"大卫"，没有"维纳斯"，我们就画毛主席塑像，画战斗英雄麦贤得的石膏像。这期间，李干事就是我们唯一的指导教师，我们一起生活，一起画画，一起讲故事。

那时候李干事还很年轻，只不过三十岁出头，比我们这些小战士大不了多少岁，他把我们当哥们儿，亲如兄弟，情如手足。一块儿画画，一块儿吃饭，一块儿睡觉，连洗澡也是一块儿的。在舰队，干部洗澡有专门的单间，而我们小战士则通通在大澡堂里冲凉。让我们意想不到的是，李干事竟然与我们一样在大澡堂里脱光冲凉，若无其事地与我们聊天。在李干事身边的日子里，我们深深感受到他大海一样的胸怀，高山一样的才学，蓝天一样的品格。

后来我们才知道，我们身边的这位李干事，来到海军之前还有让我们非常感动的故事。

1958年，李干事以总分第一的优异成绩考入中央美术学院中国画系，随后又担任了中央美术学院学生会主席、北京市学联副主席。1963年毕业后，北京画院看上了他，李干事热恋中的未婚妻陈雅丹还在中央美院上学。按人之常情，李干事留在北京是最合适不过了，可他不，他毅然决然地选择了我们的南海舰队，成为一名光荣的军人，接受更多的人生磨炼和考验，这该有多么巨大的人格力量啊！

李干事来到我们的南海舰队的确也吃了不少苦，经历了不少难。他被安排在海南岛万宁大花角一个偏僻的哨所接受锻炼，当一名信号兵。这个中央美术学院毕业的高才生，与哨所的战士们打成一片，夜间一个人在这人烟稀少的小岛站岗放哨，为他们出墙报、画壁画，甚至还表演小节目。

我们的李干事就是这样在干事。了解了李干事这些事情，我们参加美术学习班的战士们更愿意接近他，更崇敬他了。

在李干事身边的日子里，我们得到感悟，得到激情，得到力量，得到做人作画的真谛。

2022年

李宝林老师的"后花园"

文 / 李晓婷

到过李老师画室的朋友都知道，走廊的一侧摆满了绿植与花草，犹如"后花园"一般，绿莹莹一片甚是好看，说是花园只是还没达到花园的规模。

很多人认为李老师不善言谈，只见他天天作画，也没其他的爱好，其实李老师是一位很有生活情趣的人，喜欢收藏木雕、拐杖、帽子，这是大家公认的，但他对花草的喜爱之情是大家所不知道的。一有时间他就让我陪他去花卉市场看看花、小鱼等。他养的花草都不是昂贵的品种，都是大众平常的兰草、芦荟、多肉植物、昙花、滴水观音、绿萝等，还有朋友及学生们送的君子兰、兰花、杜鹃。

他喜欢花，每隔一段时间蹬三轮车卖花的大爷就来了，主要就是冲着李老师来的，因为老师买的花草最贵也最多，是大客户。大爷非让老师买下他那最大的两盆花：鸡蛋花、茶花。老师一看就挪不开步了，最后就默认了，那一次，老师几乎买下半三轮车的鲜花，这可把卖花的大爷高兴得直咧嘴，兴致勃勃地一直把花送到老师家里。

画室中这么多品种的花，他与昙花最有感情。说起昙花，还是有渊源的，在 20 世纪 90 年代初李宝林老师刚被调到中国画研究院（现中国国家画院），昙花就是阮宗华送给李老师的礼物。自此，这盆昙花就一直跟着李老师，直到现在还开花并分枝发芽，分成很多盆，经常是老师出差后都快干得要死了，浇点水又活过来。它也是九死一生，磨难重重，到后来又跟着我们到盛今佳园新画室，生命力依旧这么顽强。每年到花期，昙花开花的时间一般在晚上八九点左右，在开放时，只见淡紫色的外衣慢慢打开，然后由二十多片花瓣组成的、洁白如雪的大花朵就开放了，只可惜过三个小时左右花冠就闭合，真可谓"昙花一现"。随后每隔一天就会开一朵，有时还会同时开两三朵，这时是他最开心的时候。

闲暇之余李老师整理花草也是一件很惬意的事，而且他还乐此不疲，近期学生王清杰送来一盆桂花，他极其喜欢，天天摆弄，修剪枝叶，最后非要给换个盆，给花换盆也是他喜欢做的一件事，要求花与盆一样看着顺心。看着自己养的生机盎然的花草，李老师心情也就自然好很多。李老师看不上我栽的兰草，它们竟然还长得异常繁茂，他精心呵护的大叶绿植竟然打蔫了，你说气人不？老师还怪我浇水浇多了，哈哈哈，无话可说。

李老师很喜欢他的"后花园"，期待昙花再开放，期待君子兰能开花，期待兰花抽花蕊，期待桂花香满屋。

2022 年 11 月 1 日于莲花池湖畔

叶毓中

中央美术学院教授，享受国务院政府特殊津贴的专家。美术教育家、理论家。曾任中国美术家协会领导成员，中国美术家协会理事、第一届中国画艺术委员会委员，《美术》杂志社主编兼社长，中央美术学院副院长。

1941年生于四川德阳。早年与胞兄叶毓山（雕塑家，原四川美术学院院长）同习中国画、书法、诗词和篆刻。

1957年考入四川美术学院附中，毕业后升入四川美术学院中国画系。

1965年四川美术学院毕业后，被选入中国人民解放军新疆军区，历任干事、创作员、一级美术师。

1983年应邀成为中央美术学院兼职教授，后转业至中央美术学院，历任副系主任、系主任、副院长。

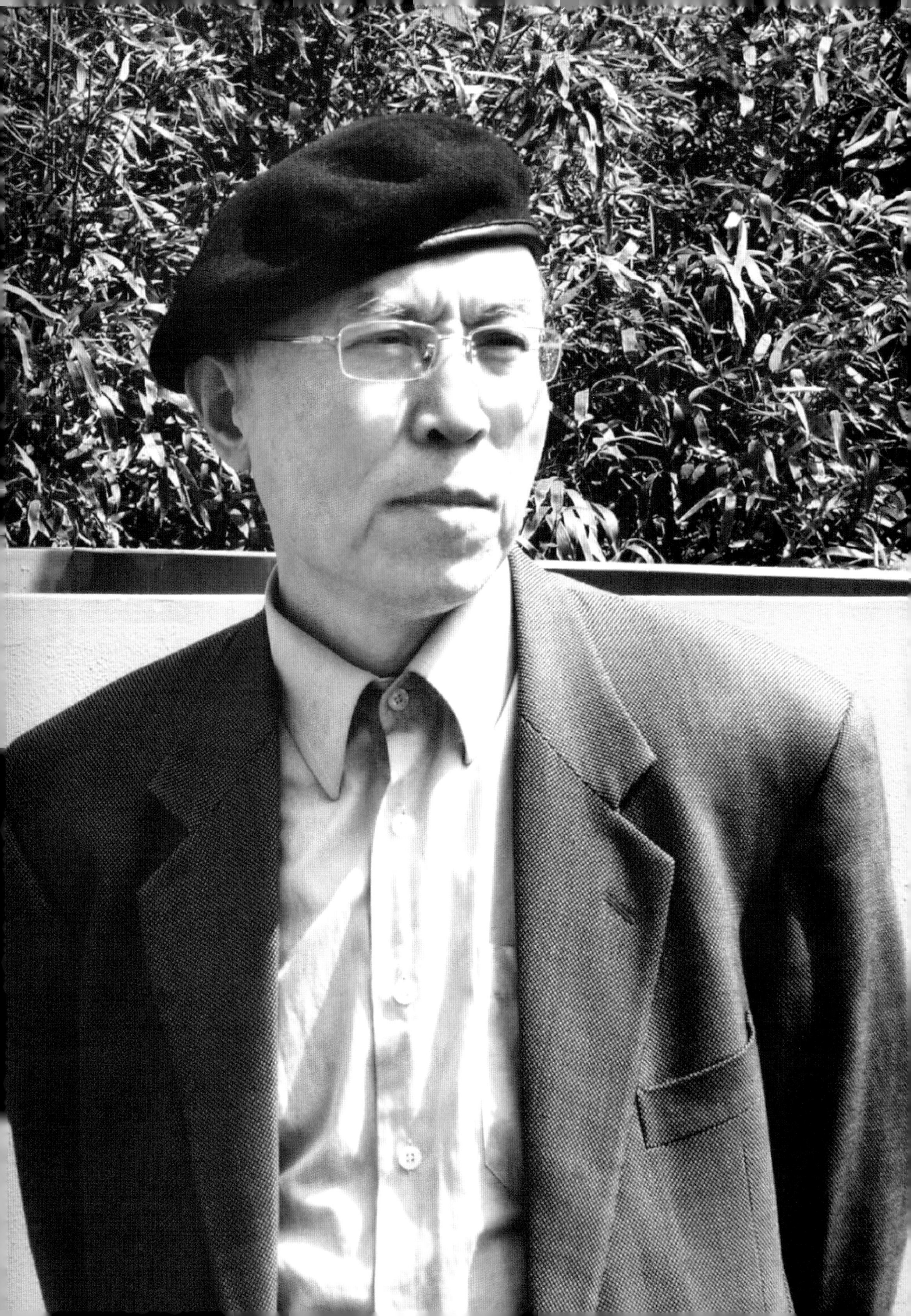

钟灵毓秀　洗尽铅华

采访地点：大家之路艺术展示中心
采访沟通：叶毓中，郑满林

还记得陶渊明的诗，"种豆南山下，草盛豆苗稀"。现在人们生活条件优渥，没有诗意田园生活的感觉，早晨起得很早，院子里的小草结了露水，回来的时候衣沾不足惜。每天清晨都在辛勤劳作，走回家的时候，发现衣服都被露水打湿了，但是一点都没有埋怨。只要劳动就有吃的，一切问题就都能解决。如果不去劳动，在家里待着，那就没有吃的，这就是典型的农耕文明生活，依赖土地，没有土地就无法耕种。然而，现在我的家乡已经不是以前的样子。原来可以看到有树又有草，还有小桥流水人家的景色，现在全都没有了，完全变样了。从陇南到川北有一条小路，叫阴平小道。邓艾打蜀国的时候，攀沿着从那儿过来的，它是一个交通要道，但又很少有人去，保持了很多农耕文明的特点。

直到大概1950年的时候，1949年来了一些解放军，他们到我们村子里搞土地改革，其中有一个队长特别喜欢我，他对我们一家人都很好。因为我们家有两亩半地，以当时的种植水平正好够吃。我们一家几口人，我的两个姐姐，我的哥哥，我父母，还有我父亲的弟弟他们一家人，我们这么多人都能够吃饱，所以只要下地劳作，一年吃的东西都是自己耕种的，如果还需要别的东西可以和邻居们互相交换一下。有时候自己种一些花生、蚕豆、豌豆，一年四季都有。那时我还很小，拿个树棍子就在土墙上画来画去的，在地下也画来画去的。所以很真实地体会到，只有吃饱了才画画，没有吃饱就不能画画。因为地里的粮食就这么多，没有冰箱，也没法储存，更何况农作物生产有季节性。

一个人要朴实勤劳，因为勤劳必然很智慧，有智慧之后肯定就有德行，有了德行后就会非常勇敢。记得有一次天气寒冷，我和我母亲出去在地里面弄点菜，然后洗衣服，把它清一下，我也跟着妈妈一起清，她清完一件我就接一件，我在这跳动着，冬天很冷，手也在抖。因为出去过后，地面也是湿湿的，泥泞的小路，鞋子很快就坏了。母亲说："要是有一双穿不烂的鞋就好了。"所以我一直到上初中，基本上都是打赤脚，然后家里去赶集了，或者要到别人家里去做客的时候再穿鞋，冬天就穿一双鞋，过后赶紧脱掉。我为了节省草鞋，走路的时候就把草鞋脱下来，挂在身上，快到学校的时候，找一个水洼洗干净鞋子再进教室。不是因为穷，不见得富有就要享受优越的待遇。

帮着大人干点活，小孩才有时间画画，大人就在劳动。大人休息的时候，我们读点书，就是过去"四书""五经"那些书。1950年以前，和外界相对封闭，距离县城很远，从早晨走到下午，跑得快一些也要大半天，所以到德阳的人都很少。到了1952年过后，环境就开始有大变化了，仿佛进入另外一个时代，小时候我就在这种情况下，最早了解和认识世界，重要的就是人要勤快，有时间就认真读书，所以我不把画画作为一种事业。就像唱歌，像陕北的农民，兴致来了，站在黄土高原上放声歌唱，而我高兴的时候，就开始欣喜若狂地画画。我们家每到过年的时候，家里人都会给人家画画、写对联，但是没有把画画当作职业。那时有专门画画的，就是村子里边还有一些搞年画，在绵竹，他们在工厂里面，帮着将板子硬化处理，再上点颜色就拿来卖。

我们家画画一个是我父亲，一个是我哥哥。父亲劳动完了就喜欢读书，我哥读私塾的时候，教室里挂着孔夫子的画像。我们很小时就远远地看到里面挂着画像，问那个像是谁，他们说是孔夫子。我父亲也收藏了一张达摩画像，是一个和尚。这个达摩站在一个树叶子上，我们家挂着这画像预示吉祥。即使我哥以前没画过老虎，画出来也是栩栩如生，他真是一个天才，家里的学习氛围影响着幼年的我。哥哥可以用泥巴和其他材料做出各种雕像，我小时候非常欣赏他的作品，成了他作品的收藏家。主要是欣赏，但是说到画，我对画画有自己的理解，我不会像他们那样画，我从小对画画的理解就和他们不同，历经这么多年也保持着自己的理解。我上学很早，五岁开始上小学一年级，我们以前谈到人吃饱了就需要精神追求。那么，人读了书还要干什么？很小的时候我就思考这些问题。

童年似梦，每次我听到讲三国的故事，就很感兴趣，这时发现社会是有结构的，有些人在活动。人为什么要这样活动？就像四川人学广西话，有几分相像却又夹杂着四川口音。天真无邪的儿时最喜欢的就是听故事，如果问我从什么时候在我心中埋下这颗创作的种子，那是我几岁的时候，有一次我趁爸爸不在家，搭了个凳子悬吊着爬上去，因为我一直在听书里面的故事。我听过看过的故事中，《逍

东坡步月

138cm×68cm

遥游》让我过目难忘，"北冥有鱼，其名为鲲。鲲之大，不知其几千里也。"说明自然界神奇的生物一会儿可以变成鱼，一会儿变成鸟了，这鸟太厉害了，飞得那么远，我立刻就画一个鸟，这个时候也就是四岁。画完鸟后，慢慢就想了解更多的故事，这个时候就看到我哥哥画一些三国的故事。所以了解三国，给我带来最大影响的是我的哥哥。

1961年我哥还在读研究生时，给我带回来一本书《不怕鬼的故事》，我很喜欢，后来我从中选了一篇叫《宋定伯》，我分成十二张画稿表现，模仿古画，画成线装书的形式。我用下课的时间，还有寒假暑假，画了上千张，反复改稿，后来自己装订成一本古书。这个时候我已经上大学一年级了，老师原本也是让我们临摹古画。后来我把画稿给我的主课老师也是我们的班主任看，因为他比我哥大一两岁，也是年轻老师。他一看，以为是陈鸿寿画的，我说不是，这是我画的。翻了好几遍，他说还以为是陈鸿寿作品印刷的，我说这是我画的，我模仿了印刷的书的样子。这本书最后寄给我哥哥了，我哥哥看后就给我写了一封信，说他有些朋友看了，都认为我画得很不错，准备在《人民日报》星期天的美术刊物上给我发表一下。

上学之后对我刺激最大的事情，是我在上美术学院附中的时候学的完全西化的知识，如俄罗斯的绘画，而我后来才发现，俄罗斯的绘画是被西方绘画低看一眼，不是平起平坐的。可是我们接受的西方绘画在19世纪80年代，被说成"中国的油画，居然学习西方油画最落后的一个学生"，为什么没有学西方的现代艺术？比方说就像一个孩子，在几岁的时候，他有没有闪光的地方？肯定有，长大了以后也会有，但他毕竟是个小孩。但是社会不是这样的，而且人类社会发展到现在，还处在人类文明中的低级阶段。为什么这样说？我们现在提出的要建立人类命运共同体，地球是一个村。这个村子是

苏轼·水调歌头　90cm×45cm×9

不是可以大家集中精力把村子的卫生搞好？老百姓的生活搞好？这些问题都没有解决，哪有什么落后和先进的差别？在实战的过程当中，先进的东西执行不了，落后的东西还大行其道。

画画究竟有没有标准，哪个好或哪个不好？所以我一直对画画迁思回虑。好在我毕业的时候，新疆军区来选人，我被选上了。那个时候还悄悄地害怕人家知道了。我也不知道当时的结果。当时我正在教室里，有人说："你赶紧出来一下，我有事情告诉你。"我说："什么事？"他说："把你选到新疆去了。"我说："我画画的，怎么去当兵？"他说："不是一天天都要打仗的，最后就选上了你，他已经给军区汇报了，就要你！"后面应该是1969年，这个时候正好北京的中国连环画出版社的一个老编辑叫费声福，他是中央美院毕业的。有一年搞战士画展的时候，我送了一些部队的战士们的画认识他。我画了几张，可惜我的画没被选上，因为我的画法跟人家的都不一样。我还是我们乌鲁木齐军区美术的负责人，他们作品送来参选，我是评委，但我的作品也没被选上，也许因为我跟他们想法不一样。结果费声福先生突然找到我所住的总政治部院子里面的招待所，他特意在招待所的大门口给我留了一封信，他说："叶毓中同志，你画得太好了，我非常想见你一下，希望你明天下午就在门口见我一下行不行？"

我思索着费声福先生的名字，结果第二天他就来了，我看到他在门口，他也不认识我，他说："叶毓中同志，我看到你的画，画得太好了。"我说："你怎么知道太好了？都没有被选上。"他说："我就是因为看到你没有选上，知道你肯定是美术学院毕业的。"我说："是的！"他说："太好了，等以后我们这个《连环画报》复刊了，我一定要找你，你给我们画行不行？"我说："好好好。"当时以为就这么一说，没想到他回去后，过了一两年《连

百鸟颂瑞祥歌赋图
68cm×138cm×3

　　环画报》复刊，他就打了个电话到新疆军区来。宣传部的一个同事告诉我说："老叶，北京打电话找你。"我说："我还不知道什么事。"同事说："他们要找你画画。"我一看确实是费声福先生找我。我说："这个画我本来是不画的，今天就凭您这个态度，我要好好画了。"之后我就去找张部长，他正在看文件材料，我说："有个事情跟您汇报一下，北京给我来了个电话请我去画画，您能批准吗？"张部长反而问我想不想画，我说："当然想画的。"张部长很支持我，允许我画连环画期间暂停工作，后来发表连环画的那段时间，编辑想让我继续帮他们画画。

　　这个时候正好看到《解放军报》登了一个罗瑞卿大将军亲自批准的，说是不怕鬼的故事非常好，我们军队这个报纸也可以登一登。因为"文化大革命"时稿子都烧了，我急急忙忙重新画，画完之后的作品《连环画报》非常满意，就给我写了信，然后又给我转来一些读者信件。都说画得太好了，让我再多画一点，于是又给他们画一次，文章，没有画画的。这个时候我面临的问题是部队要整编，有些人年龄大，还有一个最重要的原因，是军队那个时候要裁员一百万人。我就写报告：我们是不是可以组织一些战士在这儿培养一下，好参加这个展览。

那个时候大概隔一两年，可能就有画展，我跟科长沟通，他叫我写个报告，最后这个报告批了。具体的要求让部队通知到每一个团，喜欢画画的战士都寄作品来，一张两张都行，收了不少画。田利民就是其中之一，另外还有好几个后来大家熟知的画家。我们一起给他们出题目，让他们画。当时搞版画最方便了，因为我们可以改，改完以后要印清楚一点也好。部队里也有人喜欢搞艺术，像我们一个科长张煌，原来在兵团工作过，他当科长了，很喜欢画画，所以他也支持。因为我当时画了连环画，产生一定影响。那时中央美院成立年画连环画系，大概在1981年，全国连环画最红火的时候，他们想成立一个系，要多招一点学生，一直在找老师，最后找到我。当时新疆有一个画家龚建新，我们都很熟悉，他是叶浅予先生的学生，他就回来找到我，说中央美院要成立一个年画连环画系，想请我去那里当老师。刚好人民美术出版社出版了我的书，问我是不是考了研究生，希望我毕业就在中央美院当老师。

我不想离开军队，怎么还要考试？后面龚建新回来，我以为他只是说说而已，就没管这个事儿。他经常去北京，叶浅予先生要把他调到中央美院，他是国画系毕业的。那时还有一个连环画系的书记叫刘谦，自己也画画，他到新疆来出差，打电话到部队，专门找到我们家。那天好像是星期天，他找到我院子里敲门，我正在忙着画连环画。他是连环画系的老师，专门来找我。然后他说："我们请你在美院当老师。"我说："你还是先回去，给你们系里面讲一下，写封信寄到新疆乌鲁木齐军区政治部文化部。"因为当时不跟军队说是不行的，我也觉得有点开玩笑的意味，不可思议，就没再管这件事。后来这个报告他寄到政治部去了。因为当时新疆乌鲁木齐军区政治部没有文化部，所以我在宣传部，宣传部的张部长就让秘书来找我，张部长的秘书说："叶毓中，中央美术学院请你去当老师。"我们的李主任很高兴，没有想到我们乌鲁木齐军区还有这么一个人才，认为我应该去，我一看部长主任都同意，我说："那好，我要准备一下。"他说："你多久去？"我说："准备好了再告诉他们。"

结果我画了三次还是四次，因为我工作很忙，画不了了，就再没有画了。画连环画，我都是下班画的，并不是上班的时候。

田立民他们那个时候上课，这中间还有一个故事，大概是在1980年，1976到1980年间，我经常参加全国性部队的战士画展，慢慢地有些地方就有了创作组，开始搞美术创作。但是新疆军区很晚才参加，我们参与创作的只是写一些

鶴鄉早春

结果又过了一年，因为我手头事情没有完，后来我一看通知，第二年的夏天，让我给他们上课。

之后，他们希望我能够转业到中央美院，我一直不想转，希望顺其自然，因为我知道如果在军队要转到地方上去很困难。最重要的是我不愿意离开军队，因为那个时候听说我们要恢复军衔了。在部队同意的情况下，给他们上课，上了好几年，没有课就回来。这个时候我也没有离开军队，我的名额被放在创作组，我成了创作室的老师。当时已经成立兰州军区创作室，我还在乌鲁木齐住着，所以有时候经常要去兰州。我不愿意走，促使我走的原因就是我被彻底改成文职。没有军装，我自己穿个便衣在军队里面走来走去，实在觉得脸上挂不住。为这个事情我找到兰州军区的政委，平常我很难得见到他。我说："政委，能不能还是给我这个军衔，还有军装。"他说："叶毓中，你就再等一等，你现在不要回来，再等等。"我只好再等一等，后来一直没法穿军装。又过了几年，等我都走了才又发军服，就这样我来到北京。我到这里干了没几年，可能是1992年，连环画系被取消了。

那个时候的连环画为什么被取消？最根本的原因是连环画的这种形式已经找不到，没有应用的环境，后来不出版了。现在这几年又慢慢热起来，大多数人看电子书，很少有人看连环画。一些当年比我还要年轻一点的，老一辈的人，现在可能五六十岁，他们把连环画作为一种古董来收藏。由此我想到两个例子：一个是两个德国艺术家，德国拍了视频记录这两个人就在小房子里面，却过得很惬意，搞了一些艺术，这是一个例子。还有一个就是我们的故宫，故宫里面有一百个场景，很美，由此出现两个问题：一、究竟美怎么评价？什么样是美？什么样是不美？二、艺术的价值是什么？这些可以说是我小时候就在研究的问题，我认为有好的一面，又有不好的一面，反正同时都存在。

我到美术学院来后，美术学院的教学跟"文化大革命"前完全不一样。因为"文化大革命"前中央美术学院的教学方式，基本上和全国的各个院校一样，都是那些老师，学子们有技术后教书育人。我哥在美术学院读了研究生回去，全国的教育体系是一样的，但是等到我上课的时候。因为20世纪80年代的时候变化很大，原来我们学的苏联模式已经改变，环境也改变了，学的一小部分课程没有成体系，还没有形成自己的东西。后来到了1966年的时候，因为反对修正主义，这个时候大家都萌醒了，再画成苏联的风格样式肯定不行。这样变成了苏联油画教学体系也没有学全，外国其他国家的教学体系又没有学上，而西方的教学体系完全来了。另外，国画的教学，还保留叶浅予先生和蒋兆和先生那种风格，如果不保留国画，大家会觉得中央美院好像变了个牌子。在美术学院工作过后，我意识到这种文化的宣传工作很重要，主要是协调大家，要让大家慢慢进行时代过渡。当时在《美术》杂志首先是解决一个问题，发行量太小了，只有几千本，原本能卖几万本，要解决这个问题。所以后来我想了一些办法，让全国的美术学院一个院校包一期，好好帮他们宣传一下。

好像我们艺术家脱离了普通的生活，而老百姓没有多少人懂哲学，其实最高的哲学就是吃饭问题，为什么说吃饱才能搞艺术？这个问题一直存在。我们看故宫多么好，故宫是多少人建造起来的？又是谁在那个地方，作为一个享受者？那是皇帝住的地方，一个是自娱自乐，一个是封建社会，所以这些

鹤乡早春
133cm×93cm

宋韵·西园雅集
110cm×120cm

都算是提供好的条件，却都没有贡献。故宫倒是很美，不需要种粮食，皇帝享受其中，两个都不可取。所以真正的艺术要做什么？对社会进步有没有贡献？这份劳动换了生活费，最重要的是付出。这就是不能一个人高兴，而是大家一起高兴的道理，没有哪种艺术是好和不好的问题，我看待的标准是多元的。

　　回想起我当时在新疆部队的生活，新疆部队有三个任务，秉承着严于律己、宽以待人的理念，保持着开放的心态，接纳不同的生活环境，生活就会带来好的作品。我第一份工作就是当兵，既然工作是当兵，我的目标是非常明确的，这个兵一定要当好，很好地完成这份工作。第一项工作因为我们是戍边性质，所以对地方进行安全保护，既然我已经答应了要去，而且人家选我去的，我很尊重他们，因为不是随便什么人都能去的，所以我当然要把工作做好，别辜负人家的信任。我当过几天骑兵炮兵，把当兵这个任务完成好，这一下就是二十五年。人的一生中二十五年是很长的一段，我在工作之余画画，我自己说我是"三余"的时间画画。第二项工作就是生产，我们要种地生产粮食，在那里都是我们自己在搞生产。第三项工作就是促进军民团结和边疆的

宋韵·西园雅集
110cm×120cm

团结，这三项任务完成了，休息的时间，我就画画，在我的生活中始终没有离开画。但是，我的主要工作不是画画，经常这样，一天八个小时上班。刚刚说那三件工作，我的体会是由于在这个工作当中要把事情认真做好，会得到很多启发，再来画我的作品，就有更多灵感与思想。

而第三项工作是做各个少数民族的团结工作，这是我天天要做的工作，三项工作中，做得最好的是团结民众。历史上，汉代那时候有两个了不起的人物，一个是张骞，还有一个就是班超。班超在军事方面非常出类拔萃，智勇双全，他只带了二十几个人，居然能把遥远的新疆完全团结起来，统一汉朝疆土。而且据说他离开的时候，老百姓抱着他的马腿哭，不愿意他走。我很有体会，因为我在新疆的时候，也需要做部队和军民联系的工作，我在那儿工作过，那儿有维吾尔族、哈萨克族等几个民族。有几次我们出完任务要离开，那里的人们都不舍得我们，离开的时候就抱着我们哭泣。我能深刻体会到，国家不同民族之间的团结是多么重要，国家安全是幸福生活的保障。这一题材虽然我已经画过一次，但我还在改变，画班超要离开，依依不舍的离别场景。

桃花潭传奇
120cm × 206.6cm

我觉得当时汉朝人这种精神,体现对边疆的一些少数民族老百姓的爱护,深得人心。而且汉朝的疆土辽阔,跟他们的努力有密切的关系。犯我大汉者虽远必诛,这就是一种豪气。所以,汉朝人有一种豪放不羁、舍身为国的志气,我要表现这种大义凛然的精神。

汉代人性格是什么?慷慨激昂,不顾生死,很悲壮,但是又很坚毅而振奋。坚持的精神,英雄落泪,不奋斗怎么行?汉朝在新疆有好多了不起的人物,所以为什么我要画这些人物呢?因为我在新疆,那生产的地方就是我们古代的军队驻过的地方,那些将军打仗的地方就在那里。还有烽火台,现在都是一些残垣断壁却还在那儿。我画了好多唐代就有的烽火台,身临其境时有感而发。我们现在还在守卫边防,这个精神是必须要有的,虽然我们当时也没有很好的武器,但是古人都能做到,我们也能做到。不是我不画现代风格的作品,而是我画我体验的生活,我在画的过程当中成长,我在慢慢长大,也在慢慢变老。

有好些人特别喜欢我画的塔吉克族的帕米尔风情,我画的是他们最热闹的时候。里面有很多主要的人物,那就是军人,他们只是没有戴帽徽。生产建设兵团的战士,其实就是我生活环境中最重要的组成部分。解放军保卫边疆的画我也画过,后来变成了一本连环画。解放军部队专门出了一本画册，就是表现解放军的生活，是建军周年纪念版的一本画册。能被选上作品很不容易，当时选了两张，后来那两张画还被中国美术馆收藏了。这些都是我在业余搞的，所以不像有人说我都在画古代的作品。其实我涉及的类型也很多，给大家印象很深是因为作品被人家收藏了，只有出版了大家才能看到。新疆建设兵团是我转业后喜欢生活的地方，作为一个军人我还立了三等功。我这一辈子最感到欣慰的，得到一次三等功，证明我是合格的军人。而且当时学的是从俄罗斯的西方油画开始的，也了解了西方历史绘画。那么我是中国人，应不应该把中国传统文化的东西保留下来？我觉得这个有必要。所以中国美术的精髓究竟是什么？这就是我经常在考虑的问题。

之后，我找到一些演员，演员可以演汉朝，也可以演唐朝，还可以演宋朝，都是这些人，不然我哪养得起这么多人！我请他出来的时候我要培养他的情绪，然后给他换衣服，然后说现在是演这个人，一下就对了。这是我向戏曲学来的，生旦净末丑，为什么分出角色与风格？然后让他们衣服一换，穿上汉代、唐代或宋朝的服装。在作品里面既有人物，也有动物，还有山，也有树，都有，我经常有一个小本子，凡是我没有见过的，我都把它记下来，现在就很方便了，照个相就行。用手机赶紧把它照下来，照了过后，我就把它画在速写本上，一定要画，绝对不能按照照片画出来，那样就坏了。照片它是有没有感情的，心情不好，那个照片看不到，心情好，它就画出来了，所以必须要加入真情实感。

拉开一个场景，在中国文化的历史上最精彩的，汉代、唐代、宋代，如果把西方的绘画和中国的绘画列在一起，文艺复兴时期相当于我们明朝时候，相距多远？在宋代、元代以后才是明代，看到后会感到很惊讶，我们这么好的东西为什么没有把它捡起来？所以这是我的任务，这个很有意思，也很有价值。我不是要画古代，我希望通过把我们古代的特别是美术方面的那一种精神——如何认识美，把它提取出来。用现代人的理解体会去表达，必须转换成现代的、新颖的方式，所以这个转换的过程，需要继承、发展与创新。因此，大家后来看到我的作品，说我画的李白、杜甫又是唐朝，还有汉朝和宋朝。我最早画的是什么？画的是我最熟悉的边防，

春夏秋冬
68cm×68cm×4

我们一个班、两个班一起在边防巡逻，要跟老百姓接触，所以有时候还和民兵一起去巡逻。我的第一张作品是什么？就是巡逻，这张作品居然还登到《红旗》杂志的封底，当年在《红旗》杂志发一篇文章都很难。后来我又刻了一个版画就是塔吉克族相关，我们在给他们挑水。实际上我在新疆的生活，和巡逻那幅作品一样，除了画过热闹有趣的生活场景，还画过他们的节日，很多民族性的节日。

而我在画三国主题作品的创作过程中，思考最多的问题是敌人来了怎么办。因为面对敌人讲理行不通。打仗时需要英雄人物，有勇有谋的人，所以我喜欢三国中的角色。小的时候，大概三岁，我听到关公的故事，感觉关公太厉害了，简直让敌人闻风丧胆。儿时对三国的故事比大人还熟，我只要听一遍就知道了。但是我还会问，这个人他是从哪里开始？打了什么仗？他用的是什么武器？后来又怎么死的？我会总结，很奇怪，用箭的被箭射死，用刀的被刀给砍死，我在想这个问题，所以说我喜欢哪个？其实不是喜欢不喜欢，而是在研究整个环境，用现在的话来讲，我想找到一个规律。小时候如果我们村子受侵害的话，必须要有关公这样的人。说到因地制宜，诸葛亮就厉害了，研究地形哪个地方埋伏军队，哪个地方可以打仗。所以我觉得地形很重要，我们经常在村子里到处跑，找不同的地形。从欣赏的角度分析，没想到后来的几十年一直在分析，想一想实际上我这么多年都在审视自己的成长，真正开始创作是二十三岁左右。那一次展览很集中地展示作品，从2012年由台湾首发，我们在四川成都收尾。因为那个时候我已经快七十岁了，有这样的机会和他们交流是对自己认知的一个总结。

有时我觉得三国里面的人我都不喜欢，但是我也可以都喜欢。我现在还翻阅《三国志》，看到原来的那个时代，每一个人的特点，有好些都是过去《三国演义》上没有写到的那些人物，其实很了不起。不同的年龄和经历，促使我去了解故事背后的道理，社会运行的方式。比如军队种地的分配，那些军队的军饷怎么解决？人员怎么管理？很有意思。还有一些隐士，都是一个完整的组合体，其实反过来讲，我在书里发现自己。包括我现在，印象最深的朋友，回想起来，最难忘的都是我的战友们。当然我们画画的画家里面几个，还有年龄小的人，我印象很深，

帕米尔
156cm × 156cm

年轻时更需要外界的鼓励和帮助。年纪大了之后能独处，自己总结生活，所以这一路走来最主要的还是认识自己，后来我用这种方法基本上可以判断一个人的性格，可以对应《三国志》的哪个人物。我在画李白和杜甫那个时候，我才多大？四十岁。当时我很想写一本书，杜甫和李白在一起生活。在向他们学习的过程中，用我的想法来跟他们对话，他们为什么要这样？有很多想问他们的问题。

所以说这不是我们能解决的问题，我们的精力放在专业上，画画绝不是说发现了一个汉朝的古代壁画或者是雕刻，然后照着把它重新描一下，又画出来一遍。这都是古人画出来的，为什么还画呢？要创新。而在创作中我为什么要画汉唐宋？因为我觉得美术题材选择的一个依据，成长的过程当中看到传统文化留下的印记，传统里面的审美让我很感动，想把我的感悟，来自古代人故事中的思考和他们遇到那些问题时的聪明智慧结合，呈现在画卷上。比方说我画的苏东坡，用什么词语形容他？我用的是画品东坡，用画去品味他。汉代、唐代、宋代，都是我们民族文化中几个在美术上的高峰时刻，和西方完全可以相媲美的。这个审美风格，确实是有一种独特样式，所以我把心思放在这些问题上，把体会表现出来。

为什么画李白、杜甫呢？这两个人在"文化大革命"也受到批判。我看有写关于他们的文章，当时郭沫若也写了有关李白和杜甫的书，因为我是四川人，郭沫若也是四川人，通过画作表达我们唐代的那种美，当时主要是这个想法。因为我自己有体会，所以我不愿意模仿人家的想法或感受，我要把自己的体会表现出来。而且最难得的是当时四川美术出版社的编辑叫赵毅，非常难得的一个好朋友，他写信给我了，很欣赏我的作品！因此，那一年我第一次在美术馆办那个展览时，画了唐人画像。我没有见过唐朝人，怎么画像呢？于是要写《唐风左记》，"唐风左记"是什么意思？就是把唐朝人的那一种状态用四个字表现出来，俊逸豪丽。最让我高兴的就是因为韩国人收藏了一批画后，记者就问我，他说："叶先生你这个画很大气，就像你说的，我们都感受到唐朝的气氛了。"虽然感到很惊讶，也很高兴，不然他为什么来收藏，所以他也很感动。我的目的达到了，中国是很伟大的，但是反过来说，伟大里面不是说没有毛病。最伟大的人民创造的那种精神，留下了什么？留下了那些建筑，那些建筑是谁创造的？恰恰是两个人，又是画家，又是建筑家，就是阎立德，阎立本两兄弟。

那个房子是他们两个设计的，他们的灵感从哪儿来的？从殷商时候发展下来的，继承精神，表现那种宏大、恢宏、豪丽、豪华。直到现在故宫，比之前的故宫要大两三倍，现在有一些考古已经证明，那么我就在研究。他们为什么要这样设计？其实跟中国的文化传统很有关系，一个中国人认为了不起的一个是龙，另一个就是凤，一阴一阳。中国的宫

竹韵长春图
68cm×68cm

殿建筑就是以龙作为标语,龙是它的精神,要体现龙的味道。我们的建筑材料主要是土木,国外建筑材料不是木质的。中国也有石头,但是它要架得那么高,因为罗马那个地方有火山,火山灰下来后,只要和上水一弄就很坚毅,但是我们用另外一个方式也要解决高。中国的房子当时为什么能这么高,很有办法,先堆个土的,很高,然后就先修外面的房子,修好再把土挖掉,它就是这样起来的。而且最重要的是发现的斗拱全是木头,互相咬住,都不垮,非常了不起,这体现中国人这种气质,海乃百川,有容乃大。《长恨歌》这首诗流传很广,连毛主席都亲自抄了用,他都喜欢写,很多人都喜欢写。白居易写完《长恨歌》的时候,很多人认为这个诗肯定是白居易在世的时候就非常流行。我画的什么?我恰恰表现了另外一个思想,把它的恢宏解决了。然后就表现最后是一个悲剧的结果,又把它变成一种幻想,做梦一样纪念它,所以我专门用了"金"这个颜色。自己创造了一种云的样子,还有当时画了芙蓉花,都是从写生当中把它提取出来的,所以有时候问到西画对我的影响最大的是什么——一个是透视的提升。后来透视出现在数学当中。另一个是解剖,把人、动物结构了解清楚,中国也有,但它不是这个方式。

现在我们很多画就不是那个样子,不需要去培养,都是创造性的,而且现在更有一种趋势,就是用电脑绘画。但是我不是为了用这个方法,先看我究竟要表现什么,画那一张有我的意图的作品。对于我先有一个情绪,培养情绪,有了情绪过后,我知道怎么画,如果没有情绪,画画不出来,诗也写不出来。上次在日本,我见到唐招提寺里面正好下了一点雨,雨一会儿就停了,微风徐徐,一会儿又下起绵绵细雨,了无人烟,无人看管。进去就进去,

律
40cm×40cm 绢本

出来就出来，无人之地，信步漫游其中，远远地看到仿佛有几个花盆。然后庭院深处，有很多柏树，有些樱花，我写了首诗，翠柏、苍松、树木……日本有樱花，那几天正好开着，迎着风我们正好走到那里去，我们一起进去的，看到一扇门开着，又没人，好奇不知为何无人看管，我就进去了。

所以"禅房半掩高僧坐"，我坐在那里，本来想这么一个严肃的地方，也应该有人管理一下，看到这个肃穆的地方很好。突然想到"千载惊涛起浩影"一句，鉴真和尚感动我，鉴真当和尚，大家都很敬仰他，最让我钦佩的是他历尽千难万险，几次渡海死里逃生，最后终于到了日本。他按照唐朝时候的样式修的唐招提寺，现在如果要找全世界在唐朝时候的建筑，而且是唐朝的工匠修的房子的话就这一家了。所以那是我最想看的，周而复始，在这看了那么久，我觉得它是一种精神，惹人注目。两个艺术家在画同一个东西，每一个人都要有自己，要为自己的画作负责。因此，我主张不能去模仿别人，也不要模仿自己。前几年已经这样画，现在又这样画，就像曾经写了"白日依山尽，黄河入海流"这句诗，过了十几年我又来一首。因为我们画画不是为了别的，严格意义上说是让我们自己成长，提升自我，用绘画来改造自己、修炼自己。不是我好不好的问题，我就用它来修炼我，希望把古代的精神，它那一种淡然的美，用我理解的样式表现出来。因为这种实践证明，这么多年我的作品人家看懂了，我画的刚才提到的《长恨歌》，其实现在来看，不难发现，我好多鼻子是画成方的，也没有鼻孔，然后人脚也画成那个样子。

最重要的我一定要画杜甫的《茅屋为秋风所破歌》，我画的一张大的就是六尺的，把这个字也写上，我费了很长时间，这个构思怎么想，画的什么情节，

清平调之二
34cm × 34cm

长春颂瑞图
68cm×68cm

画的杜甫,把这首诗写好了。他在念给他夫人听的时候,因为天都很晚了,外面一直下雨,雨滴得一房子都是,到处用盆子接着,小孩都已经睡了,他打个伞还把雨下到小孩身上了。他夫人愁眉苦脸的,他也无所谓,反正他在这高兴得很。杜甫高兴地笑着念诗的样子,画作我就很满意。但是旁边我要写上这个字,把他这首诗写出来,这个字该怎么写?想来想去,主要是给孩子们看的,给中学生、小学生看,他们都能看得懂,一下子我就变成小时候天真烂漫的样子。再一读这首诗,这里面有很多词语它是拗口的,讲句子也很拗口,那个字也比较难认,我把拗口的那些难的字,正正规规地写成现在的简体字。还有一件让我高兴的事情,当时办展览的是杜甫草堂博物馆的馆长,还有在成都的是杜甫研究会的会长,他们俩第二天见到我就说:"叶老师我们昨天看了这些画,我们很感动,我们的眼泪都掉出来了。"

最后有一家报纸的记者来采访我们,问我:"叶老师,你画的杜甫都是很高兴的,为什么要高兴?大家都是愁眉苦脸的样子,为什么你要画他高兴的样子?"我说:"你这问到点子上了,杜甫你们知不知道他一辈子最想干什么?"刚才讲的问我说:"杜甫为什么要高兴?"他这个意思,我就说:"你们只知道杜甫难过,他没有吃饱饭,但是你们不知道他的价值与情怀。"他就是写诗,给他儿子写了一首诗,告诉他的孩子,他命就在那个里头了,他居然写出《茅屋为秋风所破歌》,写这首诗我想杜甫肯定是非常高兴的,从古到今,我们近代以来写诗的里面找不到,从来没有这样写过,在自己那么痛苦的时候,居然还想着"安得广厦千万间",如果房子很多，大家都吃饱了，人民怎么会难受？如果这样子，我这一辈子就高兴了，诗里有他美好的愿望，一首诗写得这么好，"大庇天下寒士尽欢颜"。他为什么又写篇文章，觉得好像改变了一种看法？其实理解这层深意，不是为了要画哪一个人，而是这种心情，心系天下，忧国忧民的心境，我要把它画出来。

所以我二十年前就有这个想法，我想写两本书，一本写李白，一本写杜甫，为什么要画苏东坡是这样？用苏东坡的名字，取名叫《画品东坡》，我要用画来品味苏东坡。实际上就是表现他从小在家里的生活环境，我画一个他的故居的图，房子在哪，他小时候还看见过他爷爷，他的爷爷也住在房子里面，他还小，画整个三苏祠的古代的样子，这是我要构思的。然后他们两兄弟都长大了，从眉山到成都，往北边就到了，还有一次是坐船到，又遇到一些事情，我把这些提炼出来。所以画里面山水、人物、花卉、草丛、鱼这些都有了，很完美，而且画完《画品东坡》过后，苏东坡的历史都知道了，宋代的风采也出来了，作品正好体现了那一点。

如同我现在正在画的苏东坡和他的那些朋友们在西园，当时王诜是皇帝的妹妹的丈夫，皇帝的妹妹的丈夫是驸马爷，因为生活很悠闲，他有一个花园，经常在那儿聚会，我就画他们，所以我这张画里面的主人公第一个是王诜，我想象的王诜是一个富家公子，他的年龄跟苏东坡差不多。他自己是一个画家，而且我很早在故宫还看过他的原作，画得确实很好，很有品位。这个人也是很全面的，他就是不问世事，可以说不食人间烟火到极点，美妙绝伦。出版书法方面的书籍时，里边有篆书、隶书、行书、草书，这四种字体独特性都很强。因为中国这个字严格意义上说，它是起源于画作，先有画后有字，不是先有字，为什么把太阳写成日，画一个太阳。画变成字的，因此字是始于画的。

当时我在学的时候，觉得西方的绘画方式，我们可以借鉴，我画《长安盛景》，解决透视问题，有西方绘画的透视。如果纯粹是中国的，绝对不是外国人这样画的。但是外国人看得懂，恰恰是我追求的，对古代文化的现代理解，加上我自己的理解，把它融汇在一起。后来随着时代的发展，证明我的想法大家可以接受，我不是为了画古代，而是提炼升华一种精神。为什么宋代是国画的高峰？是适合当时的绘画技法的高峰，还是艺术繁荣、个性迥异的高峰？宋朝就在一个犄角旮旯里面，不断地慢慢雕琢，精细的东西把它放大了，很精致的东西必然是柔弱的，非常柔弱。但是如果说要从画画的角度来讲，体现得很细微，它的方式就完成不了，细微的东西必然是要灭亡，灭亡得很快。而且东西多了过后，这个人肯定就没有精神，都有弱点，但是它能够组成中华文明，我最早在上附中的时候看到过那些印刷品，宋徽宗写的草书瘦金体，入木三分。

而且那个时候他好像三十几岁，有人说他是

大家之路艺术小故事 · 叶毓中

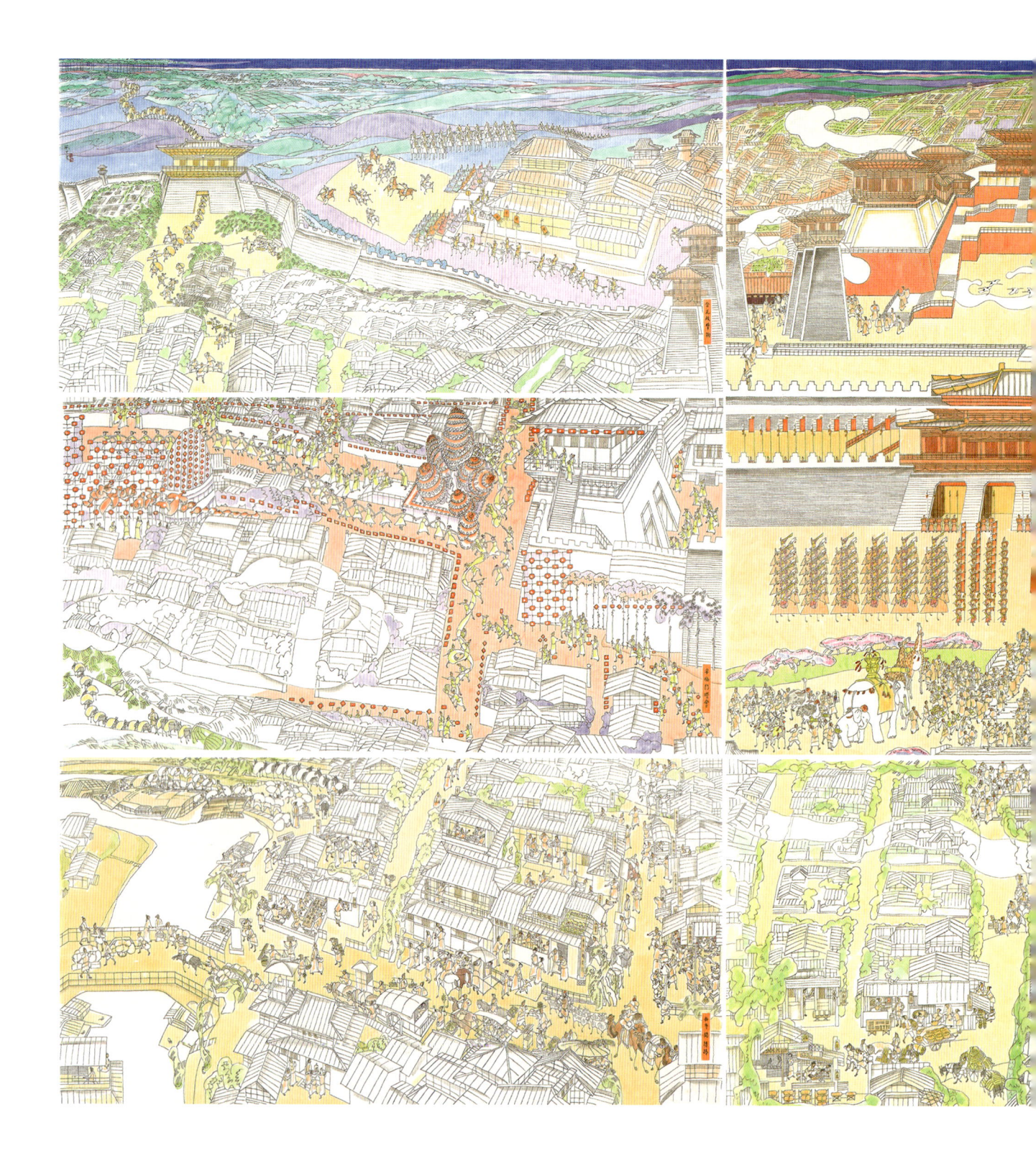

长安盛景
274cm×530cm

二十几岁,画出来的作品,完全是一种创造。特别是他画的太湖石,太湖石居然是他最欣赏的,我也感到很惊讶。太湖石解决了一个问题,在一个大的里边就像迷宫一样,不晓得那个地方怎么天然地出现一个个孔,然后扭来扭去,它又是一块石头。这种审美在中国的宋朝时候出现,一直到1919年现代艺术的时期。西方有好几个搞现代艺术的雕塑家,都很有名的雕塑家,他们也在学,但是宋徽宗搞的这些东西,为什么我又批评他?宋徽宗柔媚轻浮,一直迷恋画画,在管理国家方面一塌糊涂。宋徽宗

看到关于他的文章,写文章的每一个人的理解不一样。据说当时的宋朝皇帝读这个词,真是高处不胜寒,因为他当了皇帝,这个问题究竟该怎么决定?宋朝皇帝这个时间也不好,所以宋朝会弱,周围老是打仗放不下,又没打下来。当时宋朝好像占全球GDP的百分之六七十,经济非常好。那时还有这么一个观点,就是宋代建国的赵匡胤有一个想法,每一年多给一些岁银,多加安抚不要打仗。这样一来汉民族和周围的少数民族融合了,所以夏辽金实际上都是属于中国的大版图领土。欧洲为什么没有形

更像个艺术家,我评价他是赵家小子入丹青修了画,画画并不光彩,所以我对他是批判的态度。

古代出现绘画最多一体化的时候,开始在宋代,宋徽宗的时候出现水墨画,其实是以苏东坡为代表的,因为他有写诗词,也画画,还有很多绘画理论。已经超越了,更倾向于一种形式,不是说画得像不像。如果夸张一点讲的话,比较抽象,而且他的崇拜者就是米芾,为什么称他为米癫?人家看他画画时疯疯癫癫的,他拿着纸就在画画,好像现在西方人的抽象画,作品没有什么形式。所以不言而喻,西方绘画的这种发展过程,很像中国历史,到了这个时候基本上绘画就结束了。我对李煜的画是评价不高的,他的技巧和对当时的影响也就到此为止。有一首他的词《虞美人》,我小时候就会背,后来

成一个国家,中国却形成了一个伟大的国家?很重要的原因,就是文化把它们统一起来,这个就很重要。

我不想生活在唐朝,我要生活在现场,那种感觉把它画出来。为什么我画苏东坡,作品大标题叫《宋韵》,为什么取个名字叫韵呢?而且我给他取这个名字叫鲲弦,我小时候就对这个很感兴趣,"北冥有鱼,其名为鲲",就是《逍遥游》的诗,鲲鹏为大鱼和大鸟,我形容它是用大鸟的翅膀,一根弦做的什么?鲲弦。这个琴是用鲲鹏的弦做的,弹出来的声音不是说哪里都有的,找到鲲鹏就很难了,还用鲲弦弹出声音。所以我对这种形式韵律有很高的评价,这就是我要画苏东坡的原因,不是画苏东坡,而是画苏东坡他写过的诗词中那些体验。为什

么要写这个诗词？我刚到美术学院的时候，那天看了有老先生画作的那个展览，我画的叫《芙蓉无语》，芙蓉花，不说话了。

我上面提了很多字，其中就有苏东坡写的诗词，还有他朋友写的诗词，他们对一些事情的认识和看法，一同在描写芙蓉花，这就是他们眼中的芙蓉花。那么他们的芙蓉花，为什么我要画成秋天的芙蓉花？它有另一种意思，他和他的友人都有忧国忧民的思想，但是他们的心情就好像灿烂的芙蓉花园。所以这个画跟诗词是不一样的，为什么叫芙蓉

虽然不会背，我看到了之后发现他喜欢小虫子，我也喜欢这些小虫子。农村有很多昆虫，我小时候就画过，以前因为喜欢画，我哥哥给我画过一些，但有时候我就觉得他也没为我画，他好久都没有回来，是读书去了，不如我自己试一下。所以我就画虫子，抓个蜻蜓，对着它画；儿时观看蜜蜂飞起来的时候，它的腿是掉下来的，结果后来我一看齐白石怎么画的——腿是收起来的。画的过程像唱歌的人喜欢歌唱一样，每一次不管画什么，包括画一个树叶子，我能画好的时候，都是把自己变成树叶子，或者变

迎春新韵
画：37cm×181cm　书法：37cm×99cm

无语？芙蓉花还会说话，究竟说的什么话？所以一定要有诗书画印，为什么要有个印呢？表示这是我画的，还有一个另外的意思，真正的诗书画印是在宋代的时候完善的，他们开始喜欢这样用。王冕是元代的，王冕以后明清时候都是这样，诗书画印都是属于美术范畴。

记得古人画过，苏东坡有八首诗写描述那些动物。当时，苏东坡的这几首诗词，主要是描述的动物，清代有些画家画的，觉得是在讽刺政治对手，敌对分子就是癞蛤蟆四脚朝天。后来发现他们理解得不对，理解苏东坡很大气，没有讽刺对方的意思。因为我小时候对苏东坡几个动物的诗词，略有耳闻，

成被画的那个人，或者变成一条虫子，一下就画对了，其实有一种移情的作用，感情变浓了。

在中华文明里边，特别是美术这方面，宋朝是不可缺少的。所以我给我的那张画作取名《工笔长卷》，当时是我第一次到海南去，我去的那个时候很早，1996年去的。那个时候海南基本上没有被开发，到了一看还保持着很多原来的状态。我就在这儿画了好多写生，因为读过苏东坡的诗词，光读，但是没到那儿去过，没有体会，身临其境后才感觉到他真不容易。而且很多人都受不了的，他居然在那儿过得很高兴，我就把一种大海辽阔的气象、南方的气象和他的故事结合起来，创造了样式。既有

工笔重彩的样子，又没有完全失去古代的味道，所以说一个国家的传统文化不能丢。

比方说画《二十四孝》，很多人批判这一主题，特别是鲁迅，他有好几篇文章就批判了《二十四孝》，读书的人一看到《二十四孝》，没有不恨的。画《二十四孝》，我看了好多资料，首先看了鲁迅的好几篇讲《二十四孝》的文章。鲁迅为什么批得很凶？郭巨为了孝顺父母，担心家里没有粮食吃，又养自己孩子，觉得会影响供养母亲，就和妻子商议："儿子可以再有，母亲死了不能复活，不如埋掉儿子，节省些粮食供养母亲。"当他们挖坑时，在地下二尺处忽见一坛黄金，他们得到黄金，回家孝敬老母亲，继续抚养孩子，这是胡扯的。我最后画大书法家黄庭坚，因为他人很正直，在宋朝一直做官，但没有多久就被赶走了。他一直都是个小官，工资很低，工作很勤恳，还带着他老母亲，老母亲的便桶每天都是他亲自去洗刷的，这个不孝顺吗？很了不起，很多现代人无法做到。"文化大革命"时期，《二十四孝》被批得很厉害，当时两派非常对立。然后"文化大革命"结束了，我重新把《二十四孝》的事情都再了解一下。结果一看真实的情况不是这样的，有很多版本，这些人有好多都是名人，经过了解之后，才发现整个事情都叙述错了。所以文字我重新写了，可以说重新解释《二十四孝》时，

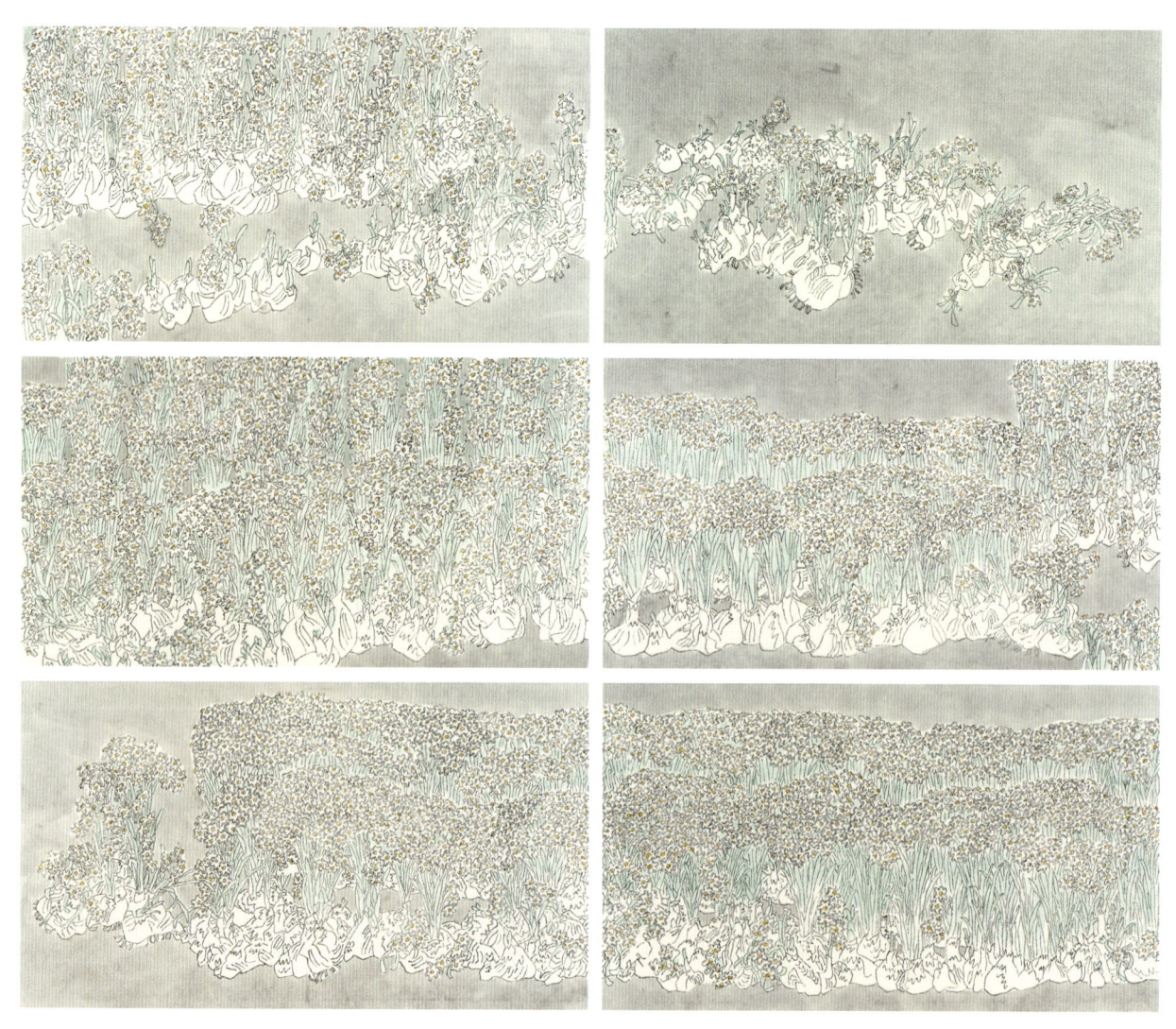

华夏吉祥系列　50cm×60cm×6

以一个人的角度来理解这个事情，包括里面所有画出来的人。其实，画的是我自己的体会，所以把现在的思想就融进去了，把《破冰求鱼》改成《刨冰求鱼》。

特别是画《一门三孝》，画的我家乡，那个村子，我的外公，我们家的窗户，然后我还把树柏搬过来，好看一点。那些人物都是汉朝时候的打扮，还有其中的每一个故事，那就是我在这演，实际上我就变成演员了。所以刚才说绘画要有自己一个班底，画画有这个好处，招之即来，没有喊就回去先待在那儿。相当于这些演员到处都是，都设计好了。比方说我画的翠鸟，翠鸟也是我养的，但实际上它不是鸟，我才是那个鸟，有一定移情作用。而写诗，它最大的好处就是过瘾，画好了给我高兴得不得了，至于人家高不高兴，跟我没有什么关系。

因为还写诗，画很多历史人物的时候，有时专门为他们配一首诗，历史人物这个题材，怎么选择这些人物，然后再从为他们配饰的角度来选择人物。选择人物实际上是我对他们的理解，我对事件的看法。举个例子，我画曹操，小时候就画过。那时我觉得曹操很讨厌，很不喜欢曹操，因为他跟刘备作对，再大一点慢慢就知道曹操他为什么要这样。实际上我没有经过，但是好像我都经历过了一样。最早我画的三国，宫殿里面，皇帝有这些宦官、贪官的影响，变坏了。然后我画这些皇帝的时候，我也是很客观地设身处地为他们想，他应该是这样子，一下就画出来了。对每一个人都有一种评判在里头，所以一直持续很久，等我最后画到成功的曹操，画完我高兴了好多天，终于画出来了，之后又画了多少年。我画他的时候都已经是六十好几岁了，可能快七十岁了，这个过程需要一个思想上的理念，比方说画《长恨歌》，那个时候我五十多岁。

西方绘画从原来的神学，画神像一直发展到画人像，后来又画写实的风格，后来又画朦胧的、画抽象的，各式各样。现在国外大学不学画画了，反正不是在画面上画。正儿八经的学校，讲了好多各式各样的画法。宋代、唐代画的种类特别多，中国画还有机会。而国外的人家都觉得画完了，没位置画了，中国画是不是可以永远有变化？只要是中国人，包括中国这块土地上的少数民族，这个大家庭，他们必然会传下去，只是方式不一样，今后数字化普及，运用到各个领域，现在不需要买书了，手机上什么都能查出来，这些东西它都会改变。

那么我为什么还要画画？画画的意义是什么？对画画的认识就像自己的成长体会，每一个人都要从小长到大，成长过程就是由遇到的各种事件组成，那些经验和总结，如何一次次去应对它，认识它？所以认识农耕文明转化的过程，体会生活，农耕文明伴我长大，大地把我养大。像隐士的生活一样，自然而然的生活，但是，问题是要在这个世界上生存，需要适应不同的生存环境。比如，我的家乡就完全改变了，那个地方必须要往工业文明发展，现在又到数字文明时代，变化是很快的。我们每个人像在海浪里，经历波折，我们认识社会和处理问题的办法，从哪儿得来的呢？它绝不是书上记录的，需要自己对生活的体悟。画画不能单独作为一件事情，就像人家种粮食，种豆子就只种豆子，要种点大米、玉米、桑树、麻，还做衣服。社会是一个集体的，它不能作为个体存在，所以整个成长的过程，我的这些经验，生活体悟都是这样得来的，画画需要有丰富的社会阅历。

画画首先要历练自己，虽然我们不是孙悟空，但是我们敢到八卦炉里面去炼一下，画就完了，问题是要画好。现在确实随着年龄大了，想画，但是画不了了。有个故事我是在一个书上看到的，说齐白石在年纪大的时候，有一个人，老舍还是谁，收藏了他的一张画，说请齐白石看一看是不是他画的。齐白石说这个画是假的，不是他画的，收藏的这个人说："你不要蒙我了，这肯定是你画的。"齐白石就笑了，就戴着眼镜看了好久，说："我那个时候七十多岁画成这样，这真好，我现在画不了了，年龄大了。"

每一个人的处境不一样，爱好也不一样，我画画的本质目的不是给别人看的，那是在记录我自己，把它当成我的日记一样的。"白日依山尽，黄河入海流。"细看我的画，很少有相同的题材反复画的，但是我有不少是这样的：好和不好，人家喜欢不喜欢。又要增值，又要别人喜欢，这个就比较难办，最好是选一样，如果要选增值，赶紧去买股票，肯定是要增值，如果说没有增值，那是手气问题了。我画画从来没有想要发财，都是他们自己愿意来买，然后卖给他们的。因此，要画画，画得好，做第一。假如要当画家，千万不要想着要去画画赚钱，这是绝对不行的，画画能不能吃饱饭都不能担保。

画的时候不要总在想着这个作品，究竟人家说好不好，单纯地把它画好就行了。我真正画画的时候，应该是我六十岁以后，闲了，还在研究，可是这个时间太短了。直到现在有二十年的时间，我还不知道可以画多久，我也不担心，有些人讲什么长寿不长寿，我不管，随时都有准备。所以画画就是抒发自己的理念，因为中国文化五千年以来，在绘画上必须要有所传承，我们是从小就学习西方文化，然后自己丢了，不是很可惜吗？如果丢掉传统文化，那就太可惜了。什么叫成功？解释不清楚，哪个好，哪个不好。郑板桥写道："虚心竹有低头叶，傲骨梅无仰面花。"实际上在这个过程当中，经过了磨炼，我一样，也在检查我自己，不断地历练自己。但是我很讲究，刚才讲到第一个就是要勤奋，第二个勤奋当中历练了智慧，有智慧了，才感觉到德行，因为要选择，哪个是该做的，哪个是不该做的，这个就叫品德。德和行是自己的修养，实践我的行动，最后成为一个勇敢的人，不图名气，持之以恒地画画。

根据 2022 年 11 月 8 日的采访整理

华夏吉庆图　68cm×136cm

陈丹青

1970—1978年辗转赣南、苏北农村插队落户，其间自习绘画，是当时颇有名气的"知青画家"。1980年以《西藏组画》轰动中外艺术界，成为颠覆教化模式，并向欧洲溯源的发轫，被公认为具有划时代意义的经典之作。绘画之余，出版文学著作十余部。

　　陈丹青无论画风还是文风，都具有一种优雅而朴素、睿智而率真的气质，洋溢着独特的人格魅力。

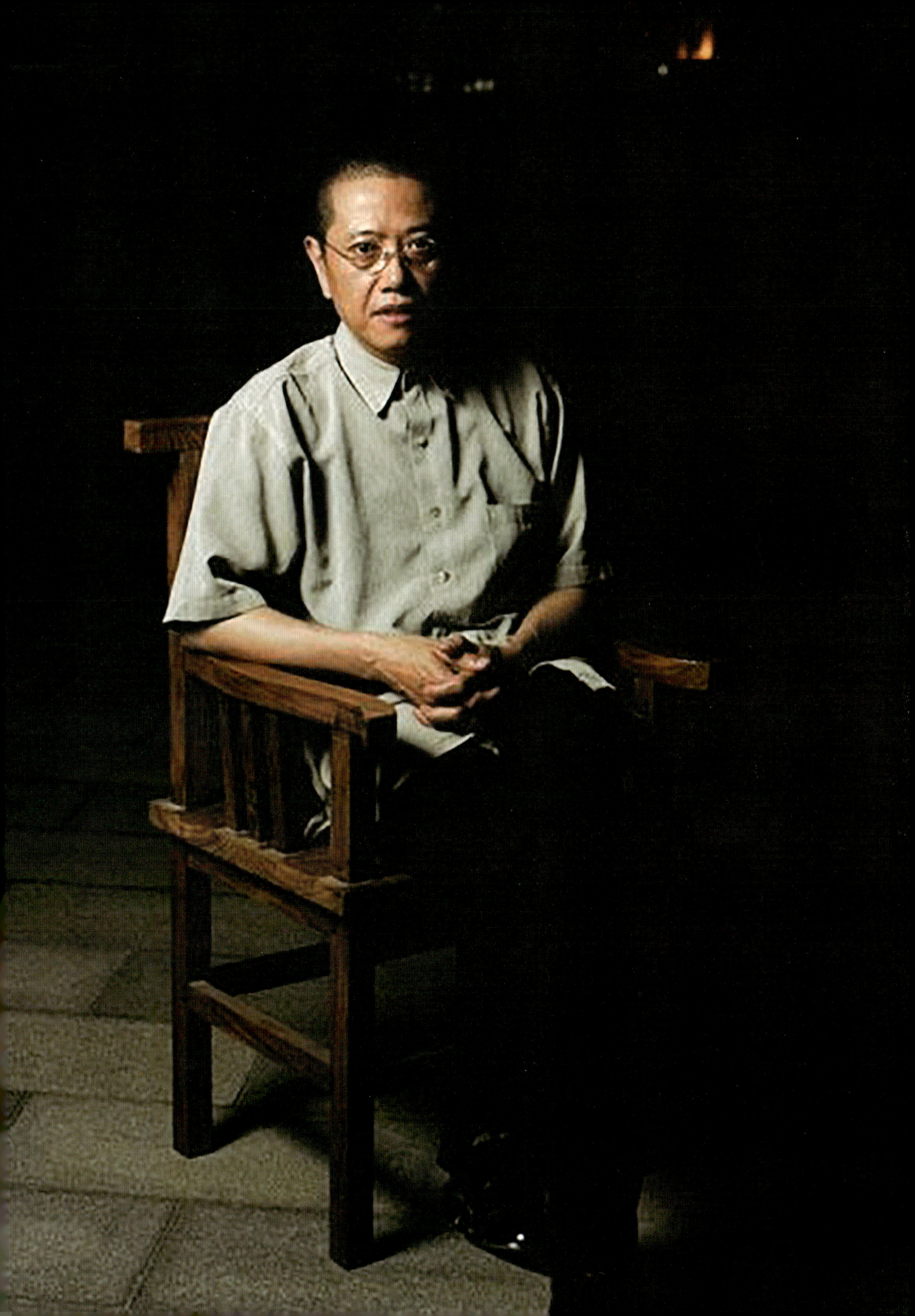

我不知道画什么
——聆听陈丹青

采访地点：尤勇画室
文字整理：谢晓霞

我认为我的绘画分三个阶段，一个阶段是出国前阶段。我从小时候开始学画，那个时候我们被告知，要学油画，一定要写生，很简单的一个概念，非常简单。这个概念实际上跟今天学院教学是一样的，就是所有人第一件事情先写生，然后才是素描写生、油画写生、长期作业、短期作业，所以我们不太去想这件事情，理所当然地，我要去写生风景，然后没有人画，就画爸爸妈妈画自画像什么的，就是一路写生上来。但是那个时候有一个严格的区分，就是所谓的习作和创作，我们小时候的朋友有一些人非常会写生，我绝不是小时候的朋友中写生算好的。但是他们不会画创作，他们也不喜欢画创作。有一部分像我这样的青年，觉得我真的在画写生，我这个习作有一天是为我能画创作，那就一整套说法放到生活里去，神态、性格、阶级、种种这些。所以我所有的写生作品，其实跟靳先生他们一代是一样的，就是随便画什么东西，其实在准备画创作，写生还不能算作品。

所以我一直到上学以后，《西藏组画》被认为是一个突破，就是它突然不太像创作了，也不是习作。因为决定性地给我的启示就是，法国乡村画家，我们这代人第一次看到国外画展，我们发现他们画

朝圣　素描草图

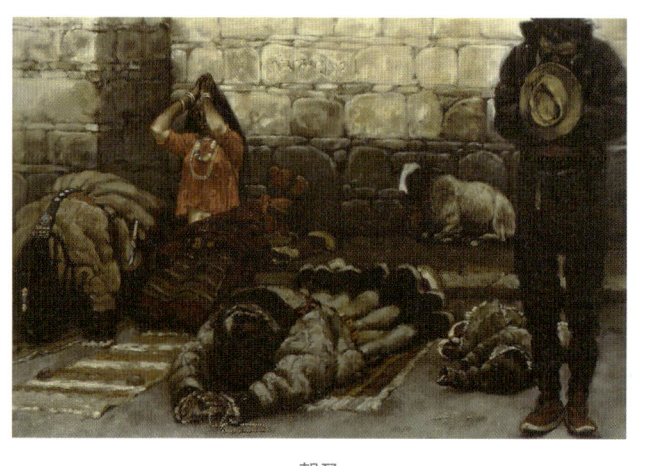

朝圣
55cm×79cm　布面油画　1980年

大家之路艺术小故事·陈丹青

泪水洒满丰收田
120cm×200cm　布面油画　1976年

的头，画的母亲坐在地上，也可以算创作，我就从这个上面把它糊里糊涂地突破了。

同时，我们这代人和靳先生他们还有一个经验是今天都没有的，一方面我们理所当然地写生，理所当然地认为写生是为创作服务的。另一方面我们一开始就画毛主席像，意味着什么呢？意味着我们从一开始就拿印刷品做素材，是不写生的，比方靳先生画那个《毛泽东在十二月会议上》。当时我们很佩服。毛主席这个手是正面透视，毛主席不可能给他做模特，所以他一定请了人，这个手这样一弄，我相信不是拍照的，是有人对着给他画的。他后来又重画了一张，但是是根据他已经画好的那张重画的。可是第一张一定是除了毛主席那张脸、毛主席的这个手，有人穿着棉袄把手这样给他画过来的，这是写生跟画照片的关系出来了。也就是说我们都画印刷品，从印刷品挪到布上变成一个创作，当中每个人的方式不太一样，但是会有一些重组，有一些想象，有一些变幻。所以这跟今天学校里出来的学生甚至老师只会画写生又不太一样。所以这是我的第一个阶段，我跟上一代，其实，跟这些老先生在一个美学和一个方法论里面。

然后我出国了，出国以后，眼界开大了，但是

洗头　素描草图

洗头
55cm×79cm　布面油画　1980年

　　我大概长达十年时间，还是画照片，全部画照片。比方说我根据速写跟照片画创作，非常痛苦。为了谋生，我要画肖像，肖像更是这样，我要到阔太太家里去给她拍照、一个律师家里给她拍照，手里拿着这么小一张照片，要画成一张肖像卖钱，那个日子我实在过得烦死了。所以为什么到1997年我画了十五年的照片，包括我20世纪80年代末的那个创作，我更是画照片，实在画腻了，我就想写生，可是我没有人可以写生。在整个纽约的语境，写生早就过时了，写生真的是一个19世纪的事情。可是我画什么呢？我要写生怎么办？这个时候我想了，我就画书，我试图把一个画印刷品的经验和写生的经验放在一起，这是第二个阶段。

　　第三个阶段，我回来了，我回来其实有一个梦，就是我还想像以前一样，我一定要画人，我再也不想画照片了。2003年我就带着学生来到农村，又恢复了我在当知青和当研究生的时候，我们到乡里去画，下乡生活。又回到以前那种生活，我忽然发现以前的美院没有错，因为它要求画写生。这个里面激励我的有两个人，一个是杨飞云，一个是刘小东，刘小东其实也画照片，我们

康巴汉子

79cm×55cm 布面油画 1980年

在纽约一起画画。但是他画照片画得像写生一样,很生动大胆。另外一个杨飞云,我出国以后他开始画人体,我知道他全部是画写生,我好羡慕他,因为在美国没有条件请模特画写生。所以我回国以后给自己定了一个规矩,就是我不再画照片,我要画写生。但是下一个问题,我回国以后再也没有创作,除了画了一个《国学研究院》,那个是绝对根据照片画的,其他全部是写生,课堂作业,还有农村的,还有画书,我认为都是在写生。但是我再也想不出画什么创作,这是很大的问题。换句话说,我实际上经过这三个阶段的变化到最后阶段,我仍然没有摆脱我一开始的状态,又能画照片,又能写生。但是我仍然有一个情结:我的创作在哪里?我画这么多写生干什么?另一方面,一个不易察觉的事情在发生,就是我重新,怎么说……这种写生的快乐又回来了,当场

母与子

55cm×79cm 布面油画 1980年

牧羊人　素描草图　　　　　　　　牧羊人　素描草图　　　　　　　　牧羊人
　　　　　　　　　　　　　　　　　　　　　　　　　　　　　　　79cm×55cm　布面油画　1980年

画一个人的快乐又回来了，这种快乐跟我年轻时候画写生是不太一样的。我已经画了这么多，从2013年在油画院三楼画室那儿开始，一个章节一个章节地画，画一个人到两个人到三个人，最多我画过五六个人，在一个画面里面。批评我的说我顶多还在练手，而且还不如以前画得好，这个我都承认，我到现在画不过我二十几岁在农村时候的样子。但另一方面我又觉得，我毕竟回来也十多年了，十多年写生下来，我的写生能力其实比年轻时候强。年轻时候画这么大一张两三天，一两天我画不出来的，不光画全身画不出来，画半身都画不出来，都是一个一个脑袋。这个是我晚年才有的一个能力，但是我还是没有摆脱以前的想法，就是创作，我拿这个能力干什么？我已经画出来的这些算什么？画得再好算什么？是习作还是创作？我很早就反对这个概念，可是我没有走出这个概念。

我知道从道理上来讲，分清这个是没有意义的，凡·高一辈子除了《倒咖啡》和《吃土豆的人》，勉强可以算是我们概念上

大家之路艺术小故事 · 陈丹青

进城之一　素描草图

进城之一
79cm×55cm　布面油画　1980年

162

的一个创作，稍微有点叙述性——这几个人在吃土豆，此外没有一张画在创作，就是风景、人像，这是最传统的。印象派几乎都是这样的，马奈的《草地上的午餐》，可以算是我们概念当中的创作，然后雷诺阿是在渡假，好多人在一起跳舞、吃东西，勉强可以算，莫奈也画过草地午餐。此外，他们绝大部分作品就是人像、风景、静物，就这三个事情。塞尚都不用说了，塞尚全部在画写生，真的是纯写生，没有任何意义。而且它并不是真的在画苹果、在画陶罐，他在画结构，他在画均衡或者怎么样。但是我们的写生又不是那种写生，我们还是在画一个有人文感的人，他假定他是有性格、有身份、有年龄、有他人的属性。到塞尚那里，人的属性完全不重要。人只是他的一个理由，跟一个苹果是一样的，可我们都是这样的。所以最后一句话，我们年轻时候的成长的这个大美学对我们还是很起作用的，没有完全摆脱，除非你不画。

我们没有经历过文艺复兴时代，没有经历过靳先生他们的那个时代，那个时代有一种东西跟文艺复兴是一样的，就是具有父亲的时代。就是你非常想证明自己，一旦你证明了以后，一定会有一个

进城夫妇　素描草图 　　　　　进城之二　素描草图 　　　　　进城之二
　　　　　　　　　　　　　　　　　　　　　　　　　　　79cm×55cm　布面油画　1980年

父亲那样，一个权威的来源立刻肯定你，知道你在做对的事情，而且你做得很好，现在没有了。现在只剩下一个，我还是要强调，就剩下绘画崇拜。所以这个时候，我把它锁定在写生上面，因为只有写生，至少今天坐在你前面这个人又是一个新的人，又是一幅新的画，它能新多久我不知道。但是一创作，立刻就回到我们都看过的这些社会主义现实，你的图式，你把人这样摆的这种激情，我全都看过了，而且都没有我看过的好。但只有写生，比方说模特还没有被画过，或者书还没有被画过，我在撤退的情况中找一个，抓住一个暂时可以让我迷惘的对象。

  他们已经是被拍摄的、被展示的模特，然后我把他们从那个领域拉过来，就是充当画画的模特，其实是充当我的"兴奋剂"，让我在短暂的情况下建一个兴奋因子，但是我完全不知道能兴

那年代

60cm×80cm　布面油画　2016年

2016 写生
180cm × 156cm
布面油画
2016 年

大家之路艺术小故事 · 陈丹青

2016 写生
160cm×160cm
布面油画
2016 年

大家之路艺术小故事 · 陈丹青

大家之路艺术小故事 · 陈丹青

奋多久，更不知道别人会不会兴奋，因为这有点耍赖，因为模特好看，长得又跟别人不一样，写实绘画就是形嘛，就是你这个人的样子。阿城跟我说过一句话非常对，因为我也苦恼我去找什么模特让画更有意思，他说你像导演找演员那样去找模特。那我哪里去找？这句话非常对，可是我哪里去找？在2009年，偶然的一次机会，时尚杂志叫我画封面，我说你给我模特我就画，就这样我第一次画了模特。但是任务完成了就过去了。我就在油画院找来找去找模特。今年又是偶然的情况，我在一个饭局上认识一个管模特的老总，他说："你要是愿意，把我这边最好的模特都给你，源源不断地给你。"所以就一直画到现在。而我是把它当作我的一个调剂，也没有很认真。我正在画教堂，画教堂的壁画，画完壁画后我又回到画印刷品，虽然我很愿意画教堂，但我没有画过这样的印刷品，而且我还是需要调剂，因为我已经画了十多年写生了，它是一个习惯，我希望维持这个习惯。这就是最近这一批画的。就是一种遭遇，我在偶然的遭遇当中，发现了一个也许可以画一画的主题。

所以前些年我会写"回到写生"，因为放眼望去还在画写实的差不多都在画照片，正在大规模地让我看到我在纽约很痛苦的经验，就是大家都在画照片。牵涉到另一个问题，写实主义绘画在影像时

2016 写生
180cm×160cm
布面油画
2016年

2016 写生
180cm × 160cm
布面油画
2016 年

2016 写生
180cm × 160cm
布面油画
2016 年

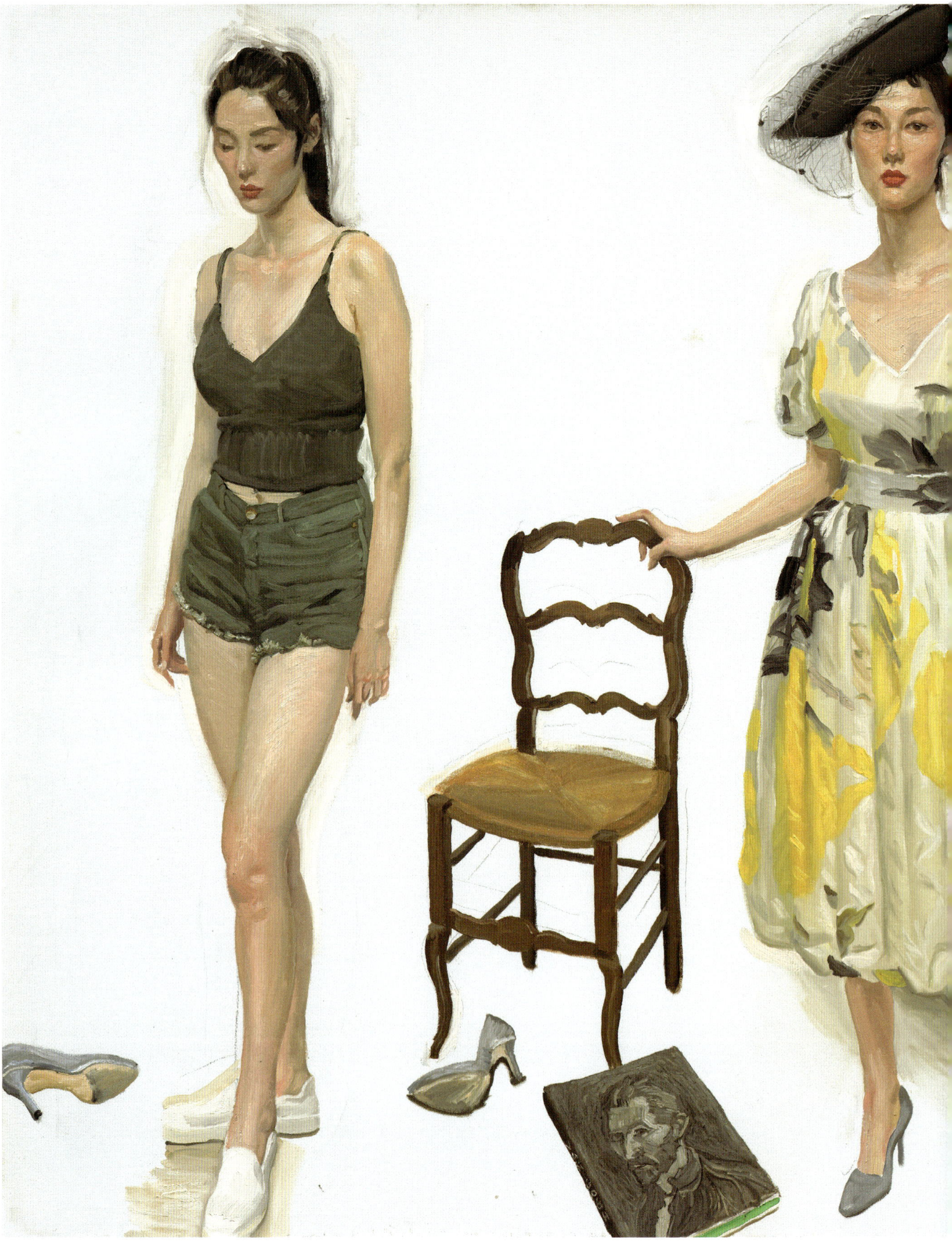

代的一个……这个我谈得蛮多的，就是间接经验，不是直接经验，所以我说写生可以回到直接经验。但这个直接经验能发生什么我们不知道，就是你写生，最后你能画到多好，能走多远。最后这个写生出了你的房间，还有没有人喜欢看这个写生，这都是问题，但它至少回到一个最低前提，就是直接经验，我们在绘画上恢复直接经验，照片是间接经验。

在那个年代，其实我们没有个人，我们只有集体经验，集体崇拜，所以那个时候的画假定都是画给集体看的，画的也是集体的兴奋感，集体的革命或者建设。今天差不多到了个人主义时代，所以只要你的东西很个人，另一个人或者很多个人会喜欢。就像你看到最普通的写生还是会有反应，因为你也是个人。

根据 2016 年 12 月 29 日的采访整理，略有改动

原载中国文联出版社 2017 年出版的《大家之路：油画名家作品集》

2016 写生
160cm × 160cm
布面油画
2016 年

2016 写生
180cm × 160cm
布面油画
2016 年

悖论与时差（节选）
——读陈丹青印刷品写生系列

文 / 韦羲

看见画册

　　看见，是绘画的开始。万物被"看见"而成为绘画，经历漫长的年代。初民早就见到山水，直到六朝才出现"山水画"；初民早就看到花与鸟，直到唐代才有"花鸟画"。书籍早已进入画中，但只是画中人的读物与案头陈设，到20世纪才被画家重新"看见"，采为命题。此时，离雕版印刷的诞生，已过了悠悠千年，印刷技术也从"刻印时代"进入"机械复制时代"。

　　在机械复制时代，复制品（印刷物、照片、图像、影视）本身就是现实，一切"现实"，都可能，也可以成为画家的素材和对象——陈丹青的绘画，指向画册。画册，使他"看见"了印刷品。1989年，他尝试与里希特和萨利相似的行为，挪用图像，并置图像；1997年，他推进了自己与图像的关系，直

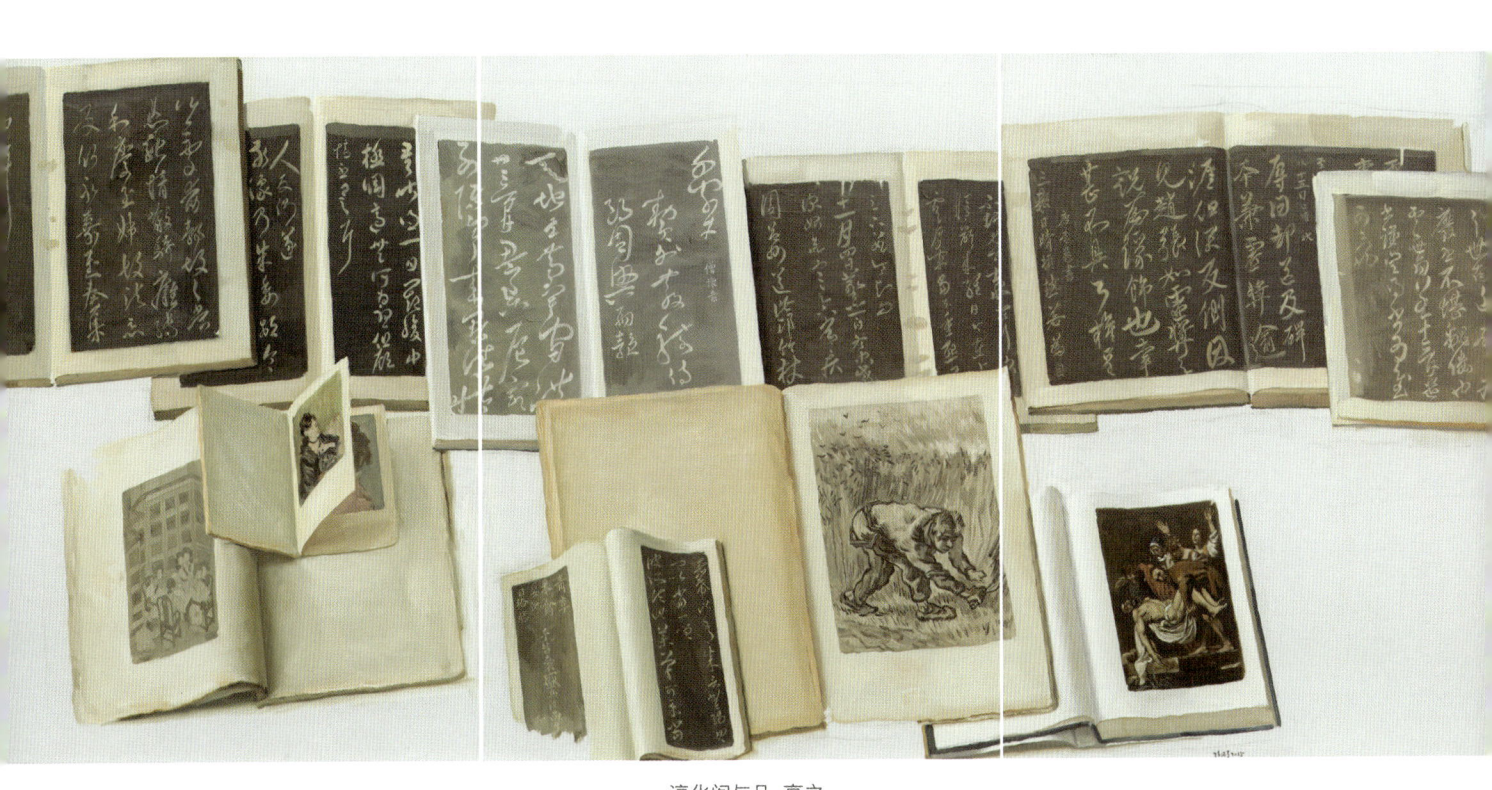

淳化阁与凡·高之一
228cm×101cm 布面油画 2015年

淳化阁与梵高之二
228cm×101cm 布面油画 2015年

接写生画册。起初他写生西画画册，进而写生中国画画册，包括书帖。在他的画布上，成为印刷品的经典，经典作品的印刷品，重又成为"绘画"。

几本打开的画册，美术史走过，看画人离开，有如空镜头。陈丹青的画册与字帖写生，将绘画之美依托于书籍之美，书籍之美，又转化为可疑的绘画之美。美术史从书页来到画布，转成他私人的记忆。在时光中，印刷品中的经典具有岁月的质感，纸页泛黄而憔悴，勾起物哀，纸页间的画面、书法、折痕，暗示追忆。在刻印时代，博物馆是绘画的终极归宿。进入机械复制时代，画册进入无数家庭和公共场域，而画册上的经典被赋予静物之静，随纸页而起伏、脆弱、变形，仿佛是画册自身的记忆。

观看画册写生，是在凝视绘画（文本）、书籍（纸页）与空白。在空白的吞噬中，文本与书籍相互遮掩，又相互敞开，隐显之际，倏忽窥见书籍（或文本）的精魂，一如前世，等待复活；一如影子，等待表情；一如修辞，等待意义。反之亦然。

既不是这样，也不是那样

陈丹青所画的画册，不仅包括各种西欧的油画经典，更有中国的山水画、书法与春宫画画册。临摹西欧经典，原是陈丹青的擅长，但书法家看他画的字帖，惊其书法形神兼具，山水画家看他画的山水画，引以为奇。问他，他必作如是说："我不会书法，也不是画山水画，我只是写生，用的是全套油画工具，不是毛笔和宣纸。"如果说他的画册写生系列渊静而有文气，他定然答道："那是珂罗版旧书火气尽褪。"如果说他下笔有逸气，他定然答道："那是古人画得好，原作境界高。"但是，"笔墨"可以写生，格调与意境也可以由"写生"达到吗？如果说他引用经典文本而抵达绘画的零度，他定然答道："谁见过零度的绘画？我不过是在写生。"

总之，既不是这样，也不是那样。而在我看来，既是这样，又是那样。

这是一批无为而为的写生。既不是"挪用占有"，

淳化阁帖与其他
228cm×101cm 布面油画 2015年

如萨利信息密集的画面，也不是将绘画与图像作视觉的同质化，如里希特刻意营造的影像感；早于陈丹青画册写生将近半个世纪，利希滕斯坦就以超大尺寸模拟连环画网纹效果，安迪·沃霍尔借助丝网技术复制工业产品，但陈丹青可能是第一个画家，以传统绘画写生行为，直指印刷品。

他不像以上欧美画家那样，以图像文化（印刷时代的现实）改变绘画，寻求创造性与观念性，而是沿袭依循传统绘画写生原则，一五一十画出画册中的经典。于是，关于创作与复制，绘画与印刷品，静物与文本，写生与临摹，有我与无我，此刻与美术史……成为循环的悖论。

观看这批幽静美丽的图画，首先触及辨认与辨认的错位。画中所有图像的作者，一望而知，全是美术史大师，但每幅"静物"的作者，是陈丹青。他说："这里没有一件我的作品，但每块画布签着我的名字。"这就是有我与无我的悖论，而真正的悖论，是有我与无我"之间"：如果说这是临摹，"大师"不过是画册上的图片；如果说这是写生，每幅图片的完成，实际上仍属临摹。陈丹青的画中画，是借写生的名义挪移经典，参与他的写生，显示作者与作品、作品与作者的暧昧与错位。

在传统静物画里，作为摆件的静物集中体现为"此物""此时""此间"，陈丹青的"静物"摆件是画册，每本画册的内容，则自然而然扩及"此间"与"此外"，"此前"与"此后"，并使作者作画之时的"此刻"，发生多重的错位。陈丹青的画中画，有时将几本画册作成并置，引人有所悟，有所思，但当他写生中国画画册时，本身也是一种"并置"，或者说，一种"重叠"，因为油画与水墨画所代表的两种文明——西方阳刚，东方阴柔——昭然可见。

他的神来之笔，是将山水画册与春宫画册并置，仿佛从精神世界与感官世界的两端，与中国文明素面相见。听说有山水画家为了排遣画山水的寂寞，腾出手画几笔春宫，以画中的鱼水之欢，调解形而上世界。各国的春宫画，日本太夸耀，印度太烦琐，欧洲的作风又太写实，唯中国春宫是传递两情相悦的好，情色之中，有仙气，有逸气。

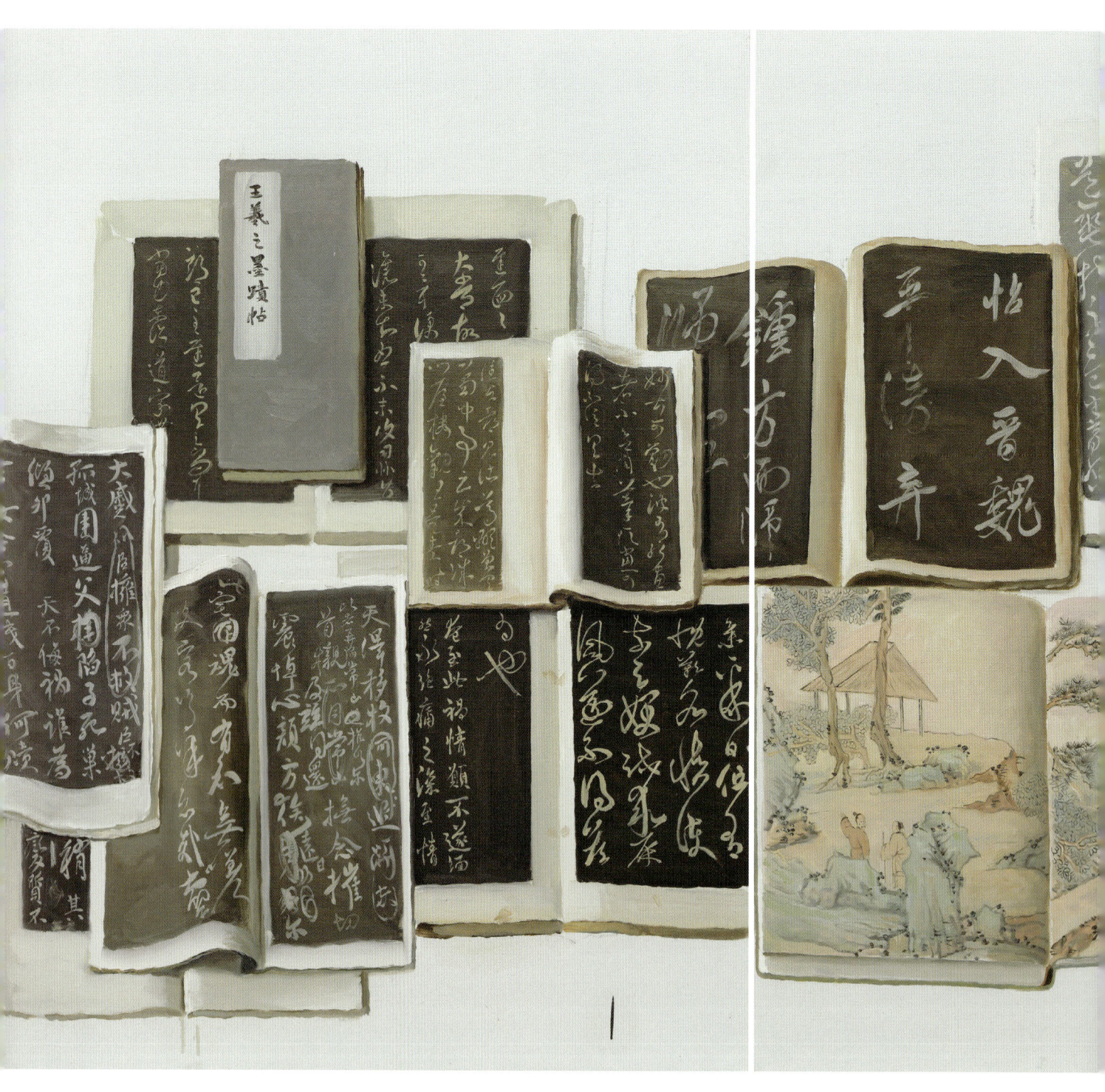

文徵明与书帖
228cm×101cm 布面油画 2015年

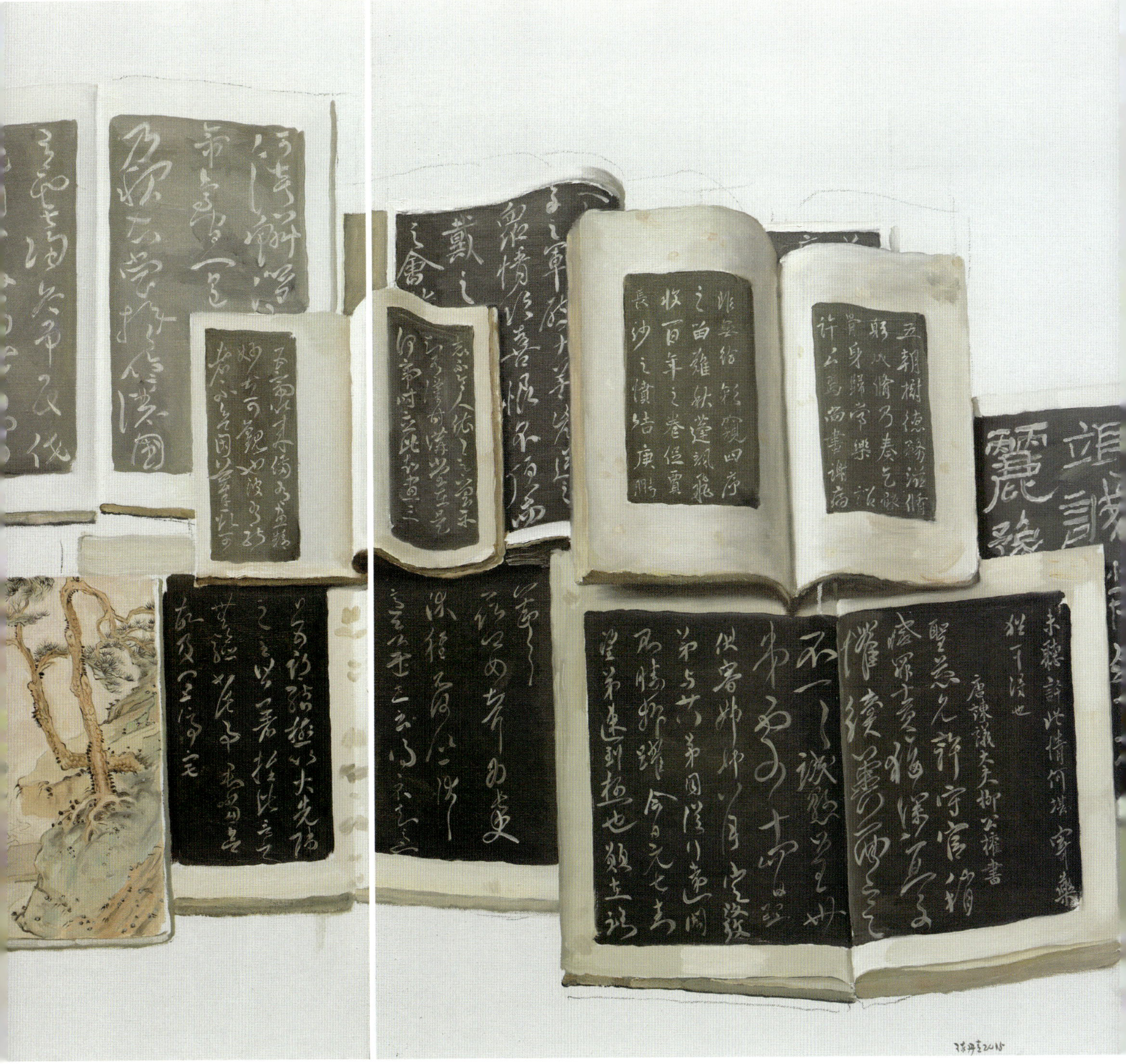

马可·坦希描绘米开朗琪罗《最后的审判》被人抹去；杜尚给蒙娜丽莎涂上两笔小胡子；毕加索晚年肆意解构委拉斯开兹《宫娥图》和马奈《草地上的午餐》。不像以上作者选择一两幅经典作为"对象"，陈丹青的画册写生批量出现经典图像，包括不同时代不同国家数十位大师的名作。但他不虚拟，不反讽，不改编。概括而言：他对前人作品的"策略"，是不作为。

若以为陈丹青的山水画与书帖系列回归了中国传统，即便在浅表的层面，也是误会。他还是"不作为"，只是在写生，亦步亦趋，转述原作，他描绘魏晋书法的手工感与气质感，和他描绘巴洛克经典的手工感与气质感，是同一件事。

但陈丹青的不作为，改变了经典的属性。单一的经典，离开美术史，原作的语境近于失效。并置之间，不同的经典沉默而对话，语义暧昧而言之凿凿。所有寄身画册的经典具有印刷物的性格，邀请读者假想绘画的"零度"。

书帖丛林之一　228cm×202cm　布面油画　2015年

时差与错位

在写作中，陈丹青对"现实"发言，在绘画中，陈丹青离开"现实"。人不是在单一而是在复杂中确立自身，无论这种复杂起于自身还是境遇。从上海到江西，从南京到西藏，从北京到纽约，从社会主义到资本主义，从前现代到后现代，从文本到原作，陈丹青刻骨铭心的感触，就是时差及错位。

青年时代二度进藏，他的美学趣味使他先后把高原假想为苏俄与法国；而立之年，他到纽约寻找古典，却卷入后现代的视觉语境；他在外国听外国音乐，只为勾起乡愁，梦回青春。在西方初听摇滚乐，他惊愕、省悟，这本是他年轻时应该有的经历——他出生时，中国进入闭塞的时期。在写作与访谈中，陈丹青随时指陈时差与错位引发的种种荒谬，一再追问造成时差的根源。他的书写与绘画不断聚焦于此，他的文风与画风，擅长以问题凸显问题，以悖论针对悖论，以荒谬感揭示荒谬。

迄今，陈丹青的画路历经四个时期：知青时期、西藏时期、并置时期、印刷品写生时期。年轻时他

书帖丛林之二　228cm×202cm　布面油画　2015年

向往苏俄油画，崇拜苏里科夫。四十多年前，中国遍地是政治宣传和艺术的粉饰，1976年，毛主席逝世给了陈丹青描绘悲剧的理由，他创作了《泪水洒满丰收田》，那年，陈丹青23岁。西藏之于他，是苏俄风格结束之地，也是古典风格开始之地。27岁，他在拉萨完成《西藏组画》，这是中国油画回归欧洲正脉的曙色初动，为现实主义赋予古典的庄严。古风与现实感，绘画性与文学性，使《西藏组画》有召唤感，有彼岸世界的气息。

然而，错位无处不在，无时不在，不知是目光的错位还是绘画的错位：在遥远的高原，借助"他者"，陈丹青才看见"我们"真实的生存状态；借助别处，平凡的生活才遇到入画的契机。就古典技术而言，《西藏组画》仍然粗糙，就作品而言，《西藏组画》是完成的，也是成熟的，它是断层中开出的小花，如今它的技术已被超越，艺术上的高度竟成绝响。

在纽约，陈丹青往来于古典与后现代、中国与西方、文本与现实的时差中，先后开始他的并置系列与印刷品时期。并置作品至今无缘与观众见面，姑且不谈，印刷品写生延续并置系列，走得更远。陈丹青企图构建一个无意义的场域，退隐作者，不提供情绪，不引发兴奋，不标榜创意和观点，冷静，中立，左右发难，别开生面。所谓后现代，可能是一个绘画仍在，而绘画风格史不再迫切而趋于放任的时期，画册写生，可以看作是陈丹青对这一放任的回应。

20世纪80年代初，法国古典绘画使陈丹青重新看见西藏，在纽约，影像使陈丹青重新看见绘画。是什么使他"看见"画册？时差与错位。但人人置身于错位，为何他的感受如此敏锐，难以平复，以至于凝视画册，终日抚写？时差与错位助他分身，裂变为纷繁的立场，抑或画册亦是他遭遇的错位？在他大半生亲历的美术史错位中，唯画册消除了时差，画册，可能是他迷恋绘画的最后一个借口，最后一站——如果未来的电子书时代全面降临，后人将如何回顾这批印刷品系列？

作为画家，陈丹青返顾巴洛克与19世纪，他的观看，却不分古今，认同正在发生的事物，从中窥探时差的缝隙，悬置，并利用此刻。作为批评家，他同时对架上绘画、当代艺术与摄影发言，乃至介入文学，但作为散文家，他自外于写作圈。他从未加入任何群体，唯在错位与时差、有我与无我之间，做旁观式的介入，介入式的旁观。

陈丹青风格早成，却近于疯狂地维持着少年时代的执念，尊崇往昔的经典，无视自己的风格，中年后，他虚构了一个注解时差而勾连古今的迷阵，自失于歧路。他的歧路，犹如桃花源。他的印刷品写生，与"桃花源"同一性质——逃遁时间。陶渊明的桃花源在世外，陈丹青的桃花源就在今天，并以静物画包容共时性，随时引进绘画的任何时代。无言如静物，印刷品系列不是思想的图解，却能歧义纷呈，悖论丛生。在写生中，在无时差的幻觉中，他秉持对于经典的迷狂，一意孤行，纵容绘画的欢愉，在种种悖论中，隐藏洞见。

2014年10月1日

杨飞云

现为中国艺术研究院中国油画院院长、博士生导师。中国美术家协会理事，中国美术家协会第五届油画艺委会主任，中国油画学会副主席，北京美术家协会副主席，中央美术学院客座教授，第十一届、第十二届全国人大代表。

1954年	生于中国内蒙古
1982年	毕业于中央美术学院油画系
1982—1984年	任教于中央戏剧学院舞台美术系
1984—2006年	任教于中央美术学院油画系
2005年	调入中国艺术研究院
2007年至今	任中国艺术研究院中国油画院院长
1989年	赴美国、英国、意大利、法国考察、学习、参展
1995年	赴瑞典、荷兰、比利时参展、考察
2009年	赴欧洲学习考察
2010年	赴俄罗斯学习考察
2011年	赴法国考察，同年赴埃及等地学习考察
2012年	赴欧洲举办画展
2013年	赴西班牙、德国考察写生，与当地文艺团体进行学术交流
2014年	赴德国、美国考察交流
2015年	赴法国学习考察

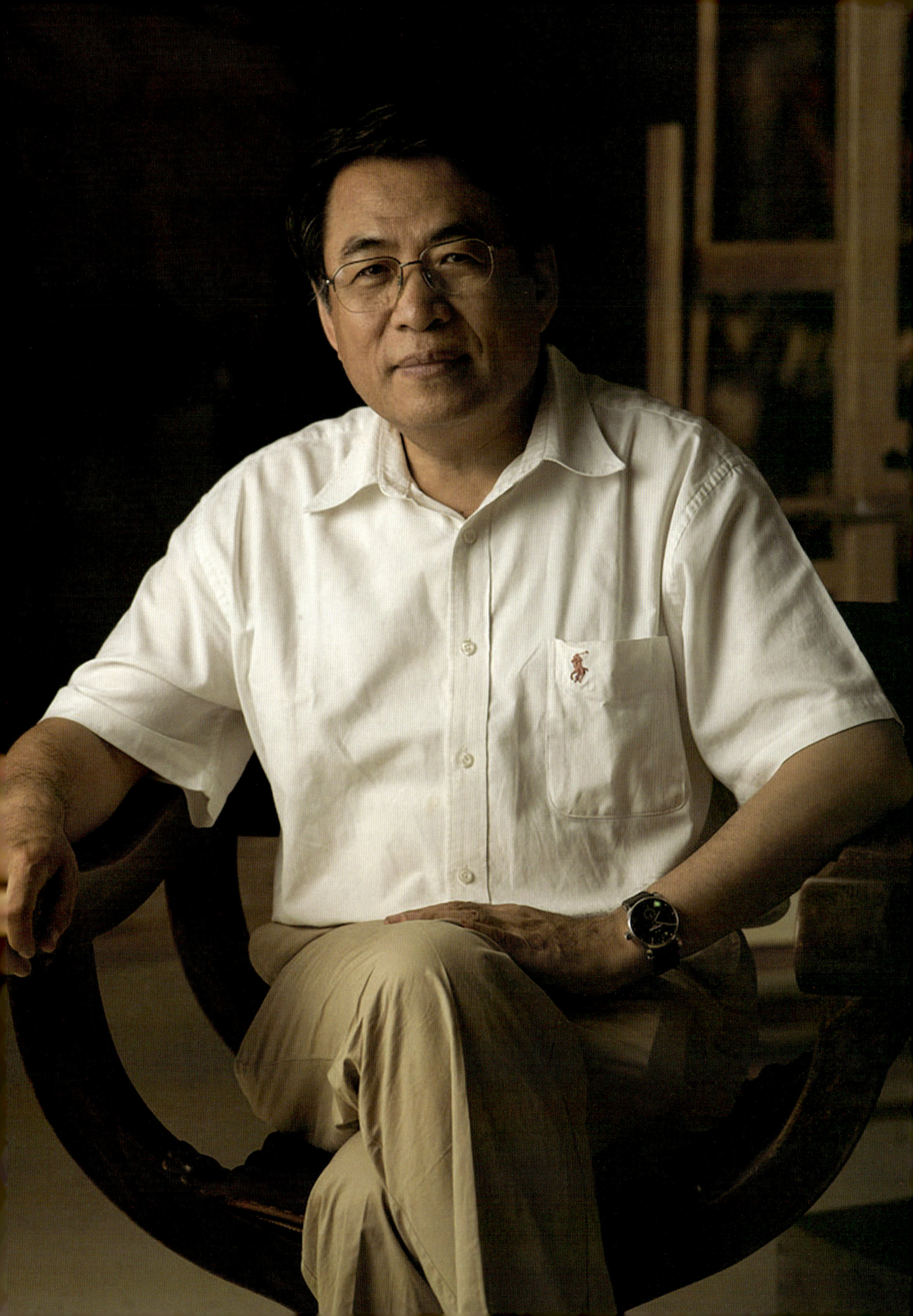

灵魂与美感

杨飞云　[美]范学德　昌旭正

知遇之恩

范：你是1974年被调到了呼和浩特铁路局文化宫的？

杨：是的，最初是借调，又跑了几次之后，车辆段最后才真正放我去文化宫。我很高兴，这样就再也不用回去做钳工了。所以我有一个结论：人不爱做的工作，哪怕是别人非常羡慕的好工作，有钱赚，但也满足不了自己的真正渴望。

范：是谁把你调到了铁路局文化宫？

杨：李玉民，他是铁路局文化宫主任，就是他把我调到文化宫的。开始调我来是因为报社缺一个美编，但调来后就把我放在文化宫了，我在那里担任美术干事。

范：人生经常遇到这样的情况，有时你遇到一个好老师、好领导，往往有可能你的整个命运就全都改变了。

杨：是的。李玉民年岁很大，气管有病，但很有学问，非常喜欢书画诗文，他很欣赏我。从人品到学识，到人生追求，他都很有修养。

范：我返乡当农民时也是遇到了这样的恩人。我们凤城镇党委书记孙淑英，她很欣赏我，把我从生产队调到镇里做干部。不然的话，我这一生可能也就那样了。

杨：有时候真的是这样。其实可能当时是顺势而为，或者是特别被人欣赏。那时候从铁路局下到我们车辆段，就相当于从中央下到了河北的一个县城，李玉民去到我们那儿，竟然说你们这里有一个小伙子会画画，要好好鼓励他。这很不容易。

范：你调到文化宫后做什么？

杨：我是美术干事，主要负责几件事，第一个是文化宫有个电影院，我要画电影院的广告。第二个是铁路局里面的美术活动是我们负责的，我负责美术方面。比如把内蒙古铁路局各地的美术工作者集中上来，大家一起画画，参加比赛。第三个是我们要负责电影院售票、把门。电影演完之后要打扫剧场。最后一个就是教小孩子画画。那些铁路职工的子弟要学画都送到我这里来了，单位给了我一个大房间，里面配备了各种颜料、画具。铁路局有钱，他们可以随便买画画的材料，

圣洁的爱　130cm×97cm　布面油画　2006年

可以随便使用。

范：你还组织大家画画？

杨：这是我的工作。后来全国要举行第四届美展，我就把铁路上一些画画的人弄到一起，画工人题材的创作。大家一起画构图、看草图、互相交流、画画。

包头市也要搞展览，铁路局要搞自己的美术活动。那时刘大为在包头报社，我们去看他画的东西，他的水粉画画得很帅，很好看。铁路局还有一个内蒙古师范学院毕业的老师，到时候请到一起。画国画的、画油画的，部队的、工厂的、机关的、农村的，我们常有类似的理由聚在一起，画画、搞创作。

范：你还是孩子王，教小孩画画。

杨：领了一群小孩画画，有一阵子我们每天长跑两个多小时，一起锻炼身体，一起去画画。到了礼拜天就和他们一起骑自行车到郊区写生。遇到电影院演电影，这些小孩为了让我早点干完打扫剧场的活，就帮我扫地，地一扫完大家就可以一起去火车站画速写了。

范：看来，你到了文化宫之后就很顺利了。

杨：真不错，但也惹了大祸。有一次画一个老头儿，他说要坐第二天早上五点的火车，晚上得在火车站待着。我们聊得挺好，我就带他到我们办公室住一晚上。办公室里有一件用作劳保的皮袄，他盖上它就睡了。我也累了，回宿舍睡了，还说第二天给他弄点早饭。没想到早上醒来一看，人没了，皮袄也不见了。那个皮袄很贵，又是公家的，再加上我把生人领到办公室里住，因为这些还给了我一个处分。

范：哈哈，你的善心被糟蹋了。你差点辜负了李主任对你的提携和厚望。

杨：是啊。当时的工作不多，铁路局又有一些藏书，如列宾的画册、徐悲鸿的素描集，我都是在那里发现的。书里面的画，差不多每一张我都临摹过，有的甚至临摹过两三次。李主任看着就很高兴，夸我特别用功、上进。我也没觉得自己怎么用功，就是有兴趣临摹画，画画，一画画就有劲了。办公室一没事了，我就在那儿画。有时候他们也会找点事让我做，比如谁家想美化美化屋子，挂一幅画什么的，我就做点这种事。只要能画画，我就高兴。

范：李主任很欣赏你、鼓励你。

杨：他的鼓励就像老父亲一样。有一次我得了肺炎，李主任的夫人是大夫，就在家里做了面条端过来送给我。她听我老是咳嗽，就说："你得赶紧去医院了。"我一进医院医生就不让我出来了，原来我得了急性肺炎，不得不住了七八天院。

范：看来，李玉民是你遇到的第一个伯乐。

杨：他对我永远有知遇之恩，就是在艺术上他也启发了我。我们主任非常喜欢在艺术上很纯的东西，比如说荷花"出淤泥而不染"这些话，我就是从他那里听来的。他跟我聊天的时候，我就一边聊，一边画画。

范：不怪古人叹气，千里马常有，而伯乐却不容易经常遇到。

杨：因为我干钳工活，再加上老是拿笔拿刷子，我手上就磨出了茧子。李主任就经常举着我的手给大家看，说这个孩子太酷爱画画了。

范：哈哈，这次你知道了，不是"哭着爱"画画了。

杨：哈哈。你想我是农村人，到了工厂里也不过是一个普通工人，又没有啥关系，要想被提为干部几乎是不可能的。但李主任不但把我调到了内蒙古铁路局的文化宫，提升为干部，还支持我画画，欣赏我画画，我非常非常感谢他。到了呼市，对我更重要的意义在哪里呢？就是这里

唐韵
180cm×150cm
布面油画
2010年

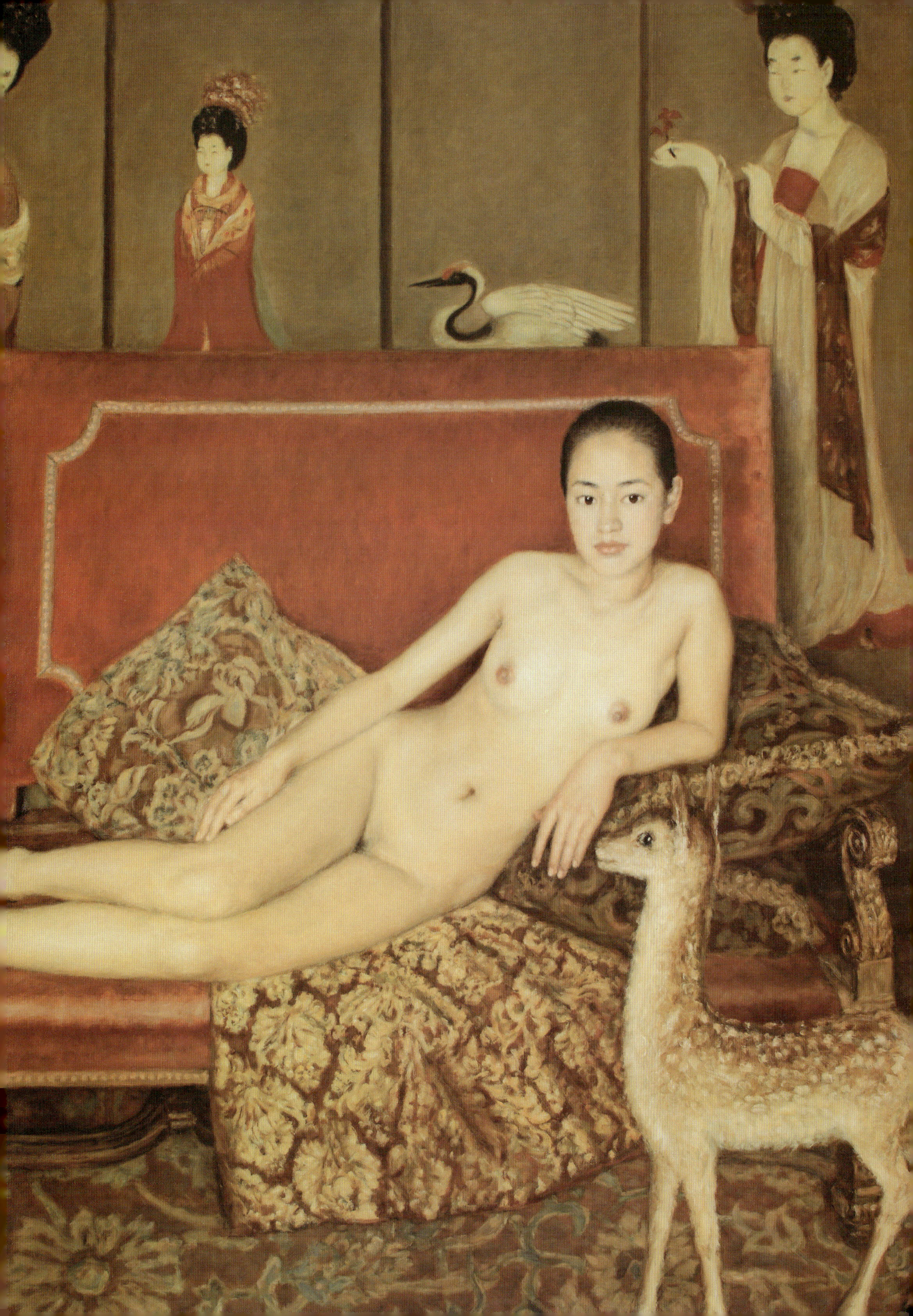

新疆塔吉克大学生
73cm×51cm　布面油画　2012年

聚集了一批内蒙古最了不起的画家，他们大都是中央美院的高才生、研修生等，如吴作人先生和许多老先生非常看重的妥木斯先生。

第一次画芃芃

范：你到呼市的另一件重要的事情就是遇到了芃芃，并且最有意思的是，你十二岁时去了包头从而献身绘画，而芃芃开始学画画那年也是十二岁！

杨：太重要了！芃芃六岁时爸爸就去世了。她姐妹四个，妈妈一个人在铁路工作，在火车站管行李，得骑自行车带芃芃去上班。有一个主任对她妈妈特别好，就过来跟我说："你好好教她吧，这孩子的爸爸没了，她妈妈带她很不容易。"就这样，她妈妈就把她带过来了。

范：你对她的第一印象怎么样？

杨：那是个下午，阳光很强，她放学来了，我正好从办公室里面出来，看到她脑门鼓鼓的，穿得特朴实，人特灵。我一看就觉得这小孩儿要是画起来可就太好看了。打那以后，芃芃就跟着我学画画了。下了班，老人就在外面等着，看着女儿在里面画画。有一天芃芃到我屋子里来，坐到了床边上，我一看就惊讶了："哎呀，太好了，你别动，我给你画张画吧。"她背着书包就那么一动不动坐在那儿让我画。我画得太激动了，连让她歇一下都忘记了。她累死了，但一声不吭，就在那儿数着对面墙上的砖熬时间。看着她、画她，那种感觉真美。她就是我喜欢的那种东方女孩，很秀丽，很单纯，但又凝重大方，聪慧灵动。我画了整整一个下午。

范：这是她第一次成为你的模特。并且，我也发现了你的一句惯用语，你绘画的一个重大秘密，就是每当你偶然看到芃芃有个动作打动了你，你就会喊："哎，你别动，我给你画张速写！"

杨：真是这样啊，这是我第一次画芃芃。第二次是画她的头像，画着画着就特别想画成画，画完头像以后很奇怪，因为内蒙古师范的一个高才生把那个头像借去了，后来好不容易才追回来。那时画的是很亮的感觉。

范：芃芃对那段时光的回忆令我也非常感动，她说："那时午休时间很长，尤其是夏天，午休时，他常常会带着我们出去写生或大家轮流做模特画头像。晚上，我们会在黄色的灯光下画石膏像或去候车室画等候列车的旅客。我每次去画画总有一种参加集体活动的快乐。现在，每当我回忆起这段日子，眼前总是一片明晃晃的阳光，那是一段少年时代快乐的好时光。""眼前总是一片明晃晃的阳光"这句话很美，非常感人。

杨：那也是我青年时代最美好的时光。

范：从此以后，芃芃就成了你的专业模特。

杨：是啊，还不给钱。最有意思的是我在中央美院上学，放假回去了就想画点什么，于是就到呼和浩特画芃芃的肖像。因为学了很多绘画技巧，画的时候其实不是很难，但真要画好了很难。有一次，我画的时候很激动，画手的时候，忽然间非常流畅地就画下来了，我觉得我从来没有画过那么好看的手。画完后我在观察、感觉和理解之间的关系上一下子就顺了，以后再画画的时候我就找画那个手的感觉，好像自从画了这双手后我就开窍了。

妥木斯：我的启蒙老师

范：那时候你知道妥木斯吗？

杨：在内蒙古画油画的谁不知道妥木斯先生啊！妥先生是我绘画最重要的启蒙老师之一，是从我学画以来对我来说最重要的老师，在价值取向与努力的方法上，他引导我找到了前面的方向与可能，带我走上了正路。当然还有其他几位老师，如金高、王济达，但妥先生的影响力和高度与他们是大不一样的。从内蒙古出来的画家，没有一个不直接或间接地受到妥木斯先生的影响，他影响了我们前后几代人。

范：看来，一个人的影响力并不是由权力决定的，也不是靠领导来加封的，就连职称也算不得什么。

杨：真正的影响力是由人品与学养水平决定的。

范：你到了呼市才有机会认识妥木斯。

杨：岂止是认识啊，简直是崇拜。在内蒙古搞油画这个行业里面大家太知道谁是谁了。能到金高、王济达家里面看看他们的画，聊聊天，那就是接触到高人了。而看到妥木斯先生，那就相当于我们接触到了米开朗琪罗。关键是他知道铁路上有一个小伙子画得不错，我这边也得找人看我的画，拜师啊！由于结识了妥先生，后来侯一民先生、詹建俊先生他们到内蒙古写生，我才有机会见到了他们画的画。他们办了个小型展示，也让我们参观了，那是莫大的荣幸，但他们画画时我们还是没条件看。

范：妥先生的画让你震撼。

杨：那是我平生第一次看到高质量的油画原作。画是在妥先生家里的一面墙上，一张十六开大小的写生，画的是北方农村很普通的一个小景。就是几块简练明确的灰色块，但让我惊奇不已。从那以后我就买了油画箱，经常到外面去写生。但自己真正动手画之后才明白，要达到那几块色彩的妙

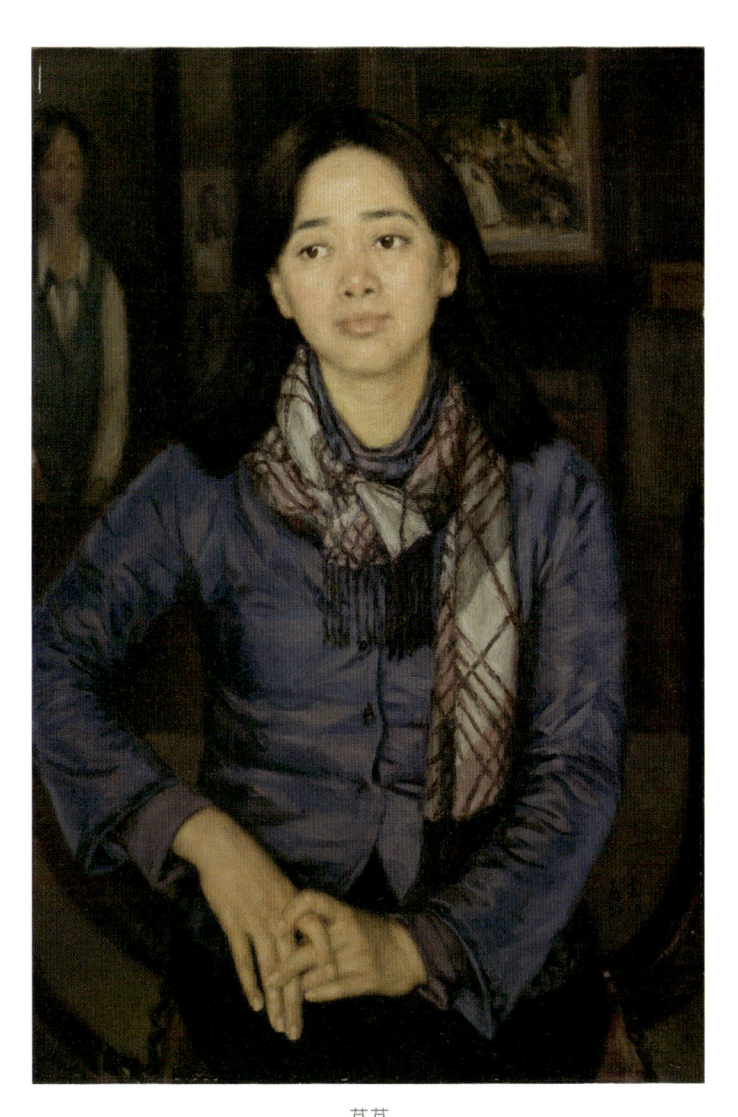

芃芃
89cm×59.7cm　布面油画　2010 年

境真是不容易。它不但需要有高度的专业训练，更要有高尚的心性追求。色彩之美和人的心灵紧密相连，心里有美感，你才会对美的事物有美的反应，内心如果没有美感，那你画出来的充其量也不过是一块花布而已。

范：妥先生看了你的画后说了什么？

杨：他夸我说："你的色彩走到前面了，但是你的造型还得好好练。"后来我说："铁路有一批人画画，妥先生，我们那里有好模特，你要不要跟我们一起画？"他说："好啊。"来了以后画头像，我们是跟着后面看、跟着后面画。因此，一直到现在我跟妥先生的情感还是很不一样的。

看到妥先生画的颜色那么好看，那么妙，我就觉得自己没有才气，不行。但他说："你得练，这个是可以练出来的。"这个零距离的接触对我来说非常重要，一个是这位艺术家本身很纯粹，第二个可能是当时我画的有些东西还是值得他关注，得到了他的鼓励。我记得当时弄一批自己的画装裱一下，所谓的装裱就是弄点好纸把那些速写剪下来贴上去，晚上拿过去给他看。

范：那跟妥先生大概接触多长时间？

杨：上美院之前，差不多有三四年时间。

范：我想如果不把你带到呼和浩特，带到局里，而且一下给你这么好的启蒙老师，你很可能就没有

爷爷与孙女

180cm×150cm　布面油画　2011年

2011年"艺术之路：中国画、油画作品展"在中国艺术研究院油画院开幕，参展艺术家合影

今天。

杨：是啊！所以，学画画需要跟对人，走在正路上，因为路数对了之后油画感才能出来。

范：不好意思啊，妥先生欣赏你什么？

杨：也许是我这个人比较朴实吧，痴心学画。记得我创作过一幅画，我画的是雨天，下过雨的站台，一辆油罐车进站了，一个女孩出来举着信号灯接站。这是一个大半身的肖像，当时画得还挺激动的。为了画它我还到火车站去写生，画那个车在雨天的感觉。这个画的题目叫《送往迎来》。有人说画得挺好，有人说这个题目不好，过去红灯区上面挂的也是送往迎来。我说我不管，我画的不是那个意思。我说车站上不就是车辆往来，她出来接送吗？

范：那是哪一年？

杨：1975年。那是一次年画展，我开始画的是油画，妥老师还给我指导过，他说你这个天应该改一改，往紫罗兰色偏一点，因为车是绿色的。这一改之后画面就亮多了。画好之后在内蒙古出版了，还得了七块五毛钱的稿费。我大大地请了一顿客。当时画不重要，杂志上印出来太荣耀了。但后来杂志不知道放哪儿了，画也不知道放哪儿了。

范：连照片也没有留下？

杨：什么都没留下。很奇怪啊，这个东西到底在哪儿啊？说不定哪一天就会冒出来。不过，这个画在内蒙古影响很好，后来还改成了国画，改成了工笔画。改成国画后，代表内蒙古参加了在北京的全国美展，因为那年全国美展是年画展。它能选上，我特别高兴，它增加了我对画画的信心，我要做一个画家。

陈丹青、朝戈和刘小东

范：你上大学时遇到了一群好同学。

杨：谈起同学来我现在还是很激动。我确确实实遇到了一群好同学，他们是老师像选苗子一样从全国各地选出来的。最棒的就是每一个同学都有与众不同的才华。当时还不是说谁画得有多好，而是说他有与众不同的才能。

范：我上大学前一直在小地方待着，总觉得自己是最聪明的人。上了大学之后才发现，哇，这么多有才华的人，眼界一下就打开了。

杨：我也是这样啊。在下面总觉得自己很优秀，画的画一直受捧，来了之后，看到了这么多优秀的同学，才感觉到自己画的局限与问题。

范：在你读大学期间，同学中谁对你的影响更直接、更具体？

杨：陈丹青、朝戈和刘小东影响最深。他们三个人对我的影响是不一样的，角度也不一样，但应该不是直接对画法的影响。

陈丹青是1978年和我们一起入学的，他是破格读研究生，那时他就已经有名了。1977年全国美展，他画的《泪水洒满丰收田》轰动了全国，有点学苏里科夫的效果，画得很冲，大画。我参观展览时看到了这张画，很激动。内蒙古师范学院有个老师，大胡子，在展厅里激动地喊"中国出了个天才！"

范：陈丹青对你的影响主要是什么？

杨：我觉得是很地道的油画。他体验到的东西不是那种主题性的、政治性的，不是假的东西，很真，很生动，体验很真切，画得又很轻松，表达的是很油画的方法。

范：你说了许多"很"字。

杨：哈哈。我们上三年级的时候，陈丹青他们举办毕业展，他已经画出了《西藏组画》，很了不起。在我所接触到的人里面，陈丹青应该是最有才的人。你要说看到天才的话，我看就是陈丹青。他在绘画上的先天才能真是太好了。

范：陈丹青不仅是个天才，而且那么率真。

杨：他这点是挺可爱的。

范：他就像《皇帝的新装》里面的小孩子似的。

杨：陈丹青是我们同学里面出名最早的。他毕业后还教过我们半年多的课，带我们到内蒙古下乡，这是我近距离接触到的最有才华的人。他也是出国比较早的画家。

范：1981年，国家恢复了留学生制度，陈丹青被公派（自费）到美国去留学，这在你们中央美院引起了很大的轰动。

杨：那是个大事儿啊，就像当年康有为劝说徐悲鸿去欧洲留学一样，或者罗工柳他们被送到苏联学习，那时候大家就是这种心态。到欧洲去，到美国去，去油画的故乡，去现代油画的中心。那时候简直都不敢想象，有点像我从铁路局考上中央美院的那种心情。就连老师也很兴奋，因为我们入学的时候，中央美院的老先生们在教学上都不是很自信了。大家在反思，说过去的东西还能教吗，或者怎么改。进入一个新的时期，西方也变了，我们几乎一点也不了解它们了。

范：你们油画系为陈丹青开了欢送会。

杨：欢送会是在油画系办公室里举行的，我们是学生，只能在走廊里趴着窗户听。学校领导对陈丹青说："改革开放了，像你这样的才子才能有条件到美国学习，这对中国油画的再一次学习或者再一次的提高，有很大的作用。"

范：你与朝戈呢？

杨：朝戈跟我一个宿舍、一个班。他善于思考，是一个很深沉的艺术家，他有蒙古族的那种深厚的血统。他爸爸是蒙古史的专家，父母都是纯粹的蒙古族人。他从小生活在内蒙古师范学院，父亲在那儿讲蒙古史，也是教授。所以朝戈从小就了解蒙古的历史，他有很深很深的民族情怀，他画的画总是有大草原的开阔。我们俩又都是内蒙古的，喜欢在一起聊天。

范：你和他写生时去过呼伦贝尔草原，并参加过当地婚礼？

杨：那是大三，我们一个工作室的几个人一起去的，还有朝戈、高天华、施本铭和吴小昌老师。最早陈丹青也去了，后来丹青早回了，他当时要出国，回去每天练外语。呼伦贝尔大草原就像一个童话世界，百灵鸟叫着，草很深，风一吹，天上云彩就飞，偶尔还有小溪，清澈见底，非常漂亮。我们是去参加一个布里亚特蒙古族人的婚礼，自己赶着

新绿

162cm×114cm 布面油画 2013 年

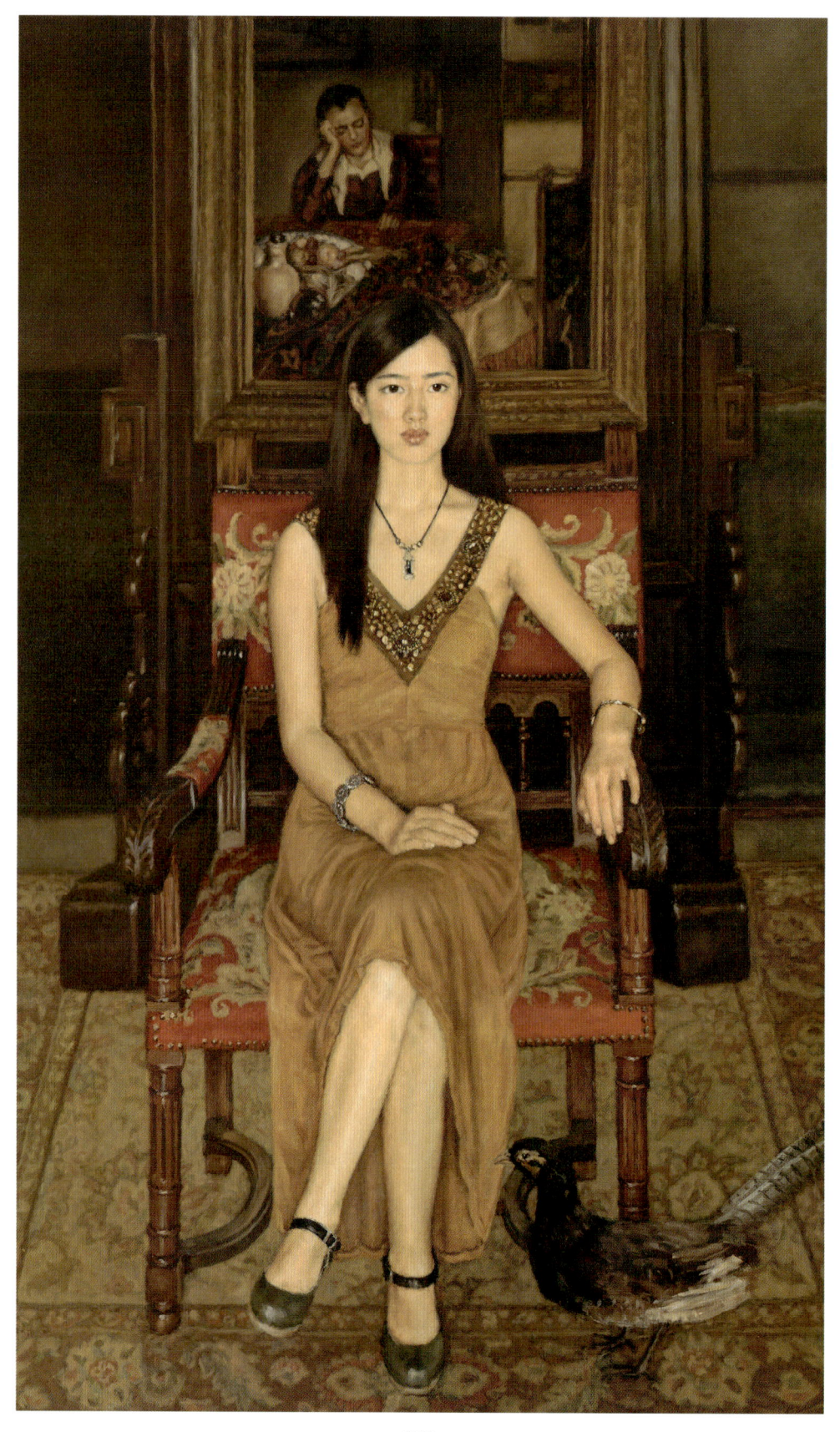

安然
200cm×120cm 布面油画 2012 年

马车去的，那里很多蒙古包，地上摆了很长的毯子。献哈达、敬酒，我也不懂，就把三杯酒全喝了，然后就天旋地转，只能傻乐，躺着看蒙古族人在那里热闹，晚上还吐了。整个晚上，他们就是在月光下不停地唱歌、祝酒，男男女女的一大堆一起唱歌、跳舞，童话般的。

第二天我们赶着马车往回走，还赶上了一场暴风雨。那个乌云一来，在草原上没有避雨的地方，我们看乌云压过来了，就赶着马车使劲往回跑，跑的方向错了，上一个坡就看不到远处的目标了。天快黑的时候，迷路了，后来听到狗叫了，附近有人。那个印象非常深。

范：你们坐马车时马惊了？

杨：是另外一次。那次我们去一个地方画写生，赶路。本来优哉游哉的，大家在马车上聊天，说说笑笑，唱歌，你在草原上总是想扯着嗓子使劲地唱歌。突然马鞍子坏掉了，那个马忽然惊了，一下子就立起来，前腿也跳，后腿也跳。朝戈一下子跳下去了，高天华大叫，我还使劲拽着缰绳，其实有经验的人都该跳下去。头一次看到马惊了，不得了，很厉害！最后好长时间才停住。

范：那刘小东呢？

杨：刘小东很年轻，他是童子功，我们入大学时他上中央美院附中，一开始学就没走弯路。他画东西很率真，用小孩的眼光看当下生活，有很新的角度，在里面抓了许多鲜活的东西。这对我们触动挺大，不是说影响到我要怎样做，而是他给你启发，还有绘画的这个表现力。我很羡慕他们。艺术这个东西，改造的东西和直接学的东西是不一样的。他们能调侃式地、自由地、很松弛地在现实里找一些东西，以及我们觉得好玩的角度，但他们就给画出来了，看起来很震撼。我从心里面很欣赏刘小东的才华，连陈丹青也很喜欢他，老先生们也很喜欢他。

那毕竟是在中央美院的体系里面，一个新青年表现现实的新眼光。

范：中央美院的老师挺不错，刘小东当时似乎是很另类的。

杨：中央美院老师的眼光还是非常开阔的，刘小东的调侃比较健康，是很阳光的。

范：一生能遇到几个影响自己的人不容易。上大学时我非常幸运地认识了肖振远，我们成了一生的好友。

杨：最可贵的是大家能够相互欣赏、相互激励。我们带着强烈的憧憬，渴望走向世界。我们还学外语，彼此鼓励："哥几个好好学外语啊，备不住之后去欧洲走一走啊！"当时看到个砖头似的录音机，220块钱，太贵了，一激动就买了。因为我带工资嘛。

有一次我们到了山东的大渔岛，走到海边，那是我第一次看到海。大家坐在礁石上，天上有月亮，眼前是大海，周围的一群同学都充满了理想，可爱极了。月光下，你想夏小万那么胖，却在沙滩上跳小天鹅，曹力拉着小提琴，很美的图景。我一说话他们就乐，因为有内蒙古口音。曹力会点武术，他的武术有点像跳舞。

范：那种情景终生难忘。

杨：我至今还记得那个情景。坐在那里看着海涛，看着月亮。我们一群年轻人，在月光下激动地聊艺术，一阵阵海风吹来。想想20世纪80年代真是太美了。还有新年化妆晚会，一群单纯的年轻艺术家化成各种各样的人，说着，跳着，笑着。回想起来，那真是一生中非常难得的时刻，非常美好的记忆。

最完美的创造

范："油画人体艺术大展"让你的《静物前的姑娘》也一下子爆红。有的评论者说，《静物前的姑娘》是这次大展的代表作，也是20世纪90年代以来新古典主义绘画风格的代表作。

杨：跟《十九岁》不一样，《静物前的姑娘》这幅画我花了不少时间来构思，来构图，还画了一些草图。画的时候我使用了一些道具，但没有用一个固定的模特，我是从许多人身上去寻找我要的东西，并把它们结合成一个纯净的少女。这一切都跟"静"联系在一起，是为了表现生命的纯粹性。我想要将这个纯粹的生命凝固成永恒。我画人体其实是带有一种寓意性的。

范：《静物前的姑娘》的寓意是什么？

杨：青春，生命，一个纯粹的生命。这个展出后，陈丹青说女孩旁边的那两个桃子特别有情欲，说得我特不好意思。哪里会有啊，就是桃子嘛！水灵灵的，鲜活。还有橡皮树，都是为了象征青春的生命。在人体大展期间我在电影院看到了一段很短的纪录片，就是用《静物前的姑娘》作为片头的，它成了一个文化现象。

画这幅画时，我脑子里有一个很强的观念：人体是上帝最完美的创造。我一边画，一边想着古希腊和文艺复兴那些近乎完美的人体画。我想怎么才能够将东方女性的人体美表现出来，这是我画人体时特别强调的东西。

范：东方女性的特点在哪里？

杨：东方人的皮肤是细腻的，它的结构很紧凑，是那种灵动的、圆润的，不是力量型的，而是非常含蓄、很优雅的，这个优雅是天然的一种生命力。

中西交融

220cm×185cm　布面油画　2015年

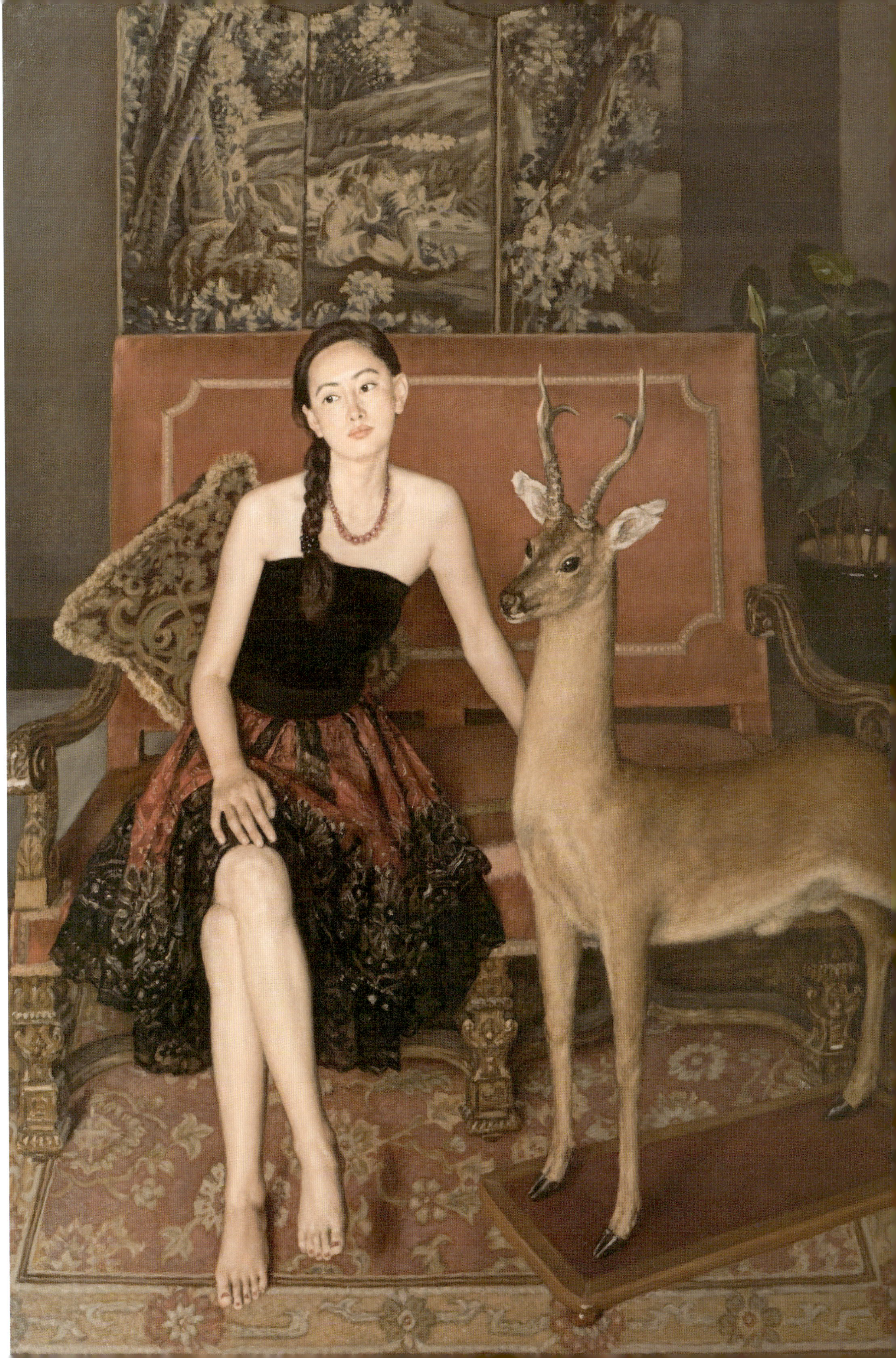

有圣母的肖像
120cm×180cm　布面油画　2014年

所以画好东方女子的皮肤，这些都要特别强调。

范：有人说，中国人画不好油画就是因为东方人的肤色和西方的不同，连徐悲鸿都没有解决这个问题。

杨：这种说法有些片面，其实后来我跟靳尚谊先生也交流过，中国人的皮肤特别难画，如果你能画好中国人的皮肤，确实能画到精微处，你的写实油画就过关了。

东方人的人体颜色不是画好看的问题，而是将它的生命力表达出来的问题。油画里面皮肤的色泽和质感与表现生命的饱满或者生命的光彩是分不开的。你仔细想想古典油画，它在皮肤上面，还有在质感上面达到的那种光彩，这是个谜。很多人画中国人的皮肤真的是画得很脏，要不就是红一笔、蓝一笔、绿一笔，画过了头，其实不是画皮肤。所以对我来说，一直到现在，我画人的时候还是觉得皮肤不是一块颜色，而是一种生命力的表达。

范：那当时你是怎么画《静物前的姑娘》的？毕竟在画中国人的人体这方面，还没有特别成功的先例。

杨：看古典绘画。你看他们的画，就会立志一定要把中国人的人体画好。我看荷尔拜因的，看达·芬奇的，看提香的，看安格尔和委拉斯开兹的，他们画的色彩真好，内质的水平和程度也是无与伦比的。人体艺术是对人的最完美、最丰富、最精微的表现，是最高、最深、最有力的表现，也是对人最后的表现。

范：这是非常艰难的探索。

杨：这一点我非常清楚，中国还没有好得像西方那样的人体画，只有徐悲鸿和吴作人先生画的人

小叶

60cm×90cm 布面油画 2022年

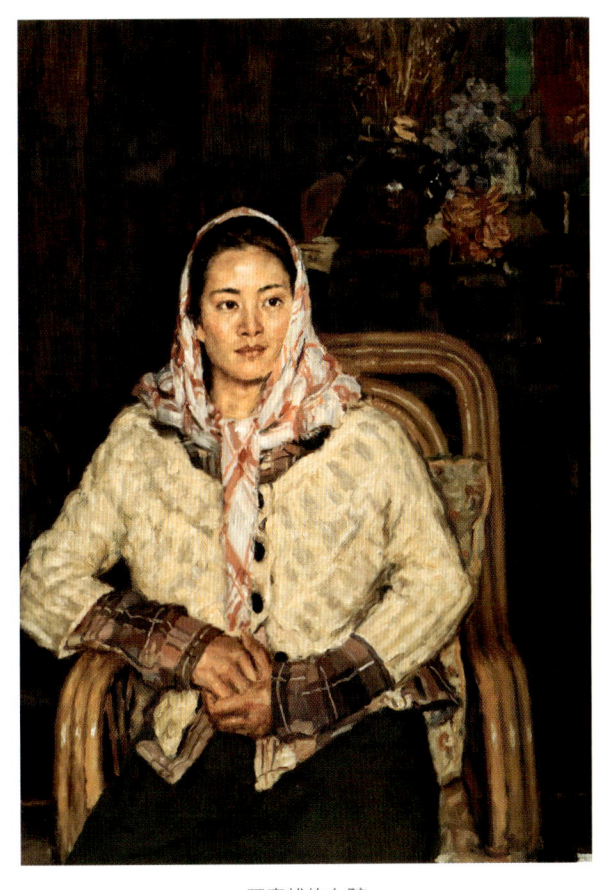

开客栈的女孩

116cm×81cm 布面油画 2016年

体素描，那是真好。所以我当时有一种单纯的愿望，就是要画出带有理想色彩的中国人的人体画，那种带着东方人特有的审美感觉的人体。靳先生对这张画和《北方姑娘》的评价还挺好的，他跟别人说有点像安格尔的画面，很接近那种感觉。

范：2012年在北京保利春季的拍卖中，《静物前的姑娘》最后拍至3450万元，达到了迄今为止你的画作最高的价格。听到这个消息你当时是怎么想的？

杨：无法想象。达到这样一个天价，让我感觉非常意外。但这幅二十多年前的作品现在还能被社会如此认可，这对我来说是一个很大的鼓励。

范：说到人体艺术，我觉得你在《永恒瞬间》这个访谈中说得特别透：

一件优秀的人体艺术作品展示的绝不是一个没有灵魂的肉体语言，而是在歌颂人的奇妙、人的庄严，是美和理想在画面中的完美实现。画家在高超精微的技巧中流露出的应是画家全部的生命。它应是摆脱了平庸的趣味而指向博大和精深。

一个人穿了衣服以后，实际上是给人一种假象，制造了一个指向性。而当一个人脱下衣服，还原成造物的本来面目时，其实这时候面对的是这个人最本真、最完美的肖像。要说去赞美造化，这应是一个最直接的方式。就如同我们想去表现一座山，却给山穿上了一件衣服，只去表现它露出的树和石头，这有点可笑。平时在摆模特时，如果说让一个女孩穿上内裤、戴上胸罩，你再去看她时，心里马上就会出现一种情结，给人一种暗示，这种遮挡反而让人产生了不干净的心理。

杨：我那时就是那么认为的。《圣经》中，人类的始祖亚当和夏娃就是全裸的，只是偷吃了分别善恶树上的果子，犯了罪后，看见了自己的样子才产生了羞怯。所以从欣赏的角度看，人的种种虚假、

青岛女孩
160cm×140cm
布面油画
2013年

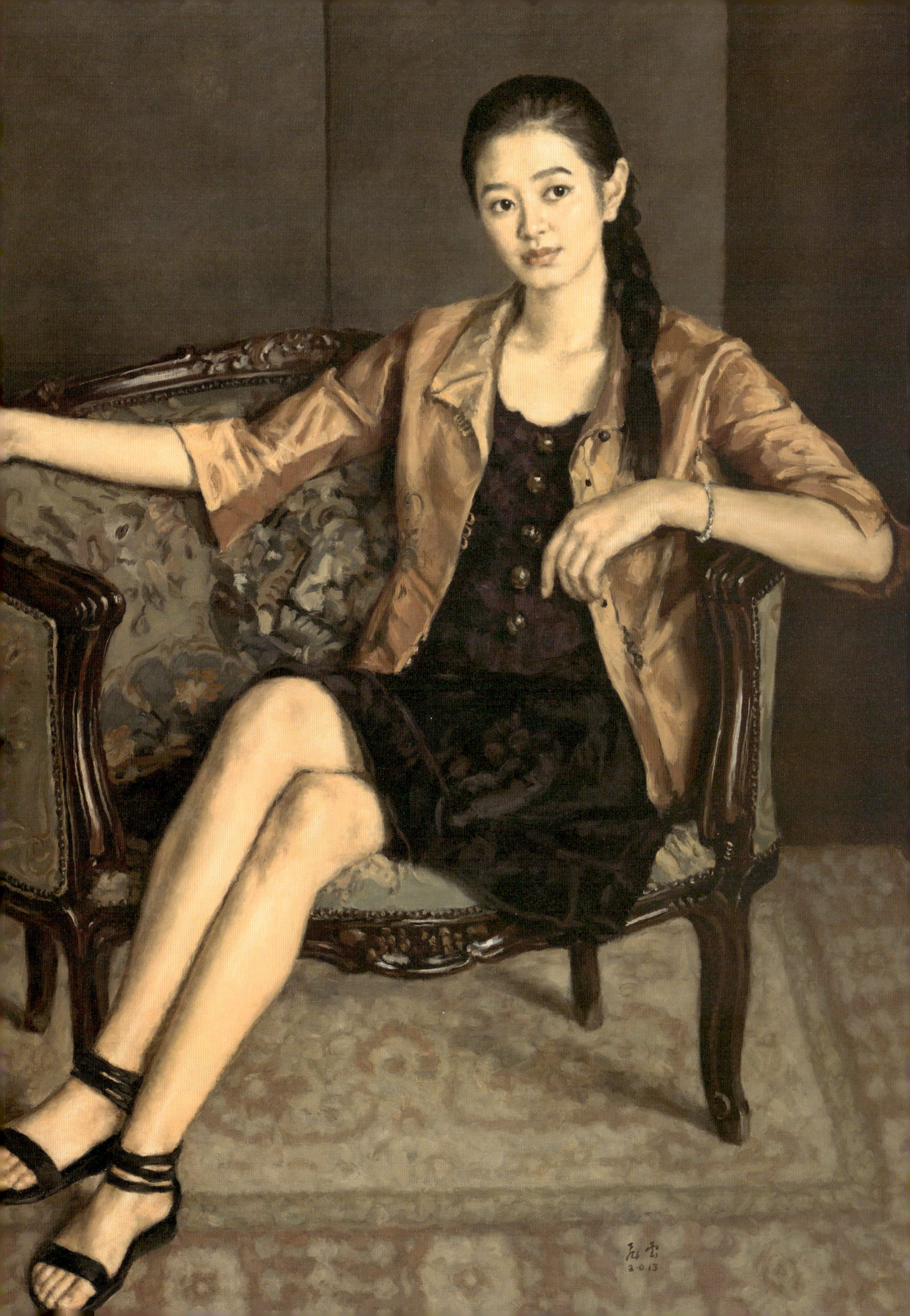
2013

伪善都是来自人的原罪。但艺术既然是通向真理的一把钥匙，作为艺术家确实可以不受这个咒诅，而去赞美这无与伦比的创造。所以历史上波提切利的《维纳斯的诞生》、米开朗琪罗手下的《大卫》、罗丹做的《雨果》雕像、马约尔《地中海》里的少女，等等，都是人体艺术的杰作。他们拓展了人们对肖像认识的框架界限。

所以，说到肖像艺术，不谈人体是不完全的，头部、胸部都只是人全身的一部分。只是画人体的时候，一个画家不要仅仅从现象去罗列，而应该调动艺术家全部的才智去升华。只有这样，人体艺术才能达到彰显生命、诠释神圣的使命。

范：你认为，一部西方艺术史，在某种程度上可以称为一部追求真理的历史？

杨：人用他的悟性也好，智性也好，感觉也好，他去捕捉、追求或者是发现真理，每一个时代，每一个时期不同的人群，不断地追求，这是一个非常重要的点。

范：艺术也是追求真理的方式之一，用来表现自然，表现人，表现神与人的关系。

杨：自然，人和人之间的深刻情感，是用"表现"而不是"发现"。

范：从西方绘画的历史来看，肖像画的历史变化大概是什么样的逻辑顺序？

杨：创造一种能够承载很精微的并且能够打动人的东西，要靠肖像。凡是伟大的画家，几乎都绕不开这个主题，除非不画人，否则是绕不开的。经典的作品好像大都是在肖像上做到的。无论达·芬奇也好，拉斐尔也好，米开朗琪罗也好，提香也好，还有后来的伦勃朗，再往下数也一样，都绕不开肖像画。

到了现代可能题材广泛了，角度多了，有时候不画人物了。但就连弗洛伊德这些人，还是靠人物肖像来穿透到两个部分：一个是全息地表现人的内心世界，最有说服力的载体就是肖像。人传递内心世界的共鸣也好，挖掘心理世界也好，打动人也好，要靠肖像画。另一个就是用人能够感觉到的精微的部分，创造出一个时代的肖像，一种形象。所以肖像大概有某个时代的代表性，比如说文艺复兴的一幅肖像，就和17、18世纪的不同。可能文艺复兴更多的带有一种象征性和神性，挖掘人性升华的部分。但伦勃朗他们就是挖掘人深刻的情感的部分，再往现代可能挖掘的就是人性里赤裸裸的一种心理性，或者是人性里面更精微的部分，这是不一样的。如果要分的话，顶多能这样大概地分成三个方面。由神性的到人性的，再到人的心理性的。神的爱，人的爱，还有心灵的爱，就这几方面，差不多是这样的。

范：心理性这个领域，可能与现代人文学术发展有关，如心理学的兴起。

杨：可能人的形象能够记录一个时代。比如说我们想到谁的形象，一个智者，一个圣徒，一个有高度、有深度的人，你非得通过他的形象，才能够确切地触摸到他感动你的东西。所以人物画、肖像艺术在西方的绘画史里面起了一个深入触动心灵的作用。

范：能算一个核心的部分吗？

杨：表现人的能算是核心的部分，即使我们说的写意、写境，也都是人在里面的体验。人物画对于操练一个艺术家的深刻性、敏锐度和精微到位的这些东西，都是非常有效的。画一个动物，甲马、乙马的区别没有那么大，但是画一个人如果画得感觉差一点，真的是差之毫厘，失之千里。画一个人如果只画外观是根本不行的，要画出他的内心，或者这个人给你的一种不一样的气质。所以肖像艺术要特别小心，一个有特点的像和一个肖像艺术品，

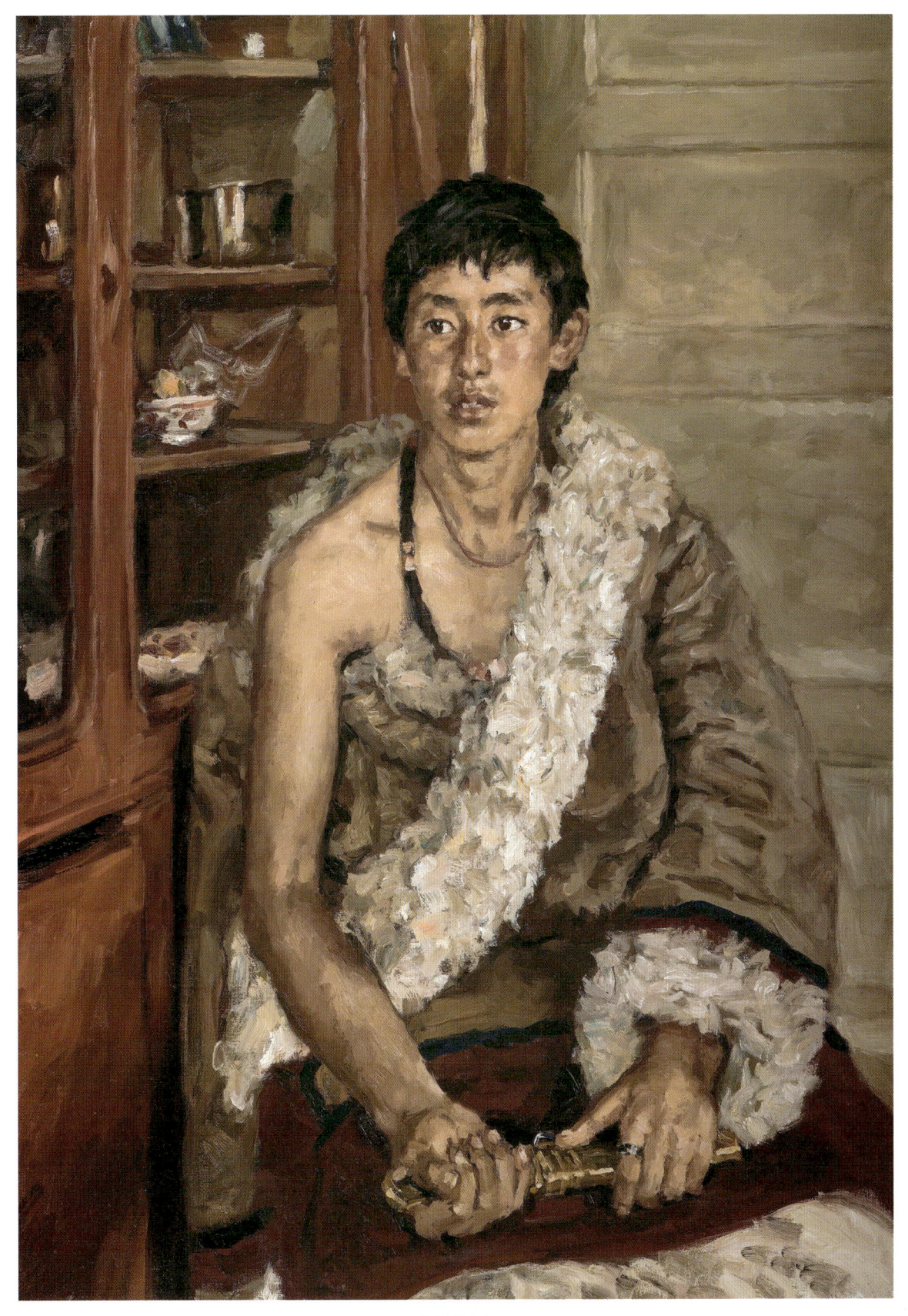

扎尕那少年
116cm×81cm 布面油画 2015年

冬日盛装
130cm×95cm 布面油画 2015年

这之间的差距是很大的。你现在拿手机随便就能拍一个不同的形象，瞬间就可能抓住。但是这种东西其实是很单薄的，没有经过心理的过滤。

范：有人说画一个人其实是反映艺术家本人的内心，但你画出的人物形象和他本来的样子有时候会有偏差。

杨：其实这两个有先后问题。如果你把你自己放在前面，我想画出什么样子的，这就不对了。你是看到了这个人，然后从他里面提取出来你想要的，这里面就有你了。你在画里，但首先必须是看到这个人。

把他们挖掘出来

范：在我看来，你们中国油画院这些年来做的几件重要的事，除了专题展和个案展之外，就是专门为年轻人的作品而设展。

杨：在这方面实际上我们是做两个系列的展览，一个叫"挖掘·发现"新人展，它是面对全社会的；一个是青年艺术家展，它主要是面对在我们油画院学习、进修的学生和青年教师。

范：我最欣赏的就是这两个系列的展览。能参加"寻源问道"系列展和个案展的，可以说都是中国油画界的大人物，功成名就，就是你们不展，他们的影响也在那里。但这些年轻人是小人物，在油画界还没有崭露头角，或者刚刚露头。你也知道这句老话，千里马常有而伯乐不常有。你甘当伯乐，并使中国油画院这个平台成为大草原，它让我看到了中国油画的未来。

杨：有了新人才能创造新的奇迹。想想我们自己，当年也是全靠老先生们提携。我跟你讲过，我毕业后被分配到戏剧学院，靳尚谊先生刚从美国回来，就亲自来看我，并对我有切实的鼓励。

范：现在你也快成老先生了，又处在这么重要的位置，能提携一些年轻人真是太好了。虽然这会花去你许多时间，但对年轻人来说，你这是为他们开了一扇大门。

杨：他们在寻找，他们爱画画，我们只要做得好一点点，就

金婚　130cm×95cm　油画　2015年

坚毅
130cm×97cm 油画 2009年

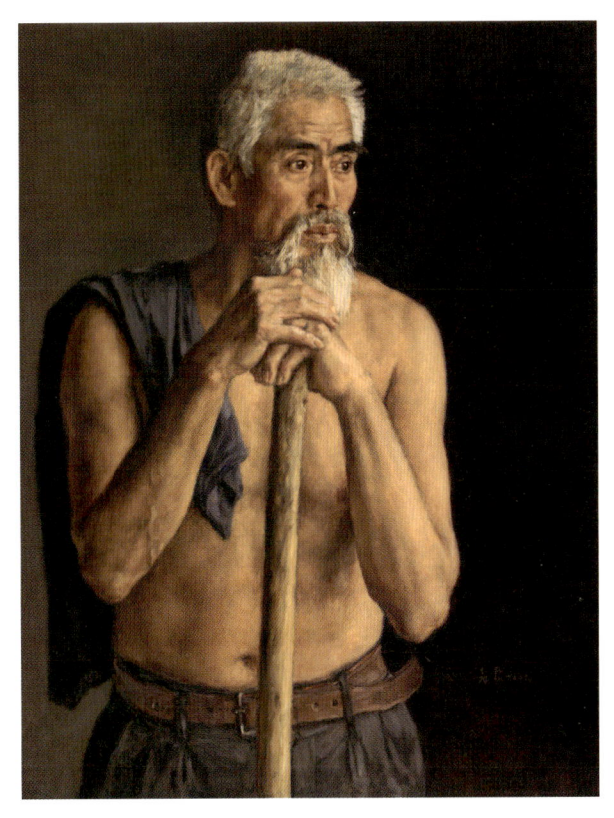

劳动者　130cm×97cm　油画　2008年

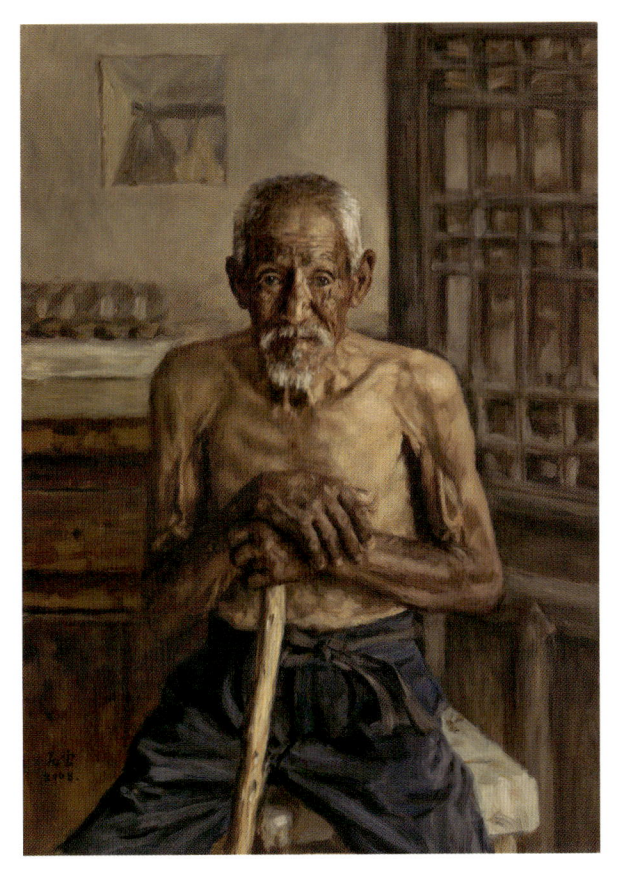

老石匠　116cm×81cm　油画　2008年

会给年轻人一个平台。我们周围其实有很多素质很优秀的爱画画的青年人，这就需要稍微有点经验、有点眼力的有心人去发现他们、挖掘他们。对于中国油画的未来来说，我觉得做新人展是有根本意义的。

范：这个新人展与青年艺术家展是什么关系？

杨：青年艺术家展是跟进。新人展结束后，选出优秀的人才，我们继续关注他们，一个是希望他们能进入油画院继续提高，一个是邀请他们参加我们的学术活动。当他们创作出作品后，我们就为他们展出，让大家认识他们，并相互交流。

范："挖掘·发现"新人展是怎么进行的？

杨：新人展的最大特点就是没门槛。我们设了一个平台，谁都可以往那上面投稿，评上了，寄张图片；经过评选觉得不错，再让他寄原作；评选后，给评个奖；最主要的是参展，然后出本画册，大家一起研讨。这就打破了一些界限，比如中国美协的展览，它都是通过地方协会逐级送上来。很多孩子在地方上根本就没有机会参加，而我们这样的平台就给了他们一个机会，也在社会上起到了艺术创作的学术导向作用。

范：人在青年的时候，特别需要推荐，需要有几个高人伸手来拉一把，每个时代都需要伯乐。

杨：没错。做展览会有一大堆事，好在我们这里有一个场馆能方便一些。头一次做时心里没底，现在看来还蛮不错，很让人兴奋。这就让我们有信心做下去，已经搞了六次。

范：首届"挖掘·发现——中国油画新人展"2009年12月5日至12月25日在中国油画院美术馆展出。上千人报名参展，送来了五千多件作品，你们从它们当中最终选出了七十八名作者的百余件作品。

杨：我们花了半年多的时间做这件事，但非常值得。因为我们发现了一批新人，他们是中国油画的希望。只要有了新人就有了未来，就能创造新的奇迹，就好像一个家有了儿女一样。

范：你在为新人展写的序言中清楚地说明了新人展的宗旨："旨在发现新人、拓展潜质、建立队伍，选拔德才兼备的优秀青年艺术家，为其搭建平台、创造条件，给以正面的引导。从而达到弘扬正大刚健的主流艺术，来充实中国油画的发展。"

你还写道："我们看重才能，更看重情志；看重个性，更看重品性；看重技巧，更看重悟性与灵性；看重创新，更看重水平；看重个人风格，更看重赤子之心的大爱之美。我们强调所依托的根基与前行的方向，引导积极的健康艺术向前发展。"

杨：这是我们一直坚持的目的和标准。

范：两年后举办的第二届新人展投稿的更多了，将近九千幅作品的图片，比首次多出了四千幅。入选者也由七十八人激增到了一百四十人，选出的作品也比第一次多了六十多件，一百六十余幅作品入选，并于 2011 年 4 月 10 日至 4 月 21 日在中国油画院美术馆展出。很高兴，我看到了我熟悉的几个画家的名字：全紫云、尤勇、霍广录、张晓鹏、白冰洋、林建寿、杨光涛，等等。

杨：他们几位你都见过。

范：2013 年 1 月的第三届新人

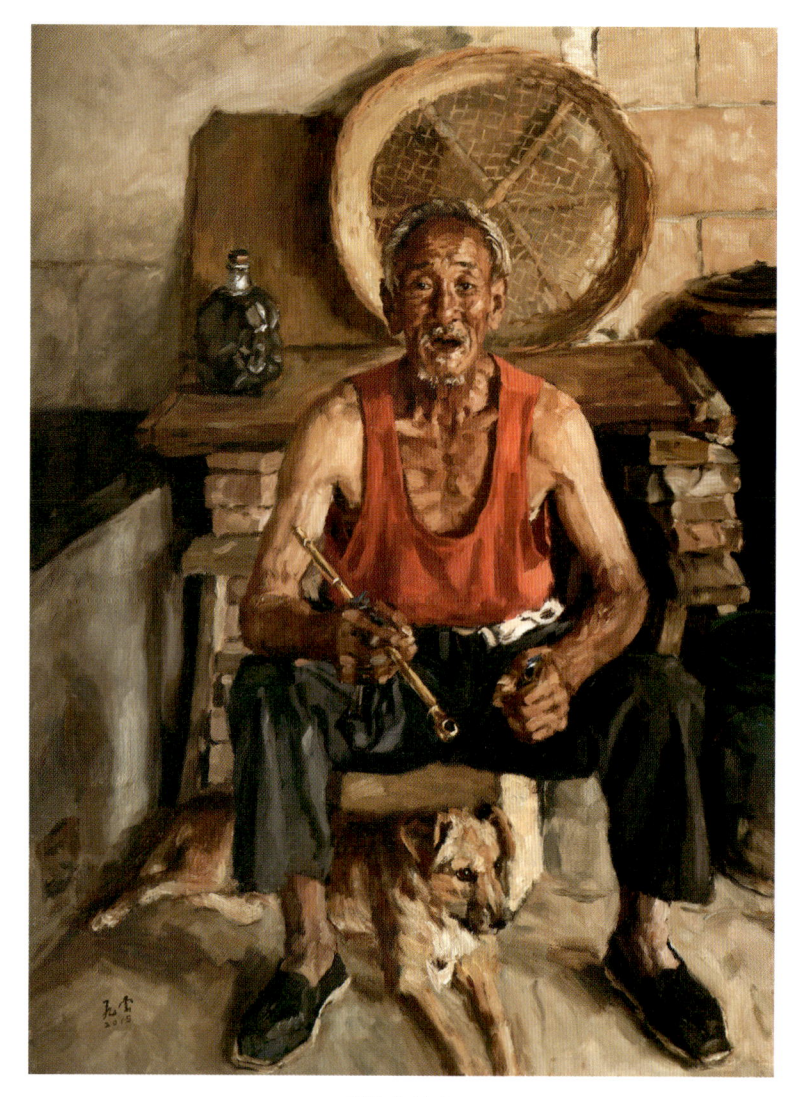

豁达的长者
130cm×95cm　油画　2015 年

展又有了新气象，你在展览的前言中就说到了这一点："本届油画新人展的作品形式更多样化，出现了写实、表现、古典、现代、象征、幻想等风格类型，涵盖面相当可观，总体上体现出青年画家们已无创作的条条框框，显露出年轻人的青春活力、热情与丰富的信息量……总之，青年一代开始从外在的形式走向内心体验的表达。尤其欣慰的是，不管哪一种风格样式，都能看出年轻一代对绘画的热爱，对所要表达的意境的追求。"

杨：年轻人的才华是一种能量，他们的创造力也是。新人展就是想通过肯定青年人富有活力的创造与他们的优秀品质，来凝聚年轻人的才华与创造力的能量，推动引导当代中国油画的良性发展。

范：你说过一句很有针对性的话：要通过这些新人展来选人。

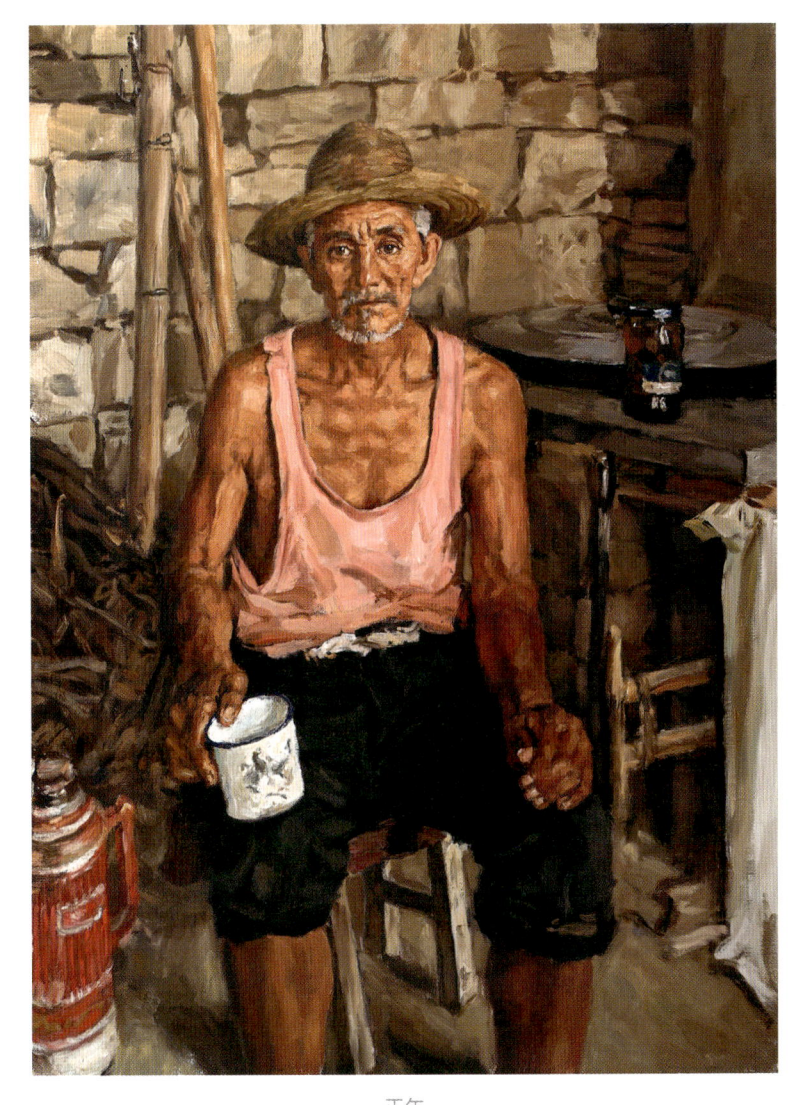

正午
130cm × 95cm　油画　2015 年

杨：通过活动我们是选人，而不是选作品。有时你会看到一些很成熟的作品，但一看就知道他已经没有未来了，已经江郎才尽了，他的东西已经到了底。而有一些作品，它里面有好的能看的真东西，这是很重要的。我看一个人的画，包括看年龄大的人的画，非常看重这个。不怕画家不成熟，就怕里面没真东西，那你就到头了，已经没有未来了。

范：我挺好奇的，你是怎么发现这些新人的，因为有的新人并不是在新人展上被发现的。

杨：我这几年出去参加一些评选，参加各种各样的展览，在那里会看到几张好看的画。有时这些画未必能被选上，未必能获奖，但是我看这些画有很好的潜质。看到了我很激动，就在画后面看了一下他留的电话、名字，一个个打电话给他们。要是我实在没有时间了，就让办公室给他们打电话，这样才一个一个地找来了人。

范：很高兴你把中国油画放在了心上。哪个画家不想多花点时间画画自己的画。我不太了解中国油画策展的详细情况，但这么多年来你一直这么做，把老中青三代杰出的画家一个个地展，一个人一个人地为他们写评介，我不知道还有谁这么做过。

杨：你知道那句老话：我只是一个无用的仆人，但我尽力了。我最初在这儿做油画院，这个地方老是聚不起人气来，就这五六个画家，每天各自在屋子里画画，每年来点进修生，量也很小。怎么弄？我就想能不能把这些人留住。但他们也挺难的，你至少得给他们弄一个画画的地方，有个住的地方。于是我就想了各种办法来留住人，比如用青年艺术家特邀展。你那天还看到了，一大批青年艺术家在这儿有创作的画室，有的还在这附近有了自己的房子。很不容易做，就这么维系着。现在这几年很奇妙，没有国家拨款，但我们居然能够维系下去，还能如此发展，我很感恩。

本文节选自《灵魂与美感：杨飞云·范学德对话录》

大家之路艺术小故事 · 杨飞云

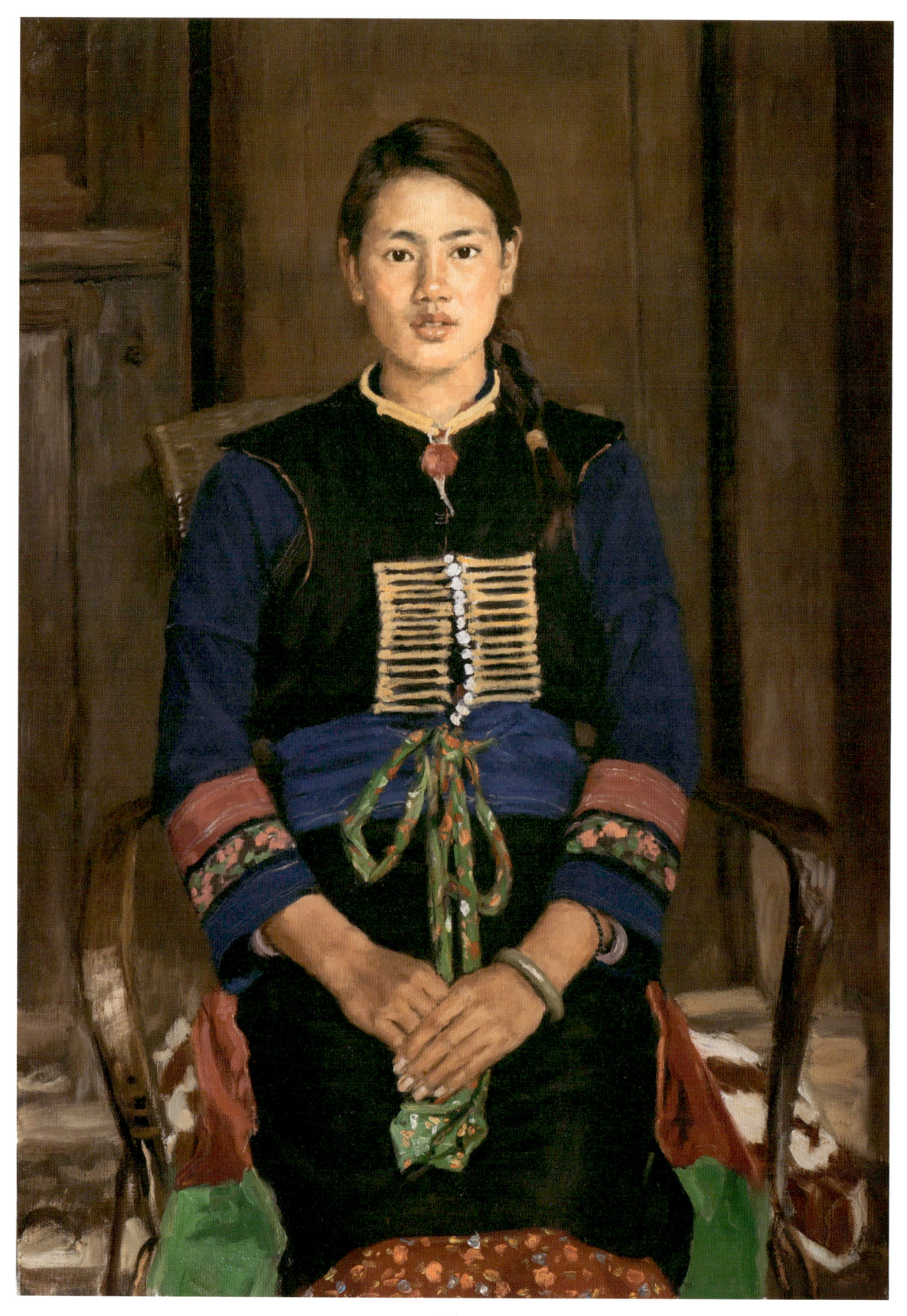

少女
81cm×116cm 油画 2016年

谢东明

1956年4月生于北京，祖籍湖南宁乡。1984年毕业于中央美术学院油画系，获学士学位。1984年9月至2016年任教于该系第三工作室。现为中央美术学院教授、博士研究生导师，中国油画学会理事、艺术委员会委员。

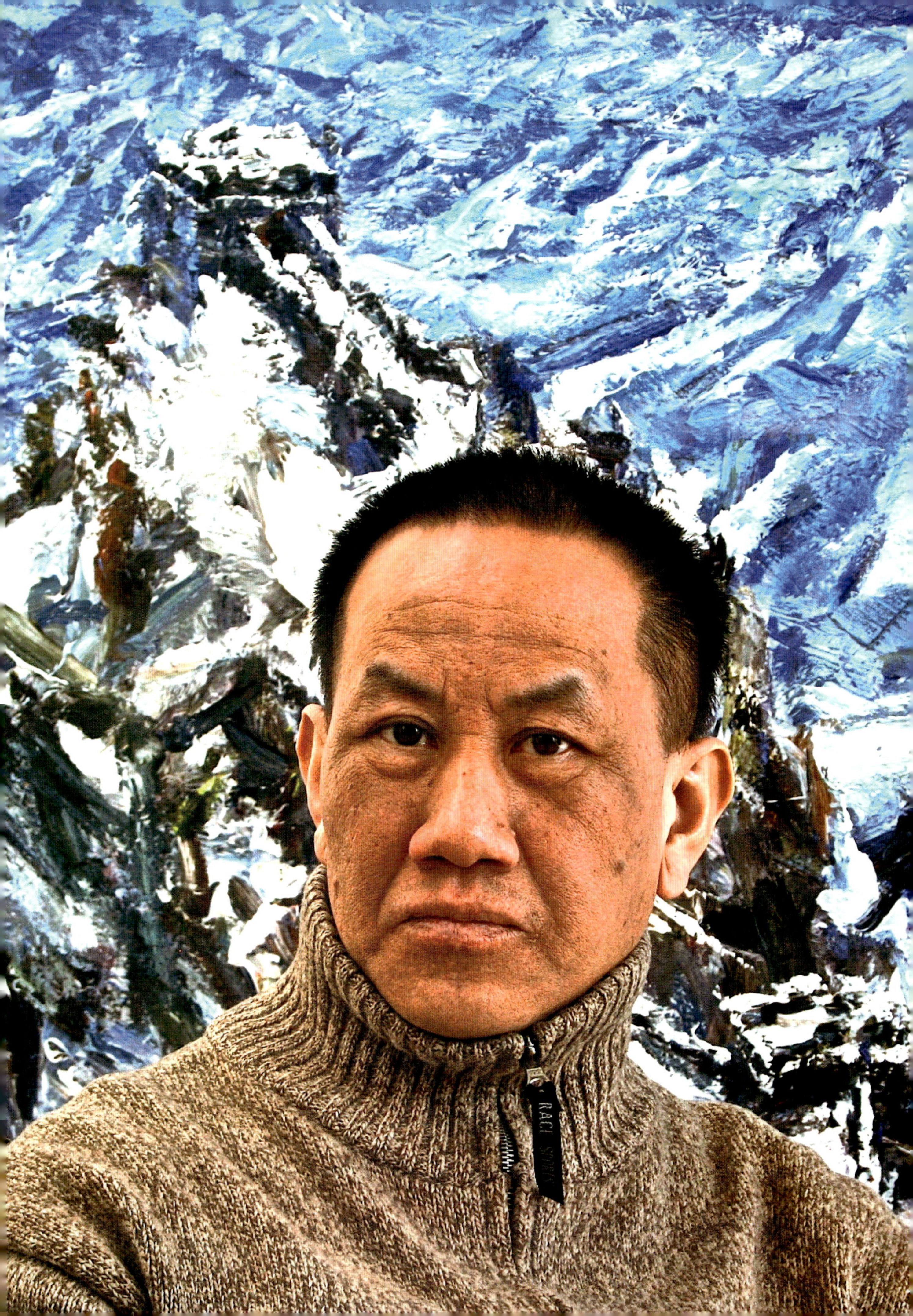

我绘画的三个阶段

文 / 谢东明

要理清自己的创作发展脉络，并不是件容易的事。因为这中间有许多问题是相互交叉的，我尽量从题材、风格和创作意图上来简单梳理一下自己这些年的创作历程。

1984年从中央美术美院毕业后，我创作出的绘画逐渐呈现一种装饰性的风格，画法为平面的、平涂的各种对比色，具有中国传统民族民间绘画感的作品所用的仍是油画颜色。这和我在美院所受到的教育，以及当时20世纪80年代整体艺术环境对我的影响都有关联。大学时代有四位老师对我影响很大，分别是詹健俊先生、朱乃正先生、罗尔纯先生和袁运生先生，他们不仅仅在绘画样式和技艺上给了我很多启示和帮助，还教会我很多为人处世的人生道理。

20世纪80年代中期，我已留在中央美院任教。那时中国美术界正处在"八五美术新潮"的激荡中，那是个充满激情与理想的年代。大量西方现代艺术思潮与世界各地各式各样的艺术作品前所未有地涌入国内，艺术创作的关注点落在对不同的精神取向与不同的艺术表现形式的追求探索上。人们对古今中外的艺术发展与走向展开了大跃进式的思考与实践，艺术家们进行了密集的"前卫"艺术实验。这一段时间使我了解和思考了许多问题，认识理清了一些东西。从最初学习绘画到进入美术学院学习探索自我艺术之路，我一直在寻求一个艺术家安身立命的基础，要求自己静下心来好好学习一门技艺，而这门技艺就是欧洲古典传统油画技法。

在油画学习上，我面对两种不同的艺术影响：一是西方从古典到前卫发展演变的传统，另一是中国本土的民族、民间艺术的养分。如何吸收前人的艺术营养探索建立自己的艺术世界是我的课题。在我结束了四年严格的学院教育后，受到了欧美传统艺术与现当代艺术的诸多影响，同时在老师们的影响下我也深入去了解和学习中国民族民间艺术，这些都在我心里形成了不可磨灭的烙印。这似乎是一种矛盾的状态，但"油画民族化"，画中国人自己的油画是老一辈艺术家们提出的中国油画艺术的探索方向，也是我给自己定下的一个艺术目标。而我在艺术上的探索也是以"传统"为基础和出发点，此"传统"既包括了西洋绘画传统，更不可割裂的是中国艺术的传统，在这种看似矛盾的状态下，我明确选择了去探索油画个人风格的方向。毕业后进行最初创作时，我有意地在作品中去掉学院传授的那些西方绘画技法，如全因素要求的空间、虚实、明暗关系等。进而是将中国民间艺术的一些元素融汇进去，色彩比较强烈，用纯的颜色对画面进行平涂，使画面富有装饰性，当时我的想法是能够做出中国式样的现代油画并坚持和发展下去。我认为这

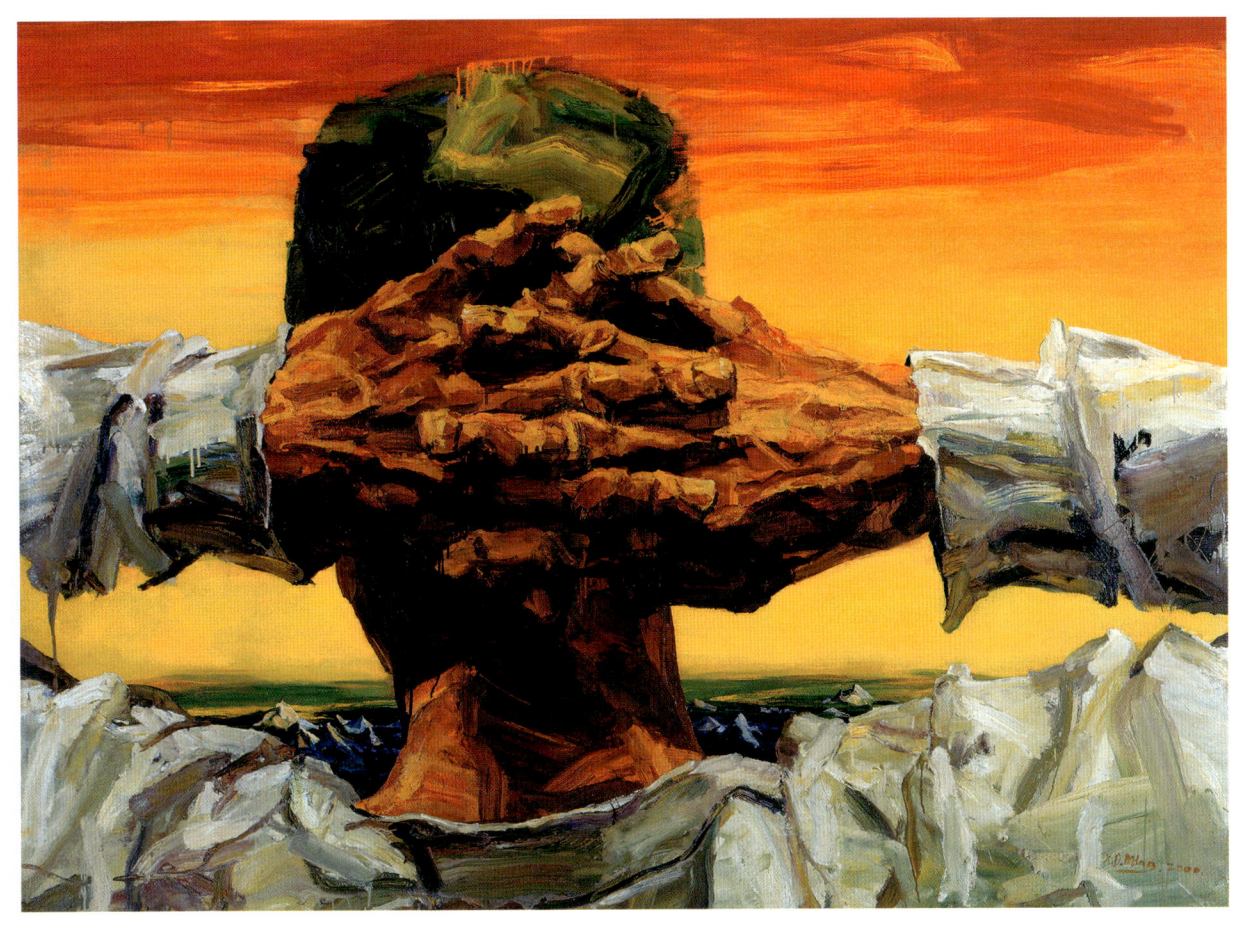

苍山如海
180cm×250cm 布面油画 2000年

是我个人创作的第一阶段,以"藏女"系列为代表,这批作品在1986年左右参加了在北京举办的"国际艺苑第一届油画展"和"走向未来"画展,在当时得到了广大观众和评论家们的认可。

我的艺术所关注的是人类世界最本质的部分,诸如人与人、人与自然的关系,人的情感和精神等。无论未来世界发生什么变化,人类只要存在始终有着其不变的东西,我的绘画所做的就是去探索、阐释和挖掘表现这些存在,这也是我所尊敬的前辈艺术家所做的。随着时代演变,今天的人要区别于前人艺术表现的方式,用今天的语言去述说人类的故事。从内心来说,我非常崇尚唯美、宁静和理想化的艺术形态,关注和感兴趣的都是些离现实和时代风云较远的问题。但20世纪80年代的中国正处在探索、变化和发展的大潮中,人们更关注的是现实生活,思考的也是现实发生的问题。面对这样的社会现状,我感到自己的绘画离现实太远,如何用自己的艺术语言以更贴切的方式去阐释我对现实生活真情实感,是我20世纪90年代遇到的新问题。同时不希望重复已有的过去,找到新的表达方式去实现自我突破。

在之后的几年里，我不断地思考如何能在题材与形式上有所改变，我开始试着让自己的作品慢慢拉近和现实的距离，力求做到一种既和现实有关，表现从生活中生出的情感，同时又和现实社会保持距离的状态。我不要作品在形式、语言、题材、内容等方面直白地去呼应现实，任何时代主流中不缺乏各式反映现实的艺术，尤其是自"八五美术新潮"开始的中国当代艺术潮流，看起来像是一场革命，但种种原因，这场"革命"始终无法完全吸引我的注意力。直到今天我都在努力和大多数所谓主流的东西保持距离，不管这些"主流"来自何方，这里没有刻意"叫板"的含义，而是在艺术上我想始终持守着自己的想法。

不可否认，艺术存在有着时代的观念和时尚，各种各样新的艺术确实已经成为今

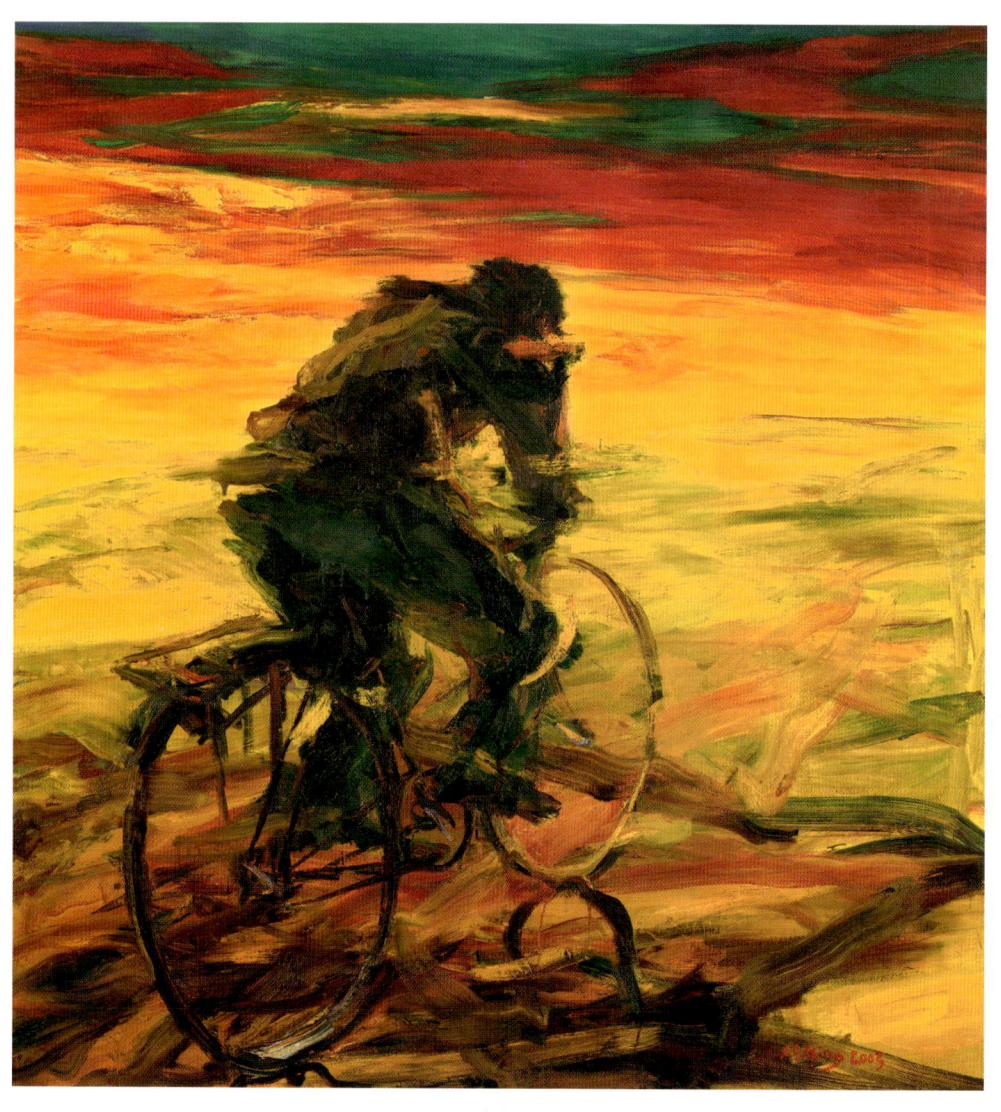

疾归

200cm×190cm　布面油画　2003年

散人
80cm×100cm 布面油画 2004年

往事
112cm×146cm 布面油画 2004年

天社会文化生活中的客观存在。但我习惯了用绘画的艺术语言表达情感，由此出发，我对艺术创作的理解、从事艺术创作的方式都还在自我划定的范围内展开。我要踏踏实实竭智尽力地从事绘画的创作，而不会毫无边界地使用新媒介和技法去展开观念的表达，此类的艺术表达已经超出了我对艺术的理解范围。艺术家的思想、观念和情感会自然而然地被投放到艺术作品中去，经过摸索和尝试，我找到一些折中的题材来实现创作的拓展，自20世纪90年代中期起，我开始画出一系列的以"稻草人""铁皮桶"为题材的作品。它们可以说是静物画，但这些静物给我的触动却绝非"静物"而已，那是我绘画创作一个新的阶段开始。以画桶来说，选择这个静物说来也是必然中的偶然，一天黄昏，我在学校院里的一个角落发现了一只在夕阳下显得无比辉煌的破桶，它立即狠狠地触动了我的视觉神经，情感迸发之余没有太多的其他想法，我马上把它捡回工作室画了起来，后来陆陆续续画出了一系列的桶。而画稻草人这个主题则是我旅行途中的收获，在云南和藏区看到那种田间哄麻雀的稻草人，观察之余我开始了思索，心中隐隐觉得稻草人呈现给我的某

种状态似乎触动到了我的创作欲望，于是就对这一题材展开探索。在画这几个系列的静物时，我刻意突出了物体的造型意味，强调了色彩和笔触，力求把历史感和情绪感赋予其中，将对"人"的思考置换成对静物的表现，借用艺术评论家苏旅先生的话说，富含了很多寓言性的东西。"寓言性"系列，就算是我创作的第二个阶段吧。

随着时间的推移，在绘画创作中我又感到新的困惑，描绘生活中遇到活生生人的相貌，渐渐地比继续画稻草人之类的静物吸引我，题材的选择极为重要。我将视点投向了乡间生活。从主观上讲，我向往乡间生活，虽然生活在城市、享受着城市的物质文明，但我始终适应不了城市社会里的种种角逐和竞争，城市生活是物质的、趋利的、消费主义的喧闹，而乡间生活于我而言是精神的、理想的、诗意的，这是不是很矛盾？精神上向往乡村安静的诗意，现实中却无法摆脱城市生活带来的物质享受，这令我非常困惑，内心充满了想逃离现实的焦虑与挣扎。绘画成为我逃离与解脱的最佳方式，艺术平息了现实生活带给内心世界的矛盾与不安。

乡间生活我不陌生，还在读小学时遇到了"文

化大革命",复课后的学校里开设大量学工学农课程。初中毕业后作为知识青年,我在农村插队两年多,和农民生活在一起。干农活之余,我常常会坐在田间地头,边看风景边想象自己未来的生活,这成为我难以忘怀的青春记忆。后来进入美院学习,每年都会出去两三次到乡村进行写生或考察,慢慢便养成了喜欢旅行的习惯。我最喜欢去那些交通不便、极为偏远的村镇,高原荒野和大山峡谷,那里的自然景色与生活在那里的人对我有着巨大的吸引力。城市文明还未能完全波及那些遥远的地方,自然环境与人们的生存方式还保留着往昔的面貌,物质的缺乏和生存方式的简单,造就了他们精神上的淳朴和生活态度上的乐观。我向往那样的生活,更认同在那里生活的人,他们自然成了我的绘画题材。随着公路建设的联通,现代文明渐渐地侵入这些偏远地区,我也越走越远,去寻找理想中的净土。直到今天我创作中几乎所有的绘画主题仍然是围绕乡间生活展开的。我画那里的人们,画那种让我感动的平静生活,其实就是在画我自己。我的绘画可以说是自画像。

2023 年 6 月

看山
112cm×146cm 布面油画 2006 年

红霞满天

180cm×250cm 布面油画 2005 年

笔墨之间的豪情万丈

采访地点：谢东明先生追光动画工作室

采访沟通：谢东明，郑满林

师生情

我出生在一个革命家庭。大概 1938 年的时候，我父亲还很年轻，他就毅然选择去延安参加了革命，后来在那里做新闻工作。直到 1949 年新中国成立，父亲带着我们一家来到北京。我家里兄弟三人，加上父母，一家五口人，虽然不是什么富裕家庭，但在父母的关心下，我的精神生活很富足，可以说，我是在快乐中成长起来的。我父亲主要从事国际新闻工作，他先后在人民日报社的国际部负责评论和中国国际广播电台专门对外广播，父亲的工作对我影响很大。我小时候还没有手机，通讯不像现在这么发达，但由于父亲工作的原因，能从当时有限的资源中开拓眼界，再加上父亲出国时偶尔带回来的画册，都让我受益良多。

我上小学二年级时，正赶上"文化大革命"，后来就没有上课了，一直到大学都没有，现在可能无法想象，但那时就是这样。如果家长有文化，就会自己找老师来教孩子，就像请私人教师一样。所以，那个时候，如果孩子喜欢画画就会学画画，喜欢音乐就学音乐，喜欢文学的就写东西。我们这一代人，大概20世纪50年代出生的这一代人，有很多从事文艺工作的就是这么学出来的。

在我的印象中，詹先生就住在那种民国时期留下来的土坯房子里，在我十多岁的时候，就在那样的房子中，他把我领入了真正的艺术之门。我初中毕业后就下乡去了农村，因为会画画，农活就干得少，就用特长帮忙画画黑板报什么的，还画绿树、拖拉机等身边的事物。那时，美术展览也有了，我就画农民画表现丰收，替公社搞宣传，能画画的日子还是很好的。1978年恢复高考后，中央美术学院于1980年恢复工作室教学，而詹

看海

130cm×190cm　布面油画　2007年

先生是第三工作室主任，当时工作室里头还有罗尔纯、朱乃正等大概五位老先生。工作室恢复教学后就开始招生，于是，我就考入了第三工作室。

小时候我跟着詹先生在他家里学画画，走进他家，虽然是土坯房，但我感觉像走进一个美术馆，就像进了大都会或者卢浮宫似的，他家里头摆了很多画，还有一些以前的画册。后来，我考入中央美术学院，继续跟着詹先生学习画画。那时候工作室招生，都得是老师自己去招，所以，感觉詹先生就像家里人一样，这种情感一直维持到现在。现在在工作室，无论在职还是已经退休的老师，每年至少都跟詹先生吃一顿饭，这是我们的传统。所以也不必是詹先生生日那一天，但我们就是借着"过生日"的名义，跟他聚一下，这就是家的感觉，就连刘晓东、喻红都是这样的感觉。

20世纪80年代后期，正值改革开放初期，外来的一些资讯越来越多，那时也开始有了外派留学生。在这样的社会背景之下，"八五美术新潮"应运而生，从这以后，就出现了各种流派风格，甚至抽象绘画等，中国画坛开始"百花齐放"。

我早期的创作以西藏为主，偏平面装饰性风格。例如，画手就用一块颜色，只分一下手指头。也不能说就是"写实"，但是以"具象"为主。为什么是这种风格？当时，外来的信息大量涌入学校图书馆，我有机会接触到毕加索、培根、马蒂斯这些画家的画册，看了以后就想改变，想画出一个自己的风格。更主要的是詹先生所在的第三工作室教学很开放，不仅是工作室的几位老师教学，还邀请其他工作室的老师来任教，像袁运生、姚钟华（云南的一个画家）等先生。这些老师为我们带来不一样的知识，袁运生先生对我影响最大的是民间美术，如农民画、木版画、年画、雕刻、壁画等我都有幸涉猎。

初学时要画石膏，但我们没有，怎么办？我们就自己做。谁有石膏，就借来做模子、翻石膏。画石膏的同时，我还就生活中的某个场景练习速写。

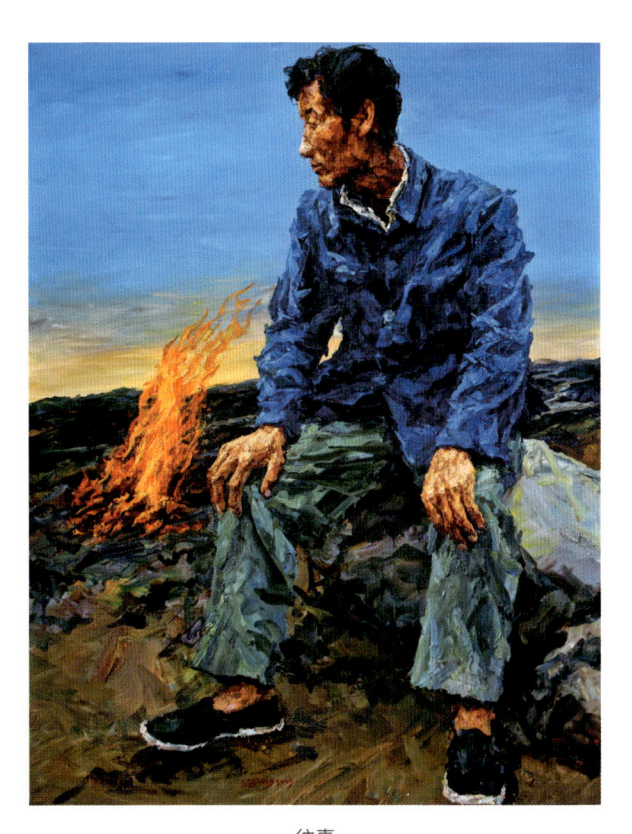

往事
180cm×140cm　布面油画　2009年

比如，在农村插队，就画点农民生活之类的速写，等詹先生有时间时，就带给他看。那时，就是这样开始学习画画的。现在学校有教学大纲，课堂上的教学都是按照大纲来的，一年级教什么、二年级教什么、三年级教什么，教学要求和作业都很明确。教学大纲从董希文先生那时候就有，到詹先生又定过他自己的教学大纲。后来，我接手第三工作室主任职务以后，也修订过一个，但变化不大，基本是一年级的时候画石膏，之后画人像、半身像、人体，再创作。我画了很多农村题材的作品，为什么画这个题材？我又不为农民代言。实际上，我画的是我对农民的认识，我在表达感受到的内容。下乡或者出去写生，我感受到的是，人远离现代文明的淳朴，这在城里很少见到。

现在物质生活发达，但人和人之间有了隔膜，人们充满了陌生和戒备。家里都安个猫眼，有人敲

哥斯达黎加舞蹈姑娘
91cm×114cm
丙烯色
2016 年

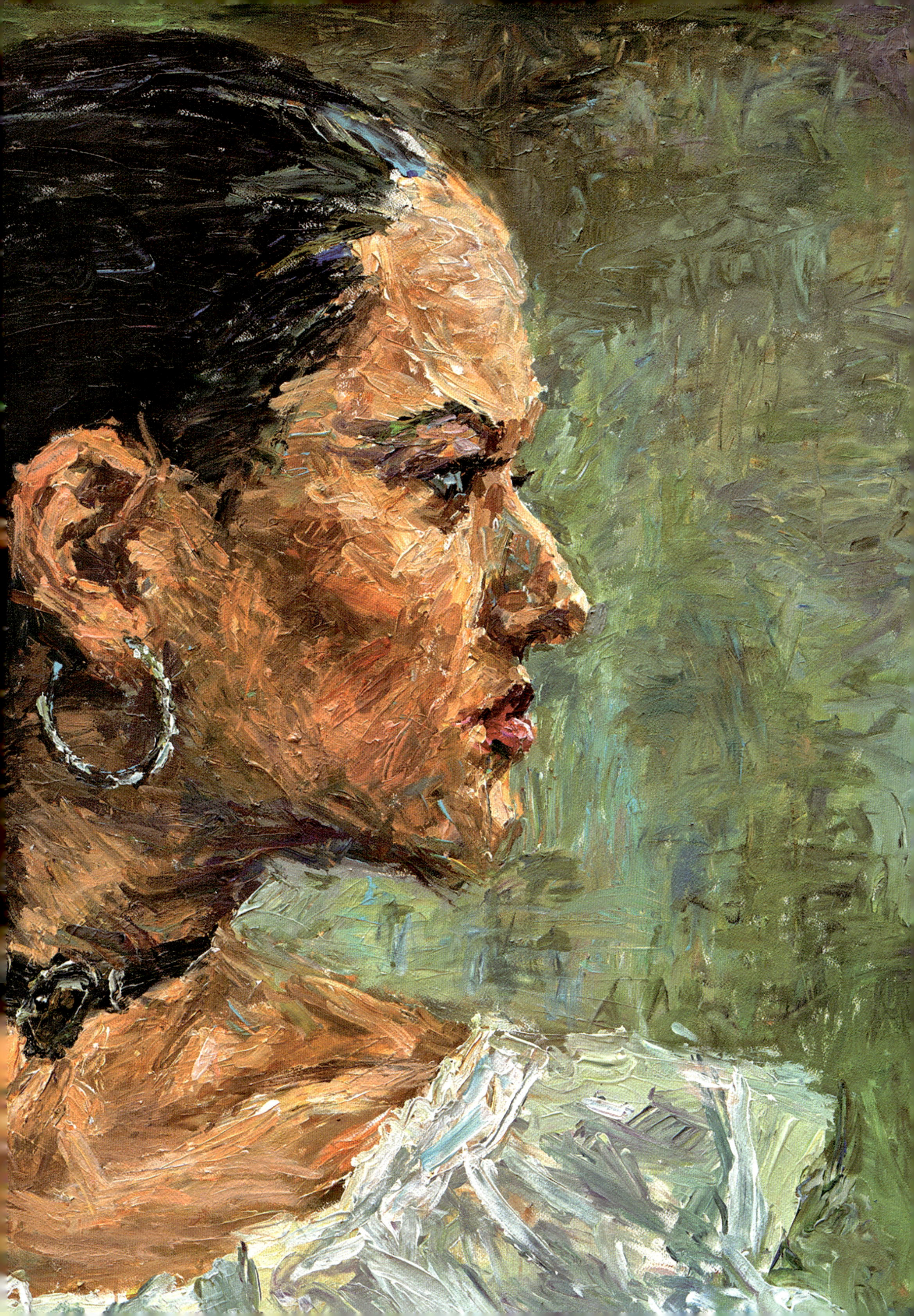

门，得先问是谁，陌生人的话，只有快递小哥才敢给开门。然后，小区门口有门卫、街上有安保，人与人之间充满了戒备感。但是在乡下，我就感受不到这种距离，人与人之间就像家里人一样。印象最深的是我在新疆塔什库尔干塔吉克自治县画画，当时天很热，街上有一个小孩问我："叔叔要不要喝水？"我很开心，说："好。"他就带着我去他家里喝。这个小孩，把我领到他家，指着水缸说："水在缸里头，你自己舀。"说完他自己就跑出去玩了，家里就剩下我一个人。水还没喝到一半，小孩的父母回来了，这种事情如果发生在城市里会是一个什么样的情况？可是没有如果，在那里，小孩父母看到一个陌生人在他们家，不但没生气，反而高兴地留我吃饭。

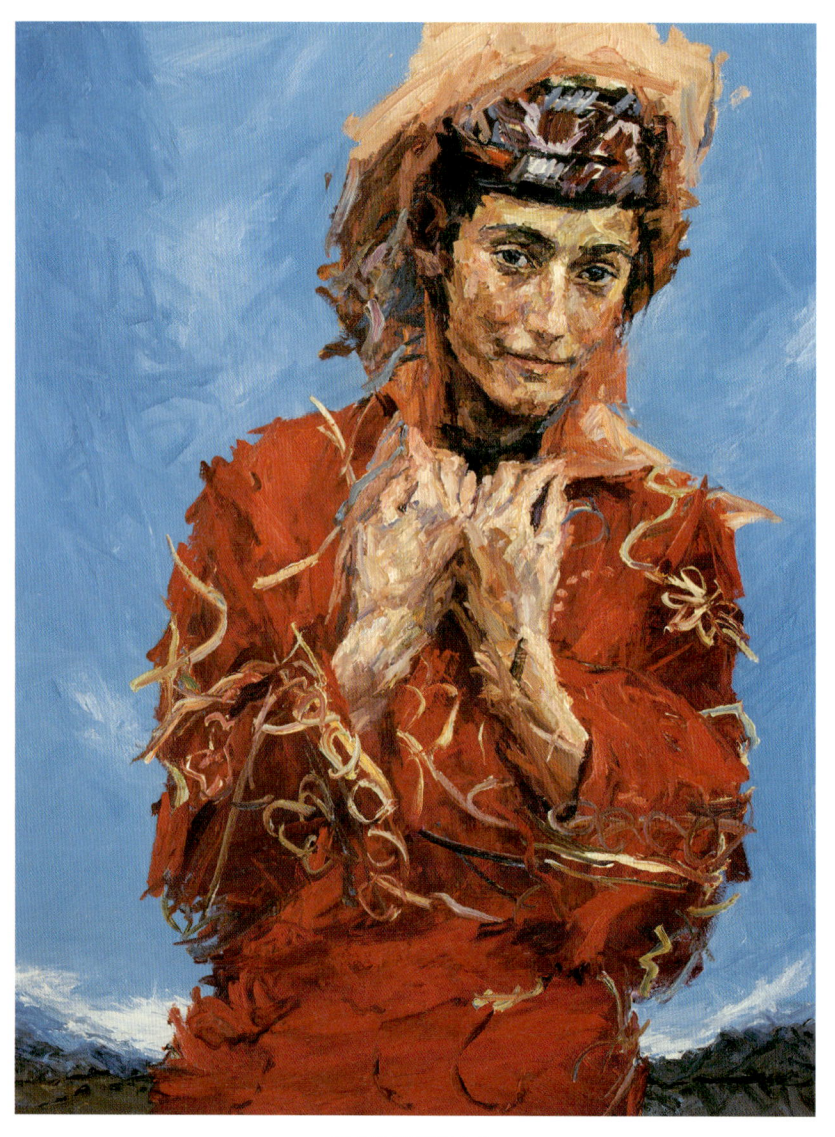

风中的塔克吉少女
146cm×112cm　布面油画　2011年

火山
200cm×190cm 油画 2015 年

碧水
100cm×100cm　布面油画　2016 年

这件事情给了我很深的触动，他们不认为这个陌生人是坏人，他们没有这种概念，为什么？我想就是因为人与人之间有信任、没有戒备，还有当地人心淳朴，整个社会治安良好，人们才能这样想。我画画比较讲究笔触，观者所谓的"动感"，我想可能就是这些笔触的体现。这主要受中国书法的影响，书法中有楷书、草书，还有狂草。当然，楷书也有书写者的个性风格在里头，为什么还是发展出草书或狂草呢？它让个性更强、更突出。即便是狂草，也还是字、还是书法，不像抽象画，所以还是有规矩在里面。在这个规矩的拘束中，能充分体现个人的创造性，我想这就是艺术的魅力。

真实的表达

今天，我们在博物馆里可以看见敦煌，看见莫高窟的石像壁画，还能看见古希腊的东西，虽然那个时代已经过去了。就像油画，已经不会再去创作那个时代风格的作品了。我觉得讲得对，超前不是技法，而是意识，是作画的观念。这就导致不是所有人都能做到，就算天才也有偶然性，我看，"天选之人"才有可能。例如，后印象派那三位大画家：凡·高、塞尚、高更，他们活着的时候都没有太大的名气，即使那个时候最好的策展人、最好的评论家也没有注意到他们。他们一个疯疯癫癫，一个在老家画画，还有一个在太平洋的岛上，没有人注意到他们是超前的。活着的时候没有产生很大的影响，去世了以后，直到现在这么多年，他们的影响才慢慢变得很大。这种现象是怎么造成的？也没有一个科学依据，可能就连他们自己都没想到自己的影响力会变得那么大。

比如，李可染的山水画《万山红遍》，还有徐悲鸿的《奔马》，他们没有平白直叙，而是借物抒怀、充满寓意地来表达，这是经过高度提炼的艺术创作，这就是艺术的力量。所以艺术创作要跟生活现实保持一段距离，不是简单的写生记录，而是用艺术语言来反映表达。那个时候，我刚接触绘画，詹先生生活状态也不稳定，他每天有很多事，也没有条件系统地教些什么，都是我自己画。

在活着的时候，他们只是很真实地表达自己的感受，然后把这个东西转到绘画上。我想这应该是时代的选择，是这个时代选中了他们。所以，我跟学生说，创作需要跟生活保持关系，除此之外，你只画自己所想、所感受的就足够了，至于其他的是历史问题，都不是自己能左右的。年轻的时候，我对未来会产生

拉昂错
130cm×190cm　布面油画　2016年

远方
91.5cm×114cm　丙烯色　2015年

焦虑，我会想我能挣多少钱、工作能不能保住、以后我会怎样。当时，我碰到两位印度裔的美国教授，他们都七十多岁了，对我说，不用想那么多。他们说，将来是未知的。三十年前的人肯定不知道今天的人用手机，不知道有一天人们可以去月球旅行，未来如何发展是未知的。但是，作为一个人，在有生之年，要回顾过去，通过过去的时间，决定你今天做什么、明天做什么。只要做好今天和明天的事，就成就了自己的未来。

我觉得特别有道理，我经历过的事，有得有失，我总结经验以后，我就知道今天做什么，明天做什么，然后这样一步步走，就是未来。我们再回来看凡·高、塞尚，他们都经常会总结自己的创作风格。凡·梵高还用笔记下来，哪天画得不好，哪天什么状态，塞尚也经常自我检讨，苹果没画好，总结怎么画、怎么调整改动。当塞尚最后积累上千张作品经验的时候，就印证了他的将来。现今，时间、空间远隔的我们也在谈论他，这就是他的将来。他可能当时预测不到自己的画展来北京，会有那么多人排队去看，他想不到的。塞尚艺术的可贵之处在于他表现出的秩序。文艺复兴时期才出现了解剖，开始讲究透视关系，这是真实的场景、人物等。

到了塞尚的时代，在他创造属于自己的个人风格之前，绘画作品都是很古典派的、写实的。塞尚不满足于写实表达，他认为花是真实的，如果再现这个花，就是第二个尝试这样画的人，等于是复制。塞尚想自

小提琴手

100cm×80cm 布面油画 2022年

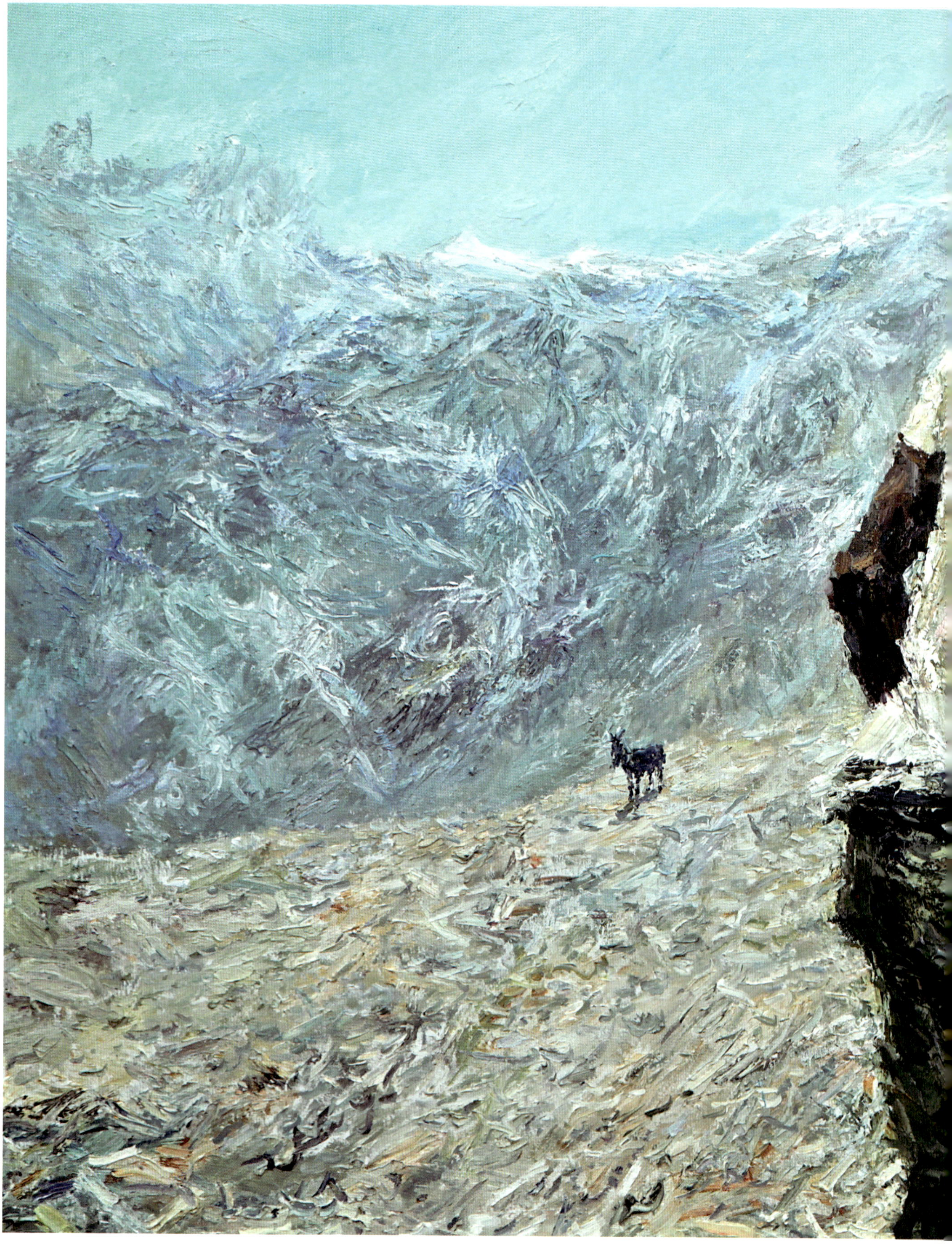

天路
130cm × 190cm
油画
2016 年

水中的男人

146cm×112cm　油画　2015 年

母子

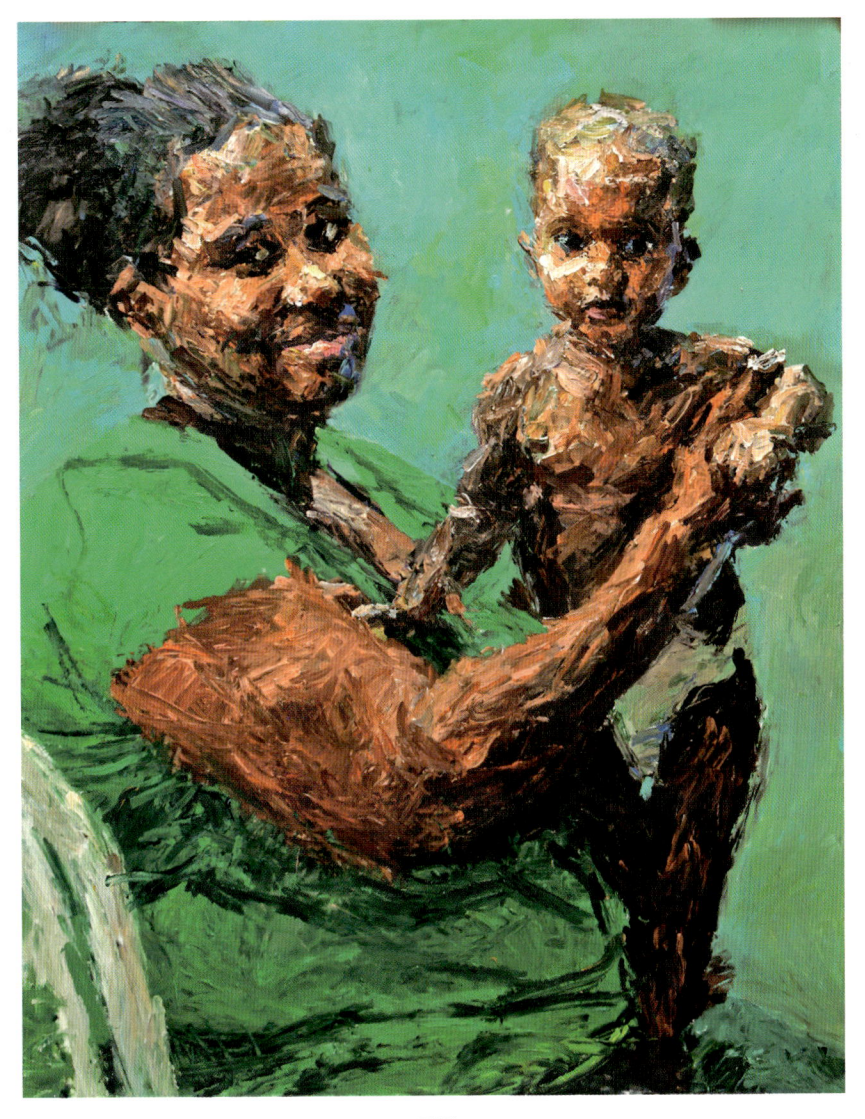

114cm×91cm　丙烯色　2016年

己做上帝，创造另外一个东西，塞尚画的苹果，不是真实的苹果，是塞尚的苹果。在画面中，他打破原有的透视关系平衡，把桌子抬起来，把上面的东西打乱，他是故意这么做的。创作之初，没有人理解他，说他不懂透视，画的都是错的。自他而始，出现了一系列创造性的艺术家，像立体派的毕加索。塞尚是这条路的开创者，他的价值在这里，这是不是另一种情感方式的传达？

艺术的多元化

比如像大卫·霍克尼，像去世的弗洛伊德，就是这样教学体系下的

类乌齐查杰玛的女孩
90cm×120cm 油画 2016年

艺术家。弗洛伊德年轻时不会画，画得像儿童画，不像咱们学生一开始就画得挺好。大卫·霍克尼虽是美院毕业的，但他画得也跟涂鸦似的。因为他们喜欢艺术，自己探索，去博物馆搞研究，他们是慢慢自学成这样的。所以，如果你想学画画，想以后成为一个油画家，不如在中国上一个美术院校，这里教技术性的东西。在国外，他们学的是一门艺术，是个观念，要想学有所成需要自己个人的兴趣支撑，发自内心地喜欢学画画。理论不同，但是创作观念大致是相同的。现在美院这套教学体系未来一定会有变化。但是，我想最近几年不会有太大变化。如今，有很多国家重大历史题材美术创作，需要有完成写实性创作的优秀人才，因此，目前教学模式不会有太大改变。

但是有的学校已经在改了，像四川美术学院，十年前就在改了。当时，我们开了一个主题为"守界与破界"的研讨会，全国十大美术学院油画系的系主任坐在一起讨论这个问题。我们提出"守住传统油画"还是"冲破传统油画"的问题。当时四川美术学院院长庞茂琨还是四川美院油画系系主任，他们回来就带头开始改革。当年他们油画系的毕业生搞毕业创作，可以拍照片，也可以做小视频，多种多样都可以尝试。我想鼓励学生的创造性思维，不仅是掌握一种方法。

现在看四川美术学院学生毕业展跟我们学校的毕业展就不一样，他们的学生设计各种形式都有，特别新颖，即使有很多写实，也是一个创新的风格，跟传统的不一样了。其实，中央美术学院现在的学生作品也慢慢不一样了，因为我再去教这些学生的时候，就发现原来想告诉他们的东西，已经有同学开始拒绝了。整个大环境都在变。现在画廊也开始做这类作品的展览。举个例子，王沂东最近在798

林中的女孩
114cm×91.5cm 丙烯色 2015年

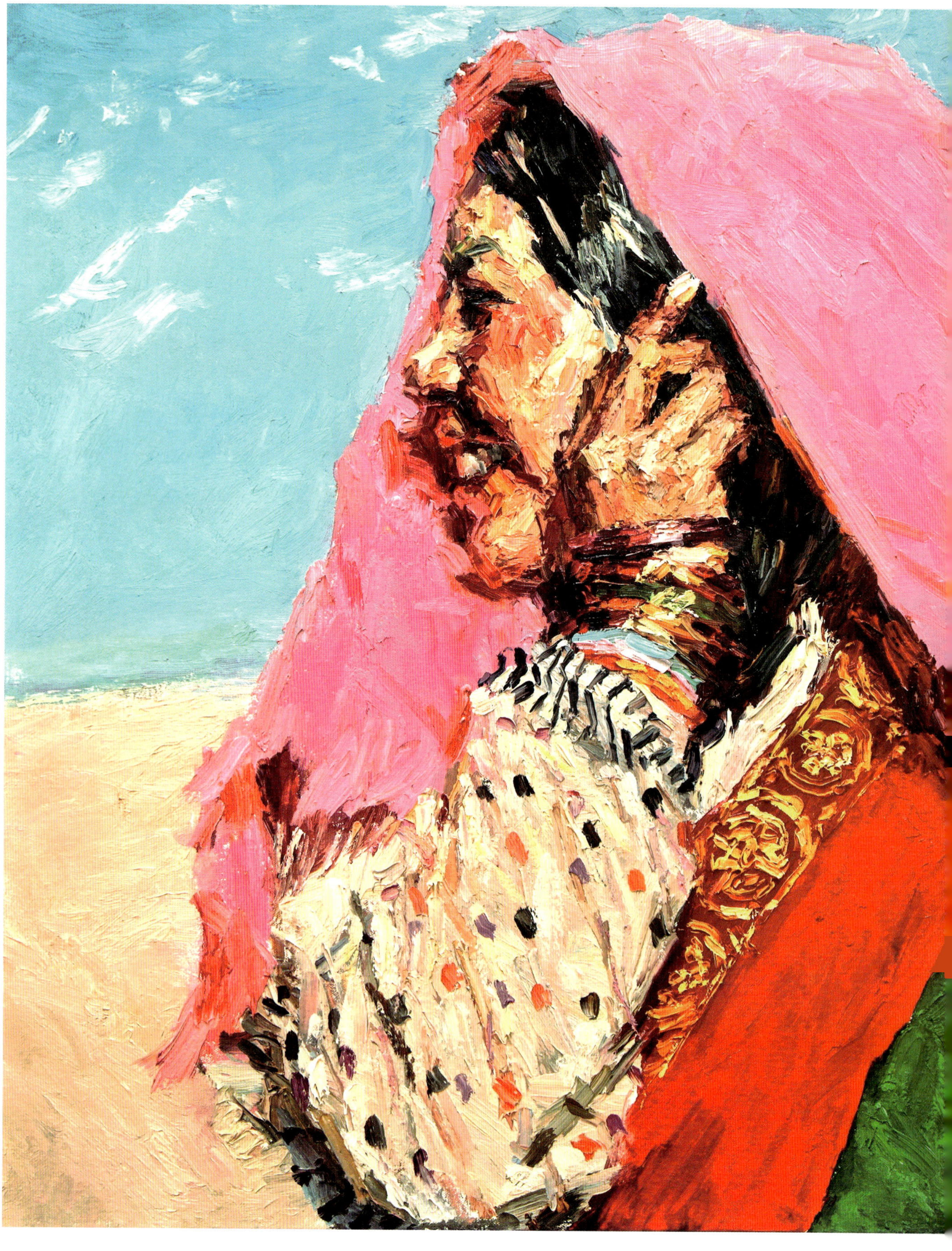

明媚阳光
80cm × 100cm
油画
2016 年

艺术区由方圆美术馆主办的个人作品展很典型。那个画廊以展出学院派作品为主，我们还都挺熟悉。但是，在中央美术学院、中国美术学院这样的院校周围的画廊就不同，前段时间，有一个搞音乐的人在画廊里头进行 24 小时直播演奏。大家都比较关注他怎么上厕所，因为要 24 小时不停直播，并且他一直在那个房间里住，住了一个月。这种形式并不是个例，不仅有搞摇滚的音乐人，还有很多 798 艺术区的画廊，他们都在做这种行为艺术形式的展览，这些已经不是传统意义上的作品了。学一学挺好的，开阔一下孩子的思路，可以先培养爱好。但是，如果以后想成为专业画家，就要看自己是不是真的喜欢，有坚持的热情，还要规划长期的目标。

当今是一个多元化的时代，艺术家对创作题材的选择有着很宽阔的范围，有的艺术家很重视题材本身的意义，有的艺术家擅长以现实题材来寻求现实的意义，这些方面都不乏人才。重大历史题材也好，社会阶层题材也好，题材的选择是建立在艺术家对自己艺术价值的理性判断上的，题材本身的确具有价值，普通观众也更容易被题材鲜明的作品吸引，但无论是什么题材的作品，真正打动观众的，同时更能体现艺术价值的，永远是艺术家高超的艺术语言和蕴藏其中的精神与情感，这种价值远远超越题材表层的价值。我很少画现实题材，不是不关注现实，而是刻意忽略掉现实题材本身的表层含义，更关注用充满个性的艺术语言来表现特定的人和事物，思考和挖掘生活中普通人的生存状态，并将个人情感通过画面形象投射在作品里，艺术感染力通过画面直接渗入观众的

科加寺里的男孩
油画　2016 年

科加寺的光
46cm×61cm　纸本丙烯　2016 年

那木错

190cm×130cm 油画 2016年

内心世界。出于对真正艺术价值的追求，注重作品的创作技巧，强调绘画性和表现性。其实各个阶层的人所共有的情感，即人性中最质朴、最本真的部分，个体形象只是这种情感的载体。无论属于哪个民族或哪个阶层的人，都会在我的作品里找到情感上的共鸣，"艺术反映生活"这句话是我的作品中更深层次的阐释。

根据2022年11月2日的采访整理

东嘎的央金
46cm×61cm 纸本丙烯 2015年

范 扬

1955年1月生于香港，祖籍江苏南通。1972年入南通市工艺美术研究所。1982年毕业于南京师范学院美术系。曾任南京师范大学美术学院院长、教授、博士生导师。现为中国国家画院国画院副院长，中国国家画院博士后导师。现为中国艺术研究院博士生导师，澳门科技大学人文艺术学院博士生导师，成都大学中国–东盟艺术学院美术与设计学院特聘院长。

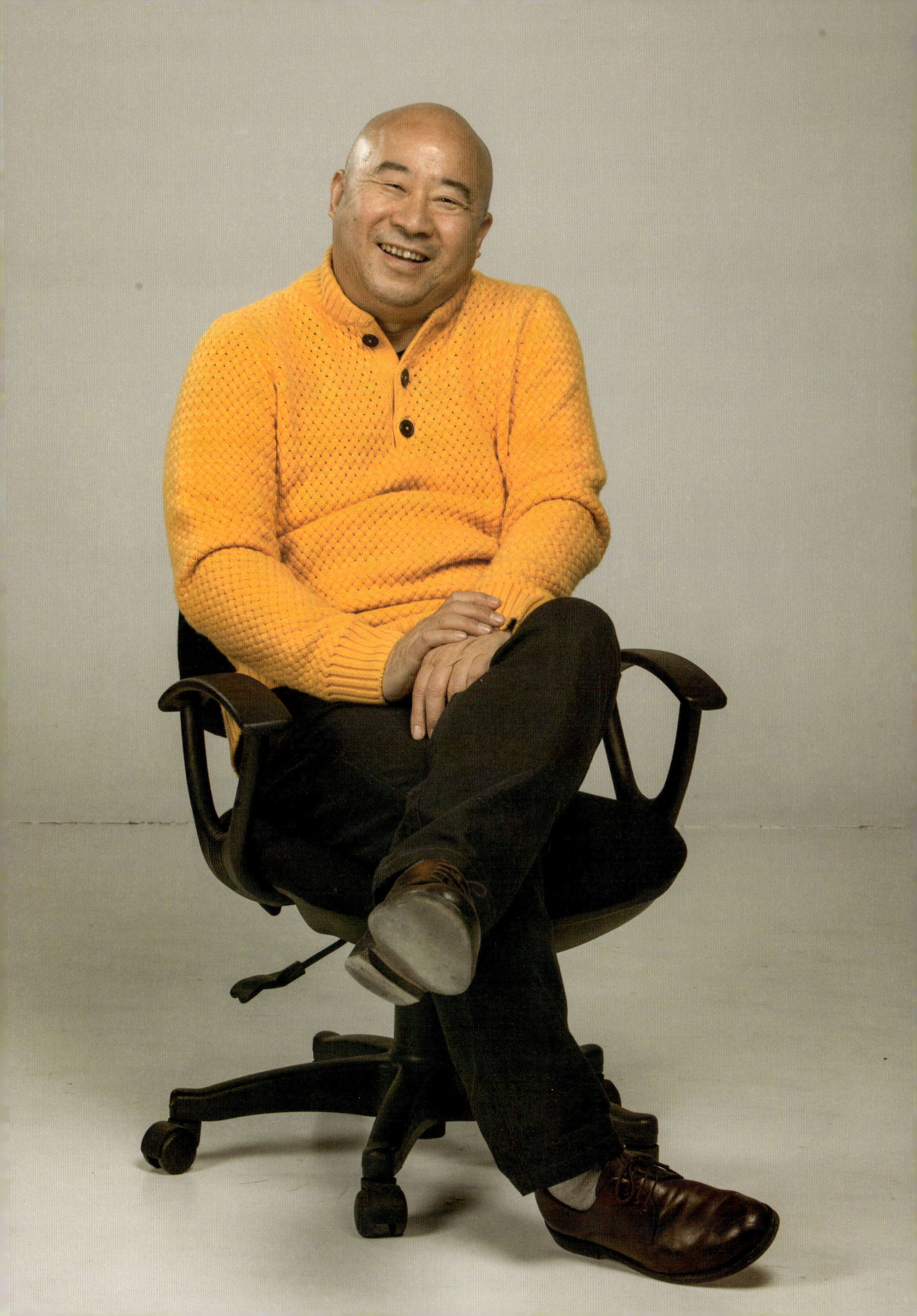

范扬自述

文 / 范扬

我的生日是 1955 年 1 月 27 日，我出生在香港铜锣湾圣保罗医院，这医院现在还在，我后来也去大门口照个相留念。我祖籍是江苏南通，自小我在南通老家外婆家，小学是南通师范学校第二附小，简称通师二附，是南通市小学第一块牌子，我祖母是校长。高中是通中，王牌学校。通中出两种人：一种是纯抽象思维的、科学研究基础理论类的院士，如数学家杨乐；另一种是最具象的画家，如国画家范曾。顺便说一句，范曾是我嫡亲的叔叔。

17 岁，我高中毕业 (1972 年)，进了南通市工艺美术研究所，学画、学民间工艺、学剪纸，画刺绣画稿，临八十七神仙卷，临宋画，练白描，严格训练，严格要求，有点童子功的意思。当时，有吴冠中、黄永玉、范曾、袁运甫、袁运生、高冠华、韩美林等大师到南通，到工艺美术研究所讲学、作画，教授生徒，令我获益匪浅。当时，我的学友有林晓、许平、徐艺乙、卜元、冷冰川等，我们一并长成。

1977 年恢复高考，我考上了南京师范学院（现为南京师范大学）美术系，1978 年 2 月入学。美术系是国立中央大学的底子，吕凤子、徐悲鸿、陈之佛、吕斯百、傅抱石等在此教学，育人无数，大师辈出，学风正派，学术严谨。我读四年本科，画素描、色彩，有徐明华先生教；学书法，有尉天池先生指导；国画讲座有杨建侯先生；西洋美术史是秦宣夫先生讲授。老师都是一流的，学生也肯努力。1982 年，我留校做了助教，后来成为讲师、副教授、教授，1998 年任美术系主任，1999 年美术系改美术学院，

范扬和父母亲、姐姐合影 　　范扬和父亲、姐姐、妹妹合影 　　范扬和叔叔范曾、姐姐范裹　　青年时期的范扬

我任院长。2005年被调到北京，任中国国家画院山水画研究室主任。我画中国画，山水、人物兼及花鸟。学师范，这都要会，也都要好。我曾画过一幅《支前》（1984年），大场面，画得不错，被中国美术馆收藏。现在许多年过去，画儿也还站得住，不是一风吹的作品。我的山水属于浑厚一路，用水也还滋润。传统上我下过功夫，自认是打进去了。走出来的尝试，是要"师造化"。前几年，我画了一组《皖南写生》，也能看。再往下走，我师我心，还有很长的路要走。我还会一点艺术设计，我设计了三套邮票，《太湖》5枚、小型张1枚（1995年）；《周恩来同志诞生一百周年》4枚（1998年，范扬、时卫平合作）；《普陀秀色》6枚（1999年）。这些邮票国家正式发行，说明我大学里艺术设计课程学有所用，素质还算全面。我出了本《范扬画集》，另也编了几本册子，参加过若干画展。我访问过埃及、法国、德国、意大利、西班牙、美国、俄罗斯、瑞士、韩国、日本，看了许许多多的巨匠名作，因此，知道了自己的渺小，有了许多的感慨。

范扬在创作中

但是，我仍然保留着那一份初始学画时的热情。我喜欢画画，画画对于我来说，不是事业，是生活。我看我这一辈子，别的也不会了，我只会画画。"丹青不知老将至，富贵于我如浮云。"古人说得真好，常读常新。

另外，范扬的"范"，是草头范，范扬的"扬"是提手扬，这也是我经常要告诉为我治印的朋友和为我发稿的编辑的注意事项。

青年时期的范扬

范扬、潘金玲和儿子范立在香港

范扬和潘金玲在埃及

含英咀华　厚积薄发

文 / 金玲

范扬属羊，性格和顺，心地实在，读书时是好学生，做事时也随遇随缘。广交游，多朋友，画友中口碑不错。

范扬出身诗文书画世家，不乏才情。一般说来，世家子弟往往聪明有余，沉稳不足，可以顿悟，不耐渐修。范扬却是能够立定精神，扎牢根基，含英咀花，厚积薄发。

考大学前，范扬在老家南通的工艺美术研究所工作，研究民间刺绣和剪纸。当时，海内外诸多名家如庞薰琹、吴冠中等到南通讲学，启发学术，提携后进，范扬获益良多。工艺美术研究所前身是沈寿女红传习所，其刺绣精品为当时一绝，研究所的剪纸、灯彩、风筝、扎染都很精彩。民间艺术朴素、自然、磊落、大方而又生机勃勃。范扬耳濡目染，好之学之，体会不少，确实直接影响到其后来的审美取向。

1977年恢复高考，范扬考入南京师范大学美术系。南师大四年，学素描、学油画、学中国画、学书法，后来专攻中国画。毕业后留校任教，自助教而讲师而后副教授、教授，逐一进步。

我和范扬是同学，彼此了解。

说实话，范扬是真正喜欢画画的，真正所谓美术爱好者。几天不画画，他会感到难受，必得要提起毛笔，画来画去，消闲半日才得放手。画画已不

山色空蒙雨亦奇
68cm×34.5cm　纸本设色　2022年

支前

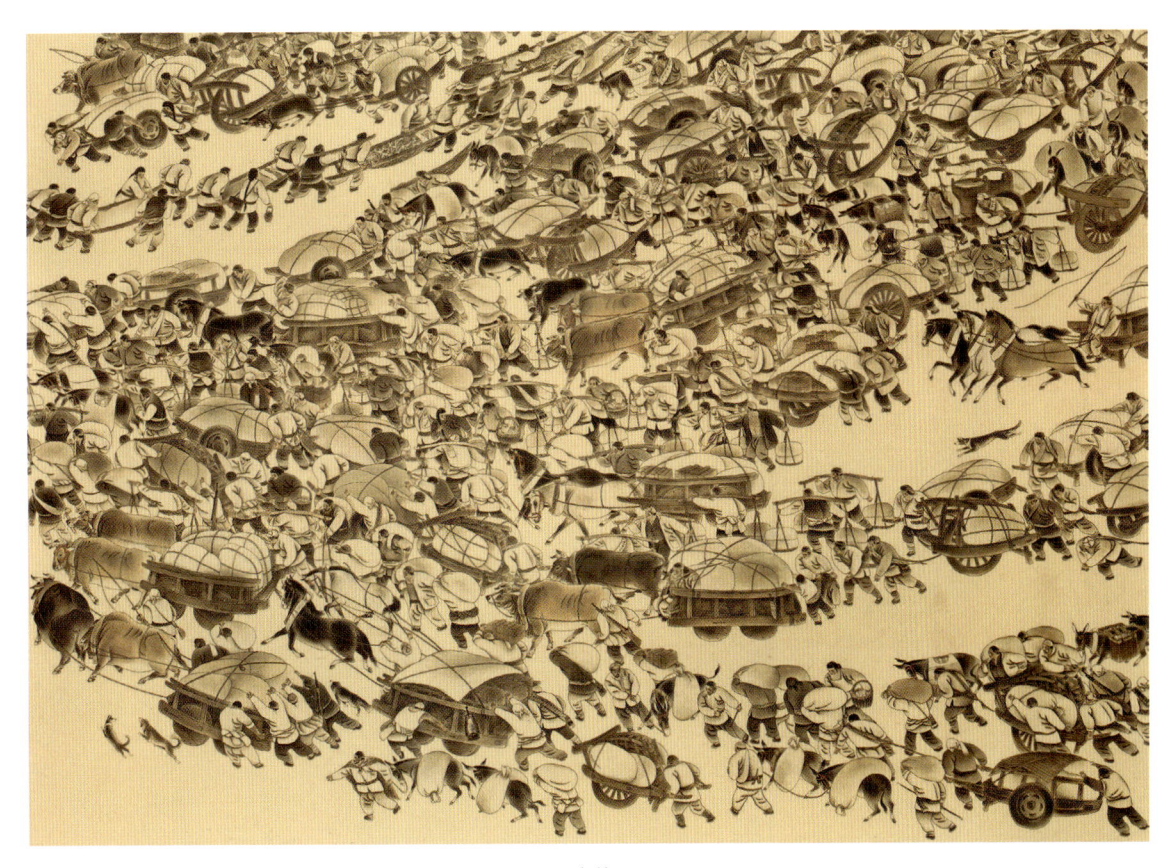

124cm×183cm　　纸本设色　　1985年

仅是事业，画画已经就是生活。范扬自己也说，我们也不会做别的什么，我们只会画画，我们只能画画，我们天天画画，我们当然该把活儿做得好一些。

范扬作画，是相当投入的。留校不久，当时大家都十分积极地参加全国美展创作。范扬画了一幅《支前》，车马人流，担夫争道，颇有点"人海战术"的意思。思路是从《清明上河图》中来的，构图又饶有新意，范扬又肯下功夫，画了好几稿。后来入展获奖，收藏在中国美术馆，今日看看，作品还是经得起推敲，耐得住时间考验的。

范扬到云南写生，到甘南采风，画了不少大写意的水墨人物，形象从生活中取材，笔法有梁楷、石涛的豪迈气质，效果不错。

范扬也坐得住，常作细笔头的工笔人物。前些年，他画了一组唐诗人物画，颇为用功。他画王昌龄诗意，作《平明送客》，画雨后清晨，山色如洗；作《孤舟微月》，画携琴访友，波光水影。纯用传统手法，单线平涂，勾勒渲染，人物景致，繁复精丽，气氛细节，处处落实。画面清新明丽，耐看得很，朋友们评价说：不玩花样，正门打入，以平和的手法，画出高明的趣旨，是内家高手。

范扬说，中国画也似围棋，棋子仅黑白，棋盘也就是方格，其落子也简略，其变化却无穷无尽，可以生发，可以手谈，能有风格，可以养性怡情。包容极大，也极自我，芥子须弥，纳于一物。

山水画，则更能体现画家的真性情，古来画家多作山水，不是没有道理的。或千岩万壑，或一角半壁，可以写实，可以写心，可以坐对，可以卧游。长卷写"潇湘"，册页作"东庄"，"此中有真意，欲辨已忘言"。

范扬画水墨山水，浑厚华滋。范扬在自述里写道：小时候学毛笔字，外婆说，用笔要厚，用墨宜浓，这关系到一个人日后的福泽。他后来画山水，取法宋人元人，却正好是雄浑沉稳一格，尽去刻削浮滑习气。范扬的水墨，笔法凝重，中锋起落，有来龙去脉，笔笔到位，落落大方，远看是山石林屋，近看是用笔用墨。其行笔自由而自然。笔路盘旋起伏，有着内在的律动节奏。范扬的青绿山水，又是一路。青绿山水颇难为之，容易流俗，难得高雅。范扬善用青绿石色，又以朱砂赭石间于淡墨笔之间，彩墨交融、浑然有致，行家评曰，画面很是平伏。"平伏"者，平和服帖是也，能做到平伏，也不容易。范扬用这青绿手法，平心静气地画了一套《太湖》邮票，邮电部已正式发行。

范扬的山水有吴镇、王蒙的茂密深邃，有赵孟頫的沉稳雍容，从传统中走来，却又有着自己的风骨。范扬学传统，融会贯通，时有心得，常发议论。范扬说：论画山水，元四家个个厉害，赵孟頫却更为大家天成。钱选不错，吃亏在离赵太近。范扬又说：董玄宰以佛家南北宗分析地域风气，品评画家

都江堰离堆

47.5cm×75cm　纸本设色　2020年

骨格，亦是借古开今，推介松江意趣。董是"拿来主义"的老手，其自作命题所谓"雨淋墙头皴"出自颜鲁公，屋漏痕之后，雨淋墙头是也。范扬又说：推古论今，北派因悲鸿院长执掌中央美院，提倡素描写生，可染先生身体力行，其作对景写生，层叠九染，所画光影岚雾，最为精彩；南方抱石先生崇尚传统，又得东洋巨匠狂傲气势，纵酒放笔，任气使才，其登山临水，速写勾勒归而成图，故得山川精神。自此而后，北方画家复笔积墨，安排构成，皴法列如算子，是一病也；江南诸家，才气不逮，笔底流于轻浅浮躁，难与前辈齐肩。所以，要真正做到作品动人，却是要"以最大的功力打进去，以最大的勇气打出来"。范扬认为，说说容易，做起来难。但是我们这一代也当努力奋斗，创作出无愧于前人的作品。画儿要真好，真有价值，让人们看了也服气。"后之视今，亦犹今之视昔"，才算有点历史意义。

范扬的花鸟，亦与世俗不同。写意花鸟，反映作家的性灵心声，所谓一枝一叶总关情，用来比喻花鸟最恰当不过了。作写意花鸟，心态最当放松，写意花鸟，重在"写"字，涂涂抹抹，枝叶相生，须臾片刻，信手拈来。所以，范扬有时半开玩笑地说，画花鸟不吃力，等于休息，等于练气功。窗明几净，熏香沐手，铺纸拈毫，优哉游哉，浓浓淡淡地画出，事情就是这么简单。他画得自由自在，你看画也轻松畅快。范扬的花鸟，笔头生拙老辣，意态清新俊逸，有北派朴茂，有南派清雅，兼容并蓄，品格是高雅一格，笔调也充满生机。画为心声，

扫象图
49.5cm×49.5cm　纸本设色　2013年

作品中来不得半点的虚伪和骄傲。你真正豪迈，画儿自然洋洋洒洒；你若胆怯，笔下就会抖抖索索。宣纸是那么的敏锐，它细微地记录着你的一举一动、你的情绪、你的决断和犹豫、你的起落和顿挫。画家笔底的行动，反映着画家的素养和习性。画如其人，范扬厚道实在，淡泊宁静，不故作姿态，不张狂颠倒。看范扬的画作，如品新茗，展卷抚册，清香四溢，不霸气，却浑厚，不事张扬，也具神采。

范扬好古，浸润其间，每读青藤八大，常谓己不如人，仰之弥高。范扬不泥古，也读现代绘画，每遇知己，总要辩说一番徐渭与凡·高、麓台与塞尚之高下通同。

范扬的路道是不错的，勤学精思，取法上乘；范扬的路道是宽阔的，实力雄厚，能有发展，假以时日，可期大成。

范扬：我不是纯粹躲进书斋的画家

文 /《中国新闻周刊》记者 吴子茹

范扬在对景写生

　　画家范扬跟身边的人闲聊，一边缓缓展开面前整齐叠放的宣纸。他凝神、运笔，白纸上很快就落下四个大字：禅茶一味。整个过程一气呵成，笔墨沉厚，苍劲雄浑，正是标志性的范扬风格。

　　范扬提起这幅字，仔细端详一会儿，脸上露出满意的神情。他收拾笔墨，随口向围在身边的人们解释："从某种程度上说，写字也是一种练气的过程，你往这儿一站，步子一扎，气势就上来了。"

　　他话锋一转，"呵呵"笑着对前来求这幅字的人说："你看啊，你执意要我写这个，其实正说明你还没有参透它。"

　　作为中国国家画院国画院副院长、当代中国画家，范扬被认为师承极为广泛，从宋元绘画到近代的黄宾虹，都是他吸取养分的对象。范扬的书画风格浑厚沉雄，同时又非常难得地拥有轻松睿智的特点，即使是最平凡的景致和画面，在范扬的画笔下，也是充满了生机，而这，正与范扬对佛教"顿悟"的参透有关。

新闻"世事绘"

范扬大半生时间纵情山水，访遍名山大川，创作范围极其广泛，包括传统国画中的山水、花鸟、人物等题材，这在当下中国画界并不常见。

从前些年开始，范扬突然对一种新颖有趣的题材产生了浓厚兴趣，"新闻画"。范扬每天早晚看新闻，偶有心得时，就顺手描摹下来。这种选用新闻图片，再以中国画的手法和范式创作的作品，范扬戏称为"笔记体"绘画，类似于我们每天写日记。

在位于北京的工作室里，范扬每天清早起来，先泡上一杯清茶，开始翻看当天的报纸，首先从头到尾浏览一遍，然后选择感兴趣的新闻仔细阅读。遇到报纸上有意思的消息，所配新闻图片又适合画下来的，范扬就会"随手蘸了玄宗墨汁，就着面前一方红丝砚台，拿来随手裁就、大小不等的宣纸，信手勾勒下新闻图片中的内容"。

范扬向《中国新闻周刊》展示了他的"世事绘"画集。这是一份绘画版本的"2015年度新闻事件记录"。这一年发生了很多新闻事件，包括丁书苗获刑、上海跨年夜踩踏事件、报纸上刊登的雷锋和生前女友易秀珍的照片、天津滨海新区爆炸事故现场新闻

惠州红树林有千百只白鹭
40cm×40cm　纸本设色　2018年

照、英国查尔斯王子春节期间走访唐人街、拳手邹市明澳门迎战泰国名将阿泰·伦龙的照片……都被画家画了下来,收集在这本集子里。

"世事绘",按照字面意思,意为对当下世事的描绘。画作此类绘画的时间长了,随手画下来的作品积累了大小上百幅,范扬对它们爱不释手,于是结集成册出版。他为画册起了个禅意十足的名字:《如是我闻》。

"笔墨当随时代"

很长一段时间以来,中国画一直囿于自身漫长发展历程,缺乏表现当下新闻事件和风俗世情的能力。传统笔墨如何表达当下社会现实和精神这一问题,在1949年新中国成立后变得尤为突出。以表达个人情趣见长的传统中国画,如何用来表达工人和农民阶级的情感?仅以国画中的人物画题材为例,传统国画大多用来表达身着长袍的士大夫形象,用笔线条潇洒飘逸,但这如何借以用来表达一身短打的农民和工人阶层,这一直是困扰画家们的问题。画家们随时就事,作出了一些创新,但这一问题从未得到根本的解决。

仅从技法上来说,传统国画千百年来多有创新,发展出诸多画法门类,但单就题材来说,中国画不外乎山水、花鸟、人物等。国画家们师承传统,要刻画一山一石、一亭一台,并不算难,中国画原本就擅长表达文人审美情致。但因其独有的线条、色彩等,在描绘现当代题材方面,中国画却素来就有诸多局限。

但在范扬看来,仔细探究中国画历史发展脉络,"用笔墨表达时事,其实一直是有迹可循的"。

用中国画表达当下事物,追寻起来可以溯及清

独山村黄牛

46cm × 73.5cm 纸本设色 2022 年

末民初沪上一份名为《点石斋画报》的新闻画报。这份画报刊登的正是新闻类画作，由当时画家以漫画和小品的形式，画出当时的世俗人情。这份广受关注的《点石斋画报》刊登的画作，描绘了当时新兴的洋务买办、士农工商等各行各业人物，直至火车轮船等万般新奇事物，可以说是"无一不入画"。

"就如同巴尔扎克的小说一样，它真实生动地表现了时代印迹。"范扬这样告诉《中国新闻周刊》。这也正是他选择创作"世事绘"系列作品的目的之一。范扬说，他希望多年后，人们再回头看他这组以新闻图片为创作对象的中国画作品，"不仅能看到中国画的创新探索，还能从中看到一个时代、一个画家眼里的世情风物"。

"笔墨当随时代"，从清朝初期力主创新的著名画家石涛为中国画提出这个"千古命题"以来，一代又一代中国画家为此竭尽思虑，画家陈衡恪、丰子恺是沿着中国画反映风俗人情这条创新路进行实践的代表人物，也是范扬这组"笔记体"绘画学习的对象。

范扬认为，事实上，中国画历来就有记录现实的功能。尽管在庞杂的传统绘画领域里不属于重要的门类，远一些的，例如表现唐太宗接见吐蕃使者的《步辇图》，反映权贵寻欢作乐的千古名画《韩熙载夜宴图》，直至宋朝时描绘市井生活的《清明上河图》，它们都不属于传统的山水花鸟画范畴，却是传统中国画对现实生活的直接表达，除了在绘画历史上占有十分重要的地位，也具有历史和社会学意义。

在中央美术学院院长范迪安看来，范扬的画难得地打通中国画山水、人物、花鸟原有的门类界限，早在世纪之交的中年时代，范扬就已经在中国画坛上"占据了一席风流"。他引用唐代张怀瓘《书议》中点评王献之书法的话："子敬之法，非草非行，

渔民出海
42.2cm×37.3cm 纸本设色 2019年

流便于草，开张于行，草又处其中间。无籍因循，宁拘制则，挺然秀出，务于简易。情驰神纵，超逸优游，临事制宜，从意适便。有若风行雨散，润色开花，笔法体势之中，最为风流者也。"

范迪安认为，"隔山有知音"，这段评论书法的话，用来评论范扬的画作，也"颇有几分恰当"。换句话说，范扬有"临事制宜，从意适便，信手拈来皆得理法"的本事。

以世情人物为题材进行即兴式创作，虽类似于漫笔的形式，轻松随意是这类创作的主要特征，但对画家来说，要达到信手拈来的境界却是非常不容易的。对范扬来说，创作这类作品，有些类似于长篇小说家闲暇之余写些短篇或散文，虽然看似不像创作长篇巨制费时费力，但却最是讲究功力，没有上乘的绘画技法和思想，难以达到行云流水的出色境地。

第20金 卢云秀女子帆板夺冠
49cm×30cm

"拈花为剑"

尽管号称自己"十八般武艺样样皆通",但具体到创作对象的选择,范扬当然也有自己的标准。

范扬创作"世事绘"的题材,要么新闻事件本身十分重大、图片极具震撼力,要么诙谐有趣,"别有一番意趣在里面"。当然,最重要的前提,还是要"适合入画",这大概是画家不能言传、只能凭借直觉判断的标准。比如图片中重要事物的颜色、人和物的造型等,都是需要思考的内容。

2015年震惊全国的天津滨海新区爆炸事故,范扬连续几天跟进新闻,连着创作了好几幅作品。他印象最深刻的是其中一张表现成千上万辆被损毁汽车的照片,"非常震撼,那种感觉到现在也忘不了"。他当即就找来笔墨,快速画了下来。"我敢说,很少有国画家能画这个场景,黑压压一大片汽车,这是中国画很难表达的内容,没有人训练过这种技巧。"范扬如是说。

"总结起来说,就是特别的事件,特别的场景,一直到特别的色彩,用特别的手法来表现。"范扬这样对《中国新闻周刊》总结他这批"世事绘"作品的特点。色彩是画家尤为敏感的元素,他仍然拿天津滨海新区爆炸事故中一幅描绘身穿防毒服工作人员的作品来打比方:"比如这个,工作人员身上鲜艳的柠檬色服装,这个颜色本身就很容易入画。我一看到这张照片就画了下来。"

前些年,范扬的助手发过来一张照片,拍的是一名农民工骑着摩托车满载着一家老小的照片。范扬看后大吃一惊,当天晚上他就画了这幅画,并在旁边题上一句话:"摩托车是中国农民的主要交通工具。"范扬说,画面和文字都无意褒贬,画家自有其看待事物的不同角度,至于其背后的深意,"那就要留待看画的人自己慢慢体会了"。

很多时候,是否有趣或有深意,这是范扬选择一张图片是否值得费心思画下来的重要标准。而这张农民工骑摩托车的图片,则难得地兼有了这两个特点。

在画上题字,这也是中国画的传统范式之一。画面完成之时,偶尔兴之所致,提笔在空白处写下一两行字,或表达新闻出处,或简单描述事件,或不温不火地表达一些观点,寥寥数语,不乏意趣。

范扬认为,自己虽然长年身在画室,却从来不是传统意义上将大量精力放在磨炼技法上,因而"两耳不闻窗外事"的画家。相反,他认为自己身上"天生就有传统儒家的烙印"。范扬笑言,家事国事天下事，他事无巨细都关心。

他将这一部分原因归为自己的出身："可能是家学渊源所致。"范扬出身江苏书香世家，"祖上一大家子都是中国传统的读书人，家里有关心时事的传统"。

范扬1955年生于香港，祖籍江苏南通，著名国画家范曾即范扬的叔父。考上大学之前，范扬曾在南通工艺美术研究所工作近六年时间，南通工艺美术研究所的前身是著名的沈寿女红传习所，这里的民间艺术种类繁多，朴素自然而又生气勃勃。范扬在工艺美术研究所工作的这段时间，潜心研究民间刺绣、剪纸等传统艺术。这段时间里，庞薰琹、吴冠中等名家曾先后来这里讲学，这都是极为难得的学习机会，范扬从中受益良多。

1977年恢复高考后，范扬考上南京师范大学美术系，在南师大美术系向秦宣夫、徐明华、尉天池等大家学习。

1982年，范扬从南京师范大学美术系毕业后留校任教，此后一生与美术教育结下不解之缘。直到后来，范扬身为中国国家画院国画院副院长并兼任南京书画院院长，但并无太多行政事务，除画画外，主业仍在带硕士研究生和博士研究生。

"当代名士"

画家圈里众所周知，范扬除了画画和带学生之外，最大的乐趣之一就是广交朋友，朋友评论他"性情温顺，交游广泛"。因为主人身上这些气质，他的画室每天来客络绎不绝。来人中有志趣相投的画家朋友，有遍天下的桃李们，还有辗转认识的朋友，以及慕名前来求得一字半画的人们。

在范扬的同事、中国国家画院副院长张晓凌看来，范扬称得上"狂傲之士，就人格行为论，颇有太白遗风，扣床而歌，仗剑而行，一副当代名士的模样"。

1999年，南京师范大学美术系改建美术学院，一直兢兢业业的范扬，当时被任命为美术学院院长。但就是在接下来的几年时间里，向来喜欢自由自在的范扬，逐渐厌倦了行政事务性工作，他辞去了学院的行政职务，干脆连老师也不当了，来到北京，进入中国国家画院国画院，"决定专心当一名画家"。中国国家画院前身是中国画研究院，正式成立于1981年，是致力于学术研究和美术实践创作的文化部直属公益型事业单位，它的成立被认为是改革开放后"新时期中国美术全面复兴的重要标志"。

第33金　中国小将全红婵夺冠
49cm×30cm

范扬决定"一心一意搞创作",但阴差阳错,他来到中国国家画院这一年,画院正好开始招收学生,范扬又被要求带起了高研班。

范扬坦承,自己长期在美术教育领域耕耘,也获益很多,所谓"教学相长"。但范扬认为自己并不擅长事务性工作,"性格太过直率,就像现在这样一开口说话就停不下来"。他哈哈大笑着告诉《中国新闻周刊》,像他这样散漫洒脱的性格,其实"最适合做一名无拘无束的画家"。

"像我这种性格是很容易得罪人的。说话没把门的。"范扬说,"还是最适合好好当我的画家。"

关于范扬,张晓凌还另有一句话:"范扬者,维新之人也,率真之人也。"当下中国画界,对艺术家范扬其画其人,这句话被认为是最为精辟的点评。

范扬的"世事绘"系列,现在已经出到了第三册。他告诉《中国新闻周刊》,这个题材他还会继续画下去,他要像丰子恺一样,"至少连续出够六册八册"。

范扬对自己做的事情一如既往充满信心。他相信这方面的实践将来会在中国画史上留下浓墨重彩的一笔,"这的确是件很有意思的事情"。

第36金 刘诗颖奋力一投(背影)
35cm×65cm

书法与国画创作的审美意蕴
——记中国国家画院画家、博士后导师范扬

文 / 宇华

健笔纵横凌宣楮，浓淡勾濡焦墨补。
范家山水蛮且倔，劲弩穿林中石虎。

从 1984 年创作的大幅主题性作品《支前》获第六届全国美展铜奖开始，多年来，范扬在艺术上激情涌发，以开阔的思想观念不断探索，日积月累，以高产的作品和鲜明的个性成为当代中国画艺术开拓创新的代表人物之一，在当代中国画坛享有盛名。作为中国国家画院画家、博士后导师的他勤奋且忙碌。自 2017 年他应国际奥委会主席托马斯·巴赫的邀请在瑞士洛桑举办体育美术作品展以来，范扬在体育题材上不断精进，画了许多精品，参加了多次关于 2022 年冬奥会的展览活动。我们对他的访谈由此切入。

"我第一，我赢了"徐梦桃夺金
39.5cm×35cm　纸本

扬世界体育精神　展中华艺术魅力

"您优雅精美的艺术作品抓住了奥林匹克之精神，将会为奥林匹克博物馆的游客们带来启发与灵感，也使得全世界的观众们能进一步欣赏到中国传统艺术。您艺术作品卓绝的表现形式也独一无二地融合了体育运动与文化，这也是奥林匹克委员会所积极倡导的。我代表国际奥委会感谢您通过这些令人激动的艺术为推广体育运动理念和奥林匹克价值所作出的重要贡献。"

这是国际奥委会主席托马斯·巴赫在致范扬的信件中所说的。

2017 年 5 月 15 日晚，"力与美·范扬体育美术作品展览"在瑞士洛桑奥林匹克博物馆亮相，这是奥林匹克博物馆自 1993 年投入运营以来，首次为华人艺术家举办个人画展。此次展出的体育美术作品是范扬近几年创作的二十二幅体育题材作品，

包括《2014年索契冬奥会李坚柔获中国队首金》《博尔特——地球上跑的最快的人》《小威澳网战胜莎娃夺冠》等体现中国与冬奥会因缘、展现国际体坛人士风采的作品。

在这些画作中，范扬使用传统中国水墨画的技法，将奥林匹克的体育精神和各国运动员的矫健身姿融汇于中国画的笔墨中，以水墨酣畅的笔法诠释了国画心手相印、身心合一的创作状态和艺术境界，充分体现了"更高、更快、更强"的奥林匹克体育精神。

体育与艺术同样能够带给人们力与美的高峰体验和无上荣耀。范扬表示，体育带给人们的是力量之美，而艺术则贡献出美之力量。体育运动和绘画雕刻同样追求的是心手相印、身心合一、突破自我、创造卓越。奥林匹克运动会的口号是"更高、更快、更强"，这是人们对自身潜能极致发挥的鼓励和诉求，而艺术同样要求艺术家超越自我、尽情表现。

"中国成功举办2008年北京奥运会，并正积极筹办2022年冬奥会和冬残奥会。中国人民对于2008年的北京奥运会记忆犹新，对于2022年的冬奥会充满期待。中国的艺术家也正在全力以赴，为全面体现中国人民对奥运精神的理解和对冬奥会的希望而积极投入体育美术作品的创作。"

有专家认为，范扬的人物刻画准确生动，笔墨功力深厚，体育题材作品结合了现代造型的时代元素、艺术符号融合了奥林匹克精髓。范扬的体育绘画作品以中国艺术的形态向世界传播了体育文明的价值，弘扬了中国文化魅力，塑造了中国艺术的世界认知观念。作为时代环境下奥林匹克精神的践行者与弘扬者，范扬为促进国际间的文化交流和融合，彰显中国艺术在世界上的价值地位，付出了一己之力。

范扬表示，自己的体育题材作品不是形式上的应景之作，而是与自己从小对体育的热爱有密切关系。"我生性好动，虽然个子小，但爆发力好，动作灵活，每次体校到小学里来招人都是最先看上我。"他回忆说，自己曾差点走上体育道路。上中学时曾夺得南通市中学生男子200米跑第六名，以校足球队主力后卫的身份参加了3届江苏省足球高校联赛，校内举办的羽毛球、游泳、排球比赛，他也经常参加。

现在，范扬还常年坚持运动，这不仅让范扬保持了旺盛的创作精力，也激发了他进行体育题材创作的灵感，他的创作中也经常表现出浓浓的"体育情结"。在南京青奥会、索契冬奥等大型国际赛

凌空一跃，谷爱凌夺金
69.5cm × 42cm　　纸本

永不放弃·男子 5000 米接力半决赛扣人心弦

35cm × 70.8cm　　纸本

事期间，他就展出过自己的相关作品，其代表性画册《如是我闻》也涵盖了他的大量体育题材类画作，冬奥会冠军张虹、周洋、李坚柔等人均出现在他的作品中。

在范扬看来，运动员全力拼搏的瞬间无疑是最美的，"他们会尽其所能，动作也最合理舒展，画面自然最漂亮"。古希腊的艺术精品《掷铁饼者》就是把瞬间即发的运动之美留存下来，雕刻在大理石上，使之成为永恒的美感存在。这就是历史上经典的"力与美"的最佳融合。体育和艺术相互融合，内在精神取向亦相通。"更高、更快、更强"是奥林匹克的精神，这一宗旨也符合人类积极向上、尽其所能的精神内涵。

当然，范扬并没有满足于常规化、生活化体育题材作品的创作。2015 年 7 月 31 日，北京联合张家口申办 2022 年冬奥会成功，他看到消息后下定决心要通过绘画的形式，展现出北京冬奥会的与众不同之处，"用画笔描绘冬奥会的风采，用艺术的形式推广冬奥会，扩大中国体育的影响"。在他看来，这也是艺术家的责任。他将用画笔记录与 2022 年冬奥会相关的美好画面，从艺术绘画方面来深入推广和宣传冬奥会。

这不仅体现了他对艺术深切的热爱，更展现了他对弘扬中国文化的责任心。

平日的创作成为他此次出国举办画展的良好契机。2016 年 6 月 12 日，巴赫在北京访问期间参观了范扬作品展，并对其通过创作体育题材作品传播体育精神给予高度评价，邀请他到瑞士洛桑做展览并全力促成。

范扬坦言，艺术与体育内在的精神取向是相通的，用画笔描绘冬奥会的风采，继而通过绘画的形式，可展现出北京冬奥会的与众不同之处。用中国的艺术表现形式，传达世界体育精神的魅力，不仅是艺术与体育之间的交融，更是中国文化与世界的

一支红焰在冰心
49.5cm×65cm　纸本

对话，以艺术的形态传播弘扬世界体育精神，传播中国文化。

许多人认为，"体育题材更适合西洋画创作"，以传统中国水墨画为体育美术作品创作方法的范扬的观点截然不同。他提出，中国古代就已经有很多关于体育题材的绘画作品，如《冰嬉图》《宋太祖蹴鞠图》等便是佐证，当代中国艺术家应当用现代艺术手法描绘出今天的精彩。此次展览成功举办，得到中外观众的认可与赞赏，不仅是对他个人绘画技艺以及国画艺术的肯定，也是中华优秀传统文化走向世界的一种象征。

生活艺术化　艺术生活化

认识范扬的人都知道，他面部表情和肢体语言丰富，风趣而幽默，充满了对艺术和生活的热情，这可能与他从体育精神中不断获取乐观向上的能量密切相关，在绘画生涯中始终保持着对于创作和创新的激情，"从传统中走来，却又有着自己的风骨"。从中国艺术传统中汲取营养，将东方神韵融汇和消化西方的形与色，画路宽广，山水、花鸟、人物皆长，写意、工笔、书法跨界贯通，在表现题材和形式语言上多做尝试。

北京冬奥会中国代表团入场（竖式）
62.5cm×35cm 纸本

美国选手陈巍获花滑男单冠军
66cm×52cm　纸本

表现人间烟火的人物画、浑厚华滋的山水画、朝花夕拾的花鸟画、慧镜无尘的罗汉画……范扬开玩笑说，自己是书画界的"十项全能选手"。

有评论者说，范扬数十年来激情驰骋中国画坛，以开阔超逸的思想理念探索不止，在笔情墨韵中酣畅淋漓地绘就千姿百态的大千世界。作品尝试浑然贯注中国文化精神，在超凡脱俗中达至得心应手之境界，从而以其鲜明独特的艺术个性在当代中国画坛别开生面。

"这是一些赞誉之词。不过，我的确是以引领中国画的当代发展为理想。"范扬表示，他近年来坚持深研传统、广收博取，深入生活、神游自然，将用笔、用墨、用彩、用意融为一体，在笔墨语言上形成了较为鲜明的特征。

在山水画上，他继承宋元以降大山大水的传统，试图开拓"笔厚墨沉"的美学境界，以具有当代视野的"大山水观"从太行到巴蜀、从皖南到云贵、从国内到海外，画出了大量可观、可居、可游的山水情境，开拓新途，在"写生"与"创作"同一性上做出努力。在花鸟画上，他章法别致、意态不凡，笔线、墨色、色彩收放自如，散发出活泼生机。在人物画上，他或浓墨大笔，或墨彩并茂，既继承了传统文人画的大写意风神，也在文人画系统外取用传统壁画、木版年画等民间美术资源。

近几年，范扬花费较多精力创造的作品，当数"世事绘"系列。

正月社戏、越野、卖鱼干、海昏侯之朱雀纹饰、中国维和步兵营抵达南苏丹……在"世事绘"中，范扬将游历观感与时事新闻结合，以事实为依据、以图像述事实，画出了当代世界和生活现实中的事件和人物，画出了饱满的情绪和情感，更重要的是探索性地拓展了中国画的表现题材。用画笔记录了体育竞技项目精彩瞬间的体育美术作品，也是其"世事绘"系列的重要内容。

"世事绘"，可以说是范扬绘画作品又一重要的审美品格，"用一种新的眼光，用一种活生生的形式媒介来看待现实"，在写意传神中达至世事与心灵通感的相互观照。"世事绘"系列将"存在"和"生成"统一起来，是对宋元以来风俗画的开创式继承，将"事件·行为·环境·场所"灌注于世间百事万象的图像制作之中，图解性地梳理了当代人文精神系统。以现时、现刻、现当代为主题的世事绘，将日常生活艺术化与艺术的日常生活化完美地融合，在生活中实现了艺术创新。

"中国画历来就有记录现实的功能，在庞杂的传统绘画领域里有其地位。我也不是纯粹躲进书斋的画家。"范扬谈道，他每天都看央视的新闻联播和一些报纸的新闻报道，在看书读报之余会拣取感兴趣的以图像形式勾画出来，以图画记录心得，"国际国内，能知天气；家长里短，能接地气；而三才之中，自有我在焉"。他给这些画起了个名目，叫作范扬的"世事绘"：说的是画了世间的人和事，而"世事绘"既是实指，也算是大而化之的虚指。

实际上，在中国书画史上，多有以自身周围发生的大小事件为内容的作品，如唐太宗李世民接见吐蕃使者的《步辇图》、权贵大臣宴乐的录像式长卷《韩熙载夜宴图》、画体育运动的《马球图》、画熙熙攘攘百姓街市的《清明上河图》，近现代亦有陈衡恪画京城人物风俗、丰子恺画身边的事件、人物、情境，趣味盎然。

"喜欢在表现题材和形式语言上多做尝试，从挑战自我出发，达到得心应手的境界，大幅创作与精致小品均追求意境之美和笔墨品质，以高产的积累和鲜明的个性成为当代中国画艺术开拓创新的一位重要代表。"对于范扬的"世事绘"等书画艺术作品，中央美术学院院长范迪安这样评价。

**把握时代脉搏　勇担社会责任
致力文化传承**

文艺代表时代风貌，引领时代风气。文艺和文艺工作者要有所担当，以强烈的责任心和使命感积

跃动的橙色·加拿大冰舞
35cm×48cm　纸本

极创作、生产出更多无愧于历史、无愧于时代、无愧于人民的优秀作品。作为一个艺术家,不仅需要扎实的功底、良好的素质和高超的技艺,更需要有对民族文化、对人民的强烈的社会责任感和历史使命感。

可以说,范扬是文艺工作者勇担责任、践行时代艺术精神的典型代表。

2012年6月8日,由"美术报·名家工作室"牵头主办的范扬师生书画展暨"美术报·范扬希望小学"捐赠仪式在兰州举行。范扬作品《坐看云起》根据其意愿进行义卖,所得资金全部捐助给贫困地区修建希望小学和帮助贫困地区广大美术教师。随后,这幅作品以150万元的价格成交。范扬和画作购买者共同议定,将第一笔50万元款项捐赠给革命老区甘肃省正宁县永正乡南住小学,建为"美术报·范扬希望小学";第二笔50万元款项用于向全国广大书画爱好者,尤其是贫困地区的美术教师赠阅《美术报》;第三笔50万元赞助了家乡南通如皋的南凌小学校园建设。

实际上,范扬近年来在践行责任、弘扬文化、培育新人等诸多方面都做出了巨大努力。从黄河泰山、江海平原到海南,他用书法作品讴歌时代,书写了许许多多的校训、厂训,助力学校文化和企业文化塑造与弘扬,为众多美术老师、美术爱好者出版的著作、画册悉心题签,鼓励喜爱书法、绘画、篆刻的年轻朋友举办画展并题写画展主题,为许多

北京冬奥会中国体育代表团首金

45.5cm×68.5cm 纸本

重大纪念活动豪情创作……

在纪念辛亥革命 100 周年的书法作品展中，范扬书写了中国南通女子师范学校校训——"服习家政　勤俭温和"。该校是范扬的高祖、清末诗坛巨擘范伯子参与筹建，他的高祖母、清末诗人、教育家范姚蕴素为首任校长。在纪念毛泽东同志诞辰 120 周年的书法作品展上为作品《心之力》书写跋言："待到山花浪漫时，他在丛中笑。"在纪念长征胜利 80 周年之际，在刘瑞龙诗词书法作品展上，范扬书写主题词："他从长征路上走来。"

工画者多善书。范扬平时不多展示自己的书法，他宁肯炫耀自己的绘画。实际上，他的画之所以能"笔沉墨厚"，根底也在于对书法的深入把握。

作为对中国文化对外传播、中国文化与西方文化融合、中国传统文化精神与现代艺术语言追怀与求新的探索者，范扬书画已自成一体，并致力于更宏观层面的文化传承与社会责任践行工作，这与范扬的"初心"密切相关。

范扬的初心和自信，来自家族精神传承，也来自科班美术学习。

南通范家是诗书世家，是范仲淹的后裔。张謇曾在范扬先祖的墓志铭中写道："南通范氏，有宋文正公之后也。"在中学阶段范扬开始接触绘画，后来在南通工艺美术研究所工作，得到过吴冠中、黄永玉、袁运生、袁运甫、韩美林、高冠华等名家指点，学习剪纸、画刺绣稿等民间艺术，临宋画，白描，临摹《八十七神仙卷》。严格的基础训练使得他的画作意味正宗、气韵生动。1977 年，范扬考上大学，在南京师范学院（现南京师范大学）美术系，他与徐明华学画素描、色彩，与尉天池学书法，与杨建侯学国画，与秦宣夫学西洋美术史……从此，范扬走上了艺术创作这条道路。

在许多领域，继承传统与创新开拓都是一个永

齐广璞男子空中决赛夺冠
69.3cm×43cm　纸本

恒的话题，在书画领域同样如此。谈及继承传统和创新的关系，范扬认为，对于中国书画家来说，没有继承就难以称"中国"，而没有创新则没有存在的价值。从发展历程上，绘画一般可分为三个阶段：师古人、师造化、师我心。在范扬看来，他现在走到了师造化的阶段。五十岁前主要是东西融汇，从根本上领略绘画艺术的精华，五十岁以后范扬从南京到了北京，开始做贯通南北画风的工作。融汇东西、贯通南北并不是容易的事情，但唯有如此，作为一个艺术家才能呈现大气象。为此，范扬专门启用了一枚图章，曰"南北相通，两京行走"。

当前，中国画的发展呈现了多元的状态，无论

高亭宇夺冠·34秒32刷新奥运会纪录速滑男子500米

45.5cm×47cm

艺术风格、思潮，都呈现出多元的趋向，并受到外来文化的影响。范扬认为，变是正常形态，但所谓"万变不离其宗"，中国画必须把握中国美学正大浑厚的理想，在吸收和融合中随机生发，以多变的面貌追寻自己的审美主体取向，在创作中表现自我的同时，反映时代、反映社会，把握整个时代的精神脉络。

"我画中国画，山水、人物兼及花鸟……我的山水属于浑厚一路，用水也还滋润。传统上我下过功夫，自认是打进去了。走出来的尝试，是要'师造化'……我还会一点艺术设计，我设计了三套邮票，《太湖》5枚、小型张1枚；《周恩来同志诞生一百周年》4枚；《普陀秀色》6枚……我出了本《范扬画集》，另也编了几本册子，参加过若干画展。我访问过埃及、法国、德国、意大利、西班牙、美国、俄罗斯、瑞士、韩国、日本，看了许许多多的巨匠名作，因此，知道了自己的渺小，有了许多的感慨。"

"但是，我仍然保留着那一份初始学画时的热情。我喜欢画画，画画对于我来说，不是事业，是生活。我看我这一辈子，别的也不会了，我只会画画。"范扬总结说。

虎跃龙腾演冰场　北京东奥会女子冰球小组赛
35cm×68.5cm　纸本

专访范扬：有着体育精神的国画大师

文/中新社记者 李纯

铁血男儿斗冰场
25cm×49cm 纸本

初见范扬，他正坐在北京紫竹院旁幽静的工作室中，与三五好友品茶聊天。此时此刻，这位中国画大师的个人体育画展正在瑞士洛桑的奥林匹克博物馆展出。

这是奥林匹克博物馆自1993年运营以来首次为华人画家举办个人画展，展出的22幅体育画作内容既包含"北京市向国际奥委会递交《申办报告》"等中国奥运历史上的重要时刻，也体现刘翔、菲尔普斯、博尔特等中外体坛名宿的赛场英姿。

"让外国人了解中国文化，知道中国画不是保守的，也能表现现代运动、人物和风景。"范扬认为，同音乐、美术一样，体育作为国际化元素更容易为世界所接受，是传播中国文化非常好的"切入点"。

画家范扬祖籍江苏南通，曾任南京师范大学美术学院院长、教授、博士生导师，中国国家画院国画院副院长，中国国家画院博士后导师。现为中国艺术研究院博士研究生导师。

对运动题材的创作源于他对体育的热爱。范扬告诉中新社记者，年少时，自己身体灵活、协调性好、爆发力强，擅长翻跟头等体操动作，"三角倒立、前手翻我都会"。若非有身为小学校长的祖母反对，自己或许早已成为一名体操运动员。

年轻时的范扬是位人物画家，而后转攻山水画，他所创作的《支前》《唐诗组画》曾为美术界所瞩目。如今，这位国画大师将自己对体育的热爱付诸笔端，近年来创作了大量体育题材画作，张虹、李坚柔、邹市明等奥运冠军都曾出现在他的作品中。

有观点认为，传统中国画手法并不适合创作体育，尤其是竞技体育题材的内容。范扬却说，自己的个性比较张扬，用笔快而有力，用写意手法"画体育正好"。

范扬说，作为一种艺术语言，中国画的笔墨要有时代性，打破传统桎梏，跟上新的时代。用新时代的笔墨可以表现任何当代的事物，"包括表现现代奥林匹克、现代运动"。

5月中旬，当范扬的画作正式亮相奥林匹克博物馆时，国际奥委会主席巴赫评价其为"传统的中国艺术形式和现代体育运动相结合的艺术作品"。评论界也曾将这位"笔墨当随时代"的画家的作品誉为："从传统中走来，却又有着自己的风骨。"

"风趣幽默、平易近人"是身边好友、学生对范扬的评价，其直率的性格或遗传自母亲蒙古族血统中的豪迈。范扬说，除了个性与风格，他还在作品中追求着自己的心性，为人处世的"浑厚"如同绘画时的笔法，有着"体育精神"。

"身心合一、心手相应""高峰体验""身心得到最充分、最自由的发挥"，范扬认为，这些都

隋文静、韩聪花滑双人滑夺冠
96.5cm×32.2cm　纸本

是艺术与体育的相通之处。"当我们作画时，完全凭借感觉，那就是身心合一。心手相应则要通过长期的训练，运动员也都是这样的。"

2022年北京冬奥会的脚步日益临近。范扬表示，他已经创作了一些冰上项目的画作，冰雪运动将是未来创作的一项重要内容。冰雪画在山水画中属特殊门类，又要与描绘运动相结合，体现运动员的动感、活力，对画家提出了新的要求，需要一定的创造性。

从体育精神中汲取拼搏意识，这位始终保持创作激情的国画大师表示，今后打算画些尺幅更大的体育画作。他还以"更快、更高、更强"的奥运宗旨为基础，为自己的创作增添新的要求：反映赛事更快，创作水平更高，作品更大，力度更强！

中国新闻网北京 2017 年 5 月 28 日电

自由式滑雪空中技巧混合团体中国队获银牌
43cm×52cm　纸本

田黎明

1955年5月生于北京，安徽合肥人，1989年考取卢沉教授研究生，1991年获文学硕士学位。历任中央美术学院学术委员会委员、教授、硕士生导师、中国画系主任、中国画学院院长，中国国家画院副院长，中国艺术研究院副院长，常务副院长。现任中国艺术研究院中国画院院长、教授、博士生导师，中国美术家协会理事、中国画艺术委员会副主任、中国画学会会长。

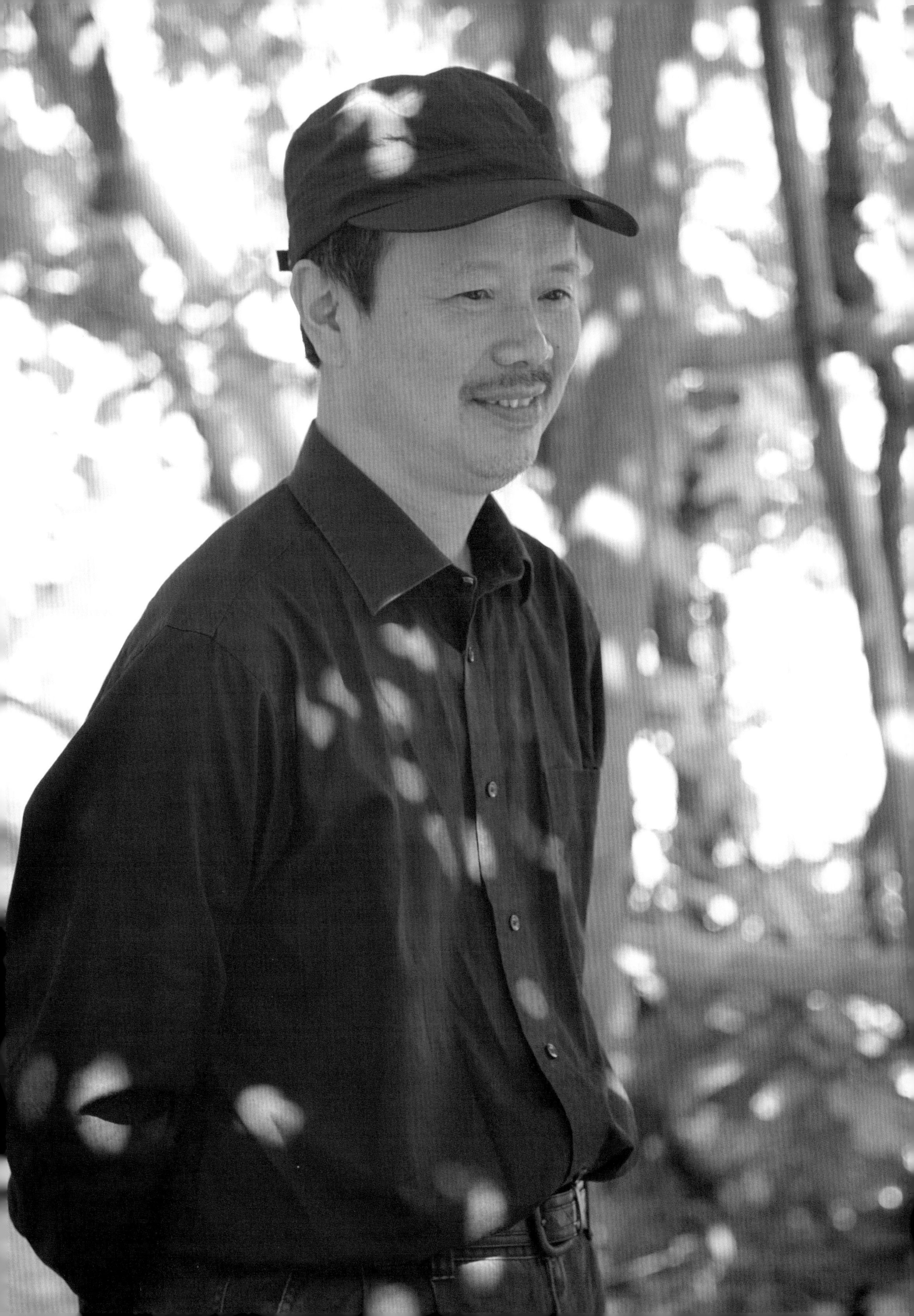

顺其自然

文 / 田黎明

大山之怀，有一清潭，日常平凡。在鲜亮的阳光下，俯怀着大山的深沉与宁静，仰慕着苍松的刚直与峭壁。白云在溪水中漫游着，淡水通着白云的碎语，泛着光点，回绕在大山之中。风，传出了大山心脏的跳动声，浑厚宽阔；风，传出了溪流的呼吸声，平实憨厚；风，又发出了野草的低语声，轻松淡远……这是生命的自然，这是自然的生命。

看画

陆游的《咏梅》词中有"零落成泥碾作尘，只有香如故"，短短一行便把一个人的人格烘托得冰清玉洁，流光四射。此与《二十四诗品》中的"如将白云，清风与归"的象外之象境界是异曲同工之理。古人"二句三年得"的治学严谨之法度，实则是在文章之外于做人的学问上下功夫，文章到此，已化字为金了。同样，在作画的学问里，古人获得的极大自由和语言无限包容性，也是在画外功夫上"点字为金"。郭熙于《林泉高致》集中以"春山澹冶而如笑，夏山苍翠而如滴，秋山明净而如妆，冬山惨淡而如睡"，笑、滴、妆、睡点画出四季之时的自然变化。又，"自山下而仰山巅，谓之高远；自山前而窥山后，谓之深远；自近山而望远山，谓之平远"，高、深、平铺垫了山之法，万变不离其宗……这数往知来的领悟和回味与古人文章之佳句确有殊途同归之妙。

翻开范宽的画页，真如开门见山，拔地而起的巨大山脊让人怦然心动。细观之，范宽善用点，用点的方式又似在用兵，羽扇纶巾，布一兵一卒各就其位，自然形成了威武雄关的河山图。谢稚柳在《鉴余杂稿》中谈到范宽，北宋王诜曾以他与李成的画笔来相提并论，比作是"一文一武"，这个"文""武"并不包含褒贬的意思，而是说范宽的画派不是"文"，而是"武"。所谓"武"，正是指与李成的烟峦轻动、秀气可掬的温文体貌不同，而是"写山真骨"的那种"壮武风格"。壮武风格正是范宽精神所在。传说范宽因为人宽厚，并闲散大度而被称为"范宽"，在此读画如见其人。性情的温和、散漫，与画风中的"芝麻皴"点点滴滴，似有"能闲世人之所忙者，方能忙世人之所闲"，久而久之"芝麻皴"渐渐水落石出，托出了"万物得一以生"，于自然和生命的感悟中出一"骨"字，展开了笔墨坚劲和气势深远的"壮武"风范。那密聚的墨点静中欲动，给人以欲说不能的冲动，在人与墨浑然、墨与物浑然、物与人浑然中，何者为物？何者为己？此于何处寻技？是那土石不分的墨点，还是那浑厚山影的线条？只觉得它们依山而生，志向明确，铺丹心于山之脊，扩散开"横无际涯"，"气象万千"的大观景象，捧出了"不以物喜，不以己悲"的人生宽厚的情怀。这是何等崇高，又是何等淡远……

中国画有骨线之说，线的形受情感之托，情感受"理"之托，"理"又受自然之托，所以，形态和情感应以"理"求生。只重形态的轻笔淡墨，或所谓情绪的随意挥洒，而不受"理"，其线的悠闲自如便成为狂放飘浮，落得个"穷尽"的形式。古人云："文人写竹，原通书法。"这个竹外之"理"才能掂出个"转生"的意象。

我喜欢白石老人的画，是其用线能掂出个"清新"二字。老人的线条在方圆转折粗细变换里，于有形态，又不为形态，在似与不似之间生出一个新的生命。它，交织着历史与现实，生命与自然的节拍；它，生发出厚重有古，力壮捧今；它，同步于人生的岁月；它，顺延着自然的生机，这是一种什么样的功夫和技巧？西方一位画家说："形式的改变，既取决于内容的变化，还取决于社会的一种特殊形态——心理的和艺术的状态。"我想，一幅耐人品味的画面所内含的技巧与功夫有四个因素：自然的规律、人类的文化、社会的发展、人生的意识。一个画家的德行素养是与自然和社会紧紧相关的。黑格尔说："人的面貌特征和整个形象的表情都是由内在生活决定的。"一个画家的创造力与其生活的阅历息息相关，自然对心灵的渗透，社会对主体的影响，与其产生的技巧或功夫都在此应该到位。庖丁为文惠君解牛，目的不在解牛，而是在体验、感悟自然之规律，技于"理"上做功夫，去神遇"依乎天理"，去"批大郤"，"导大窾"，技含在了感觉中，进入了自己的准确方位，技融入了规律内，有了自己的深入性；技化在性情里，进出了自己的生命力，只有当技自然而然地转化在某种生长状态中，才有了真正属于自己的天地。张旭、怀素的草书之技，一狂一舞的形式都是师法天地万物的变化，与其中顿悟之法已冲击了个人的情绪，跨入了山水而归于笔墨天地中。韩愈评张旭草书："观于物，见山水崖谷，鸟兽虫鱼，草木之花实，日月列星，

2023年1月，"大家之路"系列展览，参展艺术家与观众在中国艺术研究院油画院合影留念

观照图
180cm×90cm　水墨纸本

风雨水火，雷霆霹雳，歌舞战斗，天地事物之变，可喜可愕，一寓于书。"古人一句"能读无字之书，方可得惊人妙句"这样的点悟，于此确有启示。

　　自然是画面的技法，技法是画面的自然。站在徐渭的画前，似乎觉到画面上的自然。扑面来的水气，似在扩大，又似在凝聚。顺着弥漫的墨雾走了进去，一片清纯冷峭的淡墨，一块坚韧独傲的墨团，忽而，"落破"掉入了他的"墨谷"，于昏天黑地的旷野里又忽见"明珠"的闪烁，在大起大落中洞见希望之光，这猛醒间，没有宣言的呐喊，没有诗文自白潦倒的身世，只有纯净散游的"明珠"照亮无尽"空间"，像是要把"人生看得几清明"。

　　画面里大小不等的墨团，忽聚忽散，其形态虽有"意到圆时更觉方"，但更有那"豪放不羁、付之一笑的精神变化飞动而已"的傲然，语连着性情，想喊就喊，想说就说，想吐就吐，"风行水面，自然成文"，这种寄情转物方式在画面中不知不觉应运而生。"半生落破已成翁，独立书斋啸晚风，笔底明珠无处卖，闲抛闲掷野藤中。"一个"抛"字游荡着徐渭孤峭的淡泊人生，一个"野"字刻画出徐渭深沉激荡的性格。此时"抛""野"二字在意象上化为性情的象征，于孤寂、狂放中剥脱出生命的苦笑。

　　笔墨的自然，自然的笔墨在视感的直觉里已成为徐渭笔底的生命自然了。张彦远说："运墨而五色具，谓之得意，意在五色……"徐渭在焦墨、浓墨、灰墨、淡墨、极淡墨中融入自己的生命力和感觉力，从而奠定了中国水墨画的根基，以凹凸的性格托出水墨语言的本质所在。

　　漫步在每一团墨的四周，着实觉得它们在自己天地中自然而然地存在着，我于其中也自然地咀嚼出一种有生命意味的形式。这些斑斑点点的墨迹是多么合情合理，我不知不觉地开始寻觅是什么样的技巧在画面起作用的答案。我把墨块、墨点单抽出来搁在一边，也许是它们离群而沉默无言，一个个极普通的墨块、墨点，或淡或浓，平凡无奇，似乎自己也能信手拈来，的确没见什么神秘的"法宝"，可是一旦把它们放生到原地，它们却都光彩照人，技于此中不再沉默、孤单，它们有自己的蓝天和土地，有自己的自然和世界。我恍惚中觉到，如果把一朵耐看的花朵摘下放在手中，它的生命很快就会枯萎，离开了属于生命的整体，它的光彩即会消失殆尽。技法是属于生命的整体。记得书本上通常讲的技法，某线、某点、某皴出自某家，那是先人大树的硕果，从某树上摘取下来，作为一个品种存在着。当我们在品尝的同时，应当留下种子，用自己的勇气和智慧去重新发现"荒地"，开垦"荒地"种下种子，让种子在适合的环境中生长，就像什么样的山谷有什么样的山脉和溪流，什么样的石头置于什么样的谷底和溪边；也像什么样的水土就有什么样的果实，什么地方的人就有什么样的语言。生命的创造、生命的生长就是这样年复一年地在轮回运转中生存着、发展着。生命的活力在浑茫的时空中走向了自由，这是顺应了自然的规律。

　　面临自然，我觉得这里的一切都完美无缺，协调相宜，经久不息，风经过田野，青草低下了头；风又吹过小河，小河笑了，翻过一道峁，游息在一座山口下，山青水绕，只见大山成了深潭平坦的胸膛。我随意拾起一块戏水之石，唤醒了护山的大石，山谷的深处自然地传出了邀请之声……似乎爬上了山腰，闭口不言的山洞平心静气，而洞内的清气和深度贮存着大山的温厚。穿过山洞，像是登上了一块刚直的峭壁，向远望去，平川河流如线交织，何去何从尽在自然间。再向上攀去，峰已自然入云，脚下

自然中
180cm×90cm　水墨纸本

来了
180cm×97cm 水墨纸本

清风
180cm×97cm 水墨纸本

大家之路艺术小故事 · 田黎明

静听
180cm×97cm　水墨纸本

树下
180cm×97cm　水墨纸本

群山环抱，满山的苍翠和奇峰错列，云层不时地扑了过来，遮掩了视野，风更大了，也更紧了，四周满是云的思潮……我沉迷于自然的怀抱里，深深地呼吸着大自然的所有，我感觉到的、体验到的都在自然而然中和谐了……

对象

铺开一张洁白的宣纸，一边调着墨，一边静静地看着对象，又看着静静的宣纸。一会儿我拿起了笔，似乎不是果断，也不像是犹豫，在空白的宣纸上，是在着意着一种真……我想到了瞎子阿炳的《二泉映月》，用二胡里所蕴含的淡淡的忧患情调，把自己饱尝风雨的人生坎坷，缠绵不断地倾注于二胡那深沉的基调中，使得二胡的两根弦如高山挂瀑，倾泻而下，又似细水长流而超然物外。这时的弦外之音是阿炳的人生连贯着人类的命运，共鸣出一个漫长历史的困苦和忧愤的真，一个有着人类情感的真。它的语言一经产生，就有着其他形式所不能替代的功能，它就是自己。中国水墨画的诞生是东方宁静艺术的骄傲，平淡里蕴藏着深沉与忠厚、豁达和明朗，不把自然物当异己，而是凭借外部的体验与内心的领悟化自身与自然于同一，并把人格、心态、情怀、理趣的空灵化、意象化融化在水与墨的天地里，渐自托出一个"但见性情，不着文字"的笔墨人生。这时我面对宣纸，心底有一种沉静的感觉……

面对着对象，我真想把对象画得更符合其内含的一种气质，而不被其繁乱的表象左右，这似乎不单是能否画得与对象一模一样的问题。如何能从精神上去把握对象和自己感觉的内在联系？这个联系又是什么？我想可能是通过一种感觉的纯正，它的显现又引出了缘物状情之说。情感的净化过程也是

天光云影

45cm × 70cm　2020年

登山有知己
50cm×80cm 2021 年

春之一

35cm × 46cm　2006 年

过滤情绪对形象本真的把握过程。当我仰望高山，似有崇高之感，而漫步于田野间的荷塘之中，又似能体味泥土的温馨。人在自然中寄予心性和情怀，怀素以看夏云奇峰，悟出了他的书中之法。在这大自然无字的天地中便是画面之法的天地，每一物象都蕴含着大自然恩赐的一种气象。画面也是同样。从自然中来，又回到自然中去，"没有奇迹，也没有超越常规"，在自然的平凡中默默地完善着自己。此时，我想这不仅仅是面对画面，也对于自己……

对着对象，总想画得更准确些。对象的准确是感性的，还是理性的？画面的准确是别人的，还是书本内的？在形的把握过程里，渐自体会到为实而实、为变形而变形都存在着一种模式的准确，是一种缺少情感的准确。于其中又逐步认识到尽可能地把自己对自然的、人文的一些理解和体味，把自己对人生体验的感悟注入对象和画面之中，通过有限的形，让人去感觉一点什么，让自己从中又咀嚼到什么，不只停留在视觉上，也要停留在内心里。以心感觉一种有生命意味的画面，这里的笔墨状态应该显示出一个画面上的自然生命，而不是生活中一个生命的外形和肌理。画面准确的局限性越大，其内心空间的延伸就越远越淡。又说到北宋范宽，《溪山行旅图》准确地经营构造出一座峰峦，雄浑博大，势如半壁山河，以至千百年来"江山不倒"，细细品来，此山像是范宽用尽一生的情感积蕴，并能周游于水墨的方圆之地，坚持千笔万点为千言万语，一笔一点天衣无缝地构造起一座高山，一言一语恪守不渝地诉说着一个时代。此时，我好像觉得在对象与画面之间，想求得的一种感觉有些清晰了。

面对着对象，我在画纸上反复地把握着、塑造

春之二
35cm×46cm 2006年

着，画面中的形象不断地随着心态变化的轨迹而调整，逐渐地越画越简，越简越觉得心底沉静，越是沉静，便越觉得心底逐步进入了心性与视觉和感觉的协调状态，似乎体会到作画是一种自然而然的状态，如同说话一样，一点一滴慢慢说，说心里话，说想说的，没有负担，这大概是一种自然的技巧。作画亦然，笔到何处用何种笔法，总是顺其自然，随形施笔，笔随心愿，语出形外。如同高山起云，谷底见溪，心底随着画面的自然得到一种净化的快乐，这种感觉像是感受到了大海一样的起伏，也像是在品尝着山谷清澈的淡水，看见了青色的山影与游动的白云在聊天，一切都平和、简淡、协调。此时，画面中的直曲、方圆、疏密、长短都在淡淡地呼吸着自然的气息，沐浴着温煦的阳光，是为了画面上一个共同的整体，在生长着、在完善着。

生活

夏日常和朋友们去湖中游泳，炎热的正午逼得我们爬出水面，匿影树下，阳光的碎片洒在身上，不时地在眼前闪晃，只觉得挺有意趣。傍晚也到水里去，湖面被我们泛起的波浪映出夕阳的余色，一层暖、一层冷，柔和极了。久而久之也就有了一股气韵在画面上绕来绕去，似乎也有些光的意味，可总是不自然，无奈只好搁浅了。隔一些日子，在一次作画中，偶然发现水滴在纸面上，再覆墨色，呈现一个斑点，这个瞬间使我一下想到这种方法可以用在光的表现里。以此，我把斑点的方法放进了没骨画法中，引出了日后带有光感的画面。虽然，一个简单普通现象在往常作画中也时常所见，但，对它却是多少次的无动于衷、不以为意。又，在一所校园里，某日正午，一场暴雨过后，我去室外水房打水，走在回来的路上，突然发现眼前这熟而又熟的常景是一片清新透明，这忽降的直觉使我兴奋，这不就是自己想画的吗？在这样见惯了的凡景中也会出现自己所想不到的感觉。实际日常中处处存在着自然之理和画面之法，只是平日功夫不厚而缺少对它们的感觉和领悟，而自己要奔走四方去寻求的东西其实就在身旁。

平日的有所见、有所想、有所积、有所问，在生活的每个现象里，或是在自然的一个景物中，还是在画面过程的偶遇内，如果得到了一点领悟，积压了许久想说的，似乎寻到了一条线索，要说的，一句跟一句，有条有序地清晰而来。靠着忠实于生活，靠着诚实去说出自己看到的、感到的，虽平易初浅，但心底平稳踏实，自然不慌。明代画家王履所作《华山图》在其序言中说："吾师心，心师目，目师华山。"以他所感、所觉肯定了生活是一个语库。生活给予感、给予觉，也教授怎样说。但它不是直线式的，而是曲折复杂，需要痴心于"搜尽奇峰打草稿"来呈现出"诚"，也才有"千呼万唤始出来"的"真"，这是一个亲身经历于生活、画面的艰辛历程。

想起曾经画过《碑林》。生活的蕴积渐近欲出，困于怎么说，"说"的方式长则多年，短则一瞬，这是极其痛苦的事情。在《碑林》之前也画了一些内容类似于《碑林》的画，但总达不到以语为心，循环的次数提供了从碎到整、从小到大、从实到虚的揭示。前面所作之画多局限于某个事件或某个点上，而心里所蕴积的感觉是以点、以事渐聚汇出的一个大整体，在这个好似清晰却又模糊的分寸之间，徘徊了几年，才在《碑林》画面语言中有感于内心和情感聚集的一种宏大整体，再去把握形式的具体元素功能。在《碑林》之后，又画了一幅《碑文》，其所感所思是围绕着《碑林》画面的效果而行的，所以画面的一切语言都似乎建立在有感于另一幅画面的效果中，像这样心里先怀有成见，缺少诚实，为了面子，为了取悦于人，说出的话也自然让人觉得缺少实在。

夏之一

35cm×46cm　2006年

夏之二

35cm×46cm　2006年

记得在西南某山区写生，路遇一背筐老人，黝黑的脸上满是山谷的痕迹。"他的脸画起来一定出效果。"凭着写生中常有的直觉，我即刻上前，说服了老人，展开了画夹，谨慎地注意线面复杂的变化，在又改、又擦、又写的过程中，画面"味道"终于出来了，可是对老人那一刻的感觉却始终没有露面。又，从黄山背回速写一摞大有"登山则情满于山"之意气，画面囊括了南北的大小山峰，也收取了"有名"的峰顶。摆开这些像是"语语都在目前"的画面，总好像在寻常的点线之间丢失了什么，也不知散落在何方。仿着他人的口音，也夹杂着书本里的一些语气，说得多了，渐渐自觉不是自己所言，缺少真，可是习惯已成自然，难以脱音，为此"常恨言语浅，不如人意深"。平日的作画，有时像是做着一件十分慎重的大事，在挣扎状态中想托出一个感觉的东西分给画面，然而画面不领情，严肃起来也拒绝接受。接受也好，不接受也行，反正就这么做了，顺其自然地发展吧，拖得久了，画面累了，感觉的东西也累了。画画是一件很累，也很痛苦的事情，这是由于画面感觉的飘游而引起画面语言的纷乱。从生活里感觉到的，却在画面中失去了，心里有话，却说不明白、道不出来，一损再损、一失再失。时间和经验问我，如果你的语言能清晰明确地表达出自己的思想，不要忘记，这是从孩提开始的结果。顺着自然的引导，也谨慎地恪守着艺术的规矩，于平凡的生活和画面的酸、涩、苦、香中积攒着感觉。

朱熹说："知者，因事因物皆可知，觉则是自心中有所觉悟。"在生活中和画面里多去理会一些细碎的常理，由小见大，触近思远，理会一点积一点，坚持着来自内部的耐性，"人之内发者曰情，外触者曰感，应感而生是曰兴会。逢佳节而思亲，赴荆门而怀古，窥鬓斑而书愤……"（傅庚生语），道出了平常蕴积的感觉是情之本：以情见语，语中见性。在生活的日常感觉中感触于古与今、常与非常、得与失之间，随着前与后、虚与实、终与始的过程，时有爽快清朗，时有含混茫昧。往事的如影随形，昨日的即景生情，今天的触目皆是，偶合而渐聚为

夏凉图之一
35cm×48cm　2012年

夏凉图之二
35cm×48cm　2012年

秋
35cm×46cm 2006年

一个整体的意象感觉时，确是到了一个非说不可的时候了。似一池盈水，满则渐溢，厚积薄发。此刻的话语至诚可信。

1987年，我画了一些人体，用毛笔和线的感觉靠着人体的框架来支撑一种造型的力与量。画面中出现的粗犷和扭曲的意味是在外力作用于情绪而聚积出的一种感受，一个时期内，自觉已尽了力。"景有大小，情有久暂。"画幅的数量增加了而画面初衷的感觉稀少了，接至而来的像是精心安排过的一招一式的亮相多了起来。现在去看，这其中有"得"是直取真情，有"失"是以一时情绪来说话。这个过程启发了我，只有用"会当凌绝顶，一览众山小"之胸襟去拨动一重山水一重云，在一时一事的心态和情绪中放怀于自然长河，也留意着光景中有生命意味的偶然，于一方天地一方情的专注里，萦回着日常的难与易、进与退、往与复、取与予，继而转为画面的开与合、刚与柔、短与长、方与圆，逐渐引出自己一以贯之的情愫。

生活中"自有许多滋味，咀嚼不尽，传之久远，越久越新，越淡越远"。这样的体味日常里偶有降临，随着一物一事的引导，再去熟悉那淡淡的过去。走在陕北的一条沟底里，坐息在方圆仅有的一棵树下，瞭望着宽大的塬，那牧羊人和羊群如阳光下一串串散开的珍珠，点缀着塬上的节奏，从塬上那边的深处终于传出了它的歌喉，悠远、高昂的曲调从大塬飘然而下，顺着静静的十里沟底向远方送去，一道道山来一道道水……

"沟湾里胶泥黄又多，挖块胶泥和咱两个；捏一个你来捏一个我，捏的就像活人脱。摔碎了泥人再重和，再捏一个你来再捏一个我。"火一样的民歌，初听只觉"粗俗"，细咀嚼来却是那样的"真"，是理想的真，是自然的真。"没有根的树不会成材，没有源头的水不能流长。"在这凹凸的一洼一塄、一坡一峁、一沟一梁的黄土塬中繁衍出代代相生的话语。这话语是地域之母诞生了它，它的生长、发展，都在自然中自然地延续……又，在炎热的土坡上，人们忙于耕地播种，那坚实有力的大步给人以力量和信念，真像诗经中描绘的"简兮简兮，方将万舞。日之方中，在前上处"。在凉爽的土窑里，人们吃着杂面和出的大饼，大口喝着黄土井下的甘泉，又嚼着黄土沟上的小菜，其滋味使人觉到了知足者常乐的意味，像是"十亩之间兮，柔者闲闲兮，行与子还兮"所描绘的那样，这生活真是一幅男耕女织的图景。现在想来感觉又在延伸……

大家之路艺术小故事 · 田黎明

南山高士图册一
35cm×48cm
2016 年

在沂蒙山区一个小村里，用石板石头筑成的院墙和房屋纵横方正。我和同学们走进了一家又一家，一间又一间。"那些房子是祖辈们留下来的，这些新房是我们接着垒的。""山里人，离不开这里的山山水水……"听着他们的话语，我好似体味到淳朴和善良，他们的憨笑又是那样的透明可信。平淡的性格、缓慢的身影，像是满山的泥土，宽厚平常却又四季分明。又，在微山湖的一座小岛上，我们住在当地的一家小店里，主人是一对温厚的农民夫妇。六月下旬，天气正热，白天，我们出没在村落里，晚上，我们随心所欲地享用着一大缸积满的清水，热了借把扇子还想要个蚊香。夜晚的小岛和白天的小岛就如又清又淡的湖水，没有奇异，只有平静。有的同学中暑了，服药的水放在了屋里，一碗面条又放在了床边。过了两日，大伙又喝上了一锅鲜嫩的鱼汤，闷热的小岛时时送来微微的清风，好凉爽。在村里真想寻个小肚兜给两岁的女儿穿上，可是没有。就在要离开小岛的那一天，大娘把一个花布头拼缀成的小肚兜放在了我的手上。此时的凡情凡景却难以用话语来尽致，寻味着深深的村落，清清的

南山高士图册二

35cm×48.2cm　2016 年

南山高士图册三
34.8cm×48.4cm　2016年

乡事，蒙蒙的小岛，平凡的人，心底的感觉时而沉重，时而又清又纯……

1988年，我画了一系列水墨人物肖像，借用了没骨的一些方法。用团块的淡彩去若隐若现地画一种人是自然、自然是人的感觉。从人物造型到笔墨的融染，都多多少少地融入了自己对生活咀嚼的一些体味。平淡普通的生活就像一座高山，蕴藏着万物的生命，平凡纯朴的人像是高山上的清潭，于宁静中映照出大山的深沉与浑厚，我总想使自己的画面像高山上的小溪，回绕于其中，淡淡地呼吸着自然的整体。

生活里，感觉纵横交错、盘根缭绕地伴随着我，于其中则需要豁然开朗；画面中的语言又往往犹豫不决而蹙眉苦愁，它所需要的是领悟中的清晰明确。前者求纯，后者求准。以纯而净化出的感觉似碧水清潭，此时的准于清澈中自然映照出自己的身影，这是一个融浑淡朴的真，这就是它自己，不琐碎，也不失态，平淡如常。再登高，极目远望那"衔远山，吞长江"的昂首之举，有着高古之意，而临坐磐石，俯对溪流围卧其下，也有着清奇之趣。视域与步履随

南山高士图册四
35cm×48cm
2016 年

南山高士图册五
35cm×48cm
2016 年

南山高士图册六
35cm×48.2cm
2016 年

景观的移动抛洒四野，感觉随心却在静候彻悟的良机。在平常日子里，净化着心绪的步履，在淡淡画面上移动着心性的分寸。生活中留意着感觉，感觉中蕴积着情愫，情愫里调整着语言，语言在自然的状态中平实地对待生活的画面。情出于生活，悟出于情，生活似群山，情似溪流，情景交融显真语，山水回绕自有声，清风拂来松石上，人在其间感觉中。这是一个生命的真，是一个自然的纯，也是一方语言的准。

  1989年至1990年，我画了一系列淡彩乡村风情画和一些淡彩人体画，其间的画法是以大片淡墨的融染和没骨的方法，并开始融进了自己对光感的一些认识。随之其后，我的画基本上以光感的直觉出现，包括画的水墨人物都在光与水墨的因素里尝试和创造着一种新的语言感觉。想着在自己的画面中多一些生活中的新鲜气息，多一点我亲身所体味到、感觉到并以为是一种理想的语言。

  许多画面中的感觉，在作画过程中还是处于朦胧的状态里，心里有着欲说

南山高士图册七
35cm×47.8cm　2016年

却难言的冲动，随着画面的完成，也随着时间的水流回漩式地漫溢，才逐渐有所沉积，对自己的画面也才有向着较为完善的认知去把握、去努力。

技法

　　自然，像是一束光，照亮了画面，笔墨生发出生命的激跃，以"立定精神，决出生活"，从画面里不停地"放出光明"。这样的笔墨状态似与生活中走路的自然状态同步，画面的法与技伴随着路程中的感觉，不断地变化着、调整着。遍行"山无数，烟万缕"，涉河流，穿山谷，跋草木，"触景生情，即事漫语，有所作，随时有所感"。路走得多了，踪迹培育出感觉的整体，感觉在精神的调整中生长着，它在成熟的过程中，会平常地留下自己，等待着笔墨，结为氤氲。当淡淡的生活、凡情凡景与画面上一处极平常的笔法或简单墨团不谋而合，调剂出一种有意味的感觉时，生命亦会突然地获得启示。王维诗句："红豆生南国，春来发几枝。愿君多采撷，此物最相思。"托平淡与深远。而张潮的"雪之妙在不积，云之妙在不留，月之妙在有圆有缺"，钱锺书在《谈艺录》中说："陆桴亭《思辨录辑要》卷三云：'凡体验有得处，皆是悟。只是古人不唤作悟，唤作物格知至。'古人把此个境界看作平常。又云：'人性中皆有悟，必工夫不断，悟头始出。如石中皆有火，必敲击不已，火光始现。然得火不难，得火之后，须承之以艾，继之以油，然后火可不灭。故悟亦必继之以躬行力学。'"在生活里多去领会平常，心通感觉，感觉存理，理随自然，自然化心，用心去拨动人生的共通之处。此时的触动若要明朗于笔墨的混沌，非有"直到雪消冰泮后，百川春水向东流"的演化过程，笔墨的苏醒也便意味着随自然之季的变化而觉醒了。

　　画面里常常独立于感觉的是技，感觉在不断努力地想去影响技，而技却把自己封闭于自然之外，于是，感觉欲说不能的状态充满了技的四周，似一片无形沉默的气息，时间走来，引点感觉去发现了技的空隙，或许某一天，技会突然睡醒，"觉来时满眼青山"。古人以石击火寓悟性，而笔墨与生活也似两块有火之石，它们的间隔，远似天涯近在咫尺，精神包容了它们，为此敞开了

云气东来

140cm×70cm　1996年

登高临云图
50cm×80cm 2021年

感觉之门，感觉拾起其中一石击另一石，火花闪耀。生活中可感可觉不可言者，能入笔墨显现中言；笔墨中可显可现不可言者，能入生活自然中言……

我在《生活》一文中谈道："用团块的淡彩去若隐若现地画一种人是自然、自然是人的感觉"。这是以生活中的启示去体味笔墨的感觉，以此的往复得失过程，逐步掌握了用融染的方法来作画，产生出《小溪》《草原》等系列人物肖像画。这些画面有个共同处是自己没有想到的：画面在融染的方式下，有一种逆光感，在这种作画方式下无意产生的感觉又促使了我在以后的没骨画法中把握到一种笔与墨、墨与色连体的表现方式。

现在去看它们的出现像是无意中预示了光点的到来。连体画法，在日后的光感画面中起着支撑画面整体的骨架作用，既可作用于画面中阳光下的物象，也可作用于面面阴影中的物象，这从《荷》《宇》等同时期的笔墨形式中可以找到这样的感觉。开始，光点的出现只作为一种方法存在，但随着感觉在促使着画面上笔墨因素相互转化，光点在笔墨中扩展渐渐形成一种围墨的形式方法，以往的融染画法和连体画法都聚积到它的周围，在它的作用下，围墨画法、融染画法、连体画法相互构成了光感画法的一个整体。

从《阳光下游泳的人》连着《晨》的系列画面，我似乎感觉到画面中笔墨的意味已经显示出它们的存在方式。在《五月》《泥土》《阳光》等画面中，我已明确地将围墨、融染、连体的画法统一在画面的整体感觉中，并使画面始终围绕着在我感觉到的意味中调整，似乎，阴影下、阳光下的景象在阴阳互抱、静动互补、刚柔相济、交感自生又互相转化。光在画面中散洒着，阴影潜入笔墨中慢慢地移动着，所行之处，铺开了热的光、亮的光、向上的光，活跃的光伴随着凉意的、向内的、平静的……于此所形成的画面样式，我称之为"阴阳互生法"。

透过画面里的自然，再去体会一阴一阳之谓道，和天地同根，万物一体的自然，顺着这样的路，见岭翻山，遇河涉水，走在生活里，意在笔墨中。画面之法与其而生，技又生于法，法贵生，技要熟，一熟一生的周流环抱，用自然之理求笔墨之理，在"日月星辰、有明有晦、有盈有亏"的自然变化中合笔墨之变，使阴墨团、阳墨团我中有你、你中有我，息息相通。

每一天都是新的开始，画面与生活同步，时重时轻、时深时浅、时浑时清，在明与昧的日程中，偶有一得，是浅薄中的痛苦，还是艰辛中的苦涩？它们都会以诚相告，要以平实的积蓄来滋长踏实的信念，一步一步、一笔一笔地在漫长平远的丘壑草木丛林中去接近远方的云山烟水，因为那里不仅有高远，还有深远……

山上阳光

50cm×80cm　2021年

画一幅画

文/田黎明

每画一幅画，常常有一种感觉，像是在重复自己，又像是新的开始，其实作画中很多时候能把一种想法糅进去并传达出来是很艰辛的，正是这样的不容易也才使一幅画承载着一种经历，这也是一幅画的开始。

我们的先生在教学中总结了许多珍贵的学术理念，先生们的创作实践和教学示范与讲述，对我们产生了深刻影响。如关于写生如何与创作相合，关于文化积累、生活积累如何与审美相合，我们先生以自己的艺术经历与实践回答了这个问题。写生是中国画教学必修课，写生可以把自己感受到的、经验到的融入对象中，也可以从对象唤起自己曾经的生活记忆；可以从对象赋予的内涵形象去感受与审美相关的元素，也可以从对象里获得与意象的契合，这需要主体的独立思考和人文体验，慢慢体会其中奥妙。我们看先生们做课堂示范，整个过程不仅是画一幅人物写生，也凝聚着先生的生活经历和文化学养与审美积淀。

先生们把自己多年的心得体会传授给我们，上课时对我们的作业进行点评，贯彻着澄怀观照的人文情怀。他们分析一幅画、示范一幅写生，将中国画的人格立足始终与"寓物取象""比德观物""立象尽意"连在一起，把艺术所想、所做与生活所言、所行统一起来，达到至高境界。先生们上课的情景，犹如一束温厚光芒映照我们的内心。唐代司空图的"目击道存"是意在当下，并持有亘古之理，在平常事物中发现真谛，感受内心获得审美意象，得出程式超越自我。当然，这是非常艰辛的过程。我们先生正是以人生与学术的合一，求索着中国画内在的精神。我感受到蒋兆和先生将水墨人物写生与创作连为一体，以中锋用笔转换出折枝法，笔法与线的审美带着悲怆与刚毅；李斛先生《披红斗篷的老人》以铸鼎的意味画出老人的劲健圆浑；卢沉先生在人物写生示范中，造型和笔墨以中锋笔法转换出遒劲朴素的山体意味；周思聪先生画老人，转换出远山丘壑的朴厚意象；姚有多先生的老人写生像把大写意笔法凝练为一种金石审美意象。先生们把人文的、生活的时代情感化作造型与笔墨的语境，形成鲜活的创作风格与写生语言。许多先生以他们毕生的创作研究与教学经验，通过示范讲述，以授人以渔的方式对我们后学产生了深远影响。记得有一次卢沉先生给国画进修班做示范写生，当卢先生画到画面下半部时，就半跪在冰凉的水泥地上认真画，那时已是冬天，教室大又冷，四十多位同学一层层围在先生周围，教室里静极了，大家都被卢先生忘我的写生状态感动了。我体会到先生对艺术的认真、对同学们的认真、对教与学的认真，这样认真的精神是我们前辈老师共同拥有的品质。一种笔法、一种画法、一种感受，既是由技进道的进程，更是做人、做学问、做事的统一体，这是学术的薪火相传，也是源于生活、源于文化体验和探索精神所得。写生是长久实践的课题，我们正是通过写生才能透过笔墨与生活衔接，有感而发，这种感知应上升到审美意象融合，既有想法又形成了一定的表现方法，才能不断在写生中体会画法承载的含义。尚辉老师在一次讲学中说："写生就是要用有意味的程式语言。"这使我想到了古人十八描，我们今天"枣核描""橄榄描""劈柴描""蚯蚓描"等几乎都不用了，可能这些描法与今天的生活有些远，但这些描法的意象方式都从生活中来，"永字八法"也是用八种意，内含着笔法、笔势、笔力、笔形而产生的落笔形态，与审美相连才会有整体把握。意象从审美中获得审美感受，并通过意象来承载；意象是一种文化精神的转换，也是文化体验、文化思想、文化感知的一方载体；意象的基础是生活、是心性。我们老一辈先生正是在长期艺术实践、学术研究和教学示范中把平时所想、所做与平时所遇问题和课题放到了人文体验中，此时画家才有"下笔即创造"的内力。

在先生们的影响下，我在进修结业班画的《碑林》，把革命先驱比作碑与石，这是受到卢先生在课堂上曾讲到的"李可染先生说过把人当山石来画"的影响。这句话对卢先生和许多先生影响很大，卢先生又传授给我们。多年后，我体会梁楷《泼墨仙人图》以言简意赅的放笔大写，凝聚起一个千年鲜活的人物，人与山合的意象很清晰，在体味贯休《十六罗汉图》的人物结构与山石相融，生发一种洞彻之觉，还有李公麟画的马，借用殷商青铜造型意味，马的单纯造型与线的单纯构成浑厚气象，在有限中见无限，极简中贮丰厚。这里的共同点是立足意象，再转换为笔墨表现，并逐步向程式语言完善。20世纪80年代，我在课堂人物写生时，一位老人身着厚厚棉衣，盘腿蹲坐，外形就是一尊方石，感觉厚厚的棉衣内存着自然的力量，这种感受让我想去找一种笔法来呈现，用什么方法画这种厚度呢？临摹课上老师教我们学习范宽的山水，山水各皴法、笔法、墨法也渐渐留在心里。当面对对象时，回顾所学，想到了是否用范宽的雨点皴尝试画棉衣厚度，后来渐渐知道，要画心里想的一种厚度，就应该多做探索式的写生练习，贵在坚持。《碑林》的创作让我想到了可以用写生的厚画法，向着碑与石的厚转换，把画中人物用浮雕石刻方式转换出来。自己渐渐体会到，写生不仅要把形画好，还要想着对象的形如何引发意象，这个过程会使自己加深对造型语言拓展的理解，所谓"造型的意味"，也是在其中慢慢建立起来的。通过《碑林》创作与写生的关联，多年后我在教学写生中，总结出写生如何更为精准的课题，我逐渐认识到：一是形要准，二是意要准，三是方法要准，四是整体气韵要准，五是语言要准，每一部分都是漫长艰辛求索的进程。我理解的"准"，是在具象空间里要以意写形，从对象感受中得来想法，从意象中产生画法，这并不影响关于具象的塑造，而且会让我更深入地体会具象造型所内含的意义。意象体验是借助对象来感受自己曾经的体会，写生寻求的意象是一个文化体验、借物向内的思考过程，以此形成笔法与意的相合、墨法与意的相合、造型与意的相合，就不会仅仅停留在对象形的准确上，而是超越原型又还原原型，升华其内涵。一幅写生、一幅画是否耐人寻味、耐品耐看，也是在这个过程中历练的。不论是写生还是创作，面对古人在绘画中创造的雄浑语境或平淡气韵，今天应该怎么去学习借鉴与转换，这对自己仍然是新课题。

明代《高松竹谱》中，论画竹法，有雨竹、风竹、晴竹，均以心性领会自然变化，直指精神观照。

碑林
200cm×200cm 1984年

先贤创造的人文气象印证了外师造化、知行合一，呈现出对自然崇尚的善良、忠厚、宽容的人文理想。我画高士，在"万物一体"的启示下，读先贤、画高士，观老一辈先生画高士，凝聚着天地万物与我齐一的笔墨意味。我画高士，学前人力求极简，以造型简到极致的单纯，线也亦同，使人物与自然万物相合，画天地人相合的生活。我画高士，受到梁楷、牧溪减笔画影响，传统白描的空白成为高士极简造型的启示，尤其是李公麟画马，以一根线的起承转合在极简中透出了空的力量，以有形映无形，其意象之妙确实达到了"言不尽意，得意忘言"的境界。多年来，在日常生活中，我有幸接触到许多先生，他们对我们后学的扶持、栽培，在平常生活点滴中影响着我们。先生的人格力量透着一种文源气象，对一幅古画分析、对一幅西画解读、对一事一物纯真的态度、对生活的达观等，深深影响着我们。我们的先生、老师和朋友坦率真诚、相互敬重，在学问上探索传承出新又"融化新知"。先生们在相互探讨中时而若赤子般纯真、毫无间隔，时而充满体悟感，通达生命真善。我也常常在学术展览观摩中看到先生们彼此心灵交汇的真切友情，他们的创造散发着内心的自然，他们就是今天的高士。我画高士也随着岁月渐渐有了这样一些体会：把人与自然相合相聚中内含的至高的人文情怀融入画面。先生课上的话语、课下辅导和日常身影与一切生活方式呈现出自然道体的形象。我画高士时一直在体会人与宇宙、自然躬行的平常心，并成为一种画面语境，一种向往自然生长的状态，我画高士时的一切笔墨方式都在让我努力体味自然而然的奥妙，画一种人与自然的独立不改，试图追寻中国文化里的本然。

2022年9月

山高图

136cm × 46cm　1994年

杨晓阳

1958年生于陕西西安，1979年考入西安美术学院国画系。1983年毕业，同年考上研究生。1986年毕业并留校任教。曾任西安美术学院国画系副主任、主任。1994年出任西安美术学院副院长，1995年主持全院工作。1997年任西安美术学院院长、教授，2009年调任中国国家画院院长。

现为中国文化艺术发展促进会主席，全国政协委员，中国美术家协会副主席，中国文联全委会委员，国家"三五"人才一级，"四个一批"人才，国家有突出贡献专家，教育部高教名师。

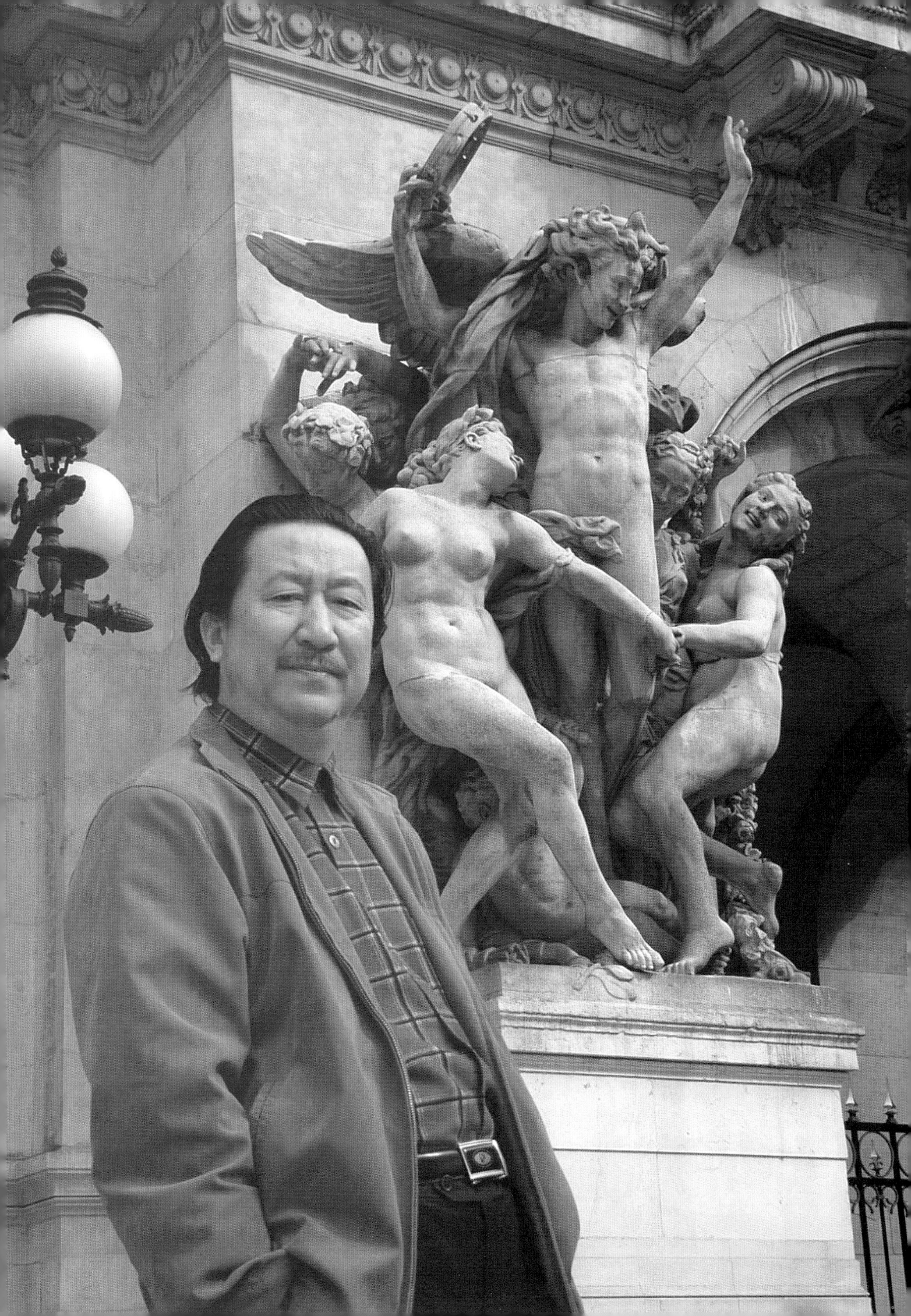

我的艺术之路

采访地点：中国文化艺术发展促进会杨晓阳主席办公室
采访沟通：杨晓阳，郑满林

就我个人而言，画画这个事儿起源在家庭。

我们这个家庭里，有很多教师、医生、画家。

在中国传统的观念中，能被称为"先生"的有两种人：医生或者教师，这两种人都被叫作"先生"，因为他们各方面的知识都很丰富。我父亲的爷爷就是一名中医。要能当医生，必须懂很多方面的东西，我太爷（曾祖父）就是这样一个读书人。他书法写得很好，也能绘画。就像他不是为了当医生而成了医生，他也不是为了当画家，但确实会画画。

因为家里有学习传统文化的风气，我父亲也从小就学油画，学之前在水墨画、书法、文史等方面都有基础。

再说我自己，小时候我没有跟着父母，而是跟着我太爷的。他是老中医，家里天天都笔墨"伺候"着。所以我拿笔很早，从会说话开始就拿着毛笔在案头乱写乱画。我家四世同堂，我是重孙，太爷从来不阻止我乱画。我画一个横，他就鼓励我再画一个竖，组成一个"叉"告诉我"这就是十字"。现在我们讲"寓教于乐"，其实那时候都感觉不到"教"，就纯粹是"乐"。这种自发的言传身教，一边高兴地乱写乱画，一边就做到了启蒙。认字、写字、画画，我甚至背过一些中医的汤头——这些东西对我来说不是专门学的，就是天天看着，自然而然就会了。

这就是我的启蒙环境，我画画就是从儿童时期的乱写乱画自然开始的。太爷的案头到处是开处方用的毛笔、宣纸，我在还没有用过铅笔、圆珠笔的

儿时留影　　　　　　　父亲杨建果与母亲张巧贤　　　　　　中学时与刘老师在延安写生

希瓦古城的晚餐记录
30cm×29cm　纸本钢笔　2015年

丝路集市所见
30cm×29cm　纸本钢笔　2015年

时候就先用了毛笔，软笔硬笔对我来说都是一样的。我同年龄的很多人学画都是先用硬笔画素描，再转成软笔，但对我来说不存在转换的问题。我父亲当年学画也是这样，虽然他是学油画的，但最开始他也是先拿毛笔画国画，上学以后才去学油画。

现在回想，我其实很少看见父亲画画——我十来岁懂事那会儿已经是"文化大革命"时期了。我父亲算是科班出身的油画家，吕斯百是他的班主任，洪毅然是他的课外导师，经常给他们上课。父亲留校以后，还给洪毅然先生当过助手。我后来翻看父亲当年的来往信件，里面有很多洪毅然先生给他布置的任务，很多是要他查资料，帮他找某方面的文献之类的活儿。

这就是我家传的绘画启蒙，后来才开始经历学院化的系统训练。

我是先学的西画，十四五岁就拜了谌北新、武德祖为师，后来转而跟着陈光健、刘文西学。和我同时代的学画的人，很少有人能像我一样，中间一直有名师指点，学习经历没有中断过，这样得天独厚的条件太难得了。我上了大学，经历了比较系统的中西化教育，后来一路到西安美院、国家画院工作，跟全中国全世界的名家打交道……这个过程非常充实，几乎让人不敢回顾，因为以后再也没几个人能有这样的经历了。

我的几位老师里，谌北新和武德祖，一个是像马克西莫夫般的人物，一个最擅长风景画，他们都是最好的老师。而刘文西、陈光健、武德祖、张雪茵，这四位又都是色彩大师。现在刘文西先生和武德祖先生已经去世了，谌北新、杨建兮、张雪茵、陈光健几位先生还健在。

现在的学生，能跟一个这样的老师都已经很不得了了，而我曾经跟了这么多的名师。后来我在西安美院做国画系主任，就能接触全国的名家了，后来到了国家画院，更是要跟全世界名家打交道。现在回想，中间都没有任何空档，真是觉得时间过得飞快。就在潜移默化中，在言谈举止中，在每天的练习游戏中……也没有说非要完成什么任务，画画就跟每天要散步、要呼吸、要喝水一样，基本上每一天都在画画。

虽然现在我工作比较忙，行政工作也多，但就算是出差，晚上也会对着电视画大量速写——一掠而过的镜头，瞬间熟记于心，再靠记忆画下来。因为画过很多，所以构图啊、线条啊都很顺手。

有人以为速写是西画的方式，其实中国画的传统就是走到哪儿看到哪儿，目视心记；上下左右、由表及里、由此及彼，一边想着一边画着；课堂上讲的那些焦点啊，透视啊之类，我们早都不当一回事（去专门注意）了。

比如我跟你交往的过程中，不会要求画面必须定在那里，像西画一样，光线不能动，早晚不能动，视距不能动，角度不能动，光线、侧面……都不能动——我们不是这样写生的。

那是怎样的呢？从上到下、从左到右、从过去到现在，先要有一个整体的了解，最后画的时候，完全是一种已经理解了、掌握了的，它存在于你的想象中。你在这里画，不一定必须画成你看见的某个样子，也许画着画着你又想起个别的人来，那是谁？谁也不是，就是一个我造出来的人物形象。

比如说中国诗词，毛主席给陈毅批诗的时候说过，中国诗是"比兴赋"，说这件事情的时候其实是在"比"那件事情。比如中国人画梅兰竹菊，竹子是什么？它比喻人的气节；牡丹是什么？它比喻富贵，这就是在用"比"，看似说花草、说山水，其实说的是一种人格，拟人化的，这个"比"就是用物象来比人的品质。

又比如说现在电视经常演的宫廷剧、历史剧，说的是什么？历史吗？不是的。它是在用古代的一个事情引起，目的在于说当下的政治、当下的经济、当下的社会，最终说的是当下的人，这就是"赋"，看似是在叙述这个事情，但最后是要从这件事情感叹当下的问题。

总之，中国美术跟西方美术不一样，中国美术是文学艺术的一种载体，它显示一种社会、一种思想、一种观念、一种好恶；它不是说我要完成一个任务，给你照一张相片，它远远不止这个功能。所以中国人画画，叫作"写意"。

"写意"就是说：我对你没意思，我不想画就不画，看似我要画你，但我也可能画成别人，我只

创作手稿　20cm×30cm　纸本铅笔　1989年

是借你这个形象去表现我的一种思想观念，表达我的一种好恶，表达我的一种理想。

我要表现的是一个现实中没有的形象，是我综合了各种印象编出来的一个东西，这是中国人的"造型"。当然古代也没有"造型"这个词，只是借用现在美术的概念，就是创造出一种形象。中国人不叫"形"，而是叫"相"，相由心生。是我心里的思想、我的感觉、我的感情、表现出来是个什么样子？这个"形"不是原形，它是被创造过的、综合过的、变化过的，它就叫"相"了。

在这些方面，我受到家庭的传统文化影响很深，我最早开始绘画的时候就没有局限在现代意义上的"写生"，跟现在课堂上讲的"写生"概念是不一样的。"写生"这个说法，在古代并不是照着真实的对象如实地描写，它的意思是写生命、写生动、写生气、写活的东西。

就艺术本体来说，所有的艺术都是生活的反映，我们只要活着，就在生活。现在也有一种观点认为，活着就在生活，周边就是生活，所以不需要到偏远的地方去，我就画我周围，可以不可以？可以，但是你个人的小圈子是有限的。

作为一个艺术家，要想有所作为，必须走出个人、走向人群，从个体走向社会、从小美走向大美。尤其是一个国家级的创作单位，不能只画个人，要有作为，必须画国家、画民族、画这个时代。

创作的原则百条千条，最根本的是"深入生活、扎根人民"。现在国家画院组织的集体写生和创作，就设定了比较高的要求，要使每个画家从理论上、从更高的境界去追求，走出原来的小圈子，走出个人生活、走向社会、走向时代，境界就宏阔得多。这既符合时代要求，也符合国家文化强国战略。

深入生活会有多方面的收获，一方面熟悉社会，了解大家怎么想，另一方面了解时代、国家有什么要求，对自己来说也是创作素材的积累，"搜尽奇峰打草稿"，古人也是这样子。待在个人的小圈子里，创作素材就会比较贫乏，也没有原动力。

生活才是取之不尽的创作源泉。就比如我个人，每一次写生都会有故事。

读本科的时候，我曾经在黄河上一待三个月，就是跟着船，每天看的就是船夫、艄公和船上的人，画的也是这些人。三两个月下来，跟艄公都处成了一家人，成了一辈子的朋友，这中间多少人和事，

并不局限在一时一事之间。

1985年我上研究生的时候，我们有7个人骑着自行车去新疆，等骑到新疆就只剩我和钟维新2个人了。我们在新疆待了一周，他就因为身体不好返回了。我就一个人在新疆待了四个月。

为什么能待四个月？这一趟说是"走"，其实发生的事情，比你原来看过的资料文献、你以为这一路上会感兴趣的事情要多得多——那是丝绸之路啊！尽管过去了2000多年，丝绸之路上有很多过去的、已经发生了的、毁灭掉的，还有现在的、正在发生的，还有未来即将发生的事情。一路上，那么长的过程，思想啊、感触啊都特别丰富，再画下来就很有意思。

我的重彩《丝绸之路》就是这一趟新疆之旅的成果之一。这是一幅72米长、3.7米高的壁画作品，内容就是八达岭和丝绸之路。

当时没注意，过了三四十年后回想起来，我没有离开过丝绸之路——从1985年后就一直画，画了几十年。这期间画画的风格肯定是有一定变化的，但主题始终在那里。

现在从中国去欧洲，会经过俄罗斯、乌兹别克斯坦、乌克兰和土耳其，再到欧洲（西欧）。传统的丝绸之路就是指从欧亚大陆桥上过去这一段，从我的新疆之旅再往西，一直到罗马、雅典。而现在的丝绸之路，美国、英国、法国都算，我们对"丝绸之路"有了新的解释，包括了"海上丝绸之路"。全世界都可以算是丝绸之路，它已经成了中国人传播自己文化的一种路径。

新中国成立以后，国内美术教育的风格经历了逐渐调整的过程。

我们当初学的是前苏联的社会主义、现实主义，是在十四五世纪从古老的俄罗斯向苏联转变的过程中出现的。苏联的绘画也是从欧洲学来的，十四五世纪学法国的。但是俄罗斯民族性格强悍，地域特点铸造出人的性格，跟我们中华民族、跟欧洲、跟美国是不一样的。它也形成了俄罗斯人特别的、以

大象山石窟写生之一

23cm×30cm 纸本钢笔 2015年

大象山石窟写生之二

23cm×30cm 纸本钢笔 2015年

巡回画派为代表的一种画风。它跟欧洲（西欧）的绘画不一样，跟中国的也不一样。

虽然俄罗斯是我们的邻国，但是中国的传统文化没有太影响到俄罗斯。我们更多影响到的是东南亚，甚至影响了欧洲（西欧），但没有影响到俄罗斯。反过来，俄罗斯的社会主义、现实主义却影响，甚至统治了中国20世纪50年代的美术教育。一直到现在，我们中国的美术学院沿用的其实都是苏联美术学院的教学知识结构，是苏联人理解的绘画概念。

但对于我个人，这个概念不能占全部，最多一半。因为我是在中国传统文化的家庭里接受的教育，它跟这个东西（受苏联美术影响的绘画概念）是互相补充的。

有人说中国画和西画在打架，在我这儿没有过。我画的72米的《丝绸之路》，中国的重彩、西方的油画色彩都有体现。

2016年，我在北京办展览，网上传播开以后，远在美国的谌北新老师给周勇打电话，他说："杨晓阳的展览你看到了吗？他那个色彩跟一般的国画重彩用的颜色是不一样的。晓阳小时候跟我学过色彩，不然他的色彩画达不到这个水平。"

为什么不一样？国画的颜色是随类赋彩的。西画颜色实际上是科学色彩，是固有色、光源色、环境色。当然现代主义也是随类赋彩，会随着自己的心情主动安排一些色彩，这跟自然界的色彩、

孟买石窟写生一角
23cm×30cm　纸本钢笔　2015年

光源产生的色彩是不一样的。

在我的绘画中这两者也不矛盾。我在东方这一段用的是随类赋彩，到了西方那一段基本上是科学色彩——老师在美国就看到了。

所以我画画的过程就很自然，总是觉得时间少，应该多画点出来。有人提到某一个阶段有瓶颈，对我来说没有，只要有了想画什么的感觉，有时间就赶快画出来。在某一个阶段纠结、退步、画不成画？没情绪？不存在的。

没有瓶颈是好事，但不能一直原地踏步。2000年，我出了一本画册，有些人觉得这是艺术成就上已经获得成功的表现，但对我来说它代表着"告别过去"。

对我来说，创新是一种内在驱动。过一段时间总会有这样一种感觉，好像自己画得跟大家差不多，我会画的别人也会画。

2000年以前在学校的时候，我开始思考一个问题：为什么很多留校的高才生，多年都没有进步呢？这其实是老师这个职业特点决定的。

学校的老师就像电梯管理员，把学生从一楼送到四楼，学生走了，老师还得回到一楼，再把另一拨学生送到四楼……学生走了，老师还得下来。学校的老师，从一年级到研究生毕业

都得教，就脱离不了基础问题。

可是作为一个画家，哪有时间不停反复这些基础问题？人生有限，要是不停地在基础问题上徘徊，哪能真的到达高端？人在冲刺的时候不能考虑、不能回头。

我那时候已经意识到这个问题。现在我还是会参与教学工作，但更应该考虑的重要问题是，起步时跟最后的目标是否一致。很多人不考虑目标，目标不清楚，在起步时就会做很多无用功。

在学校时，由于教学的原因，我也是一步三回头，走两步退一步。退回来是为了教学生，你不但要自己能走，还要能把学生拉着走。每次返回去教一年级学生，就得给学生示范。你其实早就不需要那样画了，但为了给学生做示范还得那样画——那不就是浪费时间吗？这个矛盾无法解决。作为一个老师，这种做法就是照亮了别人燃烧了自己、牺牲了自己。

作为艺术家，必须要从高原到高峰。一部分人就是要冲刺极限的，就是为了分出层次的，不能给他们太多基础任务。在国家画院、中国文促会，就可以很好地解决这个问题。

在我看来，第一个层面的艺术大师应是突破极限，创造新概念；第二个层面的人是用成熟、高超的技巧固化创作；第三个层面才是普及的；第四个层面就是自娱自乐的。我们到底在哪个层面？中国文促会应该是四个层面兼顾，而中国国家画院应该是第一个层面。

第一个层面必须产生大师，

大师就是要超过所有的人。但是国家画院还有一个很重要的职责，要完成国家任务，所以第二个层面也必须有。国家的重大事件、重大历史题材、国家重要的礼宾的礼品、国家重要场所的陈列画，这些画也都由（中国）国家画院完成。

但是大学教育大部分是在第三个层面。古今中外所有的东西，要传授给后人，研究和传承就是主要任务。

第四个层面就不用说了，即使没有这些机构，人类的艺术从古到今就有自娱自乐的作用，也是最基础的。

中华民族是一个热爱美术、热爱文化、文化早熟、哲学早熟的民族。我们民间的艺术非常丰富，小孩子没人教他就会画儿童画，老干部平时画画，这些都属于自娱自乐，这个过程中也需要一些教育

丝绸之路·希瓦古城
30cm×29cm　纸本钢笔　2015年

和指导，才能充分发挥文艺的社会作用。

所有艺术和艺术家的最终目的都是"写意"。老干部、小孩就是为了写意才画的：我对这个事情、对世界有怎样的看法，可能我高兴就唱一嗓子，也可能蹦蹦跳跳、手舞足蹈，如果方便的话也可能用绘画的形式。

原始人就画了岩画，有的人在龟背上刻了文字，有的人在土壤上乱写乱画，一部分人就形成了美术专业。凡是出手表现，就都是有目的的。除非现在有人为了工作、为了学位，虽然不见得喜欢绘画这种形式，但终极目标都是为了帮助自己表情达意。

将写意贯穿创作始终，就是写意画家。

我们在学技术的过程中，有时候就迷失了方向，显得是一种技术，显得是一种科学。比如说画人先要学解剖，纯粹就没有（医学）目的，就是为了解决（画画的）基础问题。画石膏像、画人体、画骨骼、画解剖肌肉……这些过程是纯技术的（练习过程）。但是一旦你掌握了这些东西，表现的过程就是写意的，就叫写意画。

中国绘画从古到今都是写意。人类早期画那些岩画的时候，无论有组织没组织，有专业没专业，就算没有人教他，为了表达自己的所想、所爱、所感，就随便画，就画成那个样子。

后来（绘画）慢慢地进入科学，慢慢地又从科学脱胎出来。这个过程中有技术没有？有的。有科学没有？有的。但是科学有科学的艺术，却不是艺术。科学的艺术，和艺术的科学，都不是对方的本体。艺术有艺术的科学，它有自己的规律，严格地讲，艺术的科学不是科学。科学家也有艺术思维，但最后表现出来的还是科学。

在这个过程中，每个人的情况不一样，每个时代只要有一个国家不一样，有时候就限制了艺术的发展，成为一种科学绘画。

春节拾零
140cm×220cm 纸本

春节拾零
140cm×220cm 纸本

有时候限制放开了，艺术就大发展，就能摆脱科学；可是有时候科学的成果又支撑、支持、成就了绘画，成就了艺术，这都有可能。

比如钢琴的发声学是科学的，但中国人早先没有钢琴，拿一个竹管，上面扎几个眼儿，也摸索出了音阶，不同音阶差几度，他是有把握的——中国人叫手调。这不是钢琴的标准音。要说钢琴的标准，中国的、美国的、法国的应该是一样的，要不然就叫"不准"。中国的乐器就没有这种说法，你吹一个笛子和我吹一个笛子，你吹你的，我吹我的，只要这几个音的关系对就行，起步的高低是没有科学、没有全世界统一标准的。

当然现在的民乐也都嫁接了西方的科学体系，这对它的发展是有帮助的，但是从根本问题上它是不一样的。

中国人的自我发挥余地很大，就像中国的文学、诗词，包括中国的绘画，一个艺术作品的完成，跟读者最后的发挥有关系，但西方不是这样的，一个文献最后要靠科学来论证结果是错还是对。但艺术其实没有错与对。

比如一个苹果，你说是红的，我说是绿的。为啥？你看到的是受光面，当然是红的，没有受光的这一面，或者被树枝挡住的这一面，它可能一直是绿的，到了晚上它还是黑的。所以画苹果，你画成红苹果也对，画成绿苹果也对，画成一个白描的苹果——是个白的，也对；画成一个黑苹果——晚上看苹果，或者阴影里的苹果，就是黑的，难道不对？

所以我总要主动告别过去，艺术是人选的，要充分地发挥每一个人不同的感受，画出自己独特的风格。

当然风格是自然形成的，你会有这个需求，内心觉得"我不应该画这个了"，它也是一种自然而然的形成，是一种顿悟。

春节拾零
140cm×220cm　纸本

春节拾零
140cm×220cm　纸本

扇面

如果你觉得一直画这个东西很好，坚持就好了。如果你觉得这个东西大家都会，我何必去费劲？我要画出自己不同的感受，那是你已经有了不同的感受，才能这么说。如果没有不同的感受，你凭什么说你不愿意坚持那个东西？当我知道那个东西是他画的，我就不能那么画。你把苹果画成红的，你画好了，我画白的苹果也是可以的。

有的人就认为，不可以。死板的老师就认为，学生，你怎么是这样的画法？你不会观察，你是色盲！不是的！人家不是色盲，人家把颜色给改了又怎样？绘画没有什么了不起的，（画成什么样）这个楼也垮不了。科学就不行，这个楼你画歪了没什么，可你设计的楼是歪的，（盖出来）就有可能要塌掉。那就是科学。

绘画不一样，想怎么画，都没有什么不对。我无论在学校当老师，还是在国家画院，还是在文促会，只要把握住底线——不反动、不黄色，就可以放开去想象。

我觉得现在恰恰是大家没有放飞想象，而不是界限太严格或者是太死板。这种情况是长期以来计划经济影响的结果。受这种影响时间长了，大家形成了一种符合计划经济的习惯。

如果是主题性绘画，布置了题目，大家会希望有更多的资料、更多的要求——你把要求说完，我照你这要求来完成。其实这样是有局限的。

我们需要告别过去，尽可能把内在的这些禁锢去掉，把身上的这些封闭打破。所以我提出要求，凡是我组织的活动，标准尽可能宽松，发挥每一个人的特长。

关于创新，我的基本思想是"两头抓"，一只脚踩在生活，一只脚伸向艺术规律进行探索。

我以前只画人物，但现在基本上见什么画什么。比如我曾经画了一组赣南的风景写生，展现的是两个极端：一方面是我对生活的写生，尽可能细、像、丰富，另一方面又朝水墨构成、形式感的极端抽象去探索。两个极端放在一起就有了对比。

纯粹的生活就像茅台酒的原料，没有通过提升加工，没有长期的案头工作，就像茅台酒没有年份。

让好酒发生质变的是年份，艺术作品的质量在案头，在最后的提升。我画人物的构成，形式感的夸张、重新组合，一直到纯粹的水墨的抽象构成，都是在做形式感。

抽象水墨也很重要，我们暂时把生活原型去掉，在形式感上重新构成，在笔墨技法上重新探索，这两者要不断分离、不断结合，才能从生活走向艺术，才能在原型上有所提升。艺术本体和反映生活不能偏废，必须有机结合，这是一个探索的过程，也是创新的过程。

画家个人的艺术发展靠的是自己的积累和创新，一个国家的艺术发展就必须要靠教育系统——这是比个人发展更大、更难，也更重要的"大事"。

1994年，随着国家经济的发展，教育部提出，要探索教育产业化。教育产业化只是表面，本质是高等教育要利用多种途径办学，扩大中国全人口的高等教育比例。

当时教育部出台了大量宽松政策，叫"社会办学"。这一政策怎么样利用？国家宽松的政策能使高等教育发展，能使自己所在的单位发展。我想到的是为什

吴哥写意之一
68cm×68cm　纸本水墨　2019年

吴哥写意之二
68cm×68cm　纸本水墨　2019年

吴哥风情
68cm×68cm 纸本水墨 2019年

吴哥寻梦之一
68cm×68cm 纸本水墨 2019年

吴哥寻梦之二
68cm×68cm 纸本水墨 2019年

么要发展艺术教育？

发展艺术教育是适应国家发展情况的：经济发展了以后，文化也要发展，艺术也要发展；只有经济发展，意识形态、上层建筑跟不上，那不行。两条腿走路，齐头并进，经济发展的同时文化也要跟上。艺术是文化的重要组成部分，也是文化中最敏感、最先知的一个专业。如果专业不敏感，中国的文化最前沿的东西就不敏感。

发展艺术教育，我觉得首先要打破过去苏联模式的专业结构。在1994年改革以前，绘画艺术的专业结构就是国画、油画、版画、雕塑、工艺美术，而现在的专业就应有尽有。

当时的社会需要已经对美术提出了无限的要求，而美术学院的改革还停滞不前。美术学院自认为是象牙塔，其实在几十年间主要是普及素质教育。美术学院的教学是一种普及教育、基础教育。它对美术是什么？

当时的美术教育基本上是，进入美术专业，学成将来能发展成艺术家的基本功。但美术学院培养出来的就是大师吗？并不是。我们培养出大师了没有？肯定有。但那一定是上完学后，跟社会实践结合、适应时代、反映时代精神、创造自己新时代的样式——这样的东西才可能进入大师的视野。

当时的专业很少，所以我提出了"大美术"的概念。"大美术"是什么？社会需要的专业都要增设，社会需要的所有专业，美术学院都应该研究、都应该设置、都应该培养！扩大美术概念的内涵，这就叫"大美术"。

原来的美术学院只是几个专业，那就是一个小美术学院。"大美术"决定了"大美院"，扩大那么多专业，每个专业是不一样的。社会需要的都要培养，要培养就得办大一点。这就叫"大美院"。

真正的"大美院"是什么？全社会都是美术学院！去学习传统的东西、当下的东西、劳动人民在生产过程中创造的新样式——这些都是美术学院学习的教材，这就是"大美术"和"大美院"。

改革开放的时候，在经济发展方面，先进国家有很多科学技术进入了中国，但在文化方面，一个民族的文化有它根深蒂固的传统，即使别的国家很多文化的东西进来，民族的文化依然有自己不可代替的东西。

中国的"大写意"跟西方是不一样的。科学的艺术和人文的艺术是根子，是不一样的。是不是西方就没有人玩"大写意"？不是的。人家就没有"写意"？不是的。中国的艺术没有科学？也不是的。

相比之下，这两个极端是并存的，中国的艺术是深深扎根在五千年的中华民族文化土壤中的，是一种独树一帜的、西方不能代替的艺术。我们不坚持自己的东西，就会全盘西化。那样我们的民族特色就消失了！一个没有自己文化的民族，就会逐渐丧失对世界的贡献和价值！

一个事物从发生、发展到比较成熟，有一个自然而然的过程。"文化大革命"结束的时候不像现在对文化历史艺术认识得比较清楚，当时还是学习苏联模式，所有的美术学院不论什么专业都打的是西画的基础，学习素描、解剖、透视、光学的色彩，美术学院的考试导向是西画的导向，好学生都去报西画、报油画。评价学生好与坏也是看西画的几门课程，对这之外的基本不涉及。那个时候是西画统治美术学院，美术学院实际上是西画学院，我们也不例外。

随着我们对生存空间的文化、历史、哲学有所了解，逐渐有了独立思考能力，慢慢发现中华文化的博大精深，中国画、中国艺术、中国文化的写意，直指人心，西画的写实则太倾向于物质性、物理性。

1993 年创作 64 米《丝绸之路》

大家之路艺术小故事 · 杨晓阳

丝绸之路·苦水社火
295cm×2835cm 纸本水墨 2016年

大家之路艺术小故事 · 杨晓阳

我们要吸收全人类的优秀文化，西画可以作为基础之一，但是不能没有自己文化的根系。写实论比较粗浅，写意论有比较高的立意和目标，所以我会从写实走向写意。

无论画的对象是什么，你把它画成什么样子，你怎么画，画的追求不是像镜子一样反射它，而是物我相融。每个人对自然都有自己的态度、看法，在画面上有处理加工提升，这就进入写意的范畴。艺术追求的最高目标是写意，写什么意更重要，写一个人的私意是小美，追求大美是中华民族在文艺创作上的最高目标。写意的形式、大美的目标确立了，我们就会很坚决地走向写意。

这个要求同样体现在文化交流方面：你必须有独特的东西，才能去跟别人交流；如果你拿着从他那儿学的东西去跟他交流，对方是不屑一顾的。我们也出过很多画册，如果是油画画册，我眼看着大量西方人，两下就翻过去了，一本10厘米厚的画册，他2秒就能翻完——他不看。但是我拿着我们古代的画册、当代国画的画册、版画的画册、雕塑的画作……凡是有强烈的民族风格的，他不但要看，还会长时间地看，他还要带走！

所以"大美术"这一理念是中国特色美术教育的内容扩展；"大美院"是中国特色规模的扩展、形式的扩展；"大写意"是精神的深入。没有"大写意"，前面两个就会被全盘西化，甚至别人来都不愿意来了。你所有的生活方式都美国化了，西方

丝绸之路（局部）
68cm×68cm

人还要看你干嘛？

牢牢地把握住我们自己的文化根脉，在此基础上发展起来的写意艺术，别人就是要看，他还看不懂，还要当我们的学生！我们都是有经验的。

一个欧美国家的人，你讲上15分钟，他就说，"我们200年没有解决的问题，你5个字就解决了"。这5个字就是"形神道教无"。我给德国人讲，我给美国人讲，我给法国人讲：从做人到画画，从一个国家到一个时代，怎么都脱离不了这五个字，这五个字既全面地概括了艺术生活，又是评判高低的一个台阶。以形写神，形神兼备。美术造型艺术，以神写形，形具而神生，那就是第二个境界。重视形，开始达到形神兼备；重视神，开始以貌取神，那个"形"就次要了。形和神的关系是，神重要，形神兼备还不够。

文以载道，就是要"形神俱备"。一个作品，背后一定有它的道理，有它的哲学。文以载道就是"形神道"。

求道的过程中总有一些总结，文字的也好，说法的也好，总会形成一种学说，就是教化、教义、宗教。如果"形神道教"齐备，做个教授你一定很出色，因为有实践、有理论、有入门、有境界。

但是人的一生会有几次反复。毕加索有四五次，齐白石一次反复衰年变法，它就是"形神道教"。你不要满足，还要超越。超越的时候，原来的东西就是"无"，最后从"无"再到"有"。我们生下

丝绸之路（局部）
68cm×68cm

大家之路艺术小故事 · 杨晓阳

丝绸之路（局部）
68cm×68cm

来什么都不懂，叫作"无"，但是我们逐渐学习，从"无"到"有"，"有"了以后才能"形神道教"。

就算一个人先知先觉，要做到"形神道教"俱备，也要四五十岁了。这难道就到顶了吗？亦无止境。从"无"到"有"，还要再从"有"到"无"，"无"又产生"有"……它是无限循环的。

这五个字怎么样？外国人听了都说"赶紧记下来"。记下来还不算完，我还要到外国办一个学习班，就教这五个字！教完了，我说这就是中国画，是所有的绘画，就是你这个人，就是你这个单位，就是你这个国家！如果不相信，你拿这五个字去衡量一下。讲完以后，再教你水墨怎么画——还是这五个字，咱们试试看。

我长期教学也形成了我的办法，先把外国那些大画家们召集起来，几十个人给他上一个礼拜的课，最后还要通过实践让他理解这五个字。

这就是一个侧面。理解这五个字并不是全部。你的材料很好，观念也很好，那是你们民族的土壤生出来的艺术，我也很佩服。但是你不能代替我——这就是我在告别过去以后，逐渐形成了对于事物发展的一种看法。

任何事物，"变"这个现象是任何事物发展过程中不变的。事物永远都在变，变是永恒的，不变是暂时的。

难道一辈子都画一个样子，你会很满足吗？画着画着就不耐烦了！我就要画成另外一种样子！什么样子？瞎画乱画，没什么了不得的。

我的老师湛北新先生在中国美术馆办展览的时候，有人问他："湛先生，你画了一辈子画，现在是什么状态？"他说："我乱画。"旁边人说："湛老师你怎么老顽童乱说？"他说："我就是乱画。"人家说："你有板有眼的，为什么说自己是乱画？"他说："我就是乱画，乱画需要自信，乱画需要基础，乱画需要你乱画得起，有的人乱画不起的，你本来画得也不好，还乱画，不是什么都没有了吗？乱画得起的人才敢乱画。"你看，从"无"到"有"了以后，你才敢再回到"无"。

所以做事也好、比武也好、画画也好，凡是敢从心所欲，一定是早有规矩了。之所以"乱做"，其实是为了破规矩，是为了从高原到高峰，需要有乱画的时候。

乱画的时候，大家不理解，有人攻击有人批判，甚至还有更恶劣的做法。你要理解、要知道，也要扛得起。要接受历史的考验，就不能怕当下。凡是创新的，一开始都不得好过，就看你有没有魄力、底气，敢不敢让人骂。

恩格斯说过，像马克思这种人，攻击他的人连赞扬他的资格都没有。赞扬马克思？你差得太远了！你没有这个资格！你只有不理解。要是你理解了马克思，那不是证明马克思的水平跟你一样了吗？你不理解他，那是对的！证明他超出你！但是你要赞扬他？对不起，你没资格，你早着呢！

所以在艺术上要敢于突破，敢于砸锅卖铁、置之死地而后生，有时候就是要背水一战。

有人要我画一个以前曾经画过的，我也画不了。怎么会画不了？你不是20岁就能画那样的吗？我20岁画的，50岁为什么就一定要画？批判我的人很多。我觉得，批判我的人越多，证明我越有自己的东西；你不批判我，反而证明我停滞不前了。

所以近几年我就有意识地要让成绩竖着走、累计走。避免大家刚刚觉得"这个东西我们能理解"，你就复制了一大堆——不复制，没那工夫！

艺术教育的普及、艺术的普及，跟我们的教育大环境有很大关系。"大教育"现在的比例还是太少。现在全中国人口中受过高等教育的只有15%，发达国家能达到80%—90%。像文莱那种小国家，受高等教育的人口比例超过100%，甚至达到200%——一个人上过两个大学，不断接受教育！每过一段时间我就再上个大学！随着知识的更新，受过高等教育会对这个国家、这个民族、对每一个公民有很深的影响：文化感受啊，人民的精神生活丰富程度啊……那才叫现代。

现在我们中国的比例还太低——人家是200%，我们只有15%。所以我们在艺术上的创新和进步还有很多不被大家理解，这是常态，这才正常。要是没人攻击你反而不对了。但这个"攻击"往往是善意的。没有恶意的吗？我认为超过85%的人其实是"不理解"。别人攻击他跟着点赞。这种人你不要怪他，因为他没有受过教育。我们这么努力地在教育普及上下功夫，就是为了这85%的人的不理解。如果理解的人能再多一些，我们做的工作就算有一点作用。这就是我们的贡献。

艺术教育的提升是个过程，我们也很欣喜地看到变化正在发生。比如这些年各类画展越来越多、越来越受到群众的欢迎。但这其中有些概念还需要我们推动普及。

比如每个画家都有自己的艺术特点，但这跟他的艺术水平如何，其实是两回事。

啥叫水平？比如博物馆有一些临摹古画的研究者，他们往往临摹得相当好，可以乱真——这叫"水平高"。这些人很辛苦，贡献也很大，但是这些人没有自己的特点，他是在学习、研究、从事这方面的工作。这个时代需要多方面的文化建树，才能构成文化的进步。

一个独立创新的人是需要天分的，不光是功夫。他可能水平不见得高，技巧不见得高，但他眼光独到。往往能创造自己特点的人，功夫本身也很好，水平也很高。这个水平高是某一方面的，比如模仿的水平高、造型能力强、色彩敏锐、主题抓得准等，这都叫"水平高"。

可是，最后独立的、能够创造代表这个时代的内在精神的，需要艺术上的高峰突破，需要所有的条件都具备。

比如可能你从小受教育很全面，在创作中遇到的阻力小，或者是遇到阻力后克服了、进步很大，还有你的性格、身体、寿命，包括时代的机遇、周围人对你的看法……都是起作用的。有时候是对你的正面推崇，有时候是对你的负面攻击，都有可能使你最后成为创新者。

艺术家分两种：一种是高水平，但是这个高水平往往被理解成技术高超；另一种是有意义——高水平不见得有意义。

比如抢救敦煌壁画，我抢救了一张古画，把它复原了，水平很高。这张画让我们看到了前辈原来是这样子的，某个技术原来是这样子的，原来画法是这样子的，原来这个文献经过整理和考察资料证明它是这样来的，《清明上河图》《千里江山图》《只此青绿》……原来是这样来的。

但是研究的人的价值不能代替创新的人。创新是要敢于牺牲的，是要有牺牲的本钱的，要有这方面的天才，要先知先觉，身体还得好，条件也不能差。你的抗打击能力要强，支持你的力量也要够雄厚，你才有可能在这个时代留下自己的痕迹，才有可能对国家、对时代、对文化做出自己的贡献。

绘画是我的事业，也是我的热爱，同时我对很多其他艺术形式也非常喜爱，比如民间艺术作品。

我从小长在西安，这是一个五千年的古都，中华民族13代王朝在西安建都，我母亲又是文物干部，我从小就对看得见摸得着的、古代的周秦汉唐的东西比较熟悉。在绘画的过程中，我通过自己的学习感悟，对这些东西的价值越来越了解。大量散落在民间的艺术：炕头石狮子、拴马桩石雕，彩绘

大家之路艺术小故事 · 杨晓阳

丝绸之路（局部）
68cm×136cm

丝绸之路（局部）
68cm×136cm×4

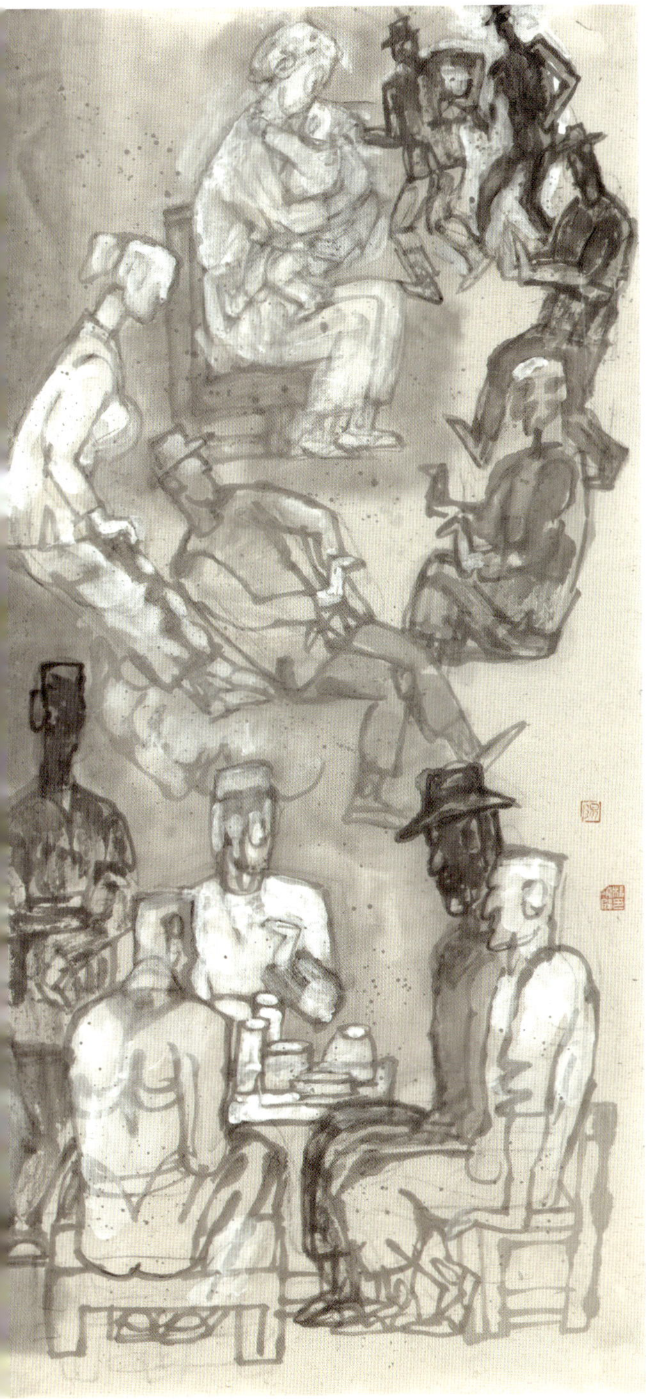

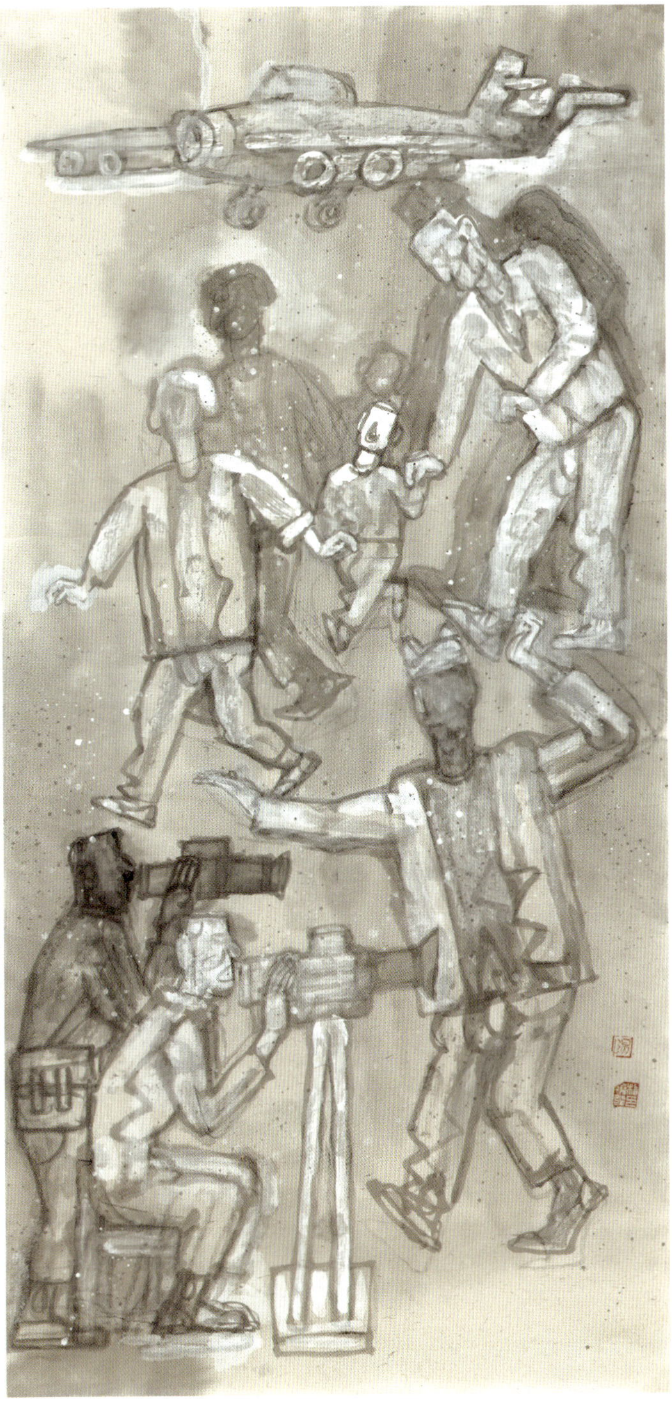

陶俑……这些东西在西安遍地都是，也不值什么钱，但不值钱不等于它没有价值。别人不当回事，但我懂啊！为什么我散落出去的画比较多？那个东西一张画可以换一个，这个东西一张画可以换十个，还有这个，一张画可以换一百个！

这些年我一直在通过各种手段收藏这些艺术作品。在西安美院做负责人的时候，我申请上级的资金、社会的资金，还有社会的募捐，也动员朋友捐赠，通过各种方式收集了大量的民间艺术作品，包括拴马桩、上马石、石人、石马、石狮子、石猴子、马槽、门墩、民间的脸谱、泥玩具、陶瓷……应有尽有，国内有陕西的、河南的、山西的、甘肃的、青海的，国外有印度的……这些东西最后组成了西安美院的博物馆。我估计全国其他美院里的博物馆的藏品加起来比不过这一个学校里的。

我们当时的抢救现在看来就很不可思议了，当年几万块钱能收一卡车，现在几万块钱可能连一个都买不到。

所以，要在一个时期抓住机遇，这些将来都是社会的、国家的。我自己捐了103个彩陶给国家博物馆，填补了中国国家博物馆彩陶的空缺。收藏这些的过程，也是学习鉴别、增加自己知识的过程。

这些造型艺术的观念，对我自己的规划也有很大的补充。有人跟我说，你某个作品有来自哪里哪里的启发。我开始也没在意，慢慢地发现是对的，我的艺术特点、整体气息，可能是跟周秦汉唐的西安、古都文化有关系。

当年我逐渐从西安向西走，向西向西再向西，一直到雅典、罗马、土耳其……走到了这些国家，我的绘画慢慢地就成了一个丝绸之路。一开始我并不是故意的，但是鬼使神差地就是想往西——没有想往东、也没有想往北——每次一有时间就想往西走，到新疆乌鲁木齐，到葡萄沟，慢慢地又从中国南疆的塔什库尔干走向巴基斯坦，最后走到伊朗、伊拉克、俄罗斯、乌兹别克斯坦、乌克兰，再走到土耳其，再过去到了欧洲：北欧、东欧、南欧，到罗马、到希腊，后来逐渐走到了巴黎、纽约……从中国、印度到非洲、伊斯兰国家，总之，一不小心丝绸之路大部分都去过了，感受不同民族、不同时代的艺术滋养，我后来的创作不断变化，跟写生也有关系。

两个月前，我在北京办的"写意写生作品展"，大家的评论印证了我自己的实践，写生也就变成了创作。

现在说创新，实际上我主观上并没有想把写生画成创作。是不是一种创新，在画的时候是不管的，就跟练武术的人一样，一招一式学得到不到位，自有标准。可是真要遇上日本鬼子，那就是不惜一切手段，只要打败日本帝国主义！你说是怎么样来的？并没有一个完整的方案。

面对柬埔寨吴哥的时候，要想好一个办法？没有！画的时候迷迷糊糊，根本管不了什么"天都快黑了怎么画？"想都不会想，太阳这么热，赶紧画，把这张画完了，画的时候肯定怎么快怎么来啊！

再说画电视镜头，那就是一闪而过，我能想什么办法？唯一的念头就是，这个镜头很有意思，赶快记录！有一次画着画着瞌睡了，睡着了，一会儿醒来一看，这乱画的什么呀？都不记得了。

其实创作的状态在创作之前是想不到的，所以并不是设计好的。它到底是个什么样子？画每一张画的时候都不一样，一旦画出来就是一个创作的作品。好与坏，也不知道。设想这个"意"在先，也未必没有这种意识。但多数时候看见那个东西、画的时候，就是画家的一种敏感。这个"意"的意思是，画家并不真正知道它是什么，所以写意画写的是什么意？构思好了、历史资料齐全了、文字描述准确

丝绸之路（局部）
68cm×136cm

了，你再准确地表达，那它就是插图了。

当你面对任何生存环境中发生的事件，人物也好、色彩也好、感觉也好，画的时候其实是不清楚"我到底要画什么"的，就是赶紧画。"没想好"，或者是"想好了，但画的时候画成了另外一个样子""画坏了，最后一看，虽然不是原来的构思，可是画出来这张画好像有点特别，也想留下来"……还在变化中间的时候我也不清楚啊！如果一种感觉能用语言来解说，我觉得那是很初级的。写意画的意义是很复杂的，可能就是刚刚意会了，可能刚刚有那么一点点意思，可能想不到最后画出来的是个什么样子，不清楚。

但是我觉得，古人在表现高超艺术的时候，可能就是这个状态。我这十年刚刚偶然感觉到，画的时候到底画的是什么；不是说没有想法，而是画的过程中它的偶然性、不可预见性，很大。

我感到开心的是，现在的"大写意"越来越接近传统的写意了。比如说梁楷画的《太白行吟图》，还有这个《泼墨仙人图》，他一定能想到画出来是这个样子吗？未必。也不能说没有构思，但是意在笔中、意在笔后、意在你想不到的时候，产生的结果才是写意画。如果能准确地表达构思那就成了插图了。

现在流行的大插图，就是那种大型的主题性绘画，其实艺术性是很弱的，大家很难发挥，因为一上来就是奔着主题去的。比如《开国大典》，最准确的就是录像，某个事件某个人物，录像、照片都是最准确的。而绘画要表现的就是一个准确的历史时刻，它是历史的、准确的、真实的。

作品越真实，艺术性受到的限制越多，画家也是无能为力的。好比国家重大历史题材的作品，这个画就比较难。虽然都是优秀的画家画的，画家下的功夫或许最大，但却不一定是他这一生最好的画。你自己的理解跟国家的理解很可能是不一样的，跟所有评委的理解是不一样的。评委或多或少代表国家，一个人的智慧、一个人的信息量是很难达到的。

根据 2022 年 11 月 24 日的采访整理

丝绸之路（局部）
68cm × 136cm

卢禹舜

中国国家画院前院长、院务委员，中国艺术研究院博士生导师，全国政协委员，中国美术家协会理事、中国画艺委会副主任，中国画学会副会长，第二届"全国中青年德艺双馨文艺工作者"，中宣部"四个一批"人才，国家有突出贡献中青年专家，享受国务院政府特殊津贴。

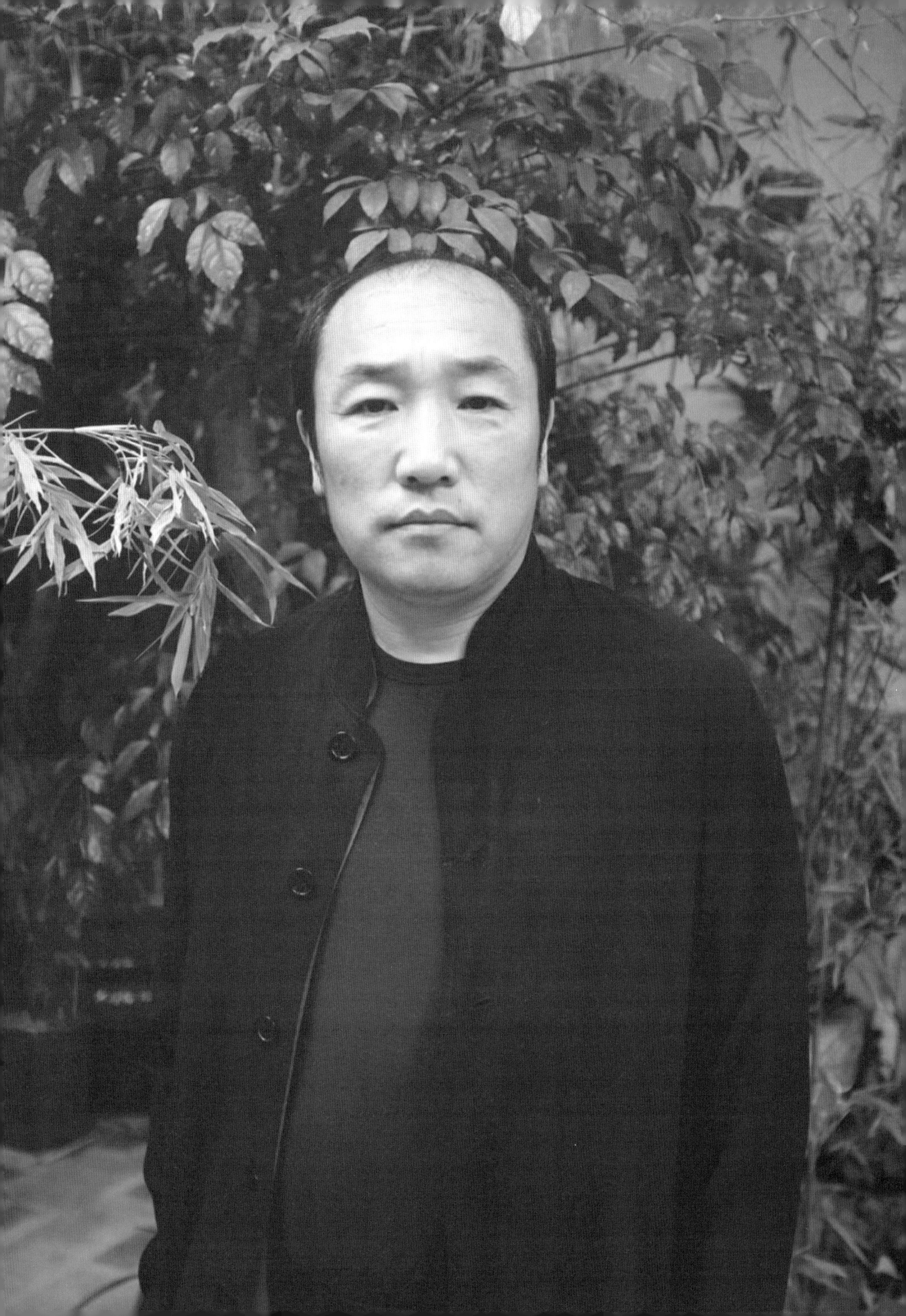

宇宙洪荒　丹青妙笔

采访地点：中国国家画院院长办公室

采访沟通：卢禹舜，郑满林

1962年，我出生于哈尔滨市南郊一个高级知识分子家庭。父亲在"文化大革命"前毕业于中国人民大学，母亲是一位勤劳朴实的家庭主妇。我在父亲严厉的教育和母亲温暖的呵护下长大，小时候热爱画画，目的性不强，纯粹是个人爱好，愿意画画。小时候生活在一个知识分子家庭里面，爷爷是农民，父亲受过比较好的教育，父亲不希望我学画画，也不希望我搞艺术。而我从小受爷爷奶奶影响，有一些中华民族勤劳智慧里所具有的朴实和对美的追求和向往，这种美是在劳动生活当中创造的一种自然美。当然也有人文方面的创造，它对我有一定影响，比如说对窗花和剪纸的认识。爷爷奶奶这一辈人都会，自然而然地影响到了我。但是父亲总是认为文化课学习非常重要，那个年代学好数理化，走遍天下都不怕，父母们都有这样的一种传统教育思想观念。

我是"文化大革命"后成长起来的画家，那时，我不过是一个四到十四岁的少年，正是天真烂漫、快乐涂鸦、疯狂玩耍的时期。因此，"文化大革命"对我并没有什么影响。我从小就喜欢画画，经常在课堂上画小人书，但并没有因为画画影响学业，学习成绩依然非常优秀。父亲希望我成为一名工程师，不希望把精力浪费在画画上，为了画画，我经常被父亲教训。十二三岁时，我软磨硬泡恳求父亲，允许我学画画，开始到当地很有名望的由甲申先生家里学习美术。这期间，我画了许多连环画和宣传画，都画得非常好，经常发表在《红小兵》《北方文艺》等杂志上，《小组批斗会》《备战劳动》等作品是我十四岁时的作品，虽然还很稚嫩，但画面构图、人物神情等都十分生动，可惜这一时期还有许多作品都散佚了，绘画方法不是线描的传统方法，而是采用西画的块面塑造方法。

高中时期，我学习成绩也很优秀，完全不像今天许多家长认为的，孩子文化课成绩不好就学美术。其实文化课不好，肯定当不了优秀的画家，兴趣是最好的老师，画家要有博学的文化知识和非凡的创造力。上高中后，我想报考美术院校，父亲坚决不同意，在我百般恳求下，才同意提前一年参加美术高考。我花了一年的时间跟林彦、孙月池、鲁华等老师学习美术高考的课程，我非常珍惜这来之不易的机会，勤学苦练，终于如愿以偿考上哈尔滨师范大学美术教育系。所以在考学之前，他们教我基础，非常好的传授，使得我的成长和进步比较顺利，走得也比较坚实。大学之后，像林彦老师、鲁华老师、孙月池老师等，黑龙江的几位著名艺术家对我比较偏爱。我在他们身上学到了非常多的东西，不仅仅是对艺术本体的学习，更多是综合性的。在艺术的天地里，我感受到无比的快乐与幸福。

  1979年至1983年，我在哈尔滨师范大学美术教育系度过了美好的大学时光。四年里，我学习非常刻苦用功，从来没有节假日。有一年的大年三十，全家人都沉浸在新年的欢乐之中，父母做好丰盛的年夜饭，可是不见我回家团圆，父亲到学校来找我，我还在教室里废寝忘食地画画。所以"天道酬勤"，没有谁能随随便便地成功。大学期间，我的素描、色彩基本功扎实，喜欢画大幅作品，练就很强的造型能力。我的专业是美术教育，当时学校开设了素描、色彩、工笔、写意、花鸟、人物等课程，我一丝不苟地学习，每门课程学得都非常好，尤其是我的水彩静物和工笔人物尤为突出。哈尔滨毗邻苏联，各种文化思潮受苏联影响较大，是一个很摩登的城市。哈尔滨地处我国北疆，受中原文化影响相对较弱，中国画的传统在这里更是薄弱。我早年接受较多的是西方美术教育，这种艺术熏陶，造就了中西融合的艺术气质。"文化大革命"结束后，西方大量的美术思潮涌入中国，当时的人们自觉地进行经济和文化的开放，西方美术思潮尤其是形式主义思潮极大地影响了中国画坛，也同样深深地影响了我。

  1981年，我开始学习山水画，画山水从一开始

澳门写生

38cm×52cm　2018年

就选择具有时代气息的风格，而不是宋元山水。最初的学习是至关重要的，它将影响艺术家的一生，《古刹庙宇》《松花江畔》等作品极富现代气息。在大学里，我画了大量的水彩画和工笔人物画，水彩画大都是大幅静物，画得非常精彩。从1982年到1983年，第一个阶段是我山水画创作风格的过渡时期，这个时期是我的风格形成的关键时期。在校期间，我曾获天津、上海、哈尔滨三市青年美展一等奖，1983年我以优异的成绩毕业并留校任教。

1986年9月至1987年7月，我考入中央美术学院国画系本科班，插班进修。报考几经周折，开始校方不让我报名，林彦老师带着我到中央美术学院极力争取，校方才允许我报名参加考试，我一直感恩林彦老师的厚爱。

1983年到1986年，我刚参加工作，创作了许多大幅作品，以表现塞

京郊写生
39cm×52cm
2017年

苏东坡诗意图系列之三
69cm × 45cm 2020 年

桃源行诗意图
370cm×124cm　2021年

北风光为主,表现宏伟广阔的精神境界。从精神层面对艺术的理解,再到技术层面对艺术的掌握,再到综合修养,能够更好地使艺术实践、艺术创作达到更高的一个境界。在中央美院学习期间,我一如既往,勤奋学习。我的绘画个人面貌开始出现,一年学习结束后,成绩优秀,被中央美术学院借调执教一年。在中央美术学院的这两年,我的专业水平突飞猛进。不仅学于黄润华先生、贾又福先生等名家,还得到李可染先生、叶浅予先生、张仃先生、刘勃舒先生等诸大家的指教,包括人格、人品的建立等。像林彦先生、鲁华先生、孙月池先生、由甲申老师等,虽然是入学之前教我,但是对我的影响比较大,这个时期我的进步比较快。毕业之后留校,我有更好的机会来到中央美术学院学习,开阔视野,增加学习机会,另外相对来说平台也就更高了。比如像李可染先生、叶浅予先生,还有刘勃舒先生、黄润华先生、贾又福先生、王镛先生等大家,都有向他们学习和交流的机会,特别是李可染先生给予我更多的指导。甚至是在我的整个学习工作、从艺生涯当中,都给了我很多的关心爱护和帮助。

1986年的太行山写生作品,开始体现出"河山锦绣"系列作品的风格,勾皴繁密、笔墨厚重、皴法新颖。其中,《八荒通神》和《精神家园·唐人诗意》又是作品风格中的典型。水天中先生曾说,我的作品中,"静观八荒"和"唐人诗意"所代表的两个系列,从两个方面展开对自然的思索,即对浩渺无垠的宇宙的思索和对静谧悠远的文化的思索。我认为灵魂是寄托在山水之中的,表现对一山一水、一树一石的悉心揣摩和细致入微的推敲。不仅仅凭判断,在感受体验的基础上,打破客观的焦点透视原则和自然认识的规范,采用散点透视法则,地老天荒的深幽寂寥,笼罩在同一光辉之中。对北方这块神秘土地的选择,体现着对这块土地的感情

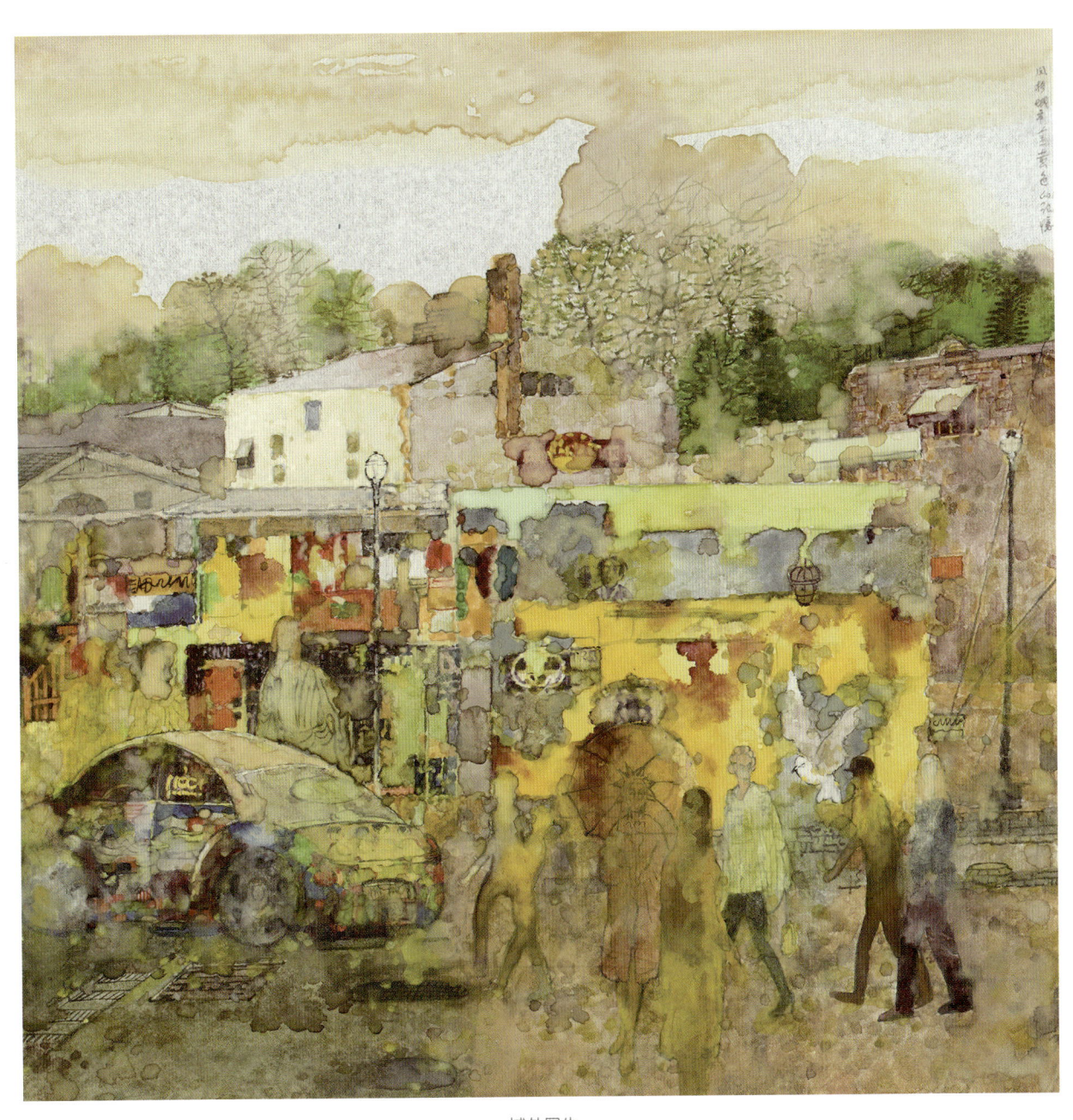

域外写生
39cm×39cm
2017—2022 年

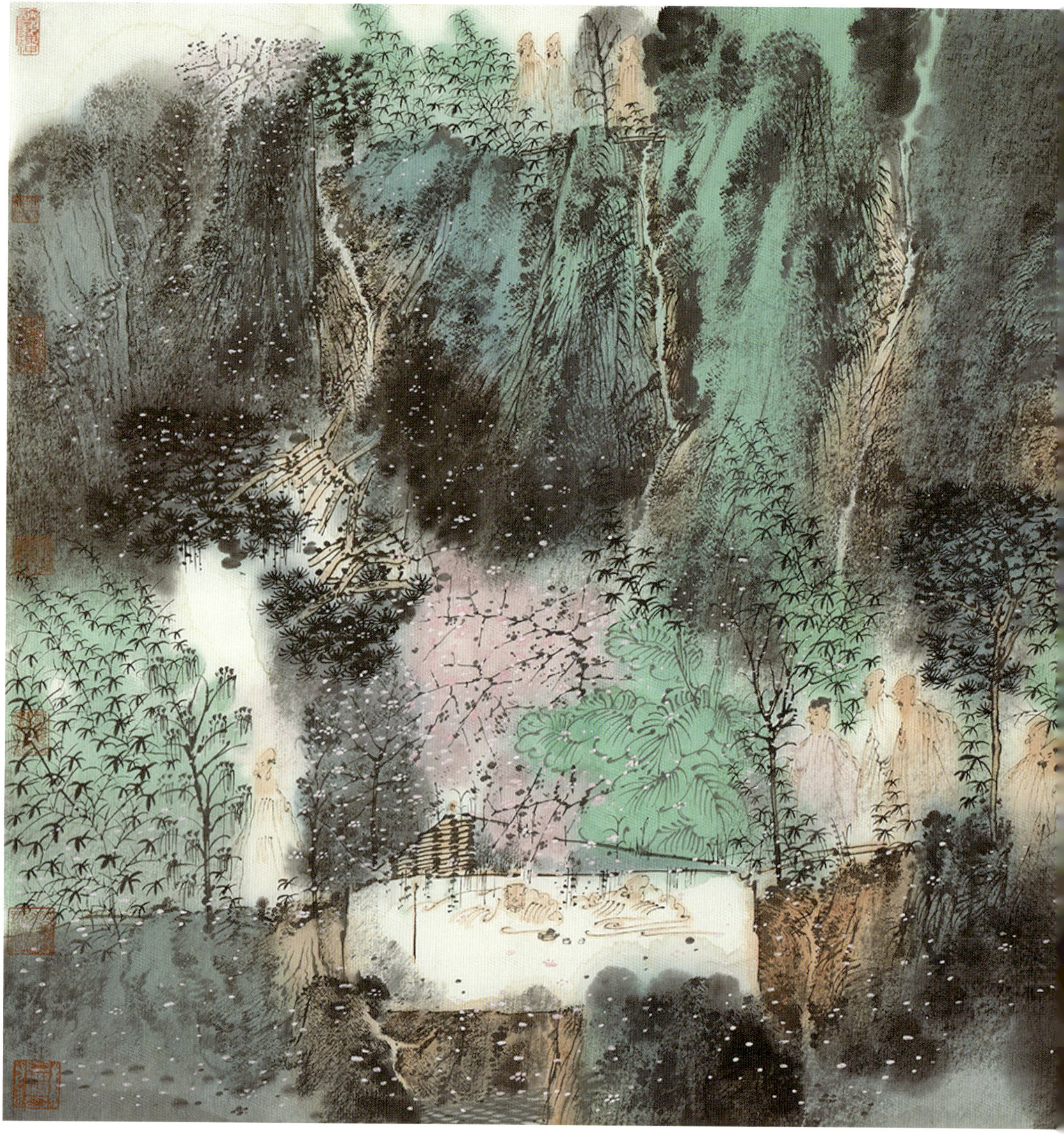

桃源行诗意图
69cm×137cm
2019 年

黄河写生
28cm×42cm 2021 年

域外写生
28cm×42cm 2022 年

寄人诗意图
28cm×60cm　2014年

依恋。"河山锦绣"系列作品是我的国内写生作品，风格形成于1986年，我画了许多写生作品，太行山地域较多。

1987年到2002年为第二个时期，称为抽象时期，此时多描绘宇宙洪荒，注重画面秩序。1987年，我创作了《乡雪图》《晨光熹微》这两件非常重要的作品。这两件作品，已经体现出"八荒通神"系列作品的风格特征，平面性、构成性、重复性。1990年，我开始创作"唐人诗意"系列作品，林泉云山，高人雅士，技巧完美，格调高雅，意境幽远，极其重视个性的张扬和精神的表达。早在1985年的作品题款中，我就明确指出作品要"异于同道"的创作方向。我觉得在艺术创作上，我们要做发明汽车的人，而不做技术高超的马车夫。陈绶祥在《读卢禹舜画记》中写道："我坚信我对他的判断和期望，他的清和淳厚与儒雅真诚依旧在他的创作之中。"

后来，1990年在香港举办我的个展，画展是杨振宁先生推荐的，当时香港的新闻画廊为我举办的。杨振宁先生取得巨大的科学成就，获得诺贝尔奖，以及他为祖国做出的科学方面的贡献，让我十分钦佩，他对我们这些晚辈的艺术创作研究的熟悉和认识

敦煌写生
28cm×42cm 2018年

是通过我的作品。在香港个展上,他看到我的作品比较喜欢,艺术和他的科学研究,从视觉感应上有一些共鸣的地方。杨振宁先生对我的作品给予了充分的肯定,同时,对于我的艺术实践和探索,他也觉得有一些科学上的共鸣,就这样我们成为忘年交。另外,在香港期间,我们有许多交流,他也陪着我游走香港,我特别感激杨振宁先生。临走的时候杨振宁先生给我提出一个建议,希望我可以成立艺术基金会,更好地促进黑龙江文化事业的发展。那么,基金会主要是以公益服务为目的,成立这样的一个机构,筹得资金,对未来艺术的发展,为优秀中华民族文化传统的继承,提供良好的机会。因此,成立基金会,将有一个非常好的推动作用,我当时对基金会没有一个明确的认识,杨振宁先生只是提出建议，觉得可能会给我一个很好的学习机会。

另外，方向性比较明确。我从香港回到北京，开始去了解一些基金会，比如当时吴作人国际美术基金会，分析这一基金会的章程管理办法等。那个时候基金会的办公地点在中国国家画院，我研究了关于基金会的国家管理政策，最终在哈尔滨成立黑龙江中华文化发展基金会，由黑龙江省委宣传部主管。因为基金会是跟金融有关的金融机构，需要在中国人民银行总行备案，当时成立也是困难重重。不过，有杨振宁先生的支持，有当时国务院副总理陈慕华的支持，有全国政协副主席方毅的支持，还有黑龙江省当时的省委书记孙维本老书记的支持，很顺利地成立起来了。那个时候我们也做了很多有影响力的活动，应该说是载入史册的一些活动。比如"黑龙江中华文化发展终身成就奖"等奖项的设立。活动的开展，事业的推进，客观上都给黑龙江的文化发展建设做出贡献。实际上基金会现在还在发挥着它的作用，包括现在有好多国际和国内的一些文化活动，基金会还都在努力发挥作用。

我1996年任哈尔滨师范大学副校长，1998年任黑龙江省美协主席。在哈尔滨师范大学艺术学院工作期间，我负责艺术教育工作，就是负责艺术学院的工作。那个时候我应该说是黑龙江最年轻的一个厅局级干部。主要是各方对我的关心，特别是组织的培养。从业务发展角度，组织给予了更多的关心，让我在岗位上

澳门写生
38cm×52cm 2018年

大家之路艺术小故事 · 卢禹舜

灵水村
43cm × 59cm
2014 年

更好地去锻炼。因为黑龙江的艺术教育和艺术人才培养，在全国都是比较优秀的。另外，从绘画和音乐方面，黑龙江有它独特的地域优势和人文特征，有地域本身所创造的民族精神，和一种博大、深沉、凝重的精神气质。因为"文化大革命"期间，黑龙江的艺术教育领域，当时有些艺术学院解体，之后大部分人才集中到了哈尔滨师范大学。哈尔滨师范大学成立艺术学院，实际上它的规模已经远远超出了一个二级学院的规模。它的人才培养不只是师范院校的艺术师资的培养，黑龙江省委省政府明确师资培养的作用和职能，它也肩负着艺术人才的培养任务，它更是一个综合性的艺术教育机构。由于我们的艺术实践和艺术探索，包括我们艺术教育过程当中也取得了一点成绩。社会各界也希望我们在教育管理、人才培养和艺术创新上都能够有更好的发展，为国家为社会做贡献，所以把我安排到这样的位置上，更好地去锻炼我，委以重任。

2002年，我带领哈尔滨师范大学艺术学院部分

内蒙古写生
49.5cm × 69.5cm
2014年

赤壁怀古诗意图
23cm×138cm 2020年

教师到欧洲考察，回国后开始创作一批作品，湛蓝的天空、色调丰富的自然景观、历史的遗迹、别致的楼台殿宇，尝试着用色彩表现。这是欧洲、色彩、中国文化和我四者相遇后的完美结合。欧洲写生作品里有丰富典雅的色彩修养，对于色彩的追求，在这一时期已经初露端倪。2002年至今为第三个色彩造境时期，此时通过描绘欧洲风情，开拓了中国画的表现领域，从墨色美到色彩美。我带领哈尔滨师范大学艺术学院部分教师出访欧洲各国，开始创作"彼岸理想"系列作品。这类作品直接用色彩造型，开拓了中国画的用色技巧与色调领域，创造了崭新的山水境界。五种风格代表作有《八荒通神》《精神家园》《河山锦绣》《彼岸理想》《天地大美》。这些作品体现了宽阔的胸怀与细腻的精神世界，反映一种本真的创造力。我追求独特风格，对东北平原和森林的描绘，形成"八荒通神"系列作品的风格；对异域景观的挖掘，表现"彼岸理想"系列作品的面貌。水天中曾说过，在我的作品中，《静观八荒》和《唐人诗意》所代表的两个系列，从不同的两个方面展开对自然，对浩渺无垠的宇宙和静谧悠远的文化的不同思索。在我的"唐人诗意"系列作品的创作中，主要选取平凡的山水景物入画，山景居多，也比较注重形式意味的展示。在画面上，经常出现山林云雾、幽谷鸣泉、船舶河岸、书斋坐卧、文人雅士等形象的组合，虽然这些形象看起来平淡无奇，但追求的是平淡中见神奇，景色虽小却耐人寻思、简单而灵动的视觉效果。

李可染先生说的"最大的功力打进去，以最大勇气打出来，把握传统和生活"，其实到现在还影响着我们，体现出一种强烈的对艺术执着的坚守。比如，他有两方章子，分别叫"可贵者胆""所要者魂"，在艺术创作实践过程中，这种守正创新的精神，创造的勇气，都激励着我。齐白石先生有一方印章叫"痴思长绳系日"，更能够感觉得到他对时间的珍惜，与艺术追求所持的一种坚守态度，至关重要。通过老先生，我对优秀民族文化传统创新和发展坚定了信心，李可染先生一直在讲"东方既白"，实际上给了我们更多的希望，对前景的一种

京郊写生

39cm×52cm 2017年

灵水村爨底下村写生
43cm×59cm　2014年

美好憧憬和向往，都激励着我们在艺术探索和实践当中努力发奋。

2006年，我任中国国家画院常务副院长。中国国家画院成立国画院、油画院、版画院、雕塑院、书法篆刻院、美术研究院、公共艺术院和青年画院八个专业画院。与国内外美术界保持密切联系，频繁出席全国各大美术展览活动，在忙碌的行政工作中，坚持创作大量的作品。之后开始加入女性人体，这类作品中山水、花鸟、人物融为一体，清新典雅，梦幻迷离，意境深邃。《德为良田》也是"精神家园"中的系列作品，简称"蔬果系列"。

从2007年起，我在中国国家画院招收高研班学员，每年都带学生到全国各地去写生，画出了一批精彩的作品，风格面貌又有一些新变化。我的艺术作品极富原创性，应该归功于从小的培养。石涛曾说过"笔墨当随时代"，变化和发展是宇宙永恒的主题，创造力是人类发展最宝贵的源泉。2008年，我带学生到山东崂山写生，开始创作"彼岸理想"系列作品，直接用色彩作画的方法画国内山水风景。"八荒通神"和"精神家园"代表了我的山水作品的两大典型风格。从2010年开始，形成《天地大美》的图式风格，把天上、人间相融合，时间、空间相

覆天载地

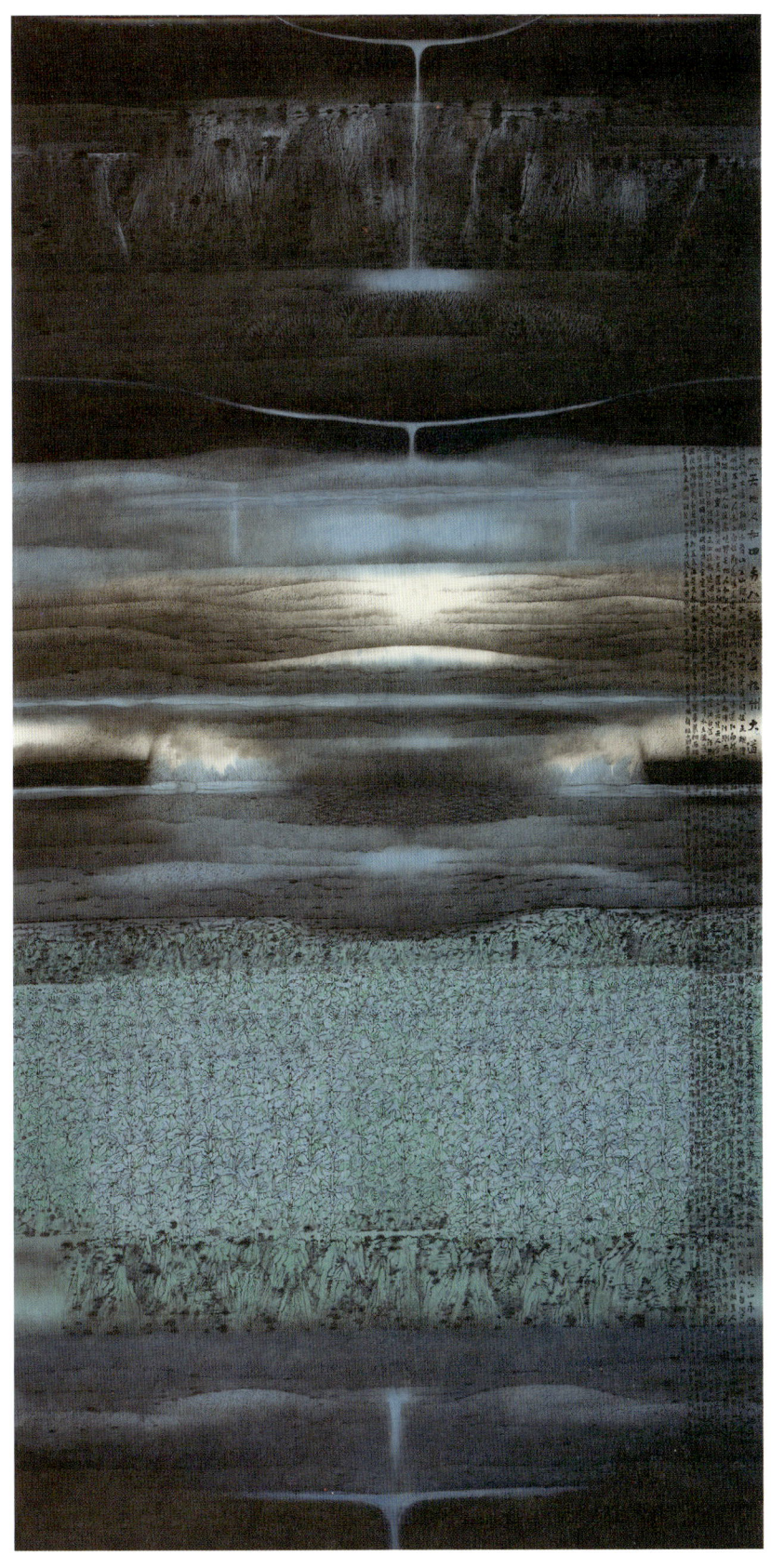

270cm×136cm 2022 年

月下独酌诗意图
69cm×69cm
2020年

交织，有历史的绵远、空间的辽阔、宇宙的洪荒，仿佛时空的隧道展现在我们眼前，体现出我的宇宙意识和人生观念。画面中点线塑造形象，擦染烘托气氛，典雅秀美，极富文人气息，物像众多，结构井然，色调丰富。水天中曾说过我的作品，用黑与白，深沉的水墨与优雅的青绿，晕染出一片迷离恍惚的绮丽情境。

"八荒通神"系列作品是我山水作品中最具特色的风格，在当今中国画坛独树一帜，黑、平、满、色是其特色，独特、宁静、精致、宏大、永恒。红、黄、蓝、紫等色调饱满灿烂，具有强大的穿透力，直通内心，这是北方地域精神的升华。邵大箴先生曾说过，我的作品不在表面的笔墨符号上做文章，而扎扎实实地加强笔墨的内功，即精神内涵。继续坚持师古人、师自然的态度，更加深入地思考，如何在自己的作品中，表现中国传统文化博大深沉的精神，兼有北方的苍茫宏大和南方的精致幽微。通过自己的绘画样式、符号与笔墨展示大自然的力与美，表现物我融为一体的和谐境界。

我在创作中基本上遵循上述原则，多以三种方法，高远、平远、深远并用。其中，基本形成了以横断面划分整体画面层次的图式习惯，如《神静八荒》等作品景物由远及近展开画面空间，横断面或由空白所断，或由云水所断，打破了自然空间而重视画面空间。当目光从一个断面移向另一个断面时，视觉上的跳跃带来的不仅仅是感受上的愉悦，更重要的是对山水精神内涵的认识和理解上的飞跃与升华。由横断面成为画面的组成部分，使每一局部形象，成为空间中无法度量的精神载体和灵魂畅游的梦幻空间，四野八荒弥漫着浓郁的山水精神。

泉水是源源不断的，生机勃勃、充满活力、朝气蓬勃，象征着锲而不舍的精神。泉水象征母性和生命之源，汲取内心精神力量的源头。唐宋时期的画家不断地走访各地名山名水，在山水自然中净化，积累自己心中所思，看着湍湍流水，巍峨高山，在栉风沐雨中，寻找道德与精神上的升华。因此，在我的作品中，对于泉水的表现情有独钟。山川、云

苏东坡诗意图系列之一
45cm×69cm 2019年

覆天载地　四方八极　六合九州　大道不孤
天下大同系列之四
248cm×193cm
2022 年

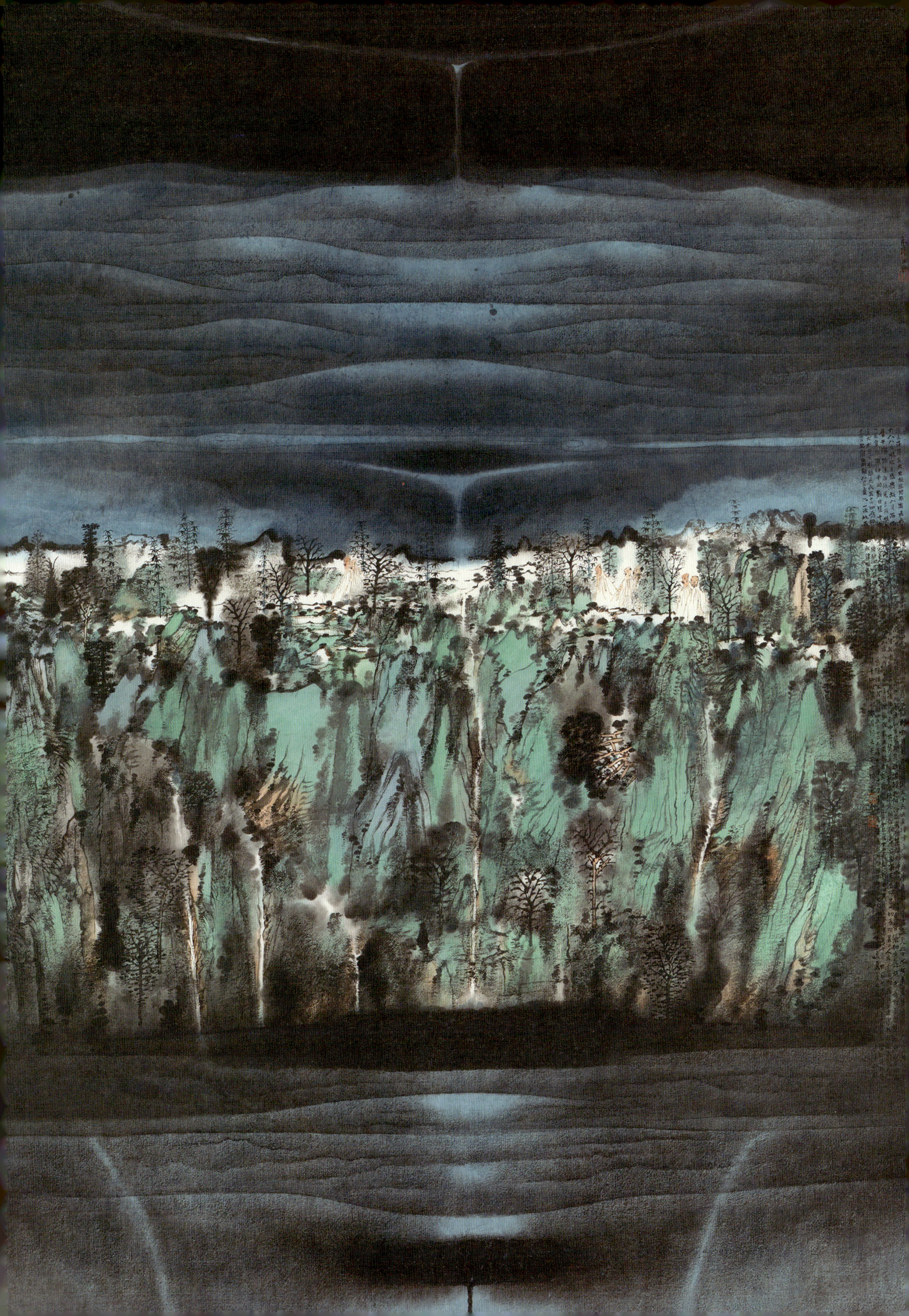

京郊写生

39cm×52cm 2017年

水、墨韵等局部具体景象，叠合而成整体，使画面既浪漫又现实。我的山水画创作内蕴着永恒的乡愁，冲动与深情，在向往的精神之旅中，那悠悠缥缈的烟云雾霭和泉水都是表达内心世界的精神媒介，是心灵静悟的精神载体。或雨雾空蒙，或空灵飘逸的云水，或小窗梅影的幽静，或宁静淡泊的荒寒等，我带着画家的心灵走入山林，走近云泉。对自然环境氛围的体验，我获得了世俗的认识和艺术精神的升华。

2013年，习近平总书记提出"一带一路"的合作倡议。我在作品中体现"人类命运共同体"的思想，体现对世界的了解和认识上的艺术表达，我的写生作品变得非常有意义。具体工作又赋予了一个新的内涵，但是在实践过程中，里面存在很多具体问题需要探究。比如中国画的形式、语言，中国画的特征，面对西方或者是"一带一路"沿线国家的自然景观和人文景观的时候，实际上，语言和内容形式之间，有着一种不协调，或是一种差别。如何能够更好地协调到一起，都是中国画在创作过程中，要不断探索的问题。但是"人类命运共同体"的基本理念，潜意识中激发我的创作，当水墨的毛笔接触到宣纸的一瞬间，内容和形式已经合二为一，融合在一起。

海市诗意图

23cm×138cm　2020年

金陵酒肆留别诗意图
68cm × 68cm　2014 年

从另外一个角度如何思考？它并不是笔墨本身，是最具中国特色的一种绘画语言形式，与欧洲自然和人文景观的一种关系。也不是欧洲自然景观、艺术家所从事的专业特征之间的关系，是画家的内心或者是民族传统文化，和世界多元文化之间的一种互建共同的关系。为什么一直在强调中国画的实践？它是精神产物，自然而然的人和人之间的一种关系，思想之间的一种碰撞。形式语言本身没有国界，没有总数。这样的一种区分，特别是艺术形式，以中华民族特色的优秀传统文化的一种方式和语言，游走于欧洲，游走于"一带一路"沿线国家的自然和人文当中。所以我创作了这样一大批作品，有着异域特征，但是它又不是具体表现哪个国家的作品。可能这就是艺术创作的乐趣，不断探求，共建"一带一路"，激活了我内心的一种创作欲望。

2014—2018 年，受国家"一带一路"倡议的启发，我的近 200 幅"'一带一路'人类文明"系列域外写生作品整理完成。在这一系列作品中，我用中国水墨语言，打破时空界限，以超现实的时空意象叠加组合，同写实技巧相结合的方式，表现"一带一路"沿线文明的人情风貌，突出"一带一路"的人文精神。近五年，在对中华优秀传统文化的创造性探究过程中，我再次重新深入中国传统经典的文化，由此创作了一系列的作品。比如，"逍遥游""山海经""永远的敦煌"系列以及《黄河安澜，天下大穰》等作品。最近，还创作了庆祝建党百年、抗疫、冬奥、喜迎二十大等重大主题性作品。随着对主题性创作的逐步深入，不断在艺术本体上的思考更加开阔和深化。我的早期创作更关注宏观宇宙天地精神的哲思，以及人生理想的微观表达，在艺术本体层面的探索和"小我"层面的体会。而近几年，我的创作更侧重于个体与诗意追求，同时，我思考社会历史以及传统文化的传承关系，将"以人民为中心"的创作导向深入落实，以"培根铸魂、守正创新"的发展理念，积极构建中国国家画院发展的新格局。

中国传统的山水画，是通过水与墨的相融，表现山川草木、花鸟虫鱼、动物人物的一种绘画艺术，

域外写生

28cm × 42cm

2017—2022 年

黄河写生

28cm×42cm 2021 年

它蕴含着深厚的东方文化神韵、哲学理念和笔墨精神。尽管有不同的阶段、不同的创作主题倾向，我的艺术创作始终围绕对天地人宇宙观的阐释。中国文化源远流长，蕴含着天人合一的宇宙观、和而不同的社会观。在5000多年的文明发展中，我们一直坚持传承，并追求不断突破。我的作品追求人与人平等和睦，相互尊重包容，人与自然万物相生相长，这正是我的艺术理念的真实写照。乾坤有序，天下大同，艺术属于精神与物质统一的天地之大美，需要柔美的心灵对天地万物的静观。静观悟道的审美方式和艺术思维，决定了对心灵深处的向往，而不是满足一般性的感观世界的需求。精神与物质的统一，应该是山水画创作实践追求的主要旨意，更是审美理想的表达方式。所以在创作中要紧紧把握，开拓艺术境界与自然造化之间的本真关系，表现出山水的宇宙意识，使宇宙中主客体的感悟，形成主客体统一的"大风景、大境界"。

根据 2022 年 12 月 11 日的采访整理

庞茂琨

现为四川美术学院院长，中国美术家协会副主席，重庆市文联副主席，重庆市美术家协会主席，中国美术家协会油画艺委会主任，中国美术家协会国家重大题材美术创作艺委会副主任、中国油画学会副会长、教育部美术学教育专业指导委员会副主任委员。

个展：

2020年	"庞茂琨：副本2020"	龙美术馆西岸馆　上海
2019年	"相遇此在——庞茂琨艺术展"	民生现代美术馆　北京
2018年	"历史的现实性——庞茂琨作品展"	美第奇–里迪卡尔第宫　意大利佛罗伦萨
2015年	"迷宫：庞茂琨艺术中的视觉秩序与图像生产"	今日美术馆　北京
2014年	"觉知的重置——庞茂琨作品（2012—2014）"	关渡美术馆　台北
2013年	"浮世·游观——庞茂琨艺术展"	中国美术馆　北京
2010年	"今日之神话——庞茂琨个展"	上海美术馆　上海
1998年	"古典与现代的映象——庞茂琨油画作品展"	山美术馆　高雄

群展：

2021年	"不忘初心、牢记使命——庆祝中国共产党成立100周年美术作品展览"　中国共产党历史展览馆　北京
2020年	"众志成城——抗疫主题美术作品展"　中国国家博物馆　北京
2018年	"语言之在——第四届中国油画双年展"　中华艺术宫　上海
2017年	"艺术长沙"　谭国斌当代艺术博物馆　长沙
2015年	"中华意蕴——中国油画艺术国际巡展"　布隆尼亚宫　法国巴黎　中国美术馆　北京
2014年	"中国写实画派十年展"　中国美术馆　北京
2013年	"丰域西南——吾土吾民油画邀请展"　广西美术馆　南宁
2009年	"第十一届全国美展"　湖北美术馆　武汉
2007年	"精神与品格——中国当代写实油画研究展"　中国美术馆　北京　上海美术馆　上海
2005年	"大河上下——新时期中国油画回顾展"　中国美术馆　北京
2003年	"携手新世纪——第三届中国油画展"　中国美术馆　北京
2002年	"首届中国艺术三年展"　广州艺术博物院　广州
2000年	"世纪之门：1979—1999中国当代艺术邀请展"　成都现代艺术馆　成都
1999年	"第九届全国美展"获铜奖　中国美术馆　北京
1997年	"中国油画肖像艺术百年展"　中国美术馆　北京　"走向新世纪——中国青年油画展"　中国美术馆　北京　"中国艺术大展——历史画和主题性创作展"　中国革命博物馆　北京
1996年	"首届中国油画学会展"　中国美术馆　北京
1994年	"第二届中国油画展"　中国美术馆　北京　"第八届全国美展"　中国美术馆　北京
1987年	"首届中国油画展"　上海美术馆　上海　"中国当代油画展"　纽约哈夫纳画廊　美国纽约
1984年	"第六届全国美展"　中国美术馆　北京

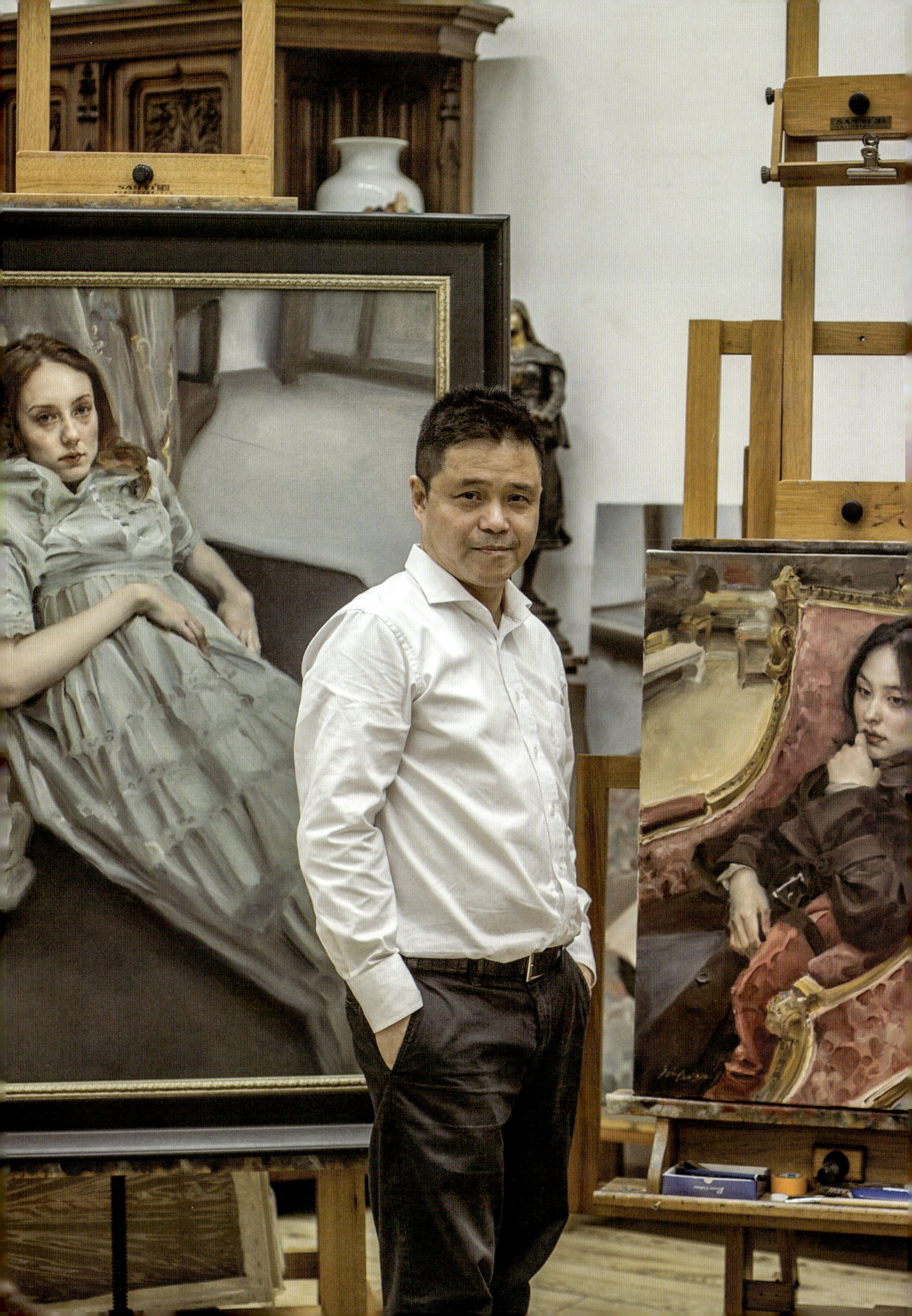

巧夺天工的古典与当代

采访地点：中国艺术研究院油画院·大家之路展览现场
采访沟通：庞茂琨，曹鸿伟，莫淑雯

2011年，"大家之路"系列展览，中国艺术研究院油画院博物馆

我从小喜欢画画，记得五六岁的时候，开始喜欢在纸上乱画。我家里面父母都不是画画的，但是我父亲是钢铁厂的技术员，需要制一些图，这种工作有时候拿回来一些专门制图的纸和铅笔。可能也受点影响，父亲那个时候用方格画那些样板戏的人物，把它们描画下来，当时觉得挺像的，也是一个最早的启蒙。但真正开始还是自己画得更多，从小觉得自己比其他小朋友有优势，读小学比别人多一个特长——喜欢画画，坚定的信念使我能够坚持下来画画。确实，我们那个年代肯定不像现在这样，那个时候受连环画报影响很大，没有其他的媒介，电视也没有，什么画册也看不到。

当时父母的一些同事，是单位搞宣传的，拿一些颜料、纸、笔，有时候送给我作为一种鼓励。但是真正走向专业的学习，是从知道有川美附中开始。我在学校的墙上画黑板报的时候，有一个老师鼓励我，他知道川美有个附中。当时我不知道画得好可以去考附中。后来父母带我到处拜老师，就是在区里面的文化馆、少年宫，到处去找老师，那个时候没有补习班，就卷一筒画去找老师看画，他们发现我进步挺大的，说，第二天拿去看就不一样，有很大的进步。所以，当时其实只会临摹自己小人书上的东西，根本不知道什么叫素描，也不知道色彩，更没画过色彩。当时临摹一些国画都是非常不专业的，考进川美附中以后完全进入系统的学习，才开始真正的专业学习。那个时候在附中，我们就是榜样，1978年我们读附中，大学部有罗中立、何多苓、周春芽。他们的作品一出来对我们的影响挺大的，所以就形成从附中开始，虽然没有要求搞创作，但是我们自己创作，去参加四川省的省级美展。

川美的教学理念、学术氛围，让川美的学生能够开创自己的风格，甚至能够别开生面，就是独树一帜地引领一个时代。那一代人很特别，他们好多都是在外工作，不一定高中毕业，有的当过工人，有的当过知青，有的当过农民，有社会经验，他们再来读大学完全不一样。有些可能甚至创作的经验都很丰富，所以他们一来的时候，其实就形成一个创作习惯，就是自己在课外画很多。因为那个时候学院教育还是画写生、画模特。但实际上他们都会在外面找一些场地，经常躲起来画画，画了一大批，或者一张大画，突然抬出来一鸣惊人。所以，我们那个时候学校人很少，附中和大学都在一个校园、一个食堂，其实我们经常在窗子上趴着看他们画画，或者是他们的作品拿出来都在那种公共场合展示等，比如在图书馆，拿出来大家看。他们营造出川美这种创作的生态，老师也很支持这些年轻人。学生参加全国美展，都是保证画得好的学生参加，学校基本上还是看谁的作品好。当时还是不容易的，要从重庆推到成都，首先重庆要淘汰一遍，那几年的展览，包括青年美展、全国美展，基本上都是送的学生的作品为主。老师觉得有些展览让给学生参与，因为也比不过学生，学生画的东西比较敏感，对时代的创作有一种反思。从伤痕美术开始一直到后来的乡土写实绘画，实际上都是学生自己把这种潮流带起来。所以我们是年龄比较小的，但是确实也是受了影响。而且建立了这种学统，就是学术传统，创作好像非常重要。所以像课堂习作，不把它作为很重要的东西，觉得创作是最终目的，一切基础都是为了创作，所以建立了现在川美的长期习惯，也包括学生联展这种制度。比如说有创新力的学生，在评奖上鼓励有创造性的；那种模仿的作品，画得再好都不提倡，也不颁奖，整个学术氛围就产生了——鼓励创作、鼓励年轻人的冲劲，非常活跃。

我开始进附中的时候，是20世纪80年代初，当时所有的教学体系都是苏式的——苏联时期的绘画方式。在教学当中，开始读附中的时候，也开始看到有些杂志，开始介绍国外的一些艺术。包括当

含花的小女孩
185cm×100cm 油画 2001年

《沸腾的岁月》手稿

时的怀斯、罗克威尔，还有一些印象派和表现主义的画家。所以在那个时候就是比较反叛，喜欢追求平面的装饰，画比较表现的东西，比较容易，自己也感兴趣。虽然苏式的画法我也画得比较好，但实际上当时有逆反心理。所以我在大学三年级的时候画的《苹果熟了》，其实也是一种突破，当时深受他们1978级乡土绘画影响。但是我更感兴趣的是构成，像背面处理成平面人物的三角形，色彩也是那个土地的黄色，夸张，有些主观的处理。但是为了参加全国美展，还是要深入刻画，那个时候最讲刻画，刻画要深入、丰富。当时我也受伦勃朗的一些影响，包括德拉克洛瓦，那段时间的作品是一个综合的结果，也有苏式的痕迹。但是，少数民族题材，当时大家都开始画了，更多注入一种象征性的语言。

所以那张画就成为我的处女作，其实在那以前也画了很多，没有那张影响大——美术杂志发表、参加第六届全国美展，当时21岁，年龄也确实比较小，读本科三年级。因为《苹果熟了》，觉得这太容易了，开始寻找一些反面的东西，一些创作，画得很表现。但到了研究生时代，突然出现"八五美术新潮"，现代主义在中国完全开始形成潮流，模仿国外现代主义。但我恰恰看到古典艺术，包括从展览上、一些杂志上，看到拉斐尔、达·芬奇，开始喜欢古典。所以我读研究生的时候，一直到后来留校当老师，很长一段时间一直在研究古典绘画、古典艺术，包括从少数民族题材一直转到家庭题材，寻找生活当中的一些题材，都是用写实的手法，而且对那个技法，古典的这种本体语言，进行自己的研究探索，所以跟那个时代有点格格不入。但是到了《触摸》系列，在 20 世纪 90 年代后期，我 1995 年到欧洲去考察，待了三个月，在荷兰阿姆斯特丹和欧洲好多其他地方看博物馆、参观他们的画廊。看了这些展览还是有种体会，觉得这种传统的东西，全世界都没有在画这种东西，只有中国在画，当然中国很特别。但是，觉得还是不能够跟这个时代发生关系，想不断地突破。

所以《触摸》系列是我第一次突破古典，但是，在图像感上局部放大，还有古典的色调尽量不画。在这种银灰色、灰色里面去寻找，现在看来好多东西还是古典的技法，包括一些局部还是关联的，有很多相通之处，在观念上有所不同，强调更凸显那种精神性，去掉很多具体的细节和图像，本身的属性成为一种影响，就是跟内心发生关联的那种影响，我觉得它的强度，好像比平时画得更清楚、更细腻，还要震撼人。这就是一种尝试，从那个时候开始一直在变，到后来的《虚拟时光》。包括《舞台》系列，这些都是慢慢走过来的，因为以前画肖像画的比较多，肖像创作好，就像看场景还有现实主义的虚拟，主观的空间编排，受一些中国绘画的影响，对剧场的这个理念的兴趣，都是一步一步地变化过来的，是一个探索的过程。

《折叠》系列的作品中，是对时间、空间的一种重置。从 2016 年开始，又是一种探索，我又回到传统，十多年都是想逃离古典主义。严格说来，

小雪

60cm × 50cm　布面油画　2018 年

我在川美，可能算画古典写实的少数派，在川美都是当代艺术。但我觉得主要还是想自己找一些发展脉络的探索，让自己不断有一种更新，要寻找自己的这种突破，一直在反叛。所以到了后来又回到古典的时候，不太一样。借用所谓的临摹和创作的关系，以前觉得临摹完全不是创作，但是从《折叠》开始，我觉得大部分都是临摹。但是，其中有些情景做一些细微的改变，或者是情节的改变，或者把自己的形象植入进去，实际上就把时空进行了折叠、重置，成了一种新的故事。但是技术上就被忽略了，因为以前很少临摹，到了这个时候才临摹。很奇怪，临摹成了一个基本、一个底色，然后在上面进行创造，我觉得这个也很有趣，就画了一大批作品，在经典中寻找突破。川美、油画院其实都提倡传统很重要。我后来看自己的作品，一直没离开传统，虽然中间还在不断地找新的一些突破，但是，推开来看，不管怎么变，骨子里对传统的依赖还是很明显的，都是在古典主义里面的，用这个资源来进行创新，这点是自己反观的时候发现的。

油画的未来受到现代科技的影响是很大的，尤其是照片，还有数码产品的影响，那么未来油画会不会消失呢？可能也不由我们说了算，但是我觉得手绘的东西，应该还是会永远存在的。比如说，通过智能科技可以达到、测算出来，用这种风格再去画一些作品，但是它更是一种基本途径，通过手工触摸这种材料，然后再体验它的过程。主观和客观是同时推进的，通过一定时间来进行创作，这种东西我觉得是机器达不到的，机器是直接通过机器运算生成一个效果出来，和人自己去体验不同。我觉得每个人的体验很重要，有一个过程，所以我认为绘画会一直存在。就像人一样，以后科技不断发展，吃饭就是吃两颗药或者喝两口药水，可以一个星期不吃饭。

镜花缘
160cm×120cm　布面油画　2021年

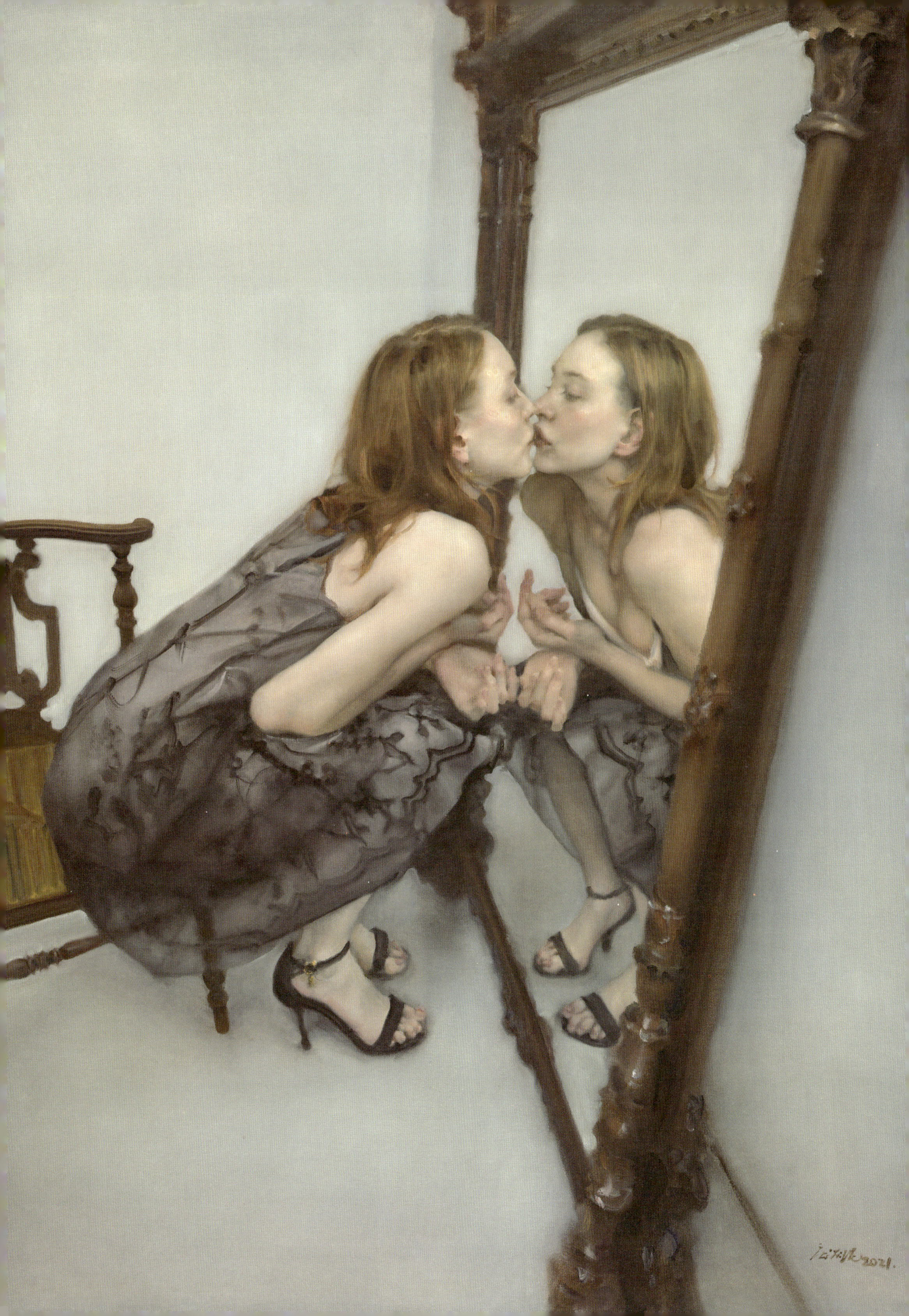
2021.

妮娜
80cm×60cm 布面油画 2018年

意大利女孩
80cm×65cm 布面油画 2018年

但是吃东西有味觉，有种饥饿和食欲的感受，它是一个很享受的过程，如果没有的话，生活就缺少意义了。

在罗中立奖学金的评选过程中，我看到现在的学生画的作品，他们的作品多数不像我们那一代人画的那样了。我们那时好像非要通过对一个对象进行描写，把它画下来，只是在情节里面找一些不同的东西，或者是风格里面稍微变化一下。这种东西确实是我们那一代人习惯的一种方式。他们这一代人更看重体会，那种资讯图像的综合运用，还有就是他们的重点不在描绘对象，他们的重点在如何选择，选择资源进行组合、进行重叠。未来学生的作品确实可能和我们那一代人完全不一样，他们更多地关心主观性，就是人的主体性，带有一些偶然性。在对周围的不经意中，他不再去很认真地酝酿什么事情，但是会产生一些很多偶然的效果。可能这种趋势更多。现在的学生不喜欢那种很呆板的模仿。他喜欢超越，完全跟他生活当中体验的不一样，创造一种主观的感受出来。更多的是这种技术手段对接。然后我们那一代人通过一个技术手段，训练成一个高于常人的技术，再去表现看到的东西，或者形成一个风格。这个途径确实很传统，而现在学生的作品是不固定形成一个风格的。拿来的时候是很偶然的组合，创作的作品更多地不会被一个技术束缚。想法会放开很多，因为现在技术非常多元，而且发展很快，然后现在的人对讯息的把握也比较敏锐。当前从新一代的作品可以看出，他们都是比较喜欢自由，像我们那一代画家，还是很迷恋技术，通过绘画，达到一种特别的体验，但是还在围绕视觉具象情境展开。

我与卓别林之缘

文 / 庞茂琨

那是一场渐行渐远的梦，回忆起来一切都很不可思议！一个在别人眼里极其腼腆、羞于跟人打交道的人，居然也有激情澎湃的舞台生涯。也许人都有他不为人知的另外一面，对我来说，那其实是抑制下的青春能量的释放，同时也是一种永远铭心的另类体验，至今不时在梦中还会出现在不知所措的情况下仓促登台的无助和尴尬！这一切可能都源自我青年时代与荧幕上的美国喜剧演员卓别林的一场缘分。

20世纪70年代末80年代初的确是个激情燃烧的岁月，我有幸考入"文化大革命"后恢复高考的第一届四川美术学院附中。改革开放意味着眼界的开放、思想的开放、行为的开放，世界开始变大，变得丰富！一切百废待兴，人心沸腾，如干枯的草木，一点即燃。放眼看世界，一切都是新鲜的，在模仿中学习成为一种迫切的需求。记得当时开始有限接触到国外的画册、电影，学校会专门组织大家去市图书馆看国外画册资料，也会组织我们看一些尚未公演的内部（外国）影片，后来外国电影也有少量开始公映，如日本影片《追捕》《望乡》《生死恋》，罗马尼亚影片《奇普里安·波隆贝斯库》，美国影片《苦海余生》《恶梦》，墨西哥电影《叶塞尼亚》《冷酷的心》等，这些电影让人流连忘返，百看不厌，影响了一代人。而让我完全入迷的是卓别林的几部片子，如《摩登时代》《淘金记》《寻子遇仙记》《大独裁者》《舞台生涯》等。第一次在银幕上看到卓别林时就被他的天才表演深深吸引，那种特有的、天生的幽默和滑稽感玩弄并调侃着人世间的秩序和肃穆，如同一个天使降临人间，与世界开着玩笑。他的眼神、表情、动态都恰似一个可爱的动物，让人心生同情和被感染而倾慕。我似乎隐约从中看到了自己的另一面，感受到了内心与他相通之处。平日里我的性格非常内向、拘谨而少言，但在卓别林的影片刺激下，深埋于内心中的动力仿佛被一下子激活了，一种要想模仿他的欲望在体内涌动着。

在就读美院附中时，课外除画画速写之外也有其他各种玩法，比如讲鬼故事等，而我们寝室里有

回旋曲　180cm×280cm　油画　2018年

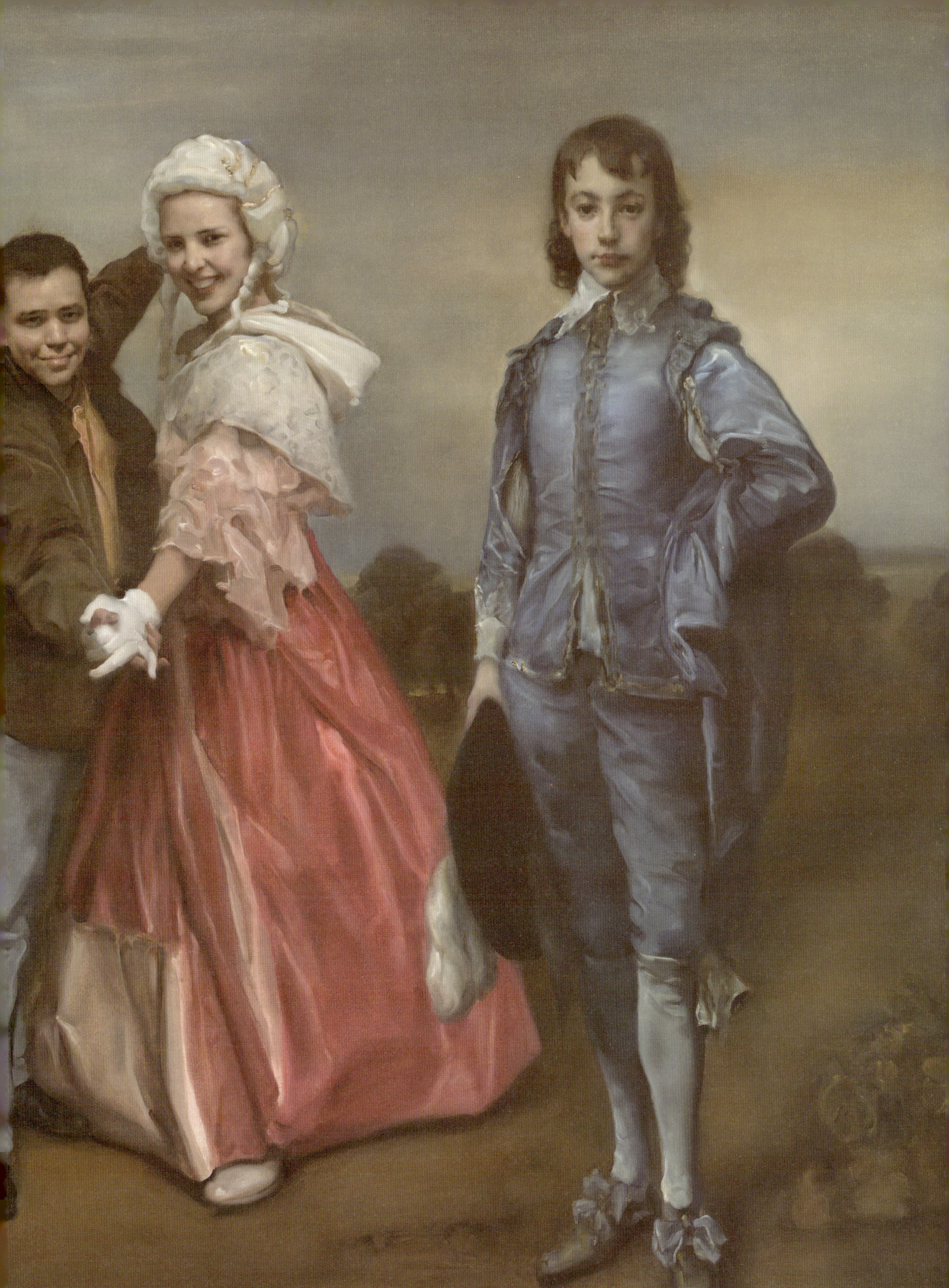

民工　50cm×40cm　布面油画　2022年

同学偏偏喜好化装、照相（男扮女装）。我趁机开始把自己装扮成卓别林的模样，在镜子前竭力模仿着卓别林在影片中的各种表情及动作，突然发现了自己居然也有很滑稽的表演潜能。在一旁的同学直叫绝，都觉得太像电影里的卓别林了。这下便一发不可收拾，回到父母家就到处翻找类似电影里的道具，用一般的草帽把边剪窄，涂上墨汁，穿着母亲的女式高腰毛衣，反穿着父亲的旧皮鞋和大尺寸裤子，用发蜡把头发固定成中分发型，化着妆在校园里到处拍照。记得在大礼堂门口放着几个大型的电缆线圈轮，在那拍出来很有电影《摩登时代》的画面感，可惜照片早已丢失。附中同学中也有对电影编导痴迷的，他们尝试给我排练一些短剧节目，可是那些编排的节目没有趣味，缺乏喜剧感。我自己还是对卓别林的表情、动态、舞姿情有独钟，觉得更单纯而有力度！在附中毕业前一次学院的新年晚会前夕，突然，我的脑子里闪现出舞剧《天鹅湖》中四小天鹅的舞蹈，舞蹈音乐节奏诙谐幽默，很适合卓别林的舞姿，就斗胆来了一个混搭自创。装束上为了体现小天鹅的形象，直接将白色旧床单中间开一个洞，头从洞里穿出来，形成一个三角形的披风似的短裙，下面露出两只肉腿，以卓别林的动作来演绎四小天鹅之舞，因而就有了可以自由发挥的余地。当时我并不懂得混搭、挪用这些后现代的创作观念，仅凭自己的感觉将卓别林的滑稽动作与四小天鹅的芭蕾结合起来，成为第一次正式公开表演，宣告了自己带有标识性的节目的诞生。

新年晚会在食堂进行，当时的食堂是一个木结构的大平房，节目在厅堂中央进行，观众环围四周。当《四小天鹅舞曲》响起，"卓别林"款款走出，披着白色旧床单，踏着外八字的鸭步，两只光脚丫出神入化地踩着小天鹅的音乐节奏，动作表情不仅酷似卓别林，还能即兴演绎小天鹅的调皮与打趣，不时地按照音乐节奏丢出一个个包袱（"摆pose"），全场高潮迭起，响起一阵阵哄笑声！没人敢相信这就是平时不多言语、貌不起眼的庞茂琨！那次作为观众的叶毓山院长捧腹大笑的样子一直存储于我的记忆里。从此以后，《天鹅湖》便成了保留节目，每到学校的文艺晚会时，它都是压轴戏！一种化装模仿的游戏逐步演变成了正式的登台表演。

记得更小的时候，大约是6岁吧，我在街道向阳院也上场演唱过样板戏，这次跳《天鹅湖》似乎并不是首次体验在舞台上的感受，但早年的是背诵似的歌唱，而跳《天鹅湖》则是带创作性质的自编自演，何况是从未涉足过的舞蹈类型，且还是即兴式的，所以有种莫名的兴奋和成就感。关于"即兴"这点，我想多说几句，其实所谓的登台表演就是想模仿一下卓别林，放在后来就是一种"模仿秀"，只是展开后变成一种滑稽舞蹈，所以音乐是依据、动作是内容、节奏是关键，有了这几点，表演就成立了。因此每次演出都不需要排练，也没法排练。另外，如果没有化装成卓别林的模样就绝对来不了情绪，如果缺少了模仿、音乐、动态、节奏等要素就没了神韵，如此说来，这种滑稽舞蹈还是比较纯粹的、讲形式感的。川美的艺术家们最能从形式中领悟到意义，所以我的节目在学校很受青睐。不过也有很多尴尬的时候，有的同学就问："你做这些动作说明什么？有什么好笑的呢？"弄得我一脸蒙。还有几次去参加重庆市"大学生之春"，即全市高校大学生联谊演出，就不会是所有观众都能理解这种纯粹了，笑声、掌声不如在本校热烈，也许是观众们对我不熟悉，不像在本校，大家会把平时的我和舞台上疯癫的我联系起来而强化了喜感。所以我的舞台生涯并非全都轻松畅快，有时也够折磨人的，每当快接近演出的前两天，我总是不停地在心里琢磨着前后的动作衔接，有时彻夜浮想。所以即兴也不可能每次都准保有把握，有时也会接不上动作，只能勉强地重复和拖延。为了有把握，我还会画出一些动线图，背一下每个音乐行进的节点，用图像编号来增强舞蹈动作的相对规定性，但所有这些都是上台前的一些忧虑而已，真正音乐响起，从踩着鸭脚步走向舞台那一刻起，这些规划和预设都从脑门里消失而根本起不了作用，一切都看当时的情绪和运气了！

不过并不是每次演出都是独自表演，也有团队合作的时候。记得团委给我找来了一群伴舞，各年级的同学都有，甚至有教师，他们都化装成穿着短裙的儿童，戴上面具，担任四个小天鹅的组舞和其他群舞。这样一来就只能排练了，我不得不出任编导，编排他们的动作，但编导可是另外一门学问，平时自己自由地瞎跳可以，编舞就必须很严谨了，这与即兴表演完全不一样，得分段式地把走台的行程、位置以及舞蹈动作的编排等综合串联起来。凡到了我个人的部分仍然是即兴的，但群舞时就靠编排了。那两场演出大家合作得很好，虽然都不是专业的舞蹈演员，动作也不够整齐，但气氛还是很活跃的，反正是喜剧，乱一点也无所谓。

在学校生活这么多年，我的《天鹅湖》总是在那一代川美人的记忆里不时地被提及和重启。尽管

我已留校任教多年，甚至已步入中年，也难免被重新召回，以满足大家久违的兴趣，几次校庆或重要活动仍然被推上舞台。对我来说每次都要慢慢回忆，慢慢找回久别的感觉。随着年龄的增加，也越来越心有余而力不足，动态的灵活性和节奏的把握早不如以前自在轻巧，往往被大家嘲为"一只肥天鹅"。令人印象深刻的是2003年的一次表演，当时学院正值"国家本科教学评估"，专家们到学校进行各种评审，包括校园文化内容。于是学校组织了一场文艺演出，专门奉献给专家们。尽管我当时已经是教授并担任油画系主任，还是被推荐亲自来一段老节目。那次表现还是非常给力的，进行了认真的准备和心理排练，让动作、节奏都做得比较完整，每个动作倾尽全力。专家们显然被感染了，笑声、掌声不断，然而教学评估的结果却有点让人遗憾，这让我这只"老天鹅"颇为沮丧。

卓别林的《舞台生涯》讲述的是一个喜剧演员一生的经历，特别是对时过境迁、退出舞台的悲剧式的感悟。世上没有不散的宴席，人生就是一个大舞台，有高潮便有低落，年老的卓别林从舞台上掉到一个破鼓里，不能动弹，被人抬着谢幕的情景深深印在我脑海之中。相似的心境也出现在我的舞台生涯中，记得是我们学校60周年校庆后不久，油画系的新年晚会上，系里再次应广大师生的邀请，让我出演"天鹅湖"。带着试一试的心理我勉强答应了，其实当时已担任副院长职务，公务繁忙，根本没有时间来酝酿和准备，加之年近五十，身体状态欠佳，下午才从外地出差开会回来，晚上就让上场。我脑子一片空白，一登场几个动作下来就不知道怎么继续下去了，实在是江郎才尽的感觉，只得草草收场。这是我演出生涯中的"滑铁卢"，尴尬得无地自容！

这一切都已成为过去，成为一种特别的经历。回想起来也觉得很不可思议，想不通自己怎么会有那么一种冲动、那么一种激情去把平时只有在幻想中浮现的东西实现在现实的舞台表演里。特别是在20世纪八九十年代里的那几次演出中超乎寻常的发挥，令很多观众惊叹，他们都觉得我是经过了专业的训练的，其实只有我心里清楚，那纯属是胆大，按照心里想象的动作疯狂地去比画去跳跃！搁现在，早就扭伤了腰、折断了腿。真的，有些飞向空中的旋转动作是平时从来不训练的，但却神奇地完成了，只可惜当时没有留下影像资料。1990年，校庆那场表演专门安排了摄像，结果摄像的哥们儿紧张地把录像键按成了停止键，失去了对这种即兴偶发作品的记录，呜呼！也好，因为闪现的东西是可贵的，转瞬即逝正是它的价值和目的所在！

本文节选自《川美多少事》

青岛女孩之一　80cm×60cm　布面油画　2021年

谈谈我画《苹果熟了》

文 / 庞茂琨

去年我们到凉山彝族地区体验生活，当地那一种扑面而来的陌生的气息在我内心里引起了一阵似曾有过的震动。彝人生活在这片边远的高原上，就像种子在土里要发芽、开花、结果，世代繁衍。奇特的氛围像朦胧晦暗的睡意一样附伏在人们身上，你可以从那些富于个性的脸庞轮廓、器皿图案、衣褶的走向上抚摸出沉睡的思想或某种原初法则。沉静的坐姿是他们最吸引我的地方，彝人仿佛要在这种石头一样的沉静里保持宇宙的庄重与肃穆。可以说，他们在这种沉静里比我们更质朴地理解了宇宙和生活。这些感觉使我非常激动。他们没有对机巧的崇尚，有的只是脱胎于泥土的纯朴的灵魂，这个灵魂与土地、与生命的整体靠得那么近，无论是他们自己还是我，都感觉不出这段间隔。面对这些灵魂，任何矫揉造作的取巧的画风都是不足取的，画面应尽量避免一切引向因果关系的纠结，因为他们是自由的，一切节外生枝不会带来好处，只会破坏其浑然自在。人与环境相互联结着，二者在那里是和谐不可分的，这种和谐因劳动达到完美。于是劳动、生命、果实要同时投向观者的意识屏幕，使他们还来不及运用逻辑就能理解画面，把握画的整体。

在一阵激情的推动下我确立了画面的基本构思——土地、彝族老妇人、背景的果林，太阳烤红了枝头上的苹果，也使一双守望的眼睛眯缝起来……这样的构思也许比较一般，但我想，既然选择了这样的主题，就只能在画面的处理上多下功夫，使一般的主题产生并非一般的东西。

构图上我力图追求平稳感，期望体现一种类似古典的秩序，然而又不能使这种秩序陷入一种绝对

苹果熟了　150cm×100cm　布面油画　1983年

的冷漠，所以我想利用由强烈阳光贯穿起来的人物情绪与果树的生机来破坏那种冷漠，使画面成为宁静与热烈的统一体。人物的黑色与周围的黄色形成对比，在我的感受里这种对比最能体现那里色彩关系的特点。为了使画面单纯一些，我打算把背景处理成平面效果，不是把空间推向画面后部，而是向前延伸，这样或许能让观者参与这个空间，并在这个空间里更直接地感受画面，同时，画面本身也更加成其为本身……当时我还不知道实现这些意图是在给自己出难题。

我没想到整个制作过程长达8个月（不包括基础课在内），这倒不是我善于自得其乐的精雕细琢，而主要是因为我矛盾的内心，或者说是我对自己的怀疑超过了自信。我不追求那种轻易地靠恩赐得到的灵感，而认为唯独可靠的只有耐心，至少对我这个不成熟的学生是这样。要不然我的图上为何至今还遗留着累累的疮痂呢？速幅图一开始很快确定了稿子，上了画布，出了一些效果，但这种效果与我的设想相距很远，所以我的大部分时间都陷于修改和自我否定、自我更新里了。激情冷却后的工作是可怕的，这时必须靠理智和耐心才能继续干下去。我竭尽全力想把握最合适的分寸，但这种劳动是异常艰苦的。我想追求单纯，又害怕带来贫乏，想求得丰富，又担心沾上琐碎；梦想出现一些生动的偶然效果，又顾虑过分放荡不羁，会扰乱稳固的内在逻辑。

在面部的处理和刻画上，我费力不少。但这里，我感兴趣并孜孜以求的是那种使人物、土地、果树得以同时展现的东西。也就是画面上的这位老妇人在这种环境和情调中的统一情绪，而这种情绪又是很难把握的。开始我一直把它处理成强烈阳光下，面部肌肉收缩皱襞的生理反应，这在处于高原气候中的彝族人脸上是常见的，我以为这可以表现他们与大自然的灵魂——太阳的接近。彝人自有其古老奇特的观念，因而具有强烈的个性特征，即那种尊严和朴厚。但任何东西都不能过分强调，本来自以为描写的是对阳光的生理反应，但给别人的感觉却是一种痛苦与紧张的神态。一些领导、老师和同学看后都指出了这一点，我便努力寻找形成这种感受差异的原因，并着手改进。我发现局部的改动不起什么作用，于是就进行整个面部的改动。我把能搜寻到的彝族老妇人形象一一往上安装，到底更换了多少次"形象"，是些什么样的形象，现在已全然记不清，它们也永远消失在那层颜料的背后了。但是改好一幅画不但不比重起炉灶轻松，反而困难得多。你既要画好你填补的部分，又得考虑它与原有的其他部分的衔接与协调问题。原有的老是碍手碍脚，牵扯着新的，使你感到拘束、放不开，有时还弄得你茫然不知所措。

要想不负你那一番对生活的诚心，得付出一定的心血才行。也许另有一条轻松的路可走，那就是用我们的观念去解说他们的生活，或搞一些能满足逻辑推论者的好奇心的作品，这样做既容易被人们接受，又使工作量大大减轻了。但我仍然觉得艺术更多的应是启迪人们隐秘的内心，从这个意义上讲，我更执着于自己在彝地的体验和直觉，虽然这会使我显得多么愚顽和费力不讨好。

经过一番挣扎后出现在我与观众眼前的，就是现在这幅可以算是完成的画。它能移向展厅，当然使我欣慰，但有时追求尽美的偏执仍然使我不觉得轻松，它还有缺点，还有些不能使我满意的地方。我只能把它看作是不足月的产儿一样而惋惜，要是时间允许，也许我还会继续画下去的。

原载《美术》1984年第6期

世纪末艺术系列——色界枭雄

我们的儿子庞茂琨

文/陈启芬（母）

在我们家长的眼中，庞茂琨是一个极为听话的孝顺孩子，从不惹是生非，在学习和操行上从不让人操心，他从小就能吃苦耐劳。由于他哥自幼残疾，我们对他就没有什么特殊照顾。记得1967年5月，我们从市区回家，带着4周岁的庞茂琨。特殊年代，汽车火车全停，我们只好从城里沿着铁路走回来。他爸背哥哥，我因体力差就牵着他走，年幼的他当然走不了多远，但无奈我们就一路哄着他说再走一会儿就到了，这样一直走了几十里路。现在想起还有些心酸。上学后，他身背两个书包，因为还要背哥哥的，这给老师、同学和邻居们很深的印象。他一直担任班干部，年年被评为三好生，他的学习成绩也一直优异。为此，在他准备考美院附中时，许多同事都来劝我不要他去，应上重点高中，考理工类大学，否则太屈才。但我觉得他酷爱画画，就该成全他。也许命该如此，他小学毕业时本有一次学校推荐上外语学校的机会，却因有人做手脚而未去成。他是一个有责任感的孩子，他考上附中后直到研究生毕业，每个星期天都回家，他同学中已很少有这样的了，他还是坚持回家看望父母、陪陪哥哥，帮家里买买米，还倒马桶，邻居曾为此夸奖他"大学生倒尿罐"，好像很稀奇，挣钱后他经常接济家里。母校请他回去画黑板报，他仍乐意前去，不摆画家架子。

文/庞芳林（父）

庞茂琨学画全凭他浓厚的兴趣，家庭并没有施加丝毫压力，不像现在一些小孩要由父母挟持学这学那。我们见他酷爱，就给提供条件，要买连环画就买，要纸笔颜色就给。直到考美院附中前他画画还基本处于自由发展状态。1977年，学校一位老师看他画黑板报，觉得是个人才，这位自称要当伯乐的老师就竭力建议他去报考川美附中。当时我们家长并不积极。我们按以往的经验认为搞艺术最易犯

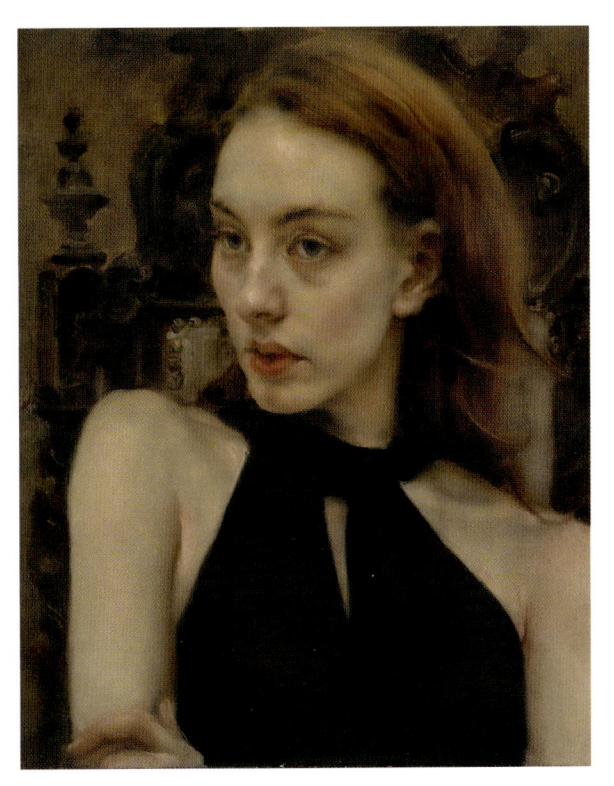

尼娜 60cm×50cm 布面油画 2018年

政治错误，太危险。而那位老师却告诫我们："不让他去考，你们会后悔一辈子！"那时我们对美院一无所知，也不知怎么个考法，后才了解到庞茂琨当时的画法很不正统，这才临时抱佛脚，在重钢一位画家的指导下，进行考前40天的正规素描静物训练，但他的素描一天一个样，受到老师的赞许。

那是"文化大革命"后川美第一次招附中生，报名时挤得一塌糊涂——人太多，后来才知那年有两千多人报名。有个女人可能是帮儿子报名的，被挤得冒火，大声嚷起来："那些有工作的也来挤！"在当时考美院被许多人看成是逃避下乡、提前就业的捷径。考试的日子到了，我们给庞茂琨带上老师送来的调色盒、从他舅舅那里弄来的工程绘图板，还有洗笔的大盅盅，懵懵懂懂就上了"战场"。看见别的考生工具都很正规，人也洋派，很有些自惭形秽的感觉。经过初试、复试，庞茂琨却出乎我们意

花园中的母与女
120cm×160cm　布面油画　2022年

料地以第一名的优异成绩考进附中。考试的当时就有一位监考老教师在场外对人宣布他的考场出了个秀才！说也奇怪，庞茂琨素来有些胆小，考试那两天却出奇地沉着，一副胸有成竹的样子。之后他又同样以第一名的成绩考进美院油画系乃至研究生，都是一帆风顺，如同命定。

我在想，像庞茂琨这样一个老实人，能这么幸运地取得今天的成绩，得益于什么？记得中学时他的一位女同学曾奉劝他："老实人要吃亏！"但她不知道，也许正因善于吃亏忍苦，他才得以有今天。这不正印证了那句老话："吃亏是福"？当然这一切与许多热心帮助过他的老师们是密不可分的。

关于我的弟弟

文／庞茂琦

我和庞茂琨相差整整一岁，同月同日生，我出生9个月即患小儿麻痹症而深居简出，他的到来仿佛上天赐予我伙伴。事实也是如此，从他出生以来直至考上四川美院附中的15年里，我们几乎形影不离，睡同一张床、坐同一张课桌，以至我们之间的交流常无须语言。如果没有他的相伴，我幼年至少年的生活将难以想象，而我的存在，也极大地影响了他的命运，使他过早承担责任，对此，我常深怀歉疚。说起庞茂琨，他性格的与众不同是显而易见的，这与我的病有关。在他可以走路以后，每当有邻里小朋友在门外约他出去玩时，他总是这样回答："我不去，去了我哥哥要哭。"他性格中悲悯的素质很小就开始发露，这也就是母亲常说他的"软心肠"。这种悲悯是内在的，没有勉强，也不局限于对亲人，即使在小学与邻居小孩打架发怒时也能显露无遗，他高举的"小铁锤"无论如何也不忍砸向压在身下的"敌手"。对他来说，打架是极为罕见的，多半出于我的怂恿，因此我想他的悲悯发于天性。这种不忍他人受苦的天性自然养成他言行中礼让的素质。在我们相处的岁月中，记忆所及，他从未与我发生过争执。家长从小就教育他要让哥哥，哥哥有病，他都毫无逆反心理地接受着这样的教育。但这种教育并不常见，且显多余。在我成为全家照顾中心而忽略他的情况下，他从未认为不公平或表示过不满，家长也从未为此做过他的思想工作。这不能不说是其天性具备，故能于后天一点即通。他的礼让也是不分亲疏的，记得一次我俩与邻居小孩一起玩泥巴，我一向任性，骂着非要邻居小孩的泥巴不可。平时他是最能满足我要求的，但那次他涨红着脸认真规劝我："那是人家的泥巴啊！"俨然懂事的大人，其实当时的他只有约3岁。礼让的天性使他对损人利己的心行都深以为耻，这种知耻心使他有时显得很"迂"。小学时，一次他去商店打酱油，服务员是住我家隔壁的一位大姐，她故意与他开个玩笑，自顾与同事聊天，他竟在一旁等着，也不忍打断她们，直到那位大姐都看不下去了，主动过来招呼他。他羞于求助于人，即使是亲戚朋友。对他来说到邻居家借点东西或向他人讨回借出的东西都成了一件极难启齿的事情。他这些与众不同的天性直到现在也无多大改变。虽已为人师，无架子、不骄矜，望之依然谦谦学生，不掩人之德、不炫己之才，沉潜杜默，因此常有慕名而来者总不能把眼前本色的庞茂琨与其才华和地位联系在一起。其为人处世不谋、不争，纯净温和，不揭他人之短，深避是非之门，无一怨敌，人缘极佳。对于名利，他往往是被动的，未尝处心经营、竭力攀缘，而善缘却往往不期而至。由此看来，他一言一行之中自有一种温良恭俭让的儒者风范，不经意间，多半契合于儒家的德行。难得的是，这绝非出于刻意的遵循（他本人对儒学并无兴趣），而主因其真性情之流现。

惜乎这种真性情在此崇尚人欲的时代，甚不合时宜，常常给人处处吃亏的印象，或被视为窝囊。而他本人并不觉有什么吃亏，这正是庞茂琨的不寻常之处，又非一般急功近利者所能知。说起他画画的缘起，也许与他从小缺乏户外活动有关。室内生活本应枯燥，但幼小心灵特具的想象力也能使之丰富多彩，其中主要的消遣就是画画。我与他都爱画，最深的启发可能是几岁时见邻居一个上学的孩子喜用粉笔在地上画鱼，其线条的形式感给我们较深的印象。上学前后，我们喜画解放军打仗，一枪打死几个敌人，以至我俩上学后的课本总是全班画有最多图像的。小学一年级还因此惹了一场"政治风波"：当时我们用蜡笔给语文课本上的伟人像上色，这件事被传到村里一个委员那里，不得了，只有7岁的他被带到段委员家里接受审查，最后由祖母出面据理力争才不了了之。画还是继续画，只是开始从乱画到临摹，其契机由父亲开启。父亲是工程技术人员，制图是其本行。我们在20世纪70年代里的一个除夕缠着父亲用方格放大方法通宵临摹《智取威虎山》上的人物。无意中他的临摹才能开始显露，很快就由方格放大临到脱手临。由于他勤动手、学习踏实，故进步神速，而我眼高手低，渐渐地他成了主画，我只能在一旁欣赏评论了。观其画画的经历，非家长的逼迫，亦无师尊的督导，完全是一种自发的冲动、天性的娱乐，谓之"天才"恐不为过。唯天才，方能稍经点拨随即通达。他绘画悟性的超卓或许与其与生俱来的异质有关。自幼他常出神，那也许是一种"坐忘"，或是专注于某事某物，环境的干扰、旁人的叫唤，他都浑然不觉，听而不闻，不知者会怀疑他耳朵有问题，他因此常忘事，母亲曾戏称他为"恍恍人儿"。这样极端的专注近乎恍惚，而恍惚或许使他对事物有一些特殊的体验。或许事物本身的不确定性使他恍惚，而恍惚也许正是艺术家特具的心理。正如混沌开窍则混沌死，思维一旦精明，也许艺术就完蛋了。而专注到极微，也是庞茂琨成功的法宝。

藏而不露的小子

文／四川美院原院长　罗中立

我第一次留意到庞茂琨是在他的研究生毕业作品展上，他的几张具有古典风格的彝族题材的大画给我留下很深的印象。能画出如此功底深厚、气度不凡的大画的庞茂琨竟是一个其貌不扬的小崽崽。以后我们成了一个教研室的同事。

琨儿这人平时沉默寡言，不善言表，为人厚道、正直，任何人都愿意与他相处而不必有任何戒备之心，因为他性情温和，总是善待他人，从人品上讲，他是大家公认的人见人爱者。偶尔读到他写的文章会令人惊讶，他竟然有如此藏而不露的文笔和学识。同样让人吃惊的是他那深藏不露的表演才能，他可以即兴表演自创的滑稽舞蹈，那卓别林模样的小天鹅的两支小腿儿在舞台上会出神入化！这些都与平时的他怎么也联系不起来。

走进琨儿的画室，你又会被他的画中透露出的绵绵之情感染，他爱他的妻子、女儿，爱他的家，这种爱是深切而真诚的，全都体现在了那一笔笔对亲人的深情描绘中。他似乎想通过人与人之间的相互眷恋和依存来体验一种对生存的感悟。

回忆庞茂琨课堂上的一个动作

文／四川美院油画系教授　王大同

庞茂琨是1977年恢复高考后首批入学的附中学生，他很有才气，但我和他到1981年才有所接触，那是他升本科之后，我担任该班第一任油画课教师。

平素我信仰"眼见为实"，什么都要接触了才下结论。看了他的作业才又重新注意庞茂琨，他的画有凝重感，文章有大师笔意，然而相貌奶气未脱，怪不得大家说"此人内秀"。他画起画来非常熟练，快速而灵活的笔不停地在画布上翻动，使人赏心悦目，想起"庖丁解牛"。然而他"身同鄙人"，从不恃才傲物，始终保持朴实无华的举止作风。我教过比他们大的班，一些高才生也恭敬听取我的意见，但多少感到一些礼貌成分。而茂琨，论功底比他们扎实，他的渴求知识是真诚的。有一个课堂上的小动作使我不会忘记，那时我上他们静物课，作业幅面小，学生坐在帆布小凳上，以小画架支撑作画。我在给他身后边的同学分析画面，当时大家都画得紧张，各人埋头作画，无心他顾。然而茂琨侧过身体，探头过来看我讲解的画面。这个动作实在太平凡，本来无足为怪，但却使我感受到他的求知欲，一种谦逊、一种不断前进的原因。直到现在每每见到茂琨都能想起那个动作，我认为是一种优良素质的流露。日后数年我又有缘成为他的硕士生导师，带他们到西北考察，一路上接触更多，无论是火车上、汽车上，还是旅店里，他都把好位让给别人，他自己拣差的。无怪乎大家都喜欢他，老师以教过茂琨为荣，平常人哪怕是考生，接触之后都说庞茂琨这个人好。

1998年岁末

近焦距下的老同学

文/四川美院国画系原主任　冯　斌

不知不觉中，和庞茂琨相识相处已有二十年的时光，他是同学中得名最早的，所以他的名字对我们来说一直就是一种刺激和激励。而他娃娃脸的张相、四川人的小个头以及腼腆谦和的性情都与其大名很不相配。

记得我们在荷兰的时候，有人问他的年龄，他用英语回答："Thirty（30岁）"，对方一诧："Thirteen（13岁）？"真的是不可以貌取人。庞茂琨三十不到就破格成为我们同辈人中第一个副教授。职称名衔对于现在的人本来已用不着太认真，但近有不太"服"老师的学生却"服"着庞茂琨，远有各地艺术同道、境内外画商要一见庞茂琨为快，这是他的画笔、他的作品的说服力。

庞茂琨平时是最好说话的，也是最不说话的。就连打牌三缺一，大家也非要拉他来凑数。而平日不参与的他，一开戒当然总是一败涂地地输，只是为了不扫大家的兴。但是，不爱说话并不等于无话可说，其实"讷于言"也未见得"敏于行"的庞茂琨，不但一诺千金、做事认真负责，一双睿智的慧眼更是把事体看得"心里明白"，细心敏锐和好思只是内慧于中罢了，"讷于言"正是他为人的大度和他秉性中的美德。

生活中的庞茂琨很得人缘，他的机敏间或可观，更意想不到的是，他不露声色的幽默，读书时化装成卓别林的样子既形似又神似，伴以《四小天鹅舞曲》，几次上台，作态表演都逗得台下的人笑破了肚子，成了美院的一大保留节目。朋友聚会，他不时面不改色地抖出几个富有色彩的段子，才发现庞茂琨的机智和风趣并非仅仅是内秀。

二十年相处不算短，其中七年同窗、十多年同事，更有几个月在欧洲朝夕相处。从1995年起就是门对门的近邻，如果没有大的变动，还得这么终其一生。

本文节选自《世纪末艺术系列——色界枭雄》

是古典的，也是现代的
——论庞茂琨的油画语言

文 / 邵大箴

一、处女作《苹果熟了》

我注意庞茂琨的画已经有好多年了。还是1984年春天，四川美术学院在北京中国美术馆举办了一次展览会，展示了该院师生的油画和版画作品。庞茂琨，当时只有21岁，是油画系的学生，有作品《苹果熟了》参展。这件作品受到了人们的普遍好评。《美术》月刊不仅选刊了这幅画，而且还发表了庞茂琨撰写的创作这幅画的感想。作为读者，我喜欢《苹果熟了》，也爱读作者写的这篇短文。

《苹果熟了》是情节极为简单的画面：一位彝族老妇人，坐在背景是苹果林的土地上，太阳烤红了枝头上的苹果，使守卫果林的老妇人的眼睛眯缝起来。直幅的画面，苹果林占据的面积超过三分之二，坐着的女人在直幅画面上几乎和树林相等长，画面各个部分之间的比例关系合乎黄金分割的法则，和谐而均衡。女人的轮廓呈金字塔形，显得稳定和有力。当人们的视线掠过这幅画时，立即会被这彝族妇女特有的神情和坐姿吸引。那背后已经成熟变红的苹果和绿色的枝叶，还有那黄色的土地（一个繁复，一个单纯），成为人物形象最恰当的陪衬。

画"苹果熟了"这个主题，重点在刻画守在苹果林旁的老妇人的形象上。描绘她的喜悦和安详？她现今的幸福和坎坷的经历？是，也不是。就是这

蒙古族女孩　80cm×60cm　布面油画　2020年

样一个富有生活实感的场面，一个经得起人们看、思考和回味的场面。选择场面，这是艺术家必须对付的第一道难关，尤其在油画创作中是如此。这必须要有敏锐的观察力，善于捕捉在生活中稍纵即逝的感受。不用说，像《苹果熟了》这样的画景，是不可能"闭门造车"的，只有从生活中得到启发和暗示。庞茂琨在名为《谈谈我画〈苹果熟了〉》的

文章中说，产生这幅画的动机是在1983年到凉山彝族地区体验生活时获得的。处于原始发展阶段的彝人生活给年轻画家的感想是："奇特的氛围像朦胧晦暗的睡意一样附伏在人们身上，你可以从那些富于个性的脸庞轮廓、器皿图案、衣褶的走向上抚摸出沉睡的思想或某种原初法则。沉静的坐姿是他们最吸引我的地方，彝人仿佛要在这种石头一样的沉静里……比我们更质朴地理解了宇宙和生活。"很显然，年轻的画家为之动心的是一种精神力量，体现在具体的、现实的"物质"中某种观念和思想。"人与环境相互连接着，二者在那里是和谐不可分的，这种和谐通过生活与劳动达到完美。"——作者如此赞叹彝人的生活。画家如何处理这生活感受？他的回答是："于是劳动、生命、果实要同时投向观者的意识屏幕，使他们还来不及运用逻辑就能理解画面，把握画的整体。"

青岛女孩之二　80cm×60cm　布面油画　2021年

庞茂琨用了长达8个月的时间（当然，他作为学生在这期间还得上其他课程）来创作这幅画。大概最使他耗费精力的，是在某种理性精神与强烈的生活感受之间的平衡："使画面成为宁静与热烈的统一体。"为此，他为求画面的单纯，背景处理成平面效果，使空间向前延伸（不是像一般的画面把空间推向画面后部），以使观者参与这个空间并在这个空间里更直接地感受画面，并由此使画面本身更显其独立意义。画家为刻画前景的人物，和求得环境的情绪和气氛的统一，更是花费了大量心血。这幅画也可称庞茂琨的处女作吧，终于得到了承认。年轻的画家很谦虚，他说："我只能把它看作是不足月的产儿一样而惋惜，要是时间允许，也许我还会继续画下去的。"

《苹果熟了》这幅画，以及围绕这幅作品画的速写、勾画的小稿，还有为处理形象所作的素描，当然还有作者写的文章，都充分说明，这是一个很有思考、很有潜力的年轻画家。他有很好的写实基本功的训练，又有相当的哲学、文史的修养。他的素质说明他不是艺人或艺匠，而是有美学头脑的艺术家。

二、刻画人精神世界的绘画

庞茂琨，重庆人，1963年生。1981年毕业于四川美术学院附中，后考入四川美术学院油画系。当他画《苹果熟了》的时候，他还是大学三年级的学生。1985年，他大学毕业时，又有两件作品被《美术》月刊选用，发表在1985年第10期上。那时，我已担任《美术》月刊的主编。当我看到庞茂琨的新作（毕业创作）《旷地上的晨曦》和《云朵》时，我就如看到他的处女作《苹果熟了》一样地有种新鲜感。假如说，《苹果熟了》还有点学生腔和拘谨味的话，那么《旷地上的晨曦》和《云朵》就显得成熟和自由了。

还是少数民族的妇女，还是单个人物，也还是面对着观众的面庞和目光（《旷地上的晨曦》的妇女的面庞以四分之三的姿势面对观众），也还是人与周围空间谐为一体的关系，看得出，庞茂琨油画创作已经开始有自己的面貌。他的作品的最大特点是对人的关注，表现人的面貌，在人的面貌刻画中，表现人的精神世界，而这是画家感受的与对象沟通的精神世界。这后一点非常重要，这就决定了他作品中的人物既是独立存在的客体，又是被画家感知了的、理念化和情绪化了的客体。这样的客体呈现在观众面前显得有血有肉、有生命。画面的中心是人物，周围的风景和动物（牦牛）是人物感情活动中的一个组成部分，似乎是为人物而存在的。色彩是沉着的，相形比较而言，色彩服从形，尤其在《旷地上的晨曦》上更是如此。

描绘少数民族的妇女，结合他们的服饰、风景，在20世纪三四十年代画家的创作中并不罕见。吴作人、董希文等在这方面都有自己的成就。到20世纪50年代，以至"文化大革命"之后，不少画家又把目光投向少数民族的人物和风情。这类油画最容易出现的通病，就是画家对人物和环境外表的关注超过内心世界。而把人物的表情绘得喜气洋洋，或者处于某种感伤状态，从而造成肤浅的效果。对此，庞茂琨是有所认识的。他在学生年代，就注意研究如何表现人物内心世界的课题。我们不能说，在他这一阶段的创作中已经解决了这一课题，但他是朝这方面努力的。读他发表在1985年第10期《美术》上的文章《对艺术的理解或体验》，可以了解到他的思考是比较深刻的。

他说：艺术家要探索精神中更深的层次，在那里，感情变得更加深沉，甚至是静态的，这静中却孕育着生命的种子。精神中这个更深的层次往往处于下意识。所以平时这个层次总是沉睡着，不属于我们观照的范畴。唯有艺术家时时在寻找唤醒它的手段，正像一切无论如何也不能直接想起的事却在一次触景生情中忽然展示一样。艺术家在生活中寻找和发现的就是这种唤醒内心沉睡之灵的因素。随

委拉斯贵兹的客厅　280cm×180cm　布面油画　2016年

后，他整理、增减甚至扭变这些因素的过程就是这些因素具有的唤醒力得以强化和净化的过程，从而使唤醒之灵光更直接地向人们闪现。这就是说，艺术或艺术家所要表现或艺术作品所表现的最深与最高的层次，也就是人们内心最深与最高的层次。"艺术家从事的工作就是以各种方式去接触那个高深的

层次，抓住隐秘闪现的稀贵契机，使之凝结而易于让人把握。"

通读庞茂琨的论文，我们感觉到他对静态精神的关注。这静态精神，或者来自客体本身，或者来自画家的主体创造。即使来自客体本身，也是由于画家的"发现"。当然，他更强调画家"唤醒"那可能"停滞在永恒的沉没与麻痹状态中的客体"。庞茂琨崇尚古典主义的创作法则。他认为画家在揭示大地、山川、草木、牛羊的面貌的同时，把它们的关系变得紧凑，在原先没有秩序的地方引进秩序，并把精神的统一性强加给自然的多样性。庞茂琨根据这一法则取舍细节，组织围绕人物而存在的自然环境。至于人物本身形象的刻画，遵从有节制的古典原则，崇高的静穆并含有某种冷漠，自不用说。

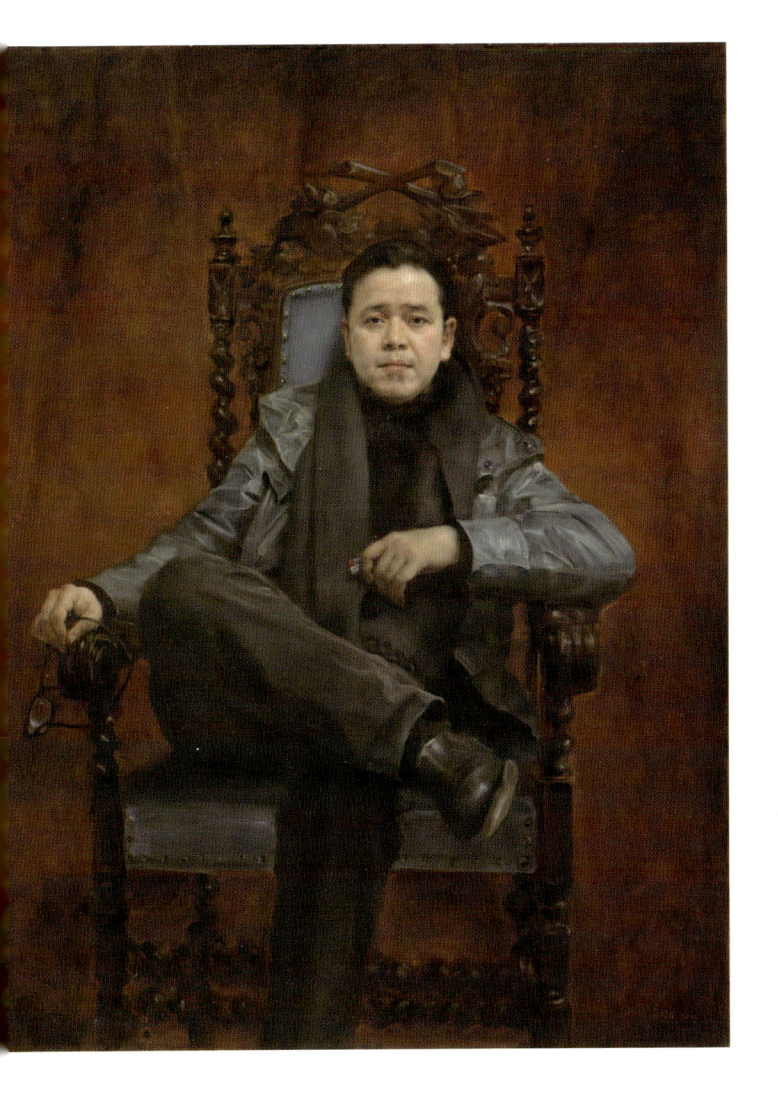

这正是崇高的古典精神，而不是表面的古典样貌。要达到这种古典精神，创造者需要有"神经层次的敏感"和"非常的心理状态"，唯有如此，才能达到那崇高的境界，才能赋予作品以某种目的。这就是庞茂琨强调的艺术家的"潜意识的激情和灵感"。

在他1985年的作品《旷地上的晨曦》中，我们感觉到他在这方面的探索成果。人物的动态、神情相当有节制，耐人寻味。这一瞬间，这一转身的动作，这不确定的表情有些严峻，也有些冷漠，还有点纯洁的崇高，使人对她产生某种敬畏之情。她在画面左角"顶天立地"的位置，增强了形象的纪念碑感。那空旷的草地和放牧的牛群，完全是按照画面的秩序安排的。油画中色彩和明暗有"斑点""斑块"之说。所谓"斑点""斑块"就是浅色中的深色斑点、斑块，或者深色中的浅色斑点、斑块。画面上这种斑点、斑块的作用，犹如中国水墨画的黑中之白，在构图上起透气或调节色的作用，也犹如水墨画的白中之黑，起强化视觉效果的作用。《旷地上的晨曦》中妇女的黑色长发和裙衣，以及中景和远景的深色牦牛，不仅作为凸显、活跃的色块存在于画面，而且变化起伏，造成画面舒缓的节律，颇有音乐感。

庞茂琨的新作品不仅显示了他个人风格的微妙变化，也从一个方面显示了四川写实油画正在发生着变化。这变化表现在：从情节性、文学性转向较为纯粹的绘画性；从表现生活场面的繁复到表现对象的单纯；从乡土写实慢慢转向古典写实。年轻的画家越来越意识到，绘画语言本体的重要性，画家创造主体的重要性，绘画表现深层次、高层次的精神境界的重要性。

三、古典哲学意味的艺术语言

1985—1989 年，在内地的美术界，新潮崛起。所谓"新潮"，就是主要借鉴西方现代流派的美术思潮。"新潮"的口号是反传统，主要是反对写实的传统，包括西欧、俄罗斯的学院派，也包括流行于 20 世纪五六十年代的被称作"社会主义现实主义"中的虚假、矫饰的成分。以借鉴欧洲古典传统为主的古典画风，像庞茂琨所坚持的，当然不属于"新潮"之列。"新潮"汹涌澎湃，冲击力很大，大有迫使画界人人逐个表态——是反对，还是支持。"新潮"所起的作用，一方面迫使大陆美术界的人们不得不思考欧美美术语言的现代化价值，思考中国美术如何适应时代的发展；另一方面，也正如笔者在不少文章中一再表示过的意见，那就是过激的青年思潮反而更使人们回过头来重新审视传统艺术的价值，

郊游

160cm × 220cm　布面油画　2018 年

激起人们更加深刻地研究和发掘传统。这后一点，是"新潮"人士所始料未及的。

这后一种趋向有种种表现：在中国画领域，有所谓"新文人画"的崛起；在油画领域，有所谓"新古典画风"的流行；在美术教育领域，有所谓"新学院派"或"学院派"体系的提出。它们都是对"新潮"的反拨。庞茂琨对古典主义的迷恋并非"新潮"美术刺激的结果。然而，他也绝不是置身在这"新潮"的旋涡之外。在这期间，他在四川美术学院油画系毕业，立即考入研究生班深造。他像以前一样，埋头实践，认真读书。

很显然，年轻的庞茂琨密切地注视着同龄人的思考和实践。但他并没有为他们的宣传所动。他认为艺术语言的现代化问题，始终应该是艺术本体的问题。他似乎不同意北方群体的理念绘画主张，也不同意"厦门达达"这一类反艺术的观念和活动。他在自己的研究生毕业论文《论绘画情感的纯粹性》中，特别强调绘画语言的特性，而这正是北方群体反对的。北方群体撇开绘画的自律性读理念，认为理念高于、大于一切，殊不知离开绘画语言的特性，那理念怎能存在？那岂不是成了空调的概念说教？事实上"八五美术新潮"的理念绘画确实存在着这种赤裸裸哲学说教的味道。在 1988 年"新潮"美术处于高峰的时刻，庞茂琨研究生的毕业作品《扬》和《捻》问世了。这些作品的古典样貌和当时画坛的"前卫"气氛很不适应，即使在同届四川美术学院研究生的毕业作品中，也显得相当古典，这不能不说是一种不合时宜的"反潮流精神"。

《扬》和《捻》表明庞茂琨的艺术语言向纯粹和精致的方向发展。画家赋予人物动态以某种古典的动势，比起以前的作品来，这动势更为考究、更有节奏感。面部表情仍然是宁静中含有冷漠。冷漠，是 20 世纪 80 年代以来美术中人物形象的一个显著特征。有人激烈地批评这种现象，认为这种冷漠、严峻的表情是由于作者对生活缺乏热情所致。这种批评是简单化和不得要领的。殊不知艺术中的严峻和冷漠感是一种美学范畴。自古以来，世界各民族的艺术家都懂得如何通过人物形象的严峻和冷漠，来表现一种美感。过分具体的人物表情，如喜怒哀乐等，往往适合情节画的表现，和特定环境相联系，当然也受特定环境制约。离开那个时代的环境，这些表情便失去其意义。而抽象的、非具体的表情，则具有普遍的品格，有超越时代的意义。人类艺术史的经验表明，人物形象表情越具体，越像戏剧中的人物，艺术概括性越小。内地 20 世纪五六十年代的一些作品中的人物形象常常显得不深沉，原因很多，其中原因之一，就是表情过分具体，戏剧性太强。20 世纪的现代艺术家们之所以醉心于人物严峻、冷漠表情的描绘，就是想使他们的作品体现出更丰富、更隽永的思想内容。

庞茂琨的古典画风的创造来自南方，和北方的古典画风遥相呼应。正是在 20 世纪 80 年代下半期，中央美术学院油画系靳尚谊教授主持的工作室，也推出一批坚持古典画风的青年画家。其中最具有代表性的是杨飞云。不同于杨飞云的是，庞茂琨的画风更见哲学意味，有一种哀愁情绪。所谓更具哲学意味，是说庞茂琨的作品形而上的味道浓，主观的东西多。假如说杨飞云侧重于用古典技巧描绘客观物象的美，那么庞茂琨则力图在主客体的结合中，强调某种理念。1989—1990 年，他创作了一组人物画，如《大地》《行云》《大黄伞》《小溪》《月光》《苹果树下》《静静的小院》《祥云》等。除《静静的小院》是双人外，其他都是描绘单个人物的，在这一幅幅的人物画面前，我们看到的处于安宁、肃穆状态下的人物和环境，但是，体验到的都是一种难以言表的忧愁和哀伤。这些远离现代文明的彝族男女，有着独特的生活方式、独特的美，有着自己的尊严和内心世界，但是他们远离着"现代文明"。他们为之迷恋，也是使画家为之迷恋的那种诗一般的、有些神秘意味的环境和气氛，其实是一种乌托邦的理想境界。繁闹的世界让我们在欣赏庞茂琨的画幅时得到某种精神慰藉，然而那只是暂时的满足。我们发现，那只是梦幻的存在。其实，何止是彝族的生活方式，即使是充满着生命活力的这些男男女女，还有我们每个人，何尝不是在宇宙中极为短暂的"现象"和"存在"？这是这些男女人物的哀愁，还是画家出自形而上思考的一种内心情绪？如果用庞茂琨自己的话来解释画家"内心的真实与客观的真实是同一种真实"，那么，我们深深体验到这位既对西洋古典文明如醉如痴，又对中国古代老庄哲学深感兴趣的年轻画家，在这复杂多变的中国大文化环境中的深层思考。

我相信，在当代中国青年画家中，有如此深沉哲学思考的画家为数不少。因为他们是思考的一代，是走向 21 世纪的一代。只是他们采用了不同方式，选择了不同的语言。就庞茂琨来说，他的艺术语言是古典的，近乎"前拉斐尔派"的古典，而包含的精神却是现代的。

因此，如果把庞茂琨的这些油画作品，理解为风俗人情画，那就是一种欣赏的误解。我常常想，一件美术品，如果只供人得到视觉美感的满足，那是远远不够的，它还应该启迪人的思维。写到这里，我忽然想起俄国文豪高尔基说过的一段话："在艺术中哲学也有很充分的地位。艺术家知道用美丽的图画来装饰赤裸裸的思想，善于在面对着暧昧难解的人生之谜的时候，把哲学的软弱无力掩饰起来。所以苦的药丸拿给孩子吃的时候，总是装在漂亮的盒子里：这是一个很聪明、很仁慈的办法。"

年轻的庞茂琨，愿他在崎岖不平的艺术道路上，永远保持清醒的、理智的头脑，向着更崇高的目标前进！

1992 年 6 月 1 日于北京中央美术学院

原载《炎黄艺术》1992 年第 7 期

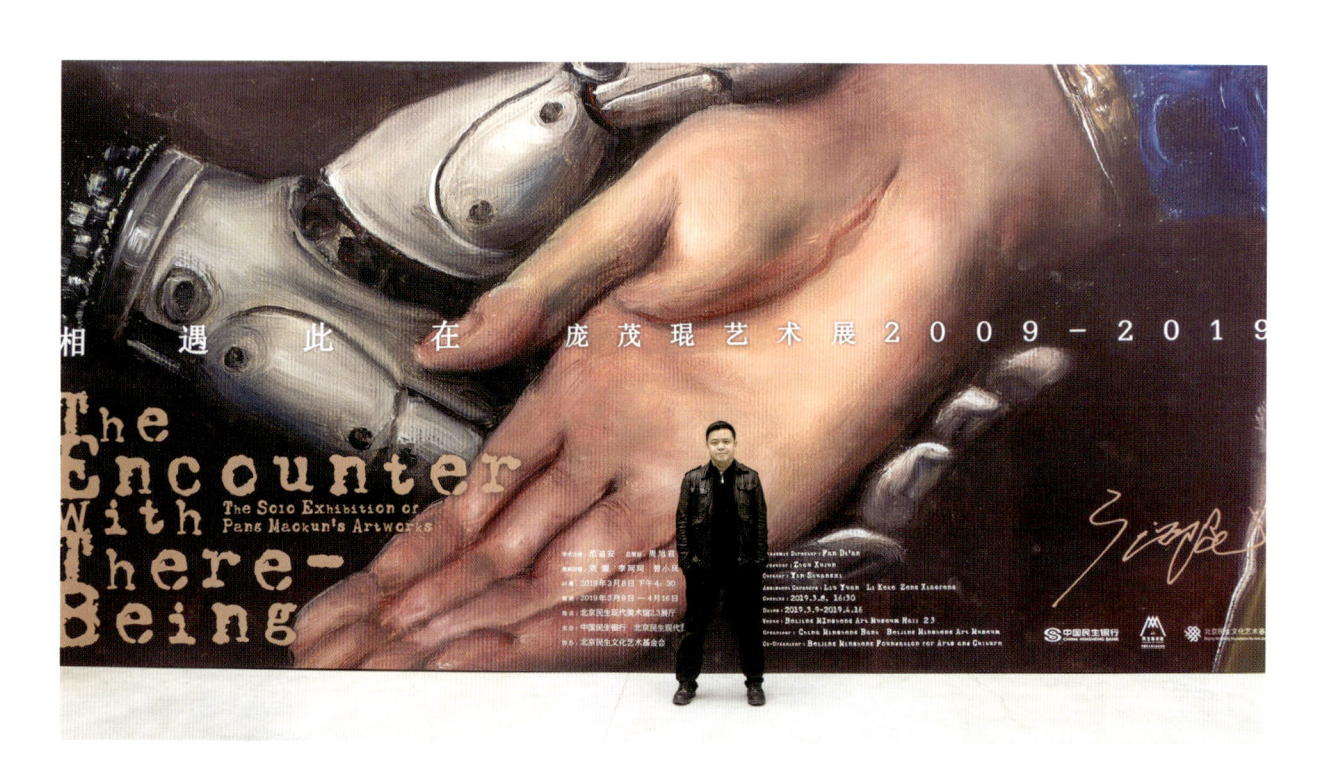

朱春林

1968年4月生于安徽桐城。1988年安徽黄梅戏学校舞美专业毕业后考入中央美术学院油画系第一画室，师从靳尚谊、潘世勋、孙为民、杨飞云、朝戈等先生，1992年毕业后任教于北京市工艺美术学校。2000—2003年在中央美术学院油画系首届高级研修班学习。2005年4月调入中国艺术研究院，现为中国艺术研究院中国油画院院长、博士生导师、一级美术师，中国油画学会理事。

多年来不断参加国内外重要学术展览，多次获奖，出版十余种个人作品专辑。举办多次个人画展，其中重要个展有：2016年8月在中国美术馆举办"中国艺术研究院中青年画家系列展"之"内省——朱春林作品展"，2019年8—10月在中国油画院美术馆举办格物致知——朱春林油画研究展"，2022年8月在大连美术馆举办"光阴的故事——朱春林油画作品展"。

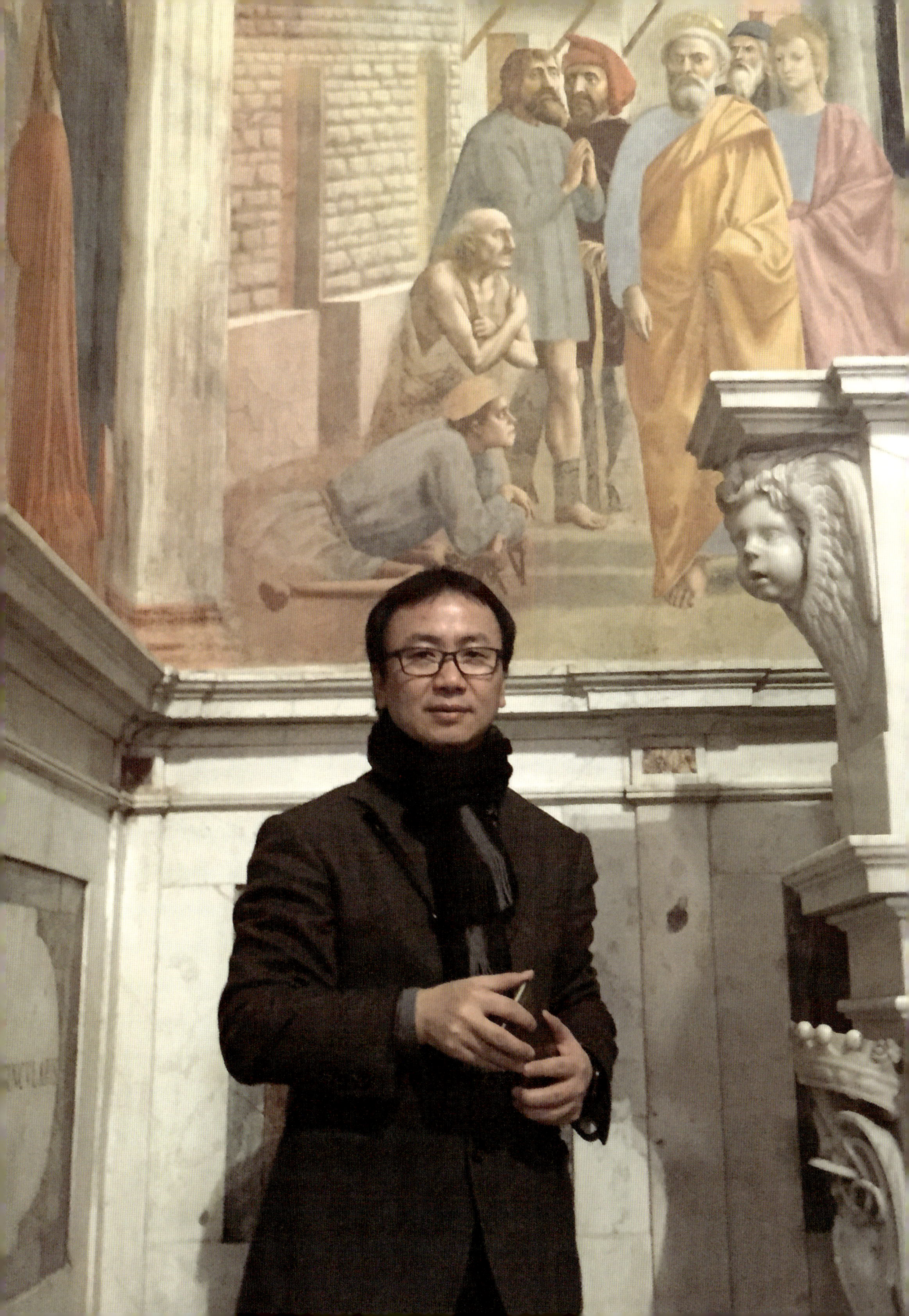

画中有诗与清幽景致

采访地点：中国艺术研究院油画院朱春林先生工作室
采访沟通：朱春林，郑满林

我出生在安徽桐城，在安庆长大。小时候常去桐城，父母的老家都在桐城，桐城小镇老街及粉墙黛瓦起伏的村落深印在儿时的记忆中。听母亲说，我刚刚满月，就随她和两个姐姐到了山西父亲所在部队的军营。父亲18岁参军，是抗美援朝的那一批军人，父亲在部队待了很多年。我出生后在山西的那两年基本上没有记忆，我记事的时候，已经是父亲1970年从部队转业到安庆工作以后了。在儿时的记忆当中，画画是最大的乐趣。起因是我父亲身体不是太好，经常休病假，因此陪伴我的时间比较多。男孩子淘气好动，父亲为了哄我，有时随便找个纸片在上面涂涂画画，画小人、小动物之类的。其实父亲不会画画，只是为了哄我玩。绘画是父亲无意中为我埋下的种子，这颗种子随着年龄的增长也慢慢萌芽生长。从那时起，我一直喜欢画画，经常找粉笔头在墙上、地上到处乱涂乱画，孩子天生都有这种涂鸦的兴趣，小时候我画画是很自然的事情。

我童年时没上过幼儿园，基本上属于野生放养状态，母亲每天早出晚归，父亲陪着我的时间相对多一些。一直到上学的时候，画画的兴趣一直延续着，尽管没有正规学习，也没有老师教，完全凭着自己的兴趣，但父亲常常鼓励我，每当家里有客人来的时候，父亲总是把我的画拿出来展示一番，自然会受到夸赞表扬。这无形之中给了我很多鼓励，对画画的兴趣也就越来越浓。

安庆地处长江要塞，地理位置、文化环境都很重要，曾经有很长一段时间作为安徽的省府所在地，历史上发生过很多重要事件。我家在安庆北郊一个工厂大院内，周围都是农田丘陵，丘陵山坡是男孩子们玩打仗游戏最好的地方。那个年代小朋友上学不需要家长接送，上学和放学的路上都是在游戏中度过，自己背着书包和小伙伴一路玩着、淘气着过来的。

小时候画画范本主要是连环画、小人书之类，因为图文并茂很适合小孩子阅读。小时候各种连环画里面，尤其喜爱古代骑马打仗的场景，比如《岳飞传》《三国演义》《水浒传》这类连环画，边看边画，临摹加想象，凭兴趣涂抹。童年除了看小人书，听刘兰芳、单田芳的评书也是极大的享受。每天固定的时间会守着收音机听评书，各类英雄豪杰的故事扣人心弦，也成为我描绘的内容。少年时代父亲给我订了两本杂志，一本是《连环画报》，还有一本是《富春江画报》，都是月刊。每个月杂志寄来的时候，我会兴奋得一口气看完，然后又期盼着早点收到下一期。这两本杂志是我少年时期艺术启蒙的重要窗口，让我有机会通过连环画接触浓缩的经典故事。《连环画报》和《富春江画报》以黑

八福客栈
80cm×120cm 布面油画 2019 年

初熟的果子

146cm×91cm 布面油画 1997年

白连环画为主，中间也有少量的彩页印刷，包括封二、封三、封底，有一些画得非常精彩的彩色连环画，有的是用水粉，也有用油画材料创作的。比如说何多苓的彩色连环画《雪雁》《带阁楼的房子》，画得太精彩了，当时我被震撼到了。有时彩页部分也发表一些独幅作品，虽然印刷质量一般不是太好，但是那个年代能看到这些东西，我已经很满足了。

我1975年上小学，当时小学是五年制，在我小学期间国家发生过一些重要事件，记忆比较深刻，春季入学改为秋季入学也是在那个时期。我记得上小学的时候有代课老师爱画画，应该是知识青年来我们学校支教，给我们上美术课，也上其他课。课下经常看见他画画，我总愿意凑在旁边看。1980年我小学毕业进入中学，20世纪80年代整个社会的风气有一个很大的转向。我们这代人对20世纪80年代有着特殊的情感和深刻的记忆，那正是我们青春年少、懵懂成长的时代。那是一个充满朝气与活力的时代，是一个开明的、充满希望的时代。蒙昧初开，新时代的光芒从浑浊的梦幻中冉冉升起，思想冰封的河床开始解冻，改革开放的浪潮席卷全国。解放思想、拨乱反正、百家争鸣、思想交锋、兼容并包、气象万千，中国向世界敞开自己，也拥抱世界。当时的物质虽然贫乏，但社会风气良好，年轻人有理想、有追求、有盼望，求知欲很强。

小学和初中，我的文化课成绩比较突出，小升初成绩考得很好，按我当时的成绩，可以上重点中学安庆一中，但是安庆一中离家比较远，最后选择就近上学，读的是安庆八中。初中的时候，我的班主任肖炳炎老师主要教音乐，他的声音充满磁性，浑厚低沉，是标准的男中音。肖老师也教美术，那时候音体美基本上合二为一，一个老师常常身兼数科。入学的时候我拿着好几本自己的画请肖老师看，他很吃惊，说我不单文化课成绩优异，画也不错，鼓励我继续画下去。肖老师经常让我到他办公室无偿给我辅导，对我启蒙影响很大，至今我还与肖老师保持密切联系，每次回安庆的时候都去看他。

在校外，我接触了几个比我年长几岁的文艺青年，他们一直在努力画画。恢复高考制度对当时的年轻人来说意义非同寻常，那时候社会上没有美术辅导班之类的机构，全凭自发学习，听闻谁画得好，便总是想办法拜访、求师问艺，我课下经常去看他们画画。但那时画画毕竟是课余爱好，算不上正经事，所有成绩优秀的孩子都以学文理科考大学为目标。南方夏天天气炎热，我常目睹邻家哥哥夏天将自己关在蚊帐里，弄一盆凉水泡脚降温，让自己清醒，夜夜挑灯攻读的情形，后来他考上大学自然成

2023年在浙江衢州江山写生

2016年在山西碛口

为我们羡慕的对象。家长对我的要求也不例外，似乎参加高考是唯一的出路。那时并不知道有美院附中这一类的学校，家里也没有条件为我创造求学的环境。高中的时候，我被分在理科班，那时对正常参加高考失去了动力，成绩开始滑坡。高中的班主任见我喜欢画画，建议我转到文科班，可以报考艺术院校。这对我是一个提醒，画画的时间有增无减，更多的精力都投入在画画中。1985年高中毕业前，我报考安徽师范大学美术系，初试即被淘汰，顿觉前路渺茫。恰巧那年安徽黄梅戏艺术职业学院舞美专业招生，戏校就在安庆，是安庆唯一的艺术学校，离我家不远。戏校不是每年招生，是毕业一届再招下一届，我决定试一试。考生很多，舞美专业正式招生的名额只有6人，那一年我很幸运地考上了戏校。

考上戏校以后我算是开始了正规学画的状态，戏校舞美专业自1978年恢复招生后，1985级是第三届，当时还是计划招生，不需要交任何费用，学校还提供绘画材料和生活补贴。戏校不大，氛围很好，学生也不多，只有三个专业，以表演专业为主，还有戏音专业，舞美专业人最少。戏校招生要求童子功，表演和音乐专业招进来的学生年龄都很小，

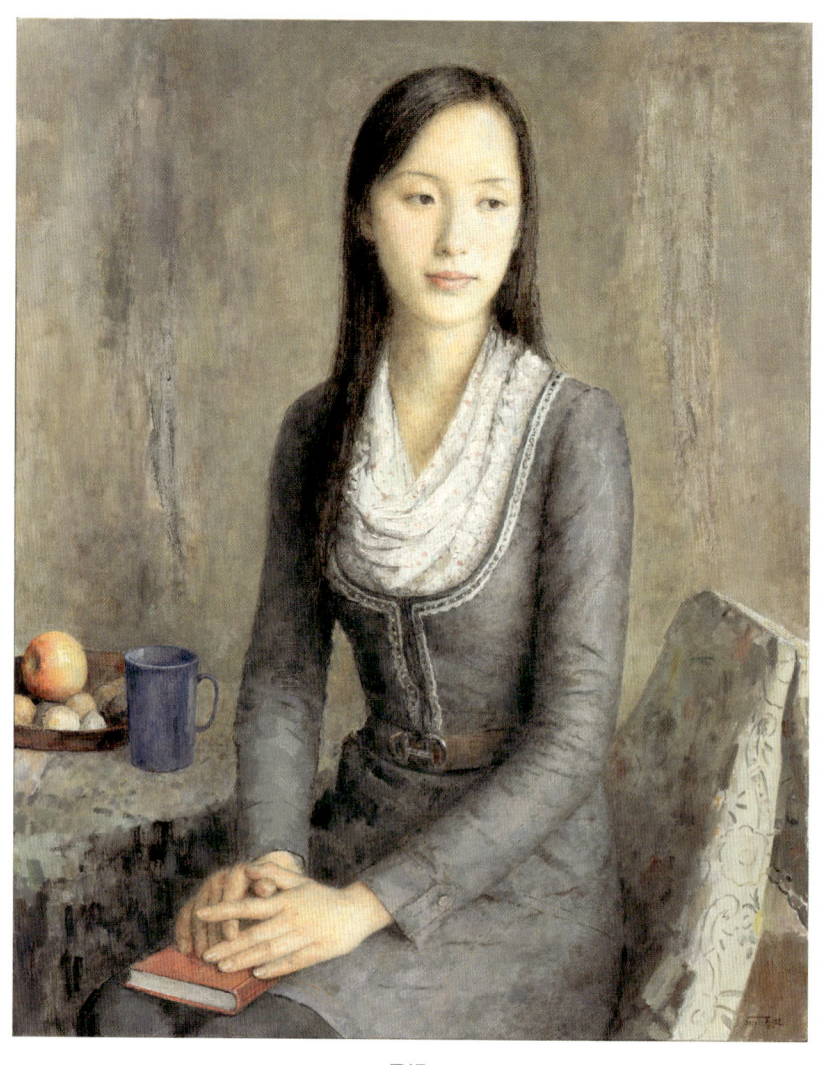

日记
91cm×73cm 布面油画 2010年

我们舞美班算是年龄偏大了。每天早课天不亮就开始，学校里面整天洋溢着吊嗓子、练声、唱戏、练琴的声音，此起彼伏，婉转悠扬，萦绕在耳边，营造出浓浓的艺术氛围。我们舞美班早课要求练书法，校长冯仲华先生亲自给我们上书法课，冯校长是林散之的学生，著名书法家，学养造诣深厚。遗憾当时我们年幼无知，并未在书法上下功夫，现在想起来有些后悔。

戏校学习的三年时光，是我最愉快充实难忘的学习经历。任课老师极其认真负责，小班教学的优势在于师生间的亲密关系，既严厉又随和。姚福群老师主要负责素描基础课，王华龙老师教我们水粉色彩写生，高义珍老师是我们班主任，也教水彩，国画老师有蔡春山、姚道馀、孙浩群等先生。年轻老师项春生、姚鸿雁带我们油画课。还有舞美设计的一些课程，绘景、软幕、硬景、幻灯九宫格变形，这些技术都要掌握。课程安排丰富紧凑，几乎所有绘画科目都有涉及，素描、色彩这些基础课就不用说了，国画山水、花鸟、工笔、写意这些都有接触，虽然课程时间不长，基本上都是蜻蜓点水走过一遍，但给了我一个宽阔的绘画视野，在那个年龄打下的绘画基础真是终身受益。

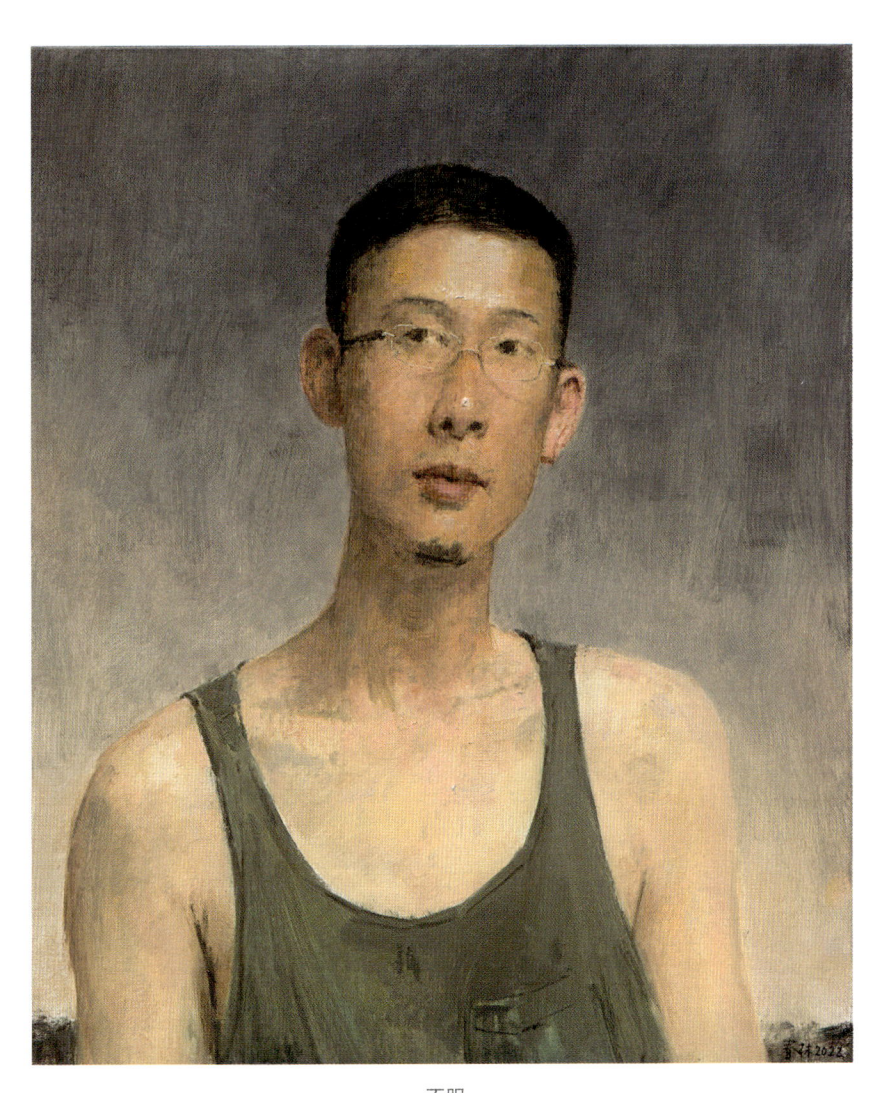

不服
60cm×50cm　2022 年

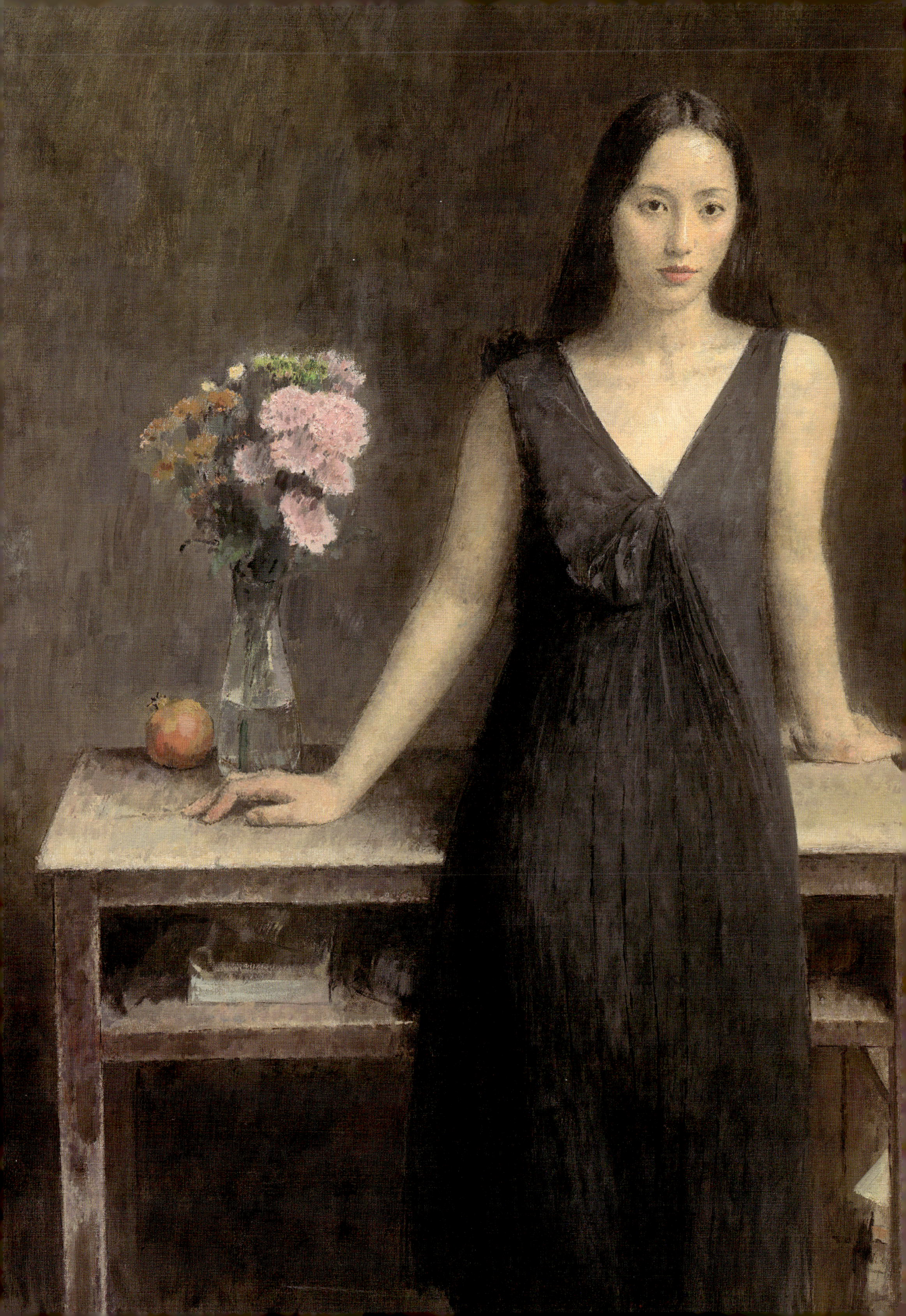

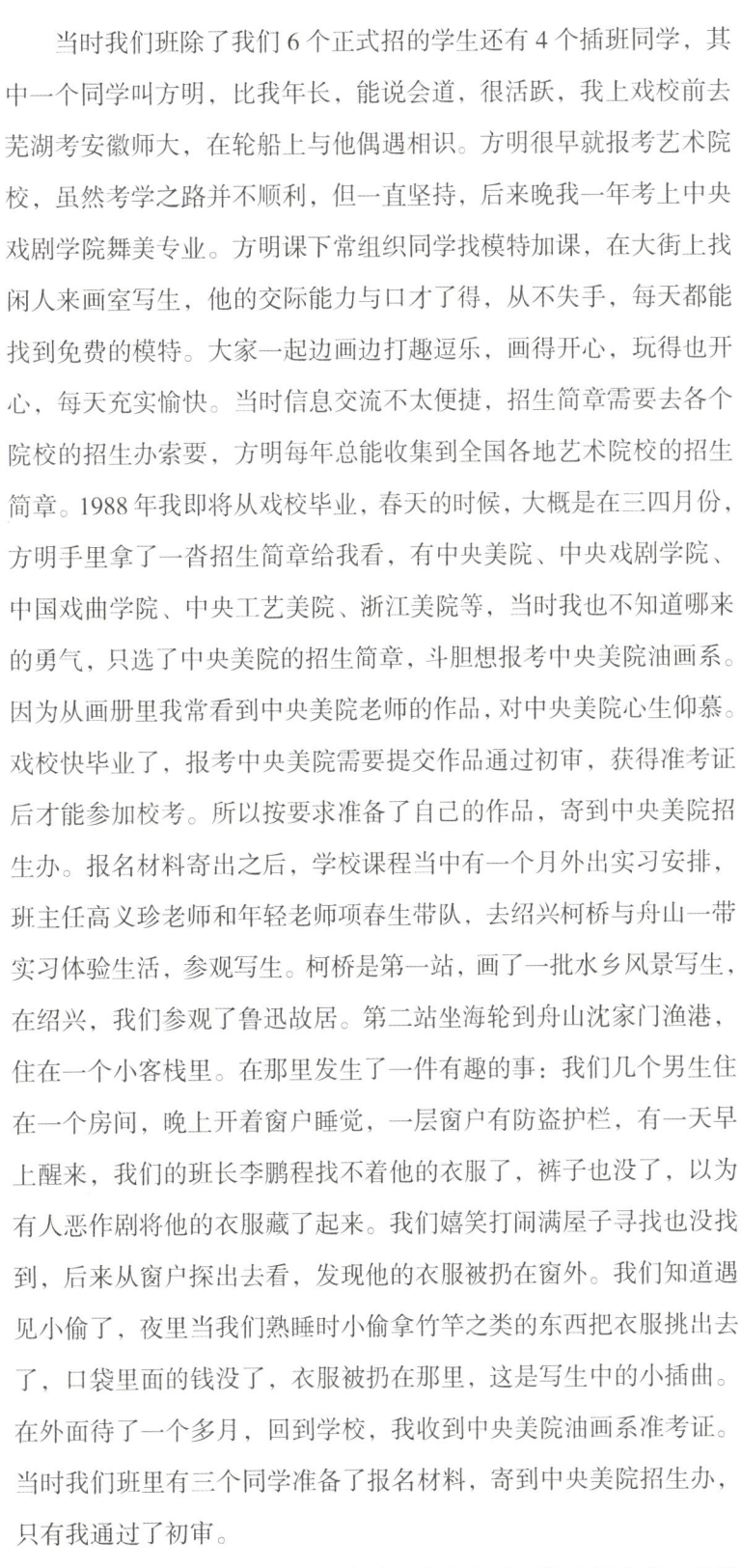

当时我们班除了我们6个正式招的学生还有4个插班同学，其中一个同学叫方明，比我年长，能说会道，很活跃，我上戏校前去芜湖考安徽师大，在轮船上与他偶遇相识。方明很早就报考艺术院校，虽然考学之路并不顺利，但一直坚持，后来晚我一年考上中央戏剧学院舞美专业。方明课下常组织同学找模特加课，在大街上找闲人来画室写生，他的交际能力与口才了得，从不失手，每天都能找到免费的模特。大家一起边画边打趣逗乐，画得开心，玩得也开心，每天充实愉快。当时信息交流不太便捷，招生简章需要去各个院校的招生办索要，方明每年总能收集到全国各地艺术院校的招生简章。1988年我即将从戏校毕业，春天的时候，大概是在三四月份，方明手里拿了一沓招生简章给我看，有中央美院、中央戏剧学院、中国戏曲学院、中央工艺美院、浙江美院等，当时我也不知道哪来的勇气，只选了中央美院的招生简章，斗胆想报考中央美院油画系。因为从画册里我常看到中央美院老师的作品，对中央美院心生仰慕。戏校快毕业了，报考中央美院需要提交作品通过初审，获得准考证后才能参加校考。所以按要求准备了自己的作品，寄到中央美院招生办。报名材料寄出之后，学校课程当中有一个月外出实习安排，班主任高义珍老师和年轻老师项春生带队，去绍兴柯桥与舟山一带实习体验生活，参观写生。柯桥是第一站，画了一批水乡风景写生，在绍兴，我们参观了鲁迅故居。第二站坐海轮到舟山沈家门渔港，住在一个小客栈里。在那里发生了一件有趣的事：我们几个男生住在一个房间，晚上开着窗户睡觉，一层窗户有防盗护栏，有一天早上醒来，我们的班长李鹏程找不着他的衣服了，裤子也没了，以为有人恶作剧将他的衣服藏了起来。我们嬉笑打闹满屋子寻找也没找到，后来从窗户探出去看，发现他的衣服被扔在窗外。我们知道遇见小偷了，夜里当我们熟睡时小偷拿竹竿之类的东西把衣服挑出去了，口袋里面的钱没了，衣服被扔在那里，这是写生中的小插曲。在外面待了一个多月，回到学校，我收到中央美院油画系准考证。当时我们班里有三个同学准备了报名材料，寄到中央美院招生办，只有我通过了初审。

收到准考证，我就着手准备赴京参加考试，没去过北京，美院里别说老师，连个学生也不认识。第一次一个人出远门，坐上绿皮火车，火车上满是夹杂着南北口音的乘客，熙熙攘攘，很拥挤，路

老课桌
130cm×112cm
布面油画
2022年

上时间蛮长的，咣当咣当二十几个小时才到北京。就这样一个人来北京考试，考场设在中国美术馆旁边的美院附中画室。考场上有很多都是中央美院附中的学生，我忐忑不安：附中的学生受过系统的专业训练，肯定占有绝对的优势。考试的时候不敢想太多，正常发挥，尽自己最大的努力。素描画一个老人，色彩写生画挂起来的两条鲜鱼，还有创作，题目叫《朋友》，我画的是带环境的年轻人肖像。素描考试加试速写，正画速写的时候，我鼻子突然流血，有点发蒙。南方人初来北京，不适应北方的干燥气候，鼻腔容易毛细血管破裂，造成出血的状况。考试时候突然鼻子流血自己也没意识到，滴到考卷上，赶紧跑到卫生间洗干净，回到考场继续考试。

几天专业考试的监考人是杨飞云老师和朝戈老师，那时候他们三十来岁，风华正茂。最后一天面试，靳尚谊先生主考，我见到了仰慕已久的靳先生和孙为民老师。靳先生很和气，平易近人，问了一些简单问题。我记得靳先生问我的其中一个问题，让我至今记忆犹新，靳先生问我理想是什么，我回答，希望能成为专职画家，靳先生笑着说，画家也需要有职业，养活自己才能更好地画画。

面试结束以后，因为我第一次来到首都北京，有点小兴奋，还有宽裕时间，于是自己一个人跑到天安门广场，傍晚到北京站坐火车回家。一路上回想这次考试经历，只当是见世面、开眼界，也不敢抱任何希望。5月中旬考完试，过了一个多星期，6月1日我收到了美院寄来的通知，告诉我通过专业考试了，预祝我顺利通过文化课考试。我很兴奋，盘算着通过油画专业考试的人数应该不多，专业过线的考生大概有一半的录取比例，这对我来讲是一个千载难逢的机会，如果因为文化课没有过线的话，

人间烟火

100cm×60cm　布面油画　2017年

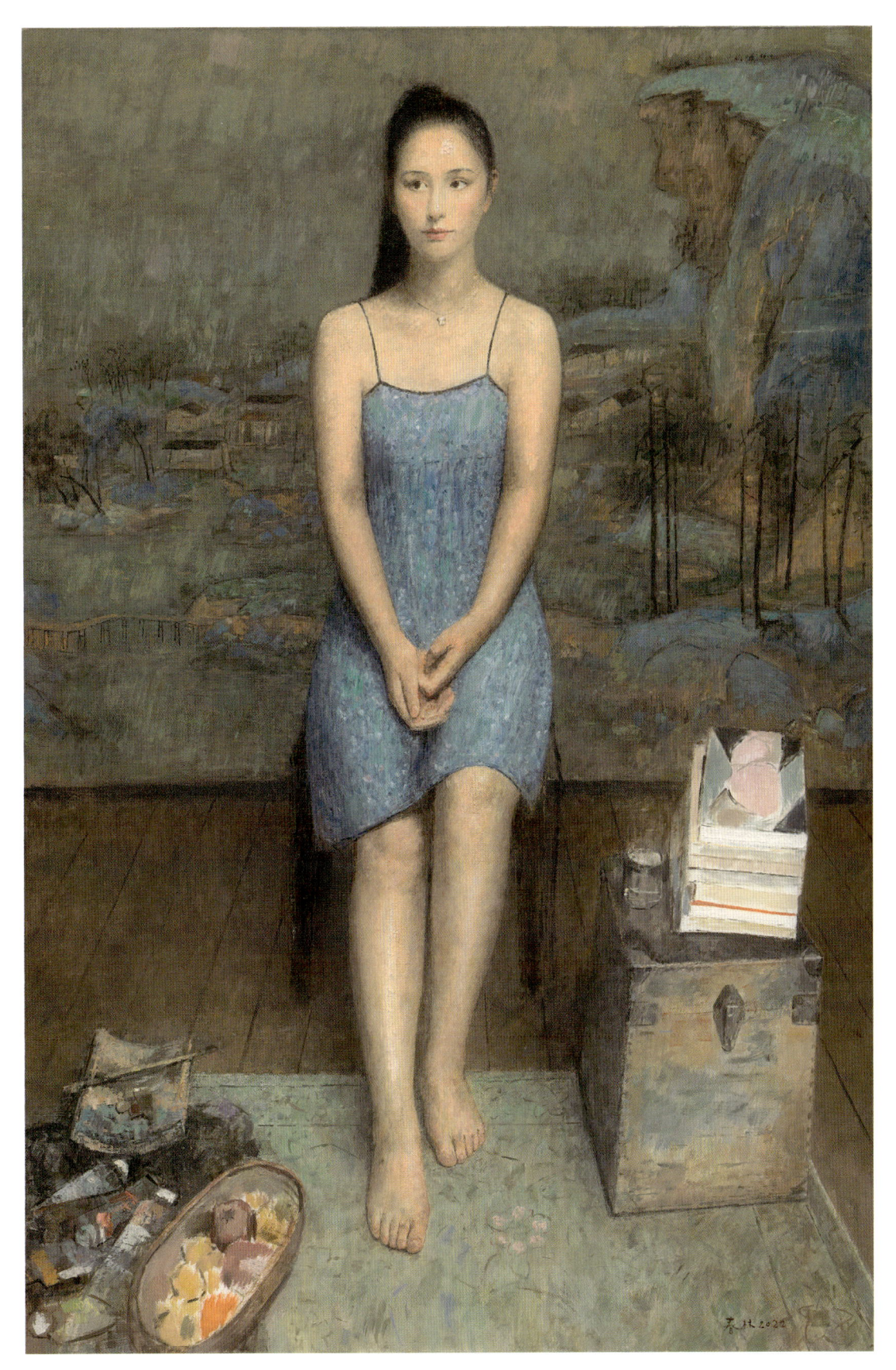

青绿
180cm × 120cm 布面油画 2022 年

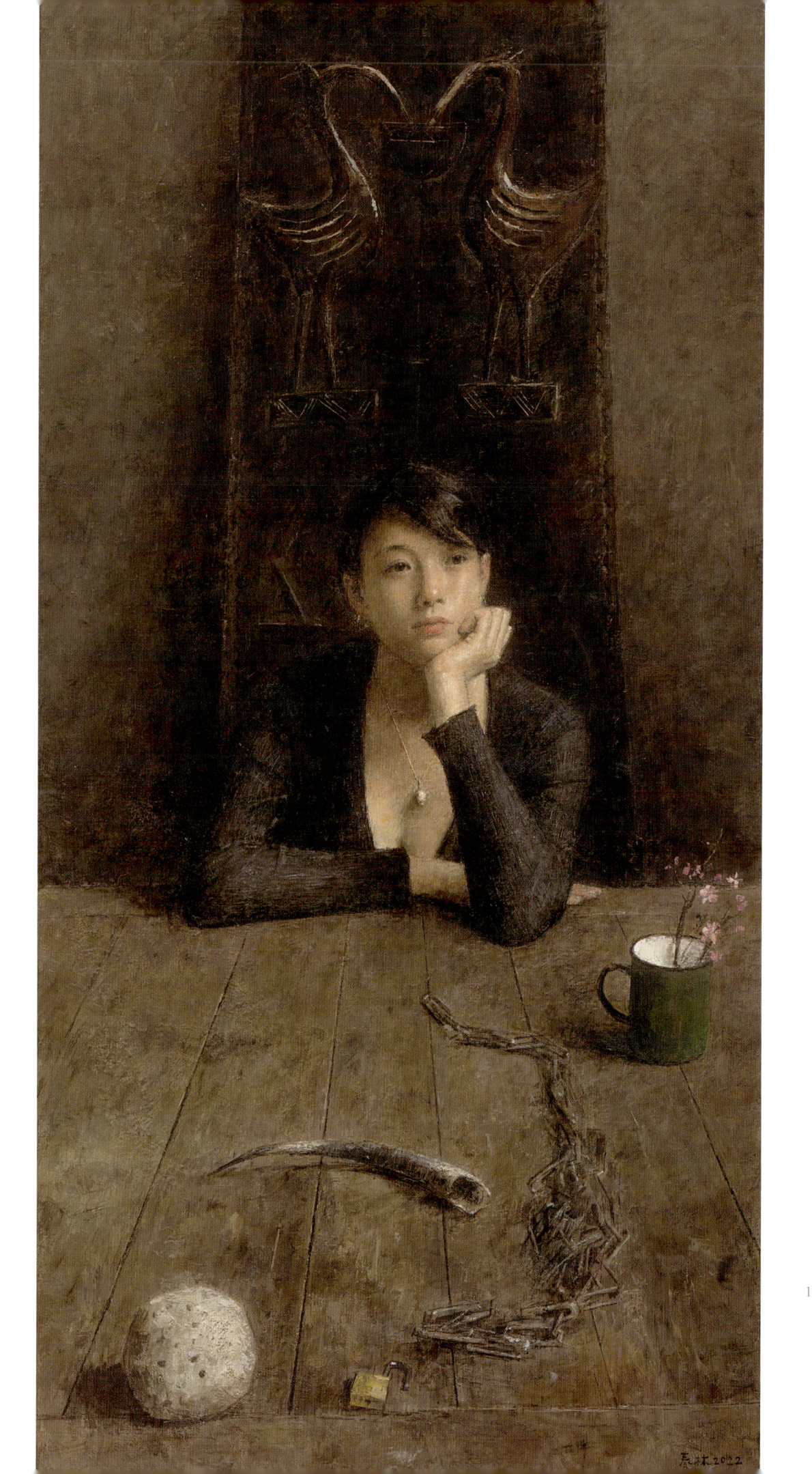

锁
180cm×90cm
布面油画
2022 年

肯定会遗憾终生。那时候高考是7月7日、8日、9日三天，我赶紧找齐高中课本，只有一个月多一点的时间复习。我想能拿分的科目只有历史、地理、政治这三科；数学是参考，不记在总分里面；语文复习也没用，完全靠基础；外语来不及复习，只有放弃了。

高中课本找齐之后，开始画重点做笔记，将历史、地理、政治的重要知识点整理出来，反复背诵强记，每天从早到晚，通宵达旦，看着窗外的天空开始有一点鱼肚白到太阳升起来，一个多月的时间，我几乎没有上床睡觉。前半个月学习效率很高，后半个月开始脑袋发木，有点支撑不住，但必须坚持，困了就去冲个凉水澡，让自己清醒一下，实在累得不行，只能趴在桌子上稍微眯一会儿，然后逼着自己强打精神继续复习，争分夺秒，与时间赛跑。高考是必须要过的独木桥，咬紧牙关挺过来了，高考结束以后彻底放松了，课本扔到一边，静待最终成绩。成绩出来了，历史、地理、政治这几门分数还可以，语文成绩也还不错，外语全凭运气。我的成绩超过了中央美院录取分数线20多分，心里多少踏实了一点。

在没有收到录取通知书前，我还是有些忐忑，不知道能不能被最终录取。按当时的政策，中专毕业生需要工作两年才能参加高考，我是按国家计划定向招生的，毕业后需要去剧团工作，按计划我将被分配在安徽铜陵文化局的一个剧团。在收到录取通知书之前，我去铜

红毛衣
120cm×80cm 布面油画 2021年

陵文化局报到，同时我告诉他们我今年参加高考，若被录取就不来上班了。当时文化局的工作人员告诉我戏曲不景气，剧团正在裁员，不来更好。

我的挂号信通常都是寄到戏校，我家离戏校大概有几公里路程，那时候出行基本骑自行车。8月中旬的一天，我正骑着自行车外出，我的同学蔡燕平远远地骑车向我挥手。他家住在戏校，父亲是我的老师，当时他看到有我的挂号信，想必是我的录取通知书寄来了，所以专程骑自行车给我送来。我当时在马路边打开这封信，果然是中央美院录取通知书，签发日期：1988年8月8日，激动！

祭坛
130cm×112cm　布面油画　2018年

　　再后来顺利到中央美术学院报到入学。美院处在闹市王府井校尉胡同，老美院是徐悲鸿先生时期留下的院子，经过几代美术家共同营造的气场，得天独厚。那届油画系一、三画室共10个同学，有6个是附中考上来的，还有2个北京考生，外地学生只有我和另一个广西同学。一画室由靳尚谊先生主持，老师有潘世勋先生、王征骅先生，还有孙为民、杨飞云和朝戈老师。一年级主要是杨老师、朝老师给我们上课，他们当时都很年轻，创作精力旺盛，常带我们一起写生。每周靳先生都会到教室给我们看画点评。美院工作室制有一个好处，高年级和低年级在一起上课，互相影响带动。美院的学术氛围非常好，学生不多，老师非常认真、有责任心。对我来讲，一年级刚来北京，有点迷茫，找不到状态，画画感觉不太自信。班里附中考

水晶樱桃　30cm×40cm　布面油画　2020年

面对　30cm×40cm　布面油画　2020年

上来的同学，他们画得生动肯定，这种对比让我看到差距。1989年春，一年级下学期基本处于停课状态，学业受到很大影响，心灵更受巨大冲击。1989年暑假，杨老师和芃芃准备去美国，此行或许一去不返，这让我们有点失落。

到了二年级上学期，孙为民老师给我们上课，孙为民老师和朝戈老师带我们第一次外出写生，去河北与内蒙古交界的御道口牧场。北方地势辽阔，阳光明媚，蓝天白云，丘陵山地起伏，森林草场交错，这在南方从未见过，让我心旷神怡。北方的10月已经很冷，霜降之后颜色非常好看，偶尔还会下雪，更显北国苍茫之美。那次写生之行最大的收获是把我的心胸打开了，我似乎不再畏惧和困惑。回京之后，第一张素描作业好像突然有了飞跃与提升，此后画画逐渐变得自信。

杨老师在美国待了一年以后，毅然决定回国。我们三年级的时候杨老师继续给我们上课。二年级时孙为民老师给我们上课比较多，孙老师与杨老师、朝戈老师一样，上课时都愿意和我们一起画，这对我们学习大有益处。老师的创作方法和过程尽收眼底，基本上可以从头到尾观察作品的诞生，绘画过程中也可以随时和老师交流，直观的体验胜过千言万语。那个阶段我特别感激几位老师一直在教室陪着我们，对我产生潜移默化的影响。第一工作室有一个很好的传统——重视写生，重视造型基础的能力与色彩的表达，不太在意表面功夫，注重循序渐进，强调诚恳朴素的状态，从西方经典作品中学习纯粹的油画语言，例如从委拉斯贵兹、伦勃朗这些画家中体会纯正的油画语言魅力。

在我本科学习的经历中，研究西方绘画传统似乎是唯一的途径，除了关注西方经典之外，对当代西方绘画自然也有深入了解的渴望。美院图书馆藏书很多，课余常去阅读。除了经典画册，也会翻阅杂志资讯。美院出版发行的杂志《世界美术》成为我们了解西方美术的重要窗口，常常刊发介绍当代西方绘画现状的文章。主编邢啸声先生是一位可爱风趣的学者，我喜欢听他的讲座。他长期研究、走访欧美画家，同时深入研究中世纪艺术。邢啸声先生撰文推介的欧美当代具象绘画，比如弗洛伊德、巴尔蒂斯、莫兰迪、洛佩兹等，成为年轻人关注研究的对象。我对巴尔蒂斯的兴趣与迷恋正是从那个年代开始的。二十世纪八九十年代，具象绘画在西方是非主流绘画，现代艺术、观念艺术占据主流地位，鲜有专注研究绘画语言本身的学者。巴尔蒂斯的绘画有一种独特的情绪气息，对绘画本体的形式语言构架与复古的质感表达，宛如一股清流，透着

2001年与钟涵先生在西班牙托雷多古城

迷人的精神魅力。在喜欢巴尔蒂斯绘画的同时，我开始探索他的绘画根源，他为何这样画画？不单从技术层面，更想从思想根源上了解。因此追溯到文艺复兴早期绘画，马萨乔、弗朗切斯卡自然进入我的视野。朝戈老师常常在课堂上和我们讨论早期文艺复兴绘画。在巴尔蒂斯的作品中，我看到早期文艺复兴画家乔托、马萨乔、弗朗切斯卡这些大师对他的影响。我也将这些画家的画册常常放在身边，随时翻阅欣赏，不知不觉，其中的审美气息也在潜移默化地滋养、影响着我。

三年级的时候，我的画面逐渐有了一条线索方向，谈不上风格，只是开始有自己的追求倾向。1992年即将从美院毕业，找一份工作稳定下来成为迫在眉睫的问题。靳先生对我们每一个学生都很关爱，为我一连写了几封推荐信，帮我找工作，最终我留京分配到北京市工艺美术学校工作。

北京市工艺美术学校是一所实用美术中专学校，学科建设基本上与当时的中央工艺美院一致，当时的中专学历已不能满足社会的需求。学生年龄处于高中生阶段，青春朝气，我常鼓励他们继续考学深造，中央工艺美术学院与中央美术学院成为优秀学生考学的目标。年轻老师课程排得比较多，我主要教基础课——素描与色彩，我愿意花更多时间在教室里和学生一起，除了维持正常教学秩序，与学生的相处中也会有更多收获，虽然自己的画画时间受限，但在给学生讲课的时候自己也明白了很多问题。

训练色彩的主要方式是静物写生，它虽然是简单的课题，但若想达到良好的效果，在每一个环节上都需要认真对待。首先是摆静物，一组有色彩造型美感的组合才能画出有意思的画面。我会找来各种画册给学生讲色彩原理和常识，同时耐心分析色彩关系，有时上手给学生改画。那个时期我开始留意塞尚，在美院时也经常看到塞尚画册，但并没有引起我的重视。塞尚的静物作品比较多，我常以塞尚作品为讲课范例，在分析讲解塞尚的过程中逐渐理解塞尚。早期的静物作品追求的是再现性逼真效果，比如荷兰小画派，皮毛绸缎、各种金属、玻璃器皿的质感表现得非常精致。而塞尚不追求再现性效果，他的思维已经超越客观对象本身。虽然根据对象写生，但不论是画苹果、坛坛罐罐、风景或人物，他都是在重新解构对象，透过现象看本质。我以塞尚为坐标，横向、纵向观察绘画的传承关系，从中梳理一条属于自己的线索。

1993年年底，我与妻子结婚，偶尔也会以妻子为模特创作。当时的工艺美校地处北三环与北四环之间，周围还有农田村庄，我在学校附近租了一间平房当画室，没课时白天会躲在这里画画，晚上住在学校宿舍。平房冬天没有暖气，需要生炉子取暖。每天早上过来生炉子，满屋都是烟气，炉子烧旺起来，坐上一壶水，屋子里弥漫着水蒸汽，暖暖的阳光透过纸糊的窗扇让简陋的画室有别样的温馨。我在这里画的作品开始参加学术性展览，1994年的作品《炉旁的肖像》是我第一次入选全国性学术展览的作品。

活祭
200cm × 120cm
布面油画
2021 年

1995年靳尚谊、詹建俊、朱乃正、钟涵等先生发起成立中国油画学会，这是一个专业性很强的学术机构，自成立以来，对中国油画事业的贡献功高至伟。我的作品入选油画学会策划的展览。1997年的作品《初熟的果子》获"走向新世纪——中国青年油画展奖"，这对我是极大的鼓励。

北京作为政治文化中心，各种文化交流和展览活动频繁。20世纪90年代中期，在中国美术馆有两个画展对我影响很大。一个是傅抱石的大型个展，是我看过的国画展览中最吸引我的。他的画既有豪放、挥洒飘逸的气势，又有精致灵动的美感。这让我对中国绘画意境之美的兴趣与日俱增。我收集了很多国画大师的画册，在八大山人、石涛、沈周、金农等画家的作品中寻找灵感。国画的起势运笔、线条勾勒、皴擦点染、笔墨趣味给我很多启示。欣赏国画是另一种滋养，虽然我没用宣纸毛笔作画，但国画的内在气质和精神境界对我画油画有一定的影响。

另一个展览是邢啸声先生策展的巴尔蒂斯个展，在中国美术馆中厅，作品数量不是太多，有很多画册中常见的作品。我第一次近距离欣赏巴尔蒂斯原作很激动。当时巴尔蒂斯年事已高，未能亲临现场，出席开幕活动，他的女儿晴美代他宣读了致中国观众的一封信，信中说："有一天我突然发现时光已逝，我不复孩童，而成了88岁的老翁，是如今所谓著名画家的那种人，几乎到处都办我的画展，甚至在中国！然而，切勿以为我是大师！我不喜欢当代绘画。我不得不创造一种可以传递事物之神并表现我所见到的现实之美的绘画，而时下的画家作画，是要表现他们的所谓个性，却忘记了共性

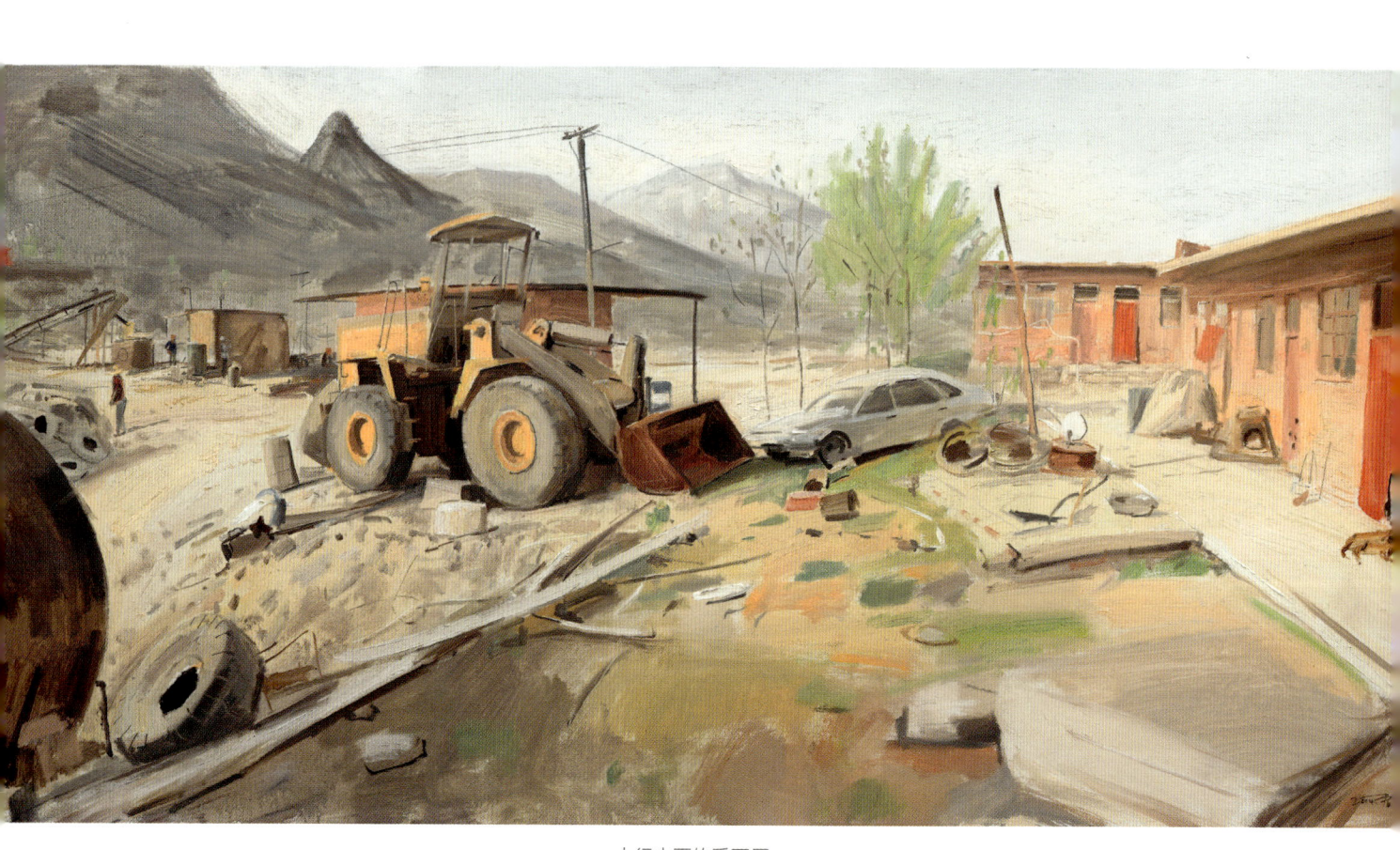

太行山下的采石厂
80cm×160cm　布面油画　2014年

Kitty

120cm×90cm 布面油画 2022 年

佳音　180cm×112cm　布面油画　2009年

才重要……我恳求我的中国朋友，不要受现在西方的影响，而今此地只是一片极度可怕的混乱！请你们惠顾我的衷曲，因为这是力图走出20世纪末大混乱的人所创作的作品。"

巴尔蒂斯并未踏入过美术院校的大门，只是通过自己的摸索，临摹大师们的作品，坚持直接同绘画本身接触。其修养，其对往昔艺术的精研，与任何学院主义或平庸教学格格不入。巴尔蒂斯的一生几乎贯穿了整个20世纪，在现代主义大行其道的黄金时代，他却以绝尘疏离的古典主义姿态，穷尽一生，在他的精神领域漫游探索。他认为只有传统才具有革命性，并具有绝对的现代性。巴尔蒂斯坚信画画就是祈祷，他说，上帝在地球上留下了那么多美好的事物，如果不先把这些东西在画布上重现，那就是极大的忘恩负义。绘画就是表达敬意。巴尔蒂斯敬重东方美学，常从东方绘画中获取灵感。他晚年隐居在瑞士的一个小镇，邢啸声先生每次去拜访他时，他们会一起彻夜长谈东方艺术。

2000年，中央美院筹办首届油画高研班，钟涵先生热心张罗，通过美协、中国油画学会推荐选拔学员，我有幸入选，成为其中一员，毕业多年以后又重回美院学习。首届油画高研班共有20名学员，均有一定的艺术积累和成绩。当时老美院早已搬迁离开王府井，新址尚未完工，在机场路附近一个工厂过渡教学。导师组对我们班很重视，寄予厚望，集中训练阶段，课程安排紧凑饱满，还特意从杭州请来全山石先生给我们上课。来自全国各地的油画同道在一起切磋交流、相互影响是难得的机会。钟先生已过古稀之年，对年轻人的提携栽培仍然充满激情，提出"正本清源"理念，追溯西方油画学理源头。钟先生制订了周详的出国考察、朝圣西方经典的计划，并且为大家联络筹集到出国考察经费。2001年秋，西方油画朝圣之旅得以成行，大多数同学都是第一次出国，钟先生亲自带队，40天参观了6个国家几十个博物馆。钟先生20世纪80年代初曾在比利时访学，对欧洲各大美术馆比较熟悉，并且对很多课题有过深入的研究，因此为我们导读作品如数家珍。

见到许多过去在美术史画册中读到的作品真迹，拨开印象中的神秘面纱，原作的魅力让人震撼。我们有机会近距离欣赏心仪已久的大师原作，同时领略西方文明丰富的人文景观与历史遗迹，收获颇丰。参观博物馆极为辛苦，我们年轻人走了一天已是疲惫不堪，钟先生仍然精力充沛。晚上回到酒店，组织大家研讨交流，时尔娓娓道来，时尔声色俱厉。大家主要听钟先生讲，不敢插话，而钟先生期待大家展开讨论，见大家缺少回应很是生气，场面一度尴尬。事后钟先生总会安抚道歉，这份认真可爱的真性情让我们又怕又爱。

看了太多的作品，古典的、现代的，各种类型让人眼花缭乱，甚至一时难以消化。回国之后我曾一度困惑，找不到方向，不知道接下来该如何走，调整了很长时间才又重新开始画画。回过头再看，这种经历对我也是历炼，是一次精神的洗礼和挑战。高研班学习持续了三年多时间，结业展在中国美术馆举办。

白领　160cm×90cm　布面油画　2011年

此后我的创作状态相对稳定，不停探索、不断找寻，画出一些作品，参展的机会和活动逐渐多了起来。除了向前辈和身边的良师益友请教学习，我一直视塞尚、巴尔蒂斯等画家为精神导师，他们一直在默默指引我的艺术方向。自印象派以来，东西方绘画相互启迪融合，我以西方古典绘画为底色，更倾心于以油画语言探索东方的审美意蕴。中国绘画不追求逼真再现，

寒月新词 120cm×90cm 布面油画 2022年

而是注重精神内质与境界，以形写神，有很强的抽象意识，在具象与抽象之间、在似与不似之间寻找平衡。塞尚作为西方绘画之父，影响了马蒂斯、毕加索、莫迪利亚尼、莫兰迪、巴尔蒂斯等众多画家，开启了20世纪绘画的新纪元，让绘画不再拘泥于过去的传统样式，有了更加舒展自由的表达，绘画性、书写性、笔触感、节奏感都成为画家感兴趣的问题。油画语言具有丰富性和层次感，可塑性很强，可以精致，也可以粗放。用谢赫六法来评判油画同样适合，气韵生动、经营位置、骨法用笔……这些都是对绘画最基本的要求。

不论什么题材，通常画面是静止的，但画面内在是灵动的、鲜活的，静态与动态相辅相成才能赋予画面生机。世界按一定的规律秩序运转，万物都处于千变万化中，比如阴阳、黑白、冷暖、深浅、粗细、强弱、虚实等，大自然四季分明，充满无限生机，所有物体无时无刻都在转化循环。中国哲学重视天人合一、道法自然、无为而治，"大美"是道的可感形式。画面无论从形式到内容都需要赋予活力，否则了无生趣。绘画需要一定的经验和方法，当然更需要保持鲜活的感受，不能单靠经验，过多的经验会形成套路和僵化的模式。所以我希望始终保持敏锐的直觉判断，在不经意的地方寻找美感，找到画意很重要。有时我会陷入具体的形色关系中，面面俱到，忽略了整体关系的控制，以至于"过犹不及"，失去了浑然一体的韵律，绘画贵在恰到好处。苏东坡说"出新意在法度之中，寄妙理于豪放之外"，激情和法度都需控制好分寸。

2005年春节之后，我离开工作了13年的北京市工艺美术学校，调入中国艺术研究院。当时中国艺术研究院王文章院长出于对艺术发展的考虑，希望加强艺术实践，会聚有影响力的艺术家参与，因此他多次到杨飞云老师画室拜访，想调杨老师到艺术研究院。杨老师作为中央美院教学主力，美院不肯放他离开，暂时同意借调。由于艺术研究院缺少油画创作人员，杨老师希望我和李贵君加入进来。研究院是更为纯粹的学术平台，可以专注于油画创作。我向北京市工艺美校提出调动申请，得到领导的理解支持，顺利调入中国艺术研究院。2006年着手筹备油画院，在高碑店找到一间废弃的厂房，改造成美术馆与工作室，我参与筹备工作。2007年9月26日，油画院挂牌成立，聘靳尚谊、詹建俊、朱乃正、钟涵、陈丹青诸先生为顾问，汇聚油画届中坚力量，共同发展油画事业。在前辈与同道的支持下，油画院营造了良好学术氛围，我协助杨老师负责教学和日常事务，工作上得到锻炼，创作上也不断有收获。教学并不是研究院给我们的硬性任务，而是杨老师希望主动承担的社会责任与油画情怀，一方面带动年轻画家的成长，同时让油画院保持教学相长的活力和纯粹的艺术环境。油画院打造了几个专业的油画展厅，云上美术馆、陈列馆、油画博物馆，不断策划举办各种类型的学术展览，对画家的交流与大众的美育推广发挥了积极作用。

油画院教学重视写生，课堂写生与外出写生交错进行。我很享受写生的过程，每年都有带队外出写生的安排，通常选择春、秋这两个适合写生的季节。现在出行比较方便，距离不是太远可以自驾出行，油画装备比较烦琐，开车写生找景更为便捷。更远的地方可以乘坐高铁，所有装备可以提前发物流，到达之后可以在当地租车。写生结束后我们通常雇用货车，将所有行李及画框物品打包运送回京。中国地域辽阔，从南到北，从东到西，自然地理、人文环境丰富，可挖掘的资源很多。这些年去过的地方很多，山东、山西、河北、河南……外出写生条件艰苦，风吹日晒，有时很长时间不能洗澡，外人看来好像是苦差事，可画家愿意享受苦中作乐的过程。能感受大自然的造物之美与馈赠，放下都市的喧嚣与琐事，单纯地画画，寻找美、发现美、表现美，每天都有意外的收获和惊喜。每次下乡到了一个地方，体会天地山川的灵性之美，到大自然中采集灵气，汲取天地间的精华，获得信心与能量。亚里士多德说，艺术是对自然的模仿。中国人强调"师造化"，在大自然中观察感受，寄情于山水之间。我从大学时代开始长期生活在北方，写生的视野主要在北方。北方阳光充足，色彩对比强烈，更适合油画色彩的表现。当春天万物复苏之时，柳梢冒出鹅黄色嫩芽，朦朦胧胧好似一片轻纱，杏花、桃花、梨花竞相开放，大地一片生机。秋天又是另一番景象，五彩斑斓，你不确定寻到哪处想画的地方，会被怎样的景色打动。通常太美的地方只能欣赏，我更愿意在平凡的、不引人注意的角落寻找画意。有人说："当你离开了家乡才能看见家乡。"或许在北方生活得太久，近几年，我常回到南方写生，安徽、江西、福建去得比较多。南方气候温润，自然与人文景观丰富精致，随处都能寻到画意。南方的写生条件、生活条件相比北方要好得多，然而去到一个地方能让自己找到创作的激情更为重要。随着城镇化发展，很多地方年轻人都离开了家乡，成为空心村，只剩下留守的老人。各地古老的村落逐渐破败，历史沉淀的痕迹和包浆被湮没。当这一代老人故去，关于故乡的记忆或许也会随之而去，纵有新一轮乡村振兴计划也难挽回面目全非的命运，这是时代与历史的必然。

现在很多画家选择隐在安静的古村建工作室，享受田园生活。2016年秋，我在安徽查济写生，在画家罗朗老师的工作室看见墙根三座排列在一起的拴马桩，形式感很有画意，于是画了幅《东方三博士》。三只狮子三种颜色，黑、白、黄代表三种肤色，我想以象征隐喻表现东方三博士，手法运用笔墨感的韵味。其实油画与国画只是材料工具的不同，绘画的原理并无太大的差别。油画材料具有视觉上的优势，国画的写意性和平面感过滤掉多余的、琐碎的东西，二者结合，我坚信用油画表达东方的审美精神一定有很大的空间。

我不太在意风格，风格是内在生命的自然流露，与画家的性格气质、文化底蕴相关，不需要刻意追求。画如其人，什么类型的人画什么样的画，终究与个人的内在生命相关，是人格修养的真实流露。个人的内在品格和修为自然都会融入自己的作品中，什么树结什么果子，葡萄藤长出葡萄，苹果树结出苹果，这是不容置疑的。行万里路，读万卷书，两条腿走路，行路是在观察感受世界，读书读画是在学习传统，避免走弯路。形式和语言需要统一，好比做菜，要达到色、香、味俱全，各样食材需要切成合适的形状才能炒在一起，不能混乱，丁、片、块是炒不到一锅的，佐料使用、先后次序、火候控制、色彩搭配更是考验厨师的水平。

绘画是观察认识世界的一种方式，眼高手不低很难。我只求真实表达自己的情感，并不纠结画得好坏，只要保持起初单纯的状态，心无旁骛，尽可能释放最真实的感受。不可能每一幅都画得满意，每一次外出写生能有几幅满意的作品就很满足。人都有惰性，荒废的时间很多，生命有限，我不想虚度时日，创作的过程让我很充实。最近画画时在喜马拉雅网站听《曾国藩家书》，他以三字约束自己：勤、敬、谦。我亦如此要求自己，凡事首先要勤，在工作行政、读书作画、处理家务等各方面都不能偷懒；其次要敬，对上天、对自然要有敬畏之心，对周围人事要有敬重之心，由敬生爱；最后保持谦卑、谦和，严于律己，宽以待人，不狂妄、不放肆，让内心安静平和，踏实过好每一天。

我有两个女儿，作为父亲，我希望孩子也能享受审美的人生。前面提到我的父亲无意中为我埋下的绘画种子，让我享受了丰富的绘画体验，尽管这条路走得艰辛。对孩子，我希望尊重她们的选择，可以创造条件鼓励她们的兴趣，但不会刻意训练强迫走这条道路。我女儿直觉非常好，很小的时候就画得让我吃惊，成年后的画虽不同于儿时的天真，但不概念，有成熟的理解又未失直觉的敏锐。这正是我希望的。

根据 2023 年 1 月 6 日的采访整理

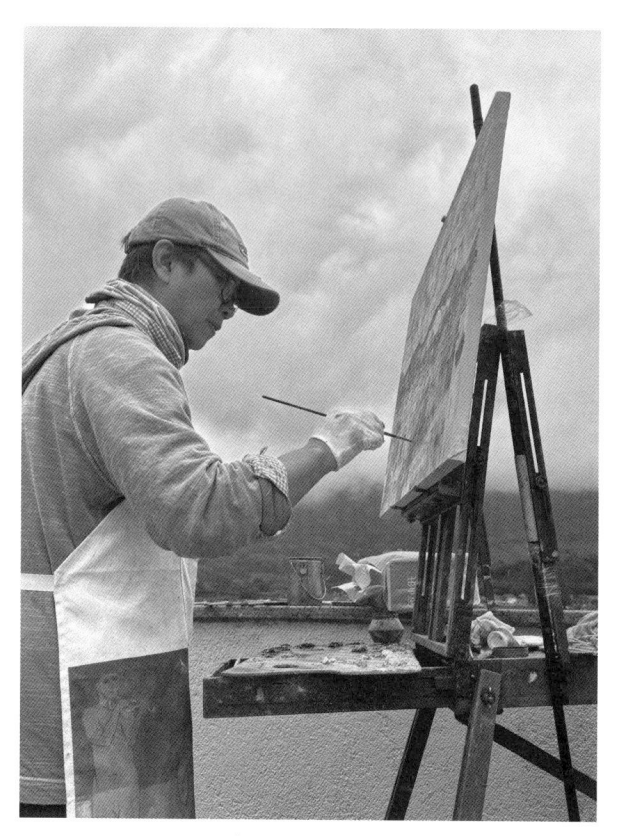

2023 年在浙江衢州江山写生

报喜天使
180cm×120cm 布面油画 2017年

平和优雅　怡然自持
——朱春林画笔下的女郎

文 / 李昌菊

画里的女郎，或站、或坐，她们在桌边、在树下、在田野，在各种封闭或开阔的空间里，平和着、怡然着。她们没有刻意穿上民族传统服饰表明某种文化特征，没有被置入纷繁的社会景观中传达当下意味，也没有身处宏大叙事的场景凸显强劲意志。她们十分普通，打扮寻常，身姿放松，不乏一丝拘谨。她们望向你，眼神温和，偶尔也看向别处，多数时候，她们沉浸在自己安然、平静的内心世界，虽然意识到被描绘，略有点小紧张，但努力呈现出真实的状态。

红衣肖像　80cm×60cm　布面油画　2022 年

这些女郎大多正值芳龄，青春美感显而易见。年轻女性——无疑是被太多画家开掘的表现对象，在这个"凝视权力"问责不绝的话语场域，朱春林选择继续描绘她们，年轻女性的美是公认的，谁说不是呢？注视美、捕捉美、表现美有错吗？朱春林执着地为女郎们画像、留影，耐心定格她们青春的神情和样子。

女像是美术史中无法动摇的经典存在，尤其年轻女性，绘画中的她们化身为女神、女王、女士、女生，没有她们，艺术史将黯然失色。她们的身影在时间河流中闪闪发光，古埃及法尤姆女郎大眼灼灼，文艺复兴的维纳斯自带梦幻或清愁，圣母下凡人间满是温柔慈爱，蒙娜丽莎面带微笑穿越未来，王后端庄雍容，吉卜赛女郎洒脱不羁，维米尔画中小姐心领神会接过情书，蓬帕杜夫人优雅到矫情，大宫女的"S"形美动世人，拾穗的"女神"们朴实无华，闪烁不定的光影跳动在女郎的面颊和身上，那是印象派无意中打上的迷离时代印记。之后，时间突然加速，传统的完整和美好被拆解和分裂，破碎、变形、扭曲、奔跑、疾走、呼号、面容模糊、形体尖锐、内心孤独，前所未有的冲击带来伤痛与茫然，人们各自守望成寂寞的岛屿，身处其中的她们概莫能外。

无论如何，不同时期的女郎就这样留下了她们的单纯、活泼、温柔、热情、快乐、忧伤、华丽、素朴，隔着时间与我们悄然相望。朱春林画中的女郎，可能是朋友、模特、学生或家人，她们不以美艳吸引目光，而以自然本色默然示人，偶尔露出一侧肩膀，也是无邪。她们真切、平常，是生活中的你我她，近到触手可及，仿佛从我们身边跃入画中。

作为画中的主体和中心，这些女郎画像的主人公通常以一人居多。从某种意义上说，围绕单个形象展开的描绘，个体可得到充分的呈现与展示，她们的面容、姿态、神情、心绪，被画家细致观察、精心绘制，尽可能通向世间那个唯一而独特的她，她们的本真被小心地保留和还原。显然，这些单个女郎很少被多次描绘，画家也无意重复。不过，在这种差异性与丰富性之后，观者依然能发现她们的相似之处——她们有着共同的东方气质，安静、柔和、含蓄、秀美，好像若有所思，又似乎欲言又止，较之热情奔放，这种不强烈、不张扬，乃至不甚明了，以缓和隽永耐人寻味。

这些平和而安宁的形象，见之舒缓人心，画家并未刻意添加东方符号，也未理想化，更没有神秘化，但萦绕其间的东方气质不言自明，它无关乎画中女郎的东方面孔或她们收敛的身姿，而在于形象与画面散发出来的整体气质，尽管她们身着时装，来自现代生活，但东方气质并没有被各种外在冲击改写。

看，《柔和的光线》（1995）中那个清秀女孩，她手握来信，出神地坐在藤椅上，信封跌落在脚边的地毯上，右边桌上有明丽的花朵，左边窗子的光均匀弥散在室内空气中，红的、黄的裙子和水果，在画面的浅紫灰色调中弹跳出一抹亮色。女孩静静地注视着我们，是沉浸在远方来信的思绪中，还是进入了模特的角色里，或者兼而有之？难以分辨，似乎也不一定需要确切答案。

端详中，只觉得时光经过，又刹那凝定。时间和心神都不再被扰动，自然、清澈、静穆的时间与画中人、画家的神思交汇，共同进入宁和状态。它们自洽自在地交融，不是彼此干扰、相互分离。这一刻，时间与人相互静观，之后，会有观者加入进来，构成静观的整体实践或事件。随着凝神静观的持续，世界渐渐涌现，宁静的美质慢慢充溢这可见或不可见的时空。

画中，女郎们总是舒适地端坐或倚靠在椅边，桌上散放的花、果、书、水成为她们的友伴，身后是白墙抑或是自带开阔远景的窗，白墙上偶尔垂下一块衬布。人物、空间、场景并不复杂，画家用心守护着画面的单纯，物象上各种浅灰、深灰，以及少量的纯色，构成质朴、优雅而克制的色彩意象，显现出雅致的东方意味。的确，油画虽为色彩的艺术，但如何用得高级而不堆砌，是修养的总和与趣味的映现，与色彩配比的经验积累无关。

好看的灰色比比皆是，蓝灰、黄灰、蓝紫灰，以及各种混沌的微妙的灰，它们涂绘在背景、桌面、地面、暗部，深的、浅的、厚的、薄的，交织成质感肌理，并成为画面的主调。它们有力地烘托出女郎们明亮的肌肤，不仅使纯色部分变得活泼，也使画面气质趋向含蓄蕴藉。如《绿茶》（1995）、《佳音》（2009）、《圣殿》（2018），莫不如是。显然，这是东方人的色感，光渗透空气照亮空间，呈现微妙的、柔和的色差与灰度感，在印象派的丰富色彩中，仿佛融入了中国水墨画的墨色，极淡极温和，色与墨两不相碍，几乎看不到剧烈的明暗对照、纯灰变化。这种种耐看的灰色，不免让人想到意大利画家莫兰迪。莫兰迪以简约和高级灰著称，是朱春林喜爱的画家，与莫兰迪不同，朱春林尝试在简中见丰富，灰中求层次。他俩最契合一致的是内敛、朴素、安宁，虽然一东一西，却不妨碍两颗东方灵魂的相遇，并在不同地域遥相呼应，发出东方气质的光亮。

朱春林的画，让观者不会累。画家曾说，我们需要艺术的智慧和洞察力，用轻盈来消解沉重。他做到了知行合一，这份轻盈来自年轻女郎的清新灵动，来自东方气质的从容超脱，也来自画家色调、笔法的运用。女郎们的衣裙常常颜色深重，但画面色调基本都在中等明度，不使轻飘，也避免了沉重。笔法更是灵活，没有大面积的厚涂、覆盖、堵塞视觉，而是揉、扫、刷、摆并用，背光处多松动，时见写意阔笔，亮、灰部笔法细致多变，但意到笔不到即好。细微厚实处多在女郎们的五官面容和肌肤，其他依次放松。笔法的松紧有致，还见于女郎和事物的轮廓，它们总在虚实显隐间转化自如，这种呼吸顺畅给予观者视觉进退节奏之趣。

柔和又轻盈，是否消解了这些女郎现实的分量感，成为梦幻般的存在？不是，也不会。恰恰，这些女郎形体清晰、圆润适度，她们柔而不弱，展现

春寒　30cm×30cm×4　2022年

了一种柔韧与内在的坚定。除了早期文艺复兴画家乔托、安吉利科、马萨乔、弗朗切斯卡，画家偏爱塞尚，并将其理性化的方法引入对人物的表现。一面带着对人与事物的感性直观，一面以理性的几何形体看待人与物象，画家客串了造物主，他归置散乱，清理琐碎，建立画面清晰的秩序和稳固的结构。从《白日梦》（1995）到《初熟的果子》（1997），再到2008年以来的"静静的时光"系列，画中人物有简化为单纯几何形体的意味，包括环境中的其他物件，这使画作结构坚固，并强化了女郎饱满的形体感，还令其安定坚强的精神世界获得一种外化，同时赋予当代女郎们一种古典的内在肃穆感。如《面对·母女》（2010），画中母女身形真实相似，实则几何化趋势明显，她们神情的沉稳与萌动相映成趣。《报喜天使》（2017）中，所有的物象略有歪斜，几何化的动态平衡却更好地反衬出女孩典雅而现代的气质。

不能不说，画家是善于平衡东方与西方、传统与现代、感性与理性、写实与写意、具象与抽象、平面与立体、单纯与丰富的高手。这些或宏大或微妙的事物，在朱春林那里总能获得一种恰当而适度的平衡，在不同潮流呼啸而来喧嚣而去的时代里，显然尤为难得。这种平衡使画获得调和的新质，更使人获得安宁和平静，重要的是，平衡生发的心境已经完好显现在了画中年轻女郎的眉宇之间和形神之中。我想，在虔敬描绘年轻女郎的过程中，画家不仅留住了青春的美感，更示范了在一个激烈的、焦虑的、不安的时空里，如何守护内心的温暖和煦与平静，告诉我们如何与这个快速急进的世界安然相处。

不禁回望那张获奖的《初熟的果子》，画中年轻女郎身后是素朴、诗意、宁和的大地，远方会是什么？女子抬头远望，陷入思忖，身边果篮中的果实多而鲜美，该择取哪个？如果它们是古早至今的文明果实呢？怎样选择才能建立和谐、庄严的精神世界？怎样才能更好安放我们的身心？突然间，画作竟有了一种隐喻的修辞意味。而二十多年来对众多年轻女郎的描绘，不正是画家持续给出的答案吗？记得画家还说过：言语会随风而逝，真理会在心中留下痕迹，绘画作品虽无声无息，但会穿透历史的尘埃，从现在凝视未来。

2021年2月5日

图书在版编目（CIP）数据

大家之路：艺术小故事 / 郑满林主编. -- 北京：中国文联出版社，2023.12
ISBN 978-7-5190-5409-0

Ⅰ．①大… Ⅱ．①郑… Ⅲ．①画家－访问记－中国－现代 Ⅳ．① K825.72

中国国家版本馆 CIP 数据核字（2023）第 254962 号

大家之路　艺术小故事

主　　编：郑满林
执行主编：曹鸿伟
责任编辑：潘世静
责任校对：叶立钊
现场摄影：陈博秋
文字整理：莫淑雯
装帧设计：陈丽红

出版发行：中国文联出版社有限公司
地　　址：北京市朝阳区农展馆南里 10 号　邮编　100125
电　　话：010-85923025（发行部）　010-85923091（总编室）
经　　销：全国新华书店等
印刷装订：北京市房山腾龙印刷厂

开　　本：889 毫米 ×1194 毫米　1/16
印　　张：26.75
字　　数：675 千字
版　　次：2023 年 12 月第 1 版第 1 次印刷
定　　价：298.00 元

版权所有·侵权必究
如有印装质量问题，请与本社发行部联系调换